中共麦盖提县委员会
麦盖提县人民政府 主办

麦盖提年鉴

2021

麦盖提县档案史志馆 编

方志出版社
Publishing House of Local Records

图书在版编目（CIP）数据

麦盖提年鉴．2021 / 麦盖提县档案史志馆编．—北京：方志出版社，2022.12
ISBN 978-7-5144-5334-8

Ⅰ．①麦… Ⅱ．①麦… Ⅲ．①麦盖提县－2021－年鉴
Ⅳ．①Z524.54

中国版本图书馆CIP数据核字（2022）第252503号

责任编辑：程倩
责任校对：刘玉霞
责任印制：梅中英
出 版 者：方志出版社
地　　址：北京市朝阳区潘家园东里9号（国家方志馆4层）
邮　　编：100021
网　　址：http://www.zgfzcb.cn
发　　行：方志出版社图书营销中心（010-67110500）
印　　刷：山东黄氏印务有限公司
开　　本：889毫米×1194毫米　1/16
印　　张：21.25
字　　数：471千字
版　　次：2022年12月第1版
印　　次：2022年12月第1次印刷
定　　价：280.00元

《麦盖提年鉴》编纂委员会

《麦盖提年鉴（2021）》编辑人员

编辑说明

一、《麦盖提年鉴（2021）》以马克思列宁主义、毛泽东思想、邓小平理论、“三个代表”重要思想、科学发展观、习近平新时代中国特色社会主义思想为指导，坚持辩证唯物主义和历史唯物主义的立场、观点和方法，全面系统地记述麦盖提2020年政治、经济、文化和社会发展的基本情况。

二、《麦盖提年鉴（2021）》按年度全面、系统、真实地介绍麦盖提县各行各业、各部门、各单位的基本面貌和新发展、新情况，是国内国际了解、认识麦盖提的窗口，为麦盖提县社会稳定、经济发展、民族团结和构建社会主义和谐社会服务。

三、《麦盖提年鉴（2021）》设类目34个：特载、专文、大事记、概况、中国共产党麦盖提县委员会、麦盖提县人民代表大会、麦盖提县人民政府、中国人民政治协商会议麦盖提县委员会、中共麦盖提县纪律检查委员会 麦盖提县监察委员会、对口支援、群众团体、法治、军事、经济管理、应急管理、农业农村工作、工业、建筑业·房地产业、民营经济、交通运输、邮政·通信、金融业、城乡建设、商贸服务、旅游、生态环境保护、科学技术、教育、文化·体育、卫生健康、社会民生、乡镇场概况·驻县团场、人物·集体、附录。

四、《麦盖提年鉴（2021）》采用分类编辑法，主题内容以条目为基本表现形式，条目标题均为黑体字加【 】，分目标题加粗。

五、数字用法、标点符号用法分别采用国家标准《出版物上数字用法》（GB/T 15835—2011）、《标点符号用法》（GB/T 15834—2011），计量单位采用《量和单位》系列国家标准。考虑到社会使用习惯，全书中亩不统一换算。

六、《麦盖提年鉴（2021）》中的文字资料、图片资料、数据截至2020年底，由麦盖提县各有关单位和部门提供，各乡（镇、场）数据不含非建制单位。所有资料、数据均经有关部门审核，具有权威性。书中部分数据合计数或相对数由于单位取舍不同而产生的计算误差，均未做机械调整。

1月6日，中共麦盖提县委第十一届六次全委（扩大）会议召开

（融媒体中心供稿）

1月13日，麦盖提县第十六届人民代表大会第五次会议第一次全体会议召开

（融媒体中心供稿）

1月12日，政协麦盖提县第十四届委员会第五次会议召开（融媒体中心供稿）

1月23日，喀什检察分院领导和麦盖提县人民检察院领导共同为“检爱”未成年人工作室揭牌

（王新疆摄）

3 月 25 日，县纪委监委召开十一届麦盖提县委第七轮巡察工作动员暨业务培训会

（县纪委监委供稿）

6 月 27 日，麦盖提县 2020 年基层干部能力提升培训班开班仪式举行（阿里木·努来克摄）

7 月 12 日，麦盖提县法院廉政教育专题党课开课

（县法院供稿）

7 月 1 日，县人民医院开展庆祝建党 99 周年主题党日活动（县人民医院供稿）

2月26日，县应急管理局召开新冠肺炎疫情后复工复产安全生产检查部署会议（应急管理局供稿）

麦盖提县大力发展安格斯肉牛产业

（尔志毅　苏衍宽摄）

5月18日，麦盖提县开展小麦三圃田去杂作业

（县种子公司供稿）

5月21日，麦盖提县召开“粮棉、林果、瓜菜、肉牛、家禽”五大产业发展现场推进会

（农业农村局供稿）

6月15日，麦盖提县人民法院多元解纷诉调对接联席会召开（县法院供稿）

县援疆企业新疆麦腾牧业科技发展有限公司发展肉羊（艾山·日合曼　阿依排日·阿布都艾尼摄）

8月，县农业发展银行支持纺织企业2.5亿元扶贫贷款（阿不都沙拉木摄）

9月8日，县供电公司配电运检班员进行带电作业，助力企业全面复工复产（毕文勋摄）

2020年9月23日，援疆资金建立的麦盖提县爱林诺医疗用品有限公司开始生产一次性口罩、防护服（张继兰　阿依古扎·吐尔逊摄）

10月2日，麦盖提县胜利渠节水改造项目砂砾石垫层打夯（县水利局供稿）

10月23日，麦盖提县新疆喀什胡杨节上展出的薄皮核桃（融媒体中心供稿）

10月23日，麦盖提县灰枣增产丰收（融媒体中心供稿）

10月23日，麦盖提县举办麦盖提县新疆喀什胡杨节红枣推介会（张建军摄）

2020年，麦盖提县大力发展蔬菜育苗基地（尔志毅　苏衍宽摄）

11月14日，县农业发展银行支持棉花扶贫贷款19亿元（阿不都沙拉木摄）

12月21日，吐曼塔勒乡开展农牧民红枣修剪技术指导培训（吐曼塔勒乡供稿）

4 月 9 日，县第四中学标准体育场正式投入使用（努力亚 · 希尔艾力摄）

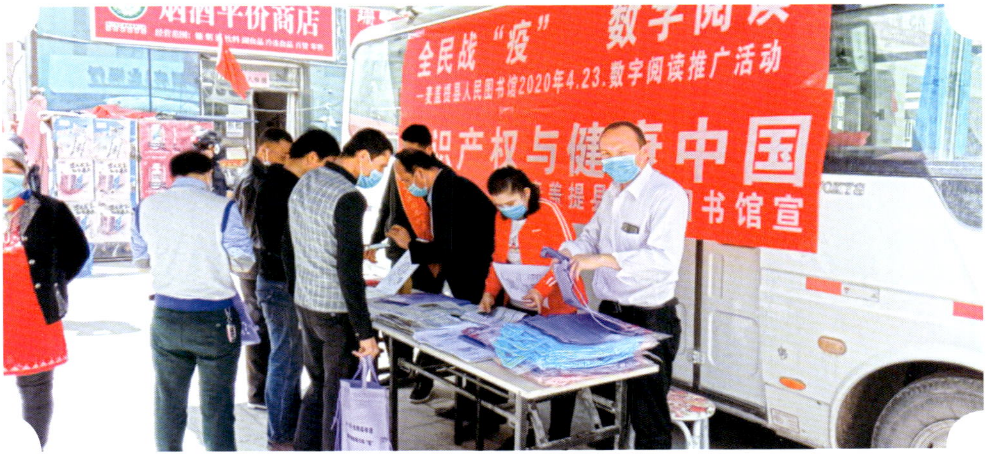

4 月 23 日，县图书馆开展图书阅读推广活动（李彩霞摄）

5 月 12 日，县文化馆组织农民画家创作墙体农民画（米娜瓦尔 · 木台力甫摄）

5月20日，县融媒体中心技术人员补点安装大喇叭（赵永强摄）

6月13日，麦盖提县举办刀郎木卡姆展示比赛
（阿布都拉·那尤甫摄）

6月23日，县文旅局对不可移动文物央塔克乡总分水闸——毛主席语录塔周界进行清理修缮（董戍军摄）

7月6日，县图书馆开展“党风廉政建设教育月”阅读推广活动（郭爱军摄）

9月19日，对口支援麦盖提县的山东省日照市文学艺术界联合会专家应邀到麦盖提县进行文化交流活动（尔志毅　苏衍宽摄）

9月19日，县委组织部举办麦盖提第六届“相约刀郎·缘来是你”干部联谊活动，搭建跨单位跨行业交友桥梁

（王小奇摄）

9月30日，麦盖提县在刀郎文化广场举办“献礼国庆唱赞歌、浓情中秋庆丰收”文艺晚会

（努尔艾力·买买提依明摄）

10月2日，县文旅局在N39°沙漠旅游景区举办“篝火音乐晚会”（王晓昆摄）

10 月 3 日，麦盖提县在刀馕巴扎举办馕文化展示会（古丽亚尔摄）

10 月 4 日，县文旅局在刀郎画乡旅游景区举办时装秀活动（阿布都拉·那尤甫摄）

10 月 23 日，麦盖提县新疆喀什胡杨节开幕（张建军摄）

10 月 24 日，吐曼塔勒乡开展麦盖提县新疆喀什胡杨节文化活动

（吐曼塔勒乡供稿）

1月10日，县公安局开展全国第34个“110宣传日”主题宣传活动（县公安局供稿）

1月23日，县市场监督管理局开展节日期间肉制品专项检查（吴明丽摄）

2月28日，麦盖提县疫情防控期间首批务工人员有组织转移其他省（市）企业复产就业

（县人社局供稿）

3月31日，县消防救援大队举办消防安全常识讲座（艾山·木沙摄）

4月15日，县公安局开展第17个宪法法律宣传月暨“防控疫情，法治同行”法治宣传活动

（县公安局供稿）

5 月 1 日，县路政执法大队依托路政巡查开展“路政宣传月”活动（路政执法大队供稿）

5 月 4 日，县委在昂格特勒克乡召开扶贫工作现场会（张华摄）

5 月 10 日，县公路管理分局养路工人整修路肩边坡（县公路管理分局供稿）

5 月 10 日，县红十字会在刀郎巴扎开展世界红十字会纪念日系列宣传活动（县红十字会供稿）

5 月 23 日，县第二中学开展“做新时代合格共青团员”主题团日活动（李文东摄）

5 月 30 日，县供销社庭院经济蔬菜购销点

（供销社供稿）

6 月 30 日，麦盖提县新建成的农村公路

（唐晓红摄）

6 月 15 日，麦盖提县人民法院开展“民法典”宣传活动（县法院供稿）

7 月 22 日，县人行组织开展金融知识进社区活动（县人民银行供稿）

8 月 5 日，县法院法官主动上门为当事人做调解工作（县法院供稿）

8月11日，县供电公司组织党员服务队在和平小区处理低压故障报修（毕文勋摄）

9月10日，县幸福大院工作人员带领老人做健身操（迪里白·玉素甫摄）

9月15日，县消防救援大队消防人员开展火灾救援（刘音摄）

9月28日，县税务局开展城乡居民基本医疗保险费征缴政策宣讲活动（丛鹏摄）

9月30日，县退役军人事务局召开全县退役老军人座谈会，并发放国庆慰问金（党蔚琳摄）

9月30日，县领导调研残疾人事业保障中心建设项目进度情况（县残联供稿）

9月10日，麦盖提县召开庆祝第36个教师节大会（长世鹏摄）

9月17日，县委网信办工作人员在尕孜库勒乡大巴扎向群众发放网络安全宣传册（陈文彬摄）

10月9日，自治区第三人民医院医生到麦盖提县开展孤残儿童筛查（田丽摄）

10月10日，县第二小学开展送教下乡活动（张静静摄）

10月23日，县第一小学举行公开课活动（李济汀摄）

10月25日重阳节，县农村幸福大院老人庆祝节日（融媒体中心供稿）

11月2日，县电信分公司人员对网络进行维护（县电信分公司供稿）

11月2日，麦盖提县市场监督管理局开展药店专项检查（吴明丽摄）

11 月 13 日，县三中组织学生开展新疆“四史”教育（孙庆田摄）

11 月 15 日，县委召开民族团结创建工作部署会议（张建良摄）

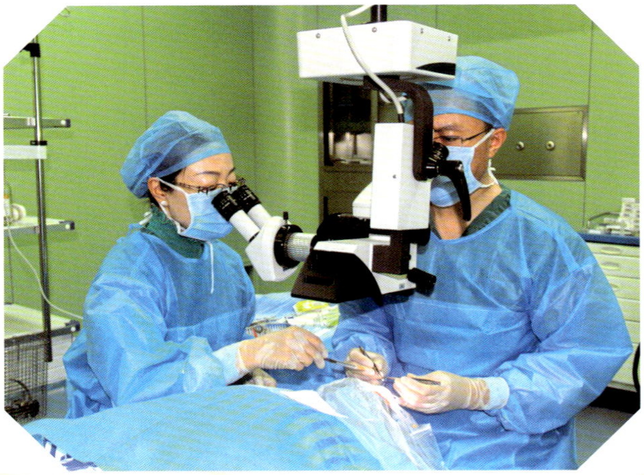

11 月 20 日，县人民医院开展白内障患者免费复明手术（县人民医院供稿）

11 月 30 日，县医保局服务大厅开展一站式服务（王焙摄）

12 月 1 日，麦盖提县中等职业学校与日照市机电工程学校举办人才培养方案和活页教材开发交流会（张春霞摄）

12 月 4 日，县总工会进企业车间宣讲法律法规（张平摄）

12 月 5 日，县移动公司业务大厅工作人员在办理 5G 业务（尹敏摄）

12 月 8 日，麦盖提县司法局“宪法宣传周”活动启动仪式举行（地力夏提·阿地力摄）

12 月 8 日，县供排水公司管道安装维修人员对损坏管道进行维修（艾力·奴尔克摄）

12 月 8 日，麦盖提县盛鑫超市被评为喀什地区食品安全示范超市（吴明丽摄）

12 月 13 日，县应急管理局组织开展加油站安全应急演练（应急管理局供稿）

12 月 23 日，克孜勒阿瓦提乡退役军人临时帮扶救助资金发放仪式举行（马对红摄）

12 月 27 日，2020 年麦盖提县“山东援疆奖学金”优秀师生表彰大会举办（长世鹏摄）

麦盖提县传统烤肉
（融媒体中心供稿）

麦盖提县刀郎煎饼果子（融媒体中心供稿）

麦盖提县刀郎烤鱼（融媒体中心供稿）

麦盖提县红烧羊蹄（融媒体中心供稿）

麦盖提县烤包子（融媒体中心供稿）

麦盖提县烤鸡（融媒体中心供稿）

麦盖提县玛仁糖（切糕）（融媒体中心供稿）

麦盖提县米肠子、面肺子（融媒体中心供稿）

麦盖提县红富士苹果（张淑珍摄）

麦盖提县水蜜桃（张淑珍摄）

麦盖提县香蕉梨（张淑珍摄）

麦盖提县杏子
（张淑珍摄）

4月3日，麦盖提县沙海林场百万亩防沙治沙工程施工中
（县自然资源局供稿）

4月20日，麦盖提县沙海林场护林员在工作
（县融媒体中心供稿）

5月10日，麦盖提县沙海林场的百万亩防风固沙生态林（尔志毅　苏衍宽摄）

麦盖提县刀郎公园（郑三喜摄）

麦盖提县东河滩湿地（郑三喜摄）

麦盖提县城西绿地公园（郑三喜摄）

麦盖提县三角公共绿地（县住房和城乡建设局供稿）

麦盖提县叶尔羌河生态文化园的水岸胡杨（融媒体中心供稿）

麦盖提县叶尔羌河生态文化园（融媒体中心供稿）

10月24日，麦盖提县吐曼塔勒乡水库傍晚景色（吐曼塔勒乡供稿）

11月15日，麦盖提县生态环境局工作人员检查污水处理厂（县生态环境局供稿）

11月18日，麦盖提县生态环境局工作人员检查供热锅炉环保达标情况（县生态环境局供稿）

12月9日，麦盖提县吐曼塔勒乡阿亚克塔木村退耕还林平整土地（吐曼塔勒乡供稿）

特 载

完整准确贯彻新时代党的治疆方略　接续奋斗　砥砺前行　不断开创麦盖提各项工作新局面
——在中共麦盖提县委十一届八次全委（扩大）会议上的报告 …………… 1
政府工作报告
——在麦盖提县第十六届人民代表大会第六次会议上的报告 …………… 18

专 文

麦盖提县刀郎羊成为农民增收的重要支柱产业 …………… 36
56 万亩红枣助推新疆麦盖提县进入幸福快车道 …………… 37

大事记

1 月 …………… 39
2 月 …………… 40
3 月 …………… 40
4 月 …………… 40
5 月 …………… 41
6 月 …………… 41
7 月 …………… 42
8 月 …………… 42
9 月 …………… 42
10 月 …………… 42
11 月 …………… 43
12 月 …………… 43

概 况

位置面积 …………… 44
区划沿革 …………… 44
民族 …………… 46
地理环境 …………… 46
自然资源 …………… 47
经济社会发展 …………… 49

中国共产党麦盖提县委员会

领导名单 …………… 52
重要会议 …………… 52
县委（扩大）会议 …………… 52

党建会议 …… 53
脱贫攻坚会议 …… 54
经济工作会议 …… 54
民生领域会议 …… 55
党办工作 …… 55
落实督办工作 …… 55
办文办会 …… 55
信息工作 …… 55
保密工作 …… 55
机要工作 …… 56
组织工作 …… 56
党员干部培训 …… 56
开展政治体检 …… 56
发挥组织优势 …… 56
抓党建促稳定 …… 56
脱贫攻坚工作 …… 56
发挥人才作用 …… 56
党建信息收集刊发 …… 57
服务基层组织 …… 57
加强基层组织 …… 57
党组织整顿 …… 57
规范村级运行 …… 57
提升基层保障水平 …… 57
机关党建整治 …… 57
“两新”组织建设 …… 58
社区“大党委” …… 58
干部提拔任用 …… 58
干部监督 …… 58
干部关爱 …… 58
党费收支 …… 59
企业家任职 …… 59
“访惠聚”驻村工作 …… 59
干部帮扶 …… 59
宣传工作 …… 60
疫情防控宣传 …… 60
宣讲团宣讲 …… 60
媒体宣传 …… 61
“学习强国”平台参学管理 …… 61
专项治理 …… 61
统战工作 …… 61
民族团结创建工作 …… 61
“民族团结一家亲”工作 …… 62
建立宗教工作联席会议制度 …… 62
培训工作 …… 62
驻村管寺工作 …… 62
扶贫帮困 …… 63
直属机关工委工作 …… 63
基层党组织改选、补选 …… 63
非公企业党组织建设 …… 63
党组织关系转接 …… 63
发展党员 …… 63
党内统计 …… 63
党费收缴 …… 63
机构编制 …… 64
人员编制 …… 64
乡镇机构设置 …… 64
机构职能合并 …… 64
教职工“三总量”落实 …… 64
机构调整 …… 64
网信管理 …… 65
信息发布 …… 65
网络安全宣传 …… 65
风险隐患排查 …… 65
老干部工作 …… 65
老干部管理 …… 65
走访慰问 …… 65
党校教育 …… 66
干部培训 …… 66
校外宣讲 …… 66
开展调研 …… 66
地方志工作 …… 66
县志编纂 …… 66
年鉴编纂 …… 67
档　案 …… 67

馆库安全 …………………………… 67
业务指导培训 ………………………… 67
档案接收 …………………………… 67
档案整理 …………………………… 67
国际档案日活动 ……………………… 67

麦盖提县人民代表大会

领导名单 …………………………… 68
重要会议…………………………… 68
代表大会会议 ………………………… 68
常委会会议 …………………………… 68
党组会议 …………………………… 69
主任会议 …………………………… 69
重要事项决定………………………… 69
行使决定权 …………………………… 69
人事任免 …………………………… 70
监督工作…………………………… 70
专项报告审议 ………………………… 70
政府预算决算监督 …………………… 70
执法检查 …………………………… 70
视察调研 …………………………… 70
落实宪法宣誓制度 …………………… 70
议案建议办理………………………… 71
议案建议跟踪督办 …………………… 71
议案建议提交 ………………………… 71
代表工作…………………………… 71
落实双联制度 ………………………… 71
代表活动 …………………………… 71

麦盖提县人民政府

领导名单 …………………………… 72
重要会议…………………………… 72
麦盖提县人民政府第 59 次常务会议 … 72
麦盖提县人民政府第 60 次常务会议 … 72
麦盖提县人民政府第 61 次常务会议 … 72
麦盖提县人民政府第 62 次常务会议 … 73
麦盖提县人民政府第 63 次常务会议 … 73
麦盖提县人民政府第 64 次常务会议 … 73
麦盖提县人民政府第 65 次常务会议 … 74
麦盖提县人民政府第 66 次常务会议 … 75
麦盖提县人民政府第 67 次常务会议 … 75
麦盖提县人民政府第 68 次常务会议 … 76
麦盖提县人民政府第 69 次常务会议 … 76
麦盖提县人民政府第 70 次常务会议 … 77
麦盖提县人民政府第 71 次常务会议 … 77
政务服务…………………………… 77
转变职能 …………………………… 77
综合协调 …………………………… 77
公文处理 …………………………… 77
会务服务 …………………………… 78
公务用房专项整治 …………………… 78
优化营商环境 ………………………… 78
信访工作 …………………………… 78
后勤管理 …………………………… 78
人事工作…………………………… 78
人事人才 …………………………… 78
高校毕业生安置 ……………………… 79

中国人民政治协商会议麦盖提县委员会

领导名单 …………………………… 80
重要会议…………………………… 80
政协麦盖提县第十四届委员会第五次会议 ………………………… 80
列席麦盖提县第十六届人民代表大会第五次会议 ……………………… 80
民主监督…………………………… 80
乡村调研 …………………………… 80

机关调研 …… 80
委员活动 …… 81
献计献策 …… 81
扶贫帮困 …… 81
热心公益事业 …… 81
提案办理 …… 81
立案办理 …… 81
议案提交 …… 81

中共麦盖提县纪律检查委员会 麦盖提县监察委员会

领导名单 …… 82
党风廉政教育 …… 82
党风廉政宣传 …… 82
廉政党课 …… 82
教育基地建设 …… 82
信访举报 …… 82
信访平台和接待窗口建设 …… 82
社会监督 …… 82
监督力量整合 …… 82
案件查处 …… 83
扶贫领域执纪问责 …… 83
腐败问题执纪问责 …… 83
监察调查处置 …… 84
巡　察 …… 84
巡察队伍建设 …… 84
政治巡察 …… 84

对口支援

综　述 …… 85
资金支援 …… 85
消费支援 …… 85
人才支援 …… 85
项目支援 …… 85
民生项目 …… 85
重点项目 …… 85
乡村旅游项目 …… 86
产业支援 …… 86
园区建设 …… 86
产业扶持 …… 86
助力宣传 …… 86
红枣产业化 …… 86
文化教育支援 …… 86
地面数字电视中继站建设 …… 86
组团式教育支援 …… 86
开办支援实验班 …… 86
大学生补助 …… 86
新建改扩建项目 …… 87
支教活动 …… 87
医疗支援 …… 87
医疗设备购置 …… 87
远程会诊 …… 87
义务诊疗活动 …… 87
组团式支援 …… 87
实施“青蓝工程” …… 87
保障和改善民生 …… 87
农村厕所改造 …… 87
乡村污水处理和垃圾填埋扩容 …… 87
乡村广播更新改造 …… 87
防风固沙林建设 …… 87
交往交流交融 …… 87
文化交流 …… 87
胡杨节献艺 …… 88

群众团体

工　会 …… 89
关心关爱 …… 89
困难职工帮扶 …… 89

数据比对 …… 89
精准建档 …… 89
规范资金使用 …… 90
大病救助 …… 90
金秋助学 …… 90
基层工会建设 …… 90
和谐劳动关系 …… 90
各类培训 …… 90
文体活动 …… 90
表彰先进 …… 90
团　委 …… 91
后备军培养 …… 91
团组织活动 …… 91
少先队活动 …… 91
志愿者活动 …… 92
就业创业工作 …… 92
爱心助学 …… 92
妇　联 …… 92
美丽庭院创建活动 …… 92
“寻找最美家庭”活动 …… 93
关爱活动 …… 93
网上冬令营征集活动 …… 93
牵手结对活动 …… 93
庆国庆、迎中秋活动 …… 93
工商联 …… 93
机制建立 …… 93
非公企业发展 …… 94
维权服务 …… 94
参政议政 …… 94
扶贫工作 …… 94
扶贫捐助 …… 94
信息填报 …… 94
促进就业 …… 94
科　协 …… 94
科技项目争取 …… 94
科技助农活动 …… 95
上级部门调研 …… 95
“全国科普日”宣传 …… 95
合作社筛选 …… 96
社科联 …… 96
服务脱贫攻坚 …… 96
社科普及周活动 …… 96
媒体宣传 …… 96
信息舆情上报 …… 96
刀郎诗文征集 …… 96
残　联 …… 97
办证换证 …… 97
落实优惠政策 …… 97
项目实施 …… 97
助残日活动 …… 97
残疾人康复工作 …… 97
节日慰问 …… 98
红十字会 …… 98
“红十字博爱周”活动 …… 98
献血和造血干细胞捐献 …… 98
应急救护培训 …… 98
关爱困难群体 …… 99
捐款捐物管理 …… 99
法学会 …… 99
组织构成 …… 99
课题研究 …… 99
法律服务 …… 99

法　治

政法委与综治工作 …… 100
扫黑除恶专项斗争 …… 100
行业乱象整治 …… 100
矛盾化解 …… 100
社会治安综合治理 …… 101
公　安 …… 101
专项行动 …… 101
扫黑除恶 …… 101

打击电信诈骗 …………………………… 101
扫黄打非 ………………………………… 101
治安重点单位动态管理 ………………… 101
“护校安园” …………………………… 102
行政案件侦办 …………………………… 102
流动人口管理 …………………………… 102
消防检查 ………………………………… 102
交通安全执法 …………………………… 102
创建“枫桥式公安派出所” …………… 102
“放管服”改革 ………………………… 102
检　察……………………………………… 103
刑事检察 ………………………………… 103
行政检察 ………………………………… 103
公益诉讼 ………………………………… 103
刑事执行监督 …………………………… 103
成立未成年人“一站式”询问工作室 ………………………………………… 103
发挥 12309 检察服务中心职能 …… 103
降低“三率” …………………………… 104
法　院……………………………………… 104
案件受理 ………………………………… 104
案件执行 ………………………………… 104
协调配合 ………………………………… 104
司法救助 ………………………………… 104
开通涉企“绿色通道” ………………… 105
健全审判权力运行体系 ………………… 105
司法行政…………………………………… 106
人民调解 ………………………………… 106
社区矫正 ………………………………… 106
安置帮教 ………………………………… 106
法律服务 ………………………………… 106
法治宣传 ………………………………… 106
文件清理审核 …………………………… 107
依法行政 ………………………………… 107

军　事

人民武装部………………………………… 108
征兵工作 ………………………………… 108
民兵教育 ………………………………… 108
军民共建 ………………………………… 108
武警麦盖提中队…………………………… 108
学习教育 ………………………………… 108
文化活动 ………………………………… 108
专项整治 ………………………………… 109

经济管理

宏观调控…………………………………… 110
固定资产投资 …………………………… 110
落实优惠政策 …………………………… 110
项目推进 ………………………………… 110
应急粮油储备 …………………………… 111
应急物资储备 …………………………… 111
价格监测与评估 ………………………… 111
棉花价改与收购 ………………………… 111
自然资源管理……………………………… 111
项目实施 ………………………………… 111
落实人员工资待遇 ……………………… 111
落实退耕还林资金 ……………………… 112
生态林建设 ……………………………… 112
森林草原防火 …………………………… 112
草原管护 ………………………………… 112
国土空间规划编制 ……………………… 112
乱占耕地整治 …………………………… 112
不动产登记 ……………………………… 113
闭坑矿山恢复治理 ……………………… 113
用地保障 ………………………………… 113
卫片违规图斑整改 ……………………… 113
土地利用 ………………………………… 113

规划管理 …… 113
棚户区改造项目审核 …… 113
执法监察 …… 113
财 政 …… 114
财政收入 …… 114
财政支出 …… 114
扶贫资金管理 …… 114
债券资金 …… 115
支援资金 …… 115
绩效管理 …… 115
惠民惠农补贴 …… 115
扶持政策落实 …… 115
财政管理 …… 115
财政法治建设 …… 116
税 务 …… 116
税收收入 …… 116
税务服务 …… 116
统 计 …… 117
统计服务 …… 117
住户调查 …… 117
人口普查 …… 117
依法治统 …… 117
审 计 …… 118
审计监督 …… 118
财政审计 …… 118
专项资金审计 …… 118
经济责任审计 …… 118
跟踪审计 …… 118
投资项目审计 …… 118
其他审计 …… 118
审计问题整改 …… 119
市场监督管理 …… 119
落实疫情防控措施 …… 119
“放管服”改革 …… 119
“四大安全”监管 …… 119
计量器具检定 …… 121
发挥监管职能作用 …… 121
招商引资 …… 122
成立领导机构 …… 122
招商引资成果 …… 122

应急管理

综 述 …… 123
落实四项机制 …… 123
实施绩效考核 …… 123
疫情防控应急检查 …… 123
安全生产管理 …… 123
检查督查 …… 123
专项整治 …… 123
“安全生产月”活动 …… 123
消防管理 …… 124
消防检查 …… 124
消防宣传 …… 124
消防演练 …… 124
减灾救灾 …… 124
救助资金发放 …… 124
措施保障 …… 124
应急救援 …… 125
应急物资储备 …… 125
消防救援 …… 125

农业农村工作

综 述 …… 126
耕地面积 …… 126
播种面积 …… 126
农作物产量 …… 126
农林牧渔业产值 …… 126
经济改革 …… 126
服务群众 …… 126
农业技术推广 …… 126

行政执法 …… 127
质量检测 …… 127
项目建设 …… 127
惠农惠民补贴发放 …… 127
合作社管理 …… 127
种子管理 …… 127
农机安全 …… 128
脱贫攻坚 …… 128
组织保障 …… 128
培训提高 …… 128
挂牌督战 …… 128
项目实施 …… 128
促进稳岗就业 …… 128
搬迁后期扶持 …… 128
脱贫攻坚普查 …… 128
返贫致贫监测 …… 129
激发内生动力 …… 129
农业产业化 …… 129
五大产业 …… 129
红枣业 …… 129
林下经济 …… 129
水　利 …… 129
计划供水 …… 129
饮水安全 …… 129
重点水利项目 …… 129
防洪抗旱 …… 130
落实三级河长制 …… 130
维修服务 …… 130
水行政执法 …… 130
种植业 …… 131
粮食生产 …… 131
棉花产业 …… 131
特色经济作物 …… 131
蔬菜产业 …… 131
庭院经济 …… 132
畜牧业 …… 132
存栏出栏 …… 132
肉牛发展模式 …… 132
育雏点改造 …… 132
牲畜托养 …… 132
畜禽疫情防控 …… 132
林果业 …… 133
规模产量 …… 133
提质增效 …… 133
密植园疏密 …… 133
核桃嫁接改优 …… 133
示范园建设 …… 133
实用技术培训 …… 133
有害生物防治 …… 133
渔　业 …… 133
水产品产量 …… 133
渔业项目 …… 133
渔业执法 …… 133
农业机械化 …… 134
机构改革 …… 134
农机普及 …… 134
农机购置补贴 …… 134
农机技术培训 …… 134
农机服务组织 …… 134

工　业

综　述 …… 135
工业门类 …… 135
工业产值 …… 135
电力工业 …… 135
电力规模 …… 135
电网建设 …… 136
电力服务 …… 136
安全生产 …… 136
建材工业 …… 137
建材企业 …… 137
主要产品 …… 137

纺织服装工业…………………………… 137
纺织公司 …………………………… 137
服装公司 …………………………… 137
食品加工业（馕产业）……………… 137
产业规模 …………………………… 137
品牌打造 …………………………… 138
电子信息产业………………………… 138
手机配件生产 ……………………… 138
传感导电稳压降噪产品生产 ……… 138
园区建设……………………………… 138
园区介绍 …………………………… 138
经济运行 …………………………… 139
项目推进 …………………………… 139
项目编制 …………………………… 139
农副产品加工业……………………… 139
红枣加工 …………………………… 139
棉花加工 …………………………… 139
食用油加工 ………………………… 140
果蔬冻干加工 ……………………… 140
项目建设 …………………………… 140

建筑业·房地产业

建筑业………………………………… 141
经营效益 …………………………… 141
行业监管 …………………………… 141
消防设计审验 ……………………… 141
工程监督 …………………………… 141
监理企业专项治理 ………………… 142
招投标专项整治 …………………… 142
房地产业……………………………… 142
房地产开发投资 …………………… 142
房地产开发项目 …………………… 142
商品房销售 ………………………… 142
商业销售 …………………………… 142
预售监管 …………………………… 142

民营经济

综　述………………………………… 143
企业引进 …………………………… 143
企业效益 …………………………… 143
重点民营企业介绍…………………… 143
麦盖提县星联科技农膜有限公司 … 143
麦盖提县电子商务公共服务中心 … 144
新疆大漠丰源农业科技有限公司 … 144
麦盖提县红日乐友果业有限公司 … 144
麦盖提县新疆枣都现代农业股份有限公司 ………………………………… 144
新疆奕飞生态农业科技发展有限公司 ……………………………………… 145
新疆沣浓农业科技开发有限公司 … 145

交通运输

公路建设与养护、路政……………… 146
公路建设 …………………………… 146
公路养护 …………………………… 146
路政工作 …………………………… 147
运　输………………………………… 147
民用汽车保有量 …………………… 147
货　运 ……………………………… 147
客　运 ……………………………… 147
综合服务 …………………………… 147
招商引资 …………………………… 148
安全生产 …………………………… 148

邮政·通信

邮政管理……………………………… 149
隶属关系及管理范围 ……………… 149

邮件管理 …… 149
远程管理 …… 149
资金管理 …… 149
邮政经营 …… 149
预算收入完成情况 …… 149
各项业务收入 …… 149
通信服务 …… 150
电信分公司 …… 150
联通分公司 …… 151
移动分公司 …… 152

金融业

银　行 …… 153
概况 …… 153
人民银行麦盖提县支行 …… 153
中国农业发展银行麦盖提县支行 …… 154
中国工商银行股份有限公司麦盖提支行 …… 155
中国农业银行麦盖提县支行 …… 156
麦盖提县农村信用合作联社 …… 156
邮政储蓄银行麦盖提县支行 …… 157
保　险 …… 157
中国人民财产保险股份有限公司麦盖提县支公司 …… 157
中国人寿保险股份有限公司麦盖提县支公司 …… 158
中华联合财产保险股份有限公司麦盖提县支公司 …… 159

城乡建设

城乡规划 …… 160
城市规划 …… 160
乡镇规划 …… 161
城镇基础设施建设 …… 161
住房建设及小区改造 …… 161
供排水设施建设 …… 162
宾馆建设 …… 162
其他设施建设 …… 162
公用事业 …… 162
供排水 …… 162
燃气 …… 163
供热 …… 163
公交 …… 163
环卫 …… 163
物业 …… 164
园林绿化 …… 164
城市绿化 …… 164
绿化养护修剪 …… 164
市容市政管理 …… 165
整治门头牌匾 …… 165
拆除违章建筑 …… 165
车辆停放治理 …… 165
清理“乱吊挂” …… 165
规范流动摊贩 …… 165
美丽乡村建设 …… 165
改善村容村貌 …… 165
倡导文明生活 …… 165
落实扶贫项目 …… 166

商贸服务

商贸流通 …… 167
外贸出口 …… 167
社会消费品零售 …… 167
供销合作社 …… 167
组织协调 …… 167
有机认证工作 …… 167
基层收购点建设 …… 167
民生块煤直供直销 …… 167

烟草管理 168
执法检查 168
随机抽查 168
行政公示 168
石油经营 169
业务开展 169
安全管理 169
环保防渗改造 169
电子商务 169
网络销售 169
下行销售 169
对外销售 169
物流业 169
物流公司 169
快递公司 169
鲜肉食盐供应 170
鲜肉供应 170
食盐购销 170

旅　游

综　述 171
旅游收入 171
文化旅游资源 171
自然旅游资源 171
旅游活动 171
旅游行业管理 171
落实疫情防控措施 171
常态化监督检查 171
旅游项目建设 172
民俗旅游项目 172
景区提升改造项目 172
基础设施建设项目 172
景区景点 172
景点打造 172
刀郎画乡景区 172
刀郎乡里景区 173
叶尔羌河生态文化园景区 173
N39° 沙漠旅游景区 173
五一林场景点 174
刀郎湖景点 174
胡杨林景点 174
星期天大巴扎景点 174
民俗一条街景点 174
刀郎文化广场景点 174

生态环境保护

综　述 176
植树造林 176
环保宣传 176
环评审批 176
环境质量 176
主要指标 176
空气质量 176
环境保护 177
环境监察执法 177
环境监测 177
核与辐射安全 177
节能减排 177
推行排污许可证制度 177
排污许可证核发 177
污染防治 177
全国第二次污染源普查 177
大气污染治理 177
水污染治理 178
土壤污染治理 178
自然保护区 178
自然保护区数量 178
自然保护区面积 178

科学技术

科技工作…………………………………179
科技项目 ………………………………179
发明专利 ………………………………179
“科技之冬”培训 ………………………179
“十四五”科技规划编制 ………………179
气　象……………………………………180
气象业务 ………………………………180
气象服务 ………………………………180
气象科研 ………………………………180
人影作业 ………………………………180
气候品质评审 …………………………180

教　育

综　述……………………………………181
各级各类学校 …………………………181
师资队伍 ………………………………181
在校（园）学生 ………………………181
教育投入 ………………………………181
国信园丁教育基金 ……………………181
教育工程项目 …………………………181
校园安全 ………………………………182
思政课建设 ……………………………182
新疆地方史进课堂 ……………………182
法治进校园 ……………………………182
控辍保学 ………………………………182
党组织建设 ……………………………182
基础教育…………………………………183
改善办学条件 …………………………183
教育资助 ………………………………183
升学情况 ………………………………183
教师培训 ………………………………183
集团管理 ………………………………183
教育教学管理 …………………………183
学校、幼儿园工作 ……………………183
职业教育…………………………………196
专业设置 ………………………………196
毕业生就业 ……………………………196
校企合作 ………………………………196
中职资助 ………………………………196
教师培训 ………………………………196

文化·体育

文化活动…………………………………197
举办胡杨节 ……………………………197
基层骨干培训 …………………………197
文艺会演 ………………………………197
农民画创作 ……………………………197
文化进村 ………………………………198
文物保护 ………………………………198
图书推广 ………………………………198
图书发行与销售 ………………………198
非遗宣传 ………………………………198
非遗研讨 ………………………………198
非遗培训 ………………………………198
新闻出版（融媒体）……………………199
出版物审读 ……………………………199
媒体融合 ………………………………199
重大主题宣传 …………………………199
公众号宣传 ……………………………199
广播电影电视……………………………200
农村广播电视建设 ……………………200
电视服务 ………………………………200
电影放映 ………………………………200
体　育……………………………………201
项目建设 ………………………………201
体育赛事 ………………………………201

卫生健康

综 述 …… 202
医疗卫生机构 …… 202
专业人员 …… 202
床位设置 …… 202
资金投入 …… 202
医药改革 …… 202
健康扶贫 …… 203
服务基层 …… 203
安全管理 …… 203
民营医疗机构管理 …… 203
医疗卫生项目建设 …… 203
爱国卫生 …… 203
卫生健康监督 …… 204
医疗工作 …… 204
妇幼保健工作 …… 207
公共卫生服务 …… 207
健康档案管理 …… 207
健康教育 …… 207
预防接种 …… 208
0 ~ 6 岁儿童健康管理 …… 208
孕产妇健康管理 …… 208
老年人健康管理 …… 209
慢性病患者健康管理 …… 209
重性精神疾病患者健康管理 …… 209
结核病患者健康管理 …… 209
传染病及突发公共卫生事件报告和处理服务 …… 209
中医药健康管理 …… 209
卫生计生监督协管服务 …… 210
免费提供避孕药具 …… 210
疾病预防控制 …… 210
疫情防控 …… 210
传染病控制 …… 211
地方病防治 …… 211
职业病随访 …… 212
新冠疫情防控 …… 212
统一领导 …… 212
医疗保障 …… 212
流行病学调查队伍建设 …… 212
隔离场所建设 …… 213
核酸检测 …… 213
环境监测 …… 213
到麦盖提人员服务管理 …… 213
隔离观察点服务管理 …… 214
冷链物流监测 …… 214
发热病人接诊 …… 214
药店监管 …… 214
培训和演练 …… 214
常态化消杀 …… 215
场所防控 …… 215
督导检查 …… 215
基层卫生 …… 215
基层医疗卫生机构 …… 215
乡镇卫生院工作 …… 215
药品保障监管 …… 227
药品安全培训 …… 227
规范用药目录 …… 227
药品采购监督 …… 227
药品安全管理 …… 227
合理用药考核 …… 227
药学服务 …… 227
合理用药培训 …… 227
药品使用监测及综合评价 …… 228
监督检查 …… 228
人口与家庭健康 …… 228
新出生婴儿 …… 228
计划生育 …… 228
妇幼系统管理 …… 228
宣传教育 …… 228
免费孕前优生健康检查 …… 229

社会民生

居民生活……230
居民收支……230
居民存贷款……230
社会事业……230
出行改善……230
通信改善……230
住房改善……231
脱贫摘帽……231
城镇综合服务……231
就业创业……231
就业情况……231
就业培训……231
自主创业……231
民　政……231
城乡低保……231
临时救助……232
特殊儿童救助……232
残疾人救助……232
流浪人员救助……232
收养工作……232
特困人员供养……232
婚姻登记……233
地名区划……233
社会保障……233
社会保险……233
和谐劳动关系……233
住房保障……234
公共租赁住房建设……234
安居房建设……234
棚户区改造……234
医疗保障……234
局域联网……234
医保政策宣传……234
医疗保险基金管理……234
医疗保障基金监管……234
医疗保险稽核……235
医保资助……235
医疗救助……235
减征医疗保险费……235
窗口服务……235
老龄工作……235
集中供养……235
健康管理……235
退役军人事务……236
阵地建设……236
关心关爱……236
安置就业……237
社区建设和社会组织管理……237
社区建设……237
社会组织管理……237
精神文明建设……237
第二届全国文明创建活动……237
文明单位创建……237
新时代文明实践场所建设……237
志愿队伍建设……237

乡镇场概况·驻县团场

希依提墩乡……238
地理区划……238
人口民族……238
经济发展……238
民生保障……239
社会事业……239
央塔克乡……239
地理区划……239
人口民族……240
经济发展……240
民生保障……240
社会事业……240

吐曼塔勒乡 …… 240
地理区划 …… 240
人口民族 …… 241
经济发展 …… 241
民生保障 …… 241
社会事业 …… 242
尕孜库勒乡 …… 242
地理区划 …… 242
人口民族 …… 242
经济发展 …… 242
民生保障 …… 243
社会事业 …… 243
克孜勒阿瓦提乡 …… 243
地理区划 …… 243
人口民族 …… 243
经济发展 …… 243
民生保障 …… 244
社会事业 …… 244
库木库萨尔乡 …… 245
地理区划 …… 245
人口民族 …… 245
经济发展 …… 245
民生保障 …… 245
社会事业 …… 245
昂格特勒克乡 …… 246
地理区划 …… 246
人口民族 …… 246
经济发展 …… 246
民生保障 …… 246
社会事业 …… 247
库尔玛乡 …… 247
地理区划 …… 247
人口民族 …… 247
经济发展 …… 247
民生保障 …… 247
社会事业 …… 248
麦盖提镇 …… 248
地理区划 …… 248
人口民族 …… 248
经济发展 …… 248
民生保障 …… 249
社会事业 …… 249
巴扎结米镇 …… 249
地理区划 …… 249
人口民族 …… 249
经济发展 …… 249
民生保障 …… 250
社会事业 …… 250
五一林场 …… 251
地理区划 …… 251
人口民族 …… 251
经济发展 …… 251
民生保障 …… 251
社会事业 …… 251
胡杨林场 …… 252
地理区划 …… 252
人口民族 …… 252
经济发展 …… 252
民生保障 …… 252
社会事业 …… 252
兵团第三师四十五团 …… 253
沿革 …… 253
地理区划 …… 253
人口 …… 253
经济发展 …… 253
社会事业 …… 253
民生保障 …… 253
兵地共建 …… 254
向南发展 …… 254
群团工作 …… 254
矛盾纠纷化解 …… 254
兵团第三师四十六团 …… 255
沿革 …… 255
地理区划 …… 255

经济发展 …………………………… 255
社会事业 …………………………… 255
民生保障 …………………………… 255
疫情防控 …………………………… 256
矛盾纠纷化解 ……………………… 256

人物·集体

先进人物……………………………… 257
马晓伟 ……………………………… 257
吐来克·库完 ……………………… 257
先进集体……………………………… 258
人力资源和社会保障局 …………… 258
五一林场 …………………………… 258
麦盖提县第一小学 ………………… 258

附　录

麦盖提县国民经济和社会发展第十四个五年规划和二〇三五年远景目标纲要 …………………………………… 260

索　引

主题索引 …………………………… 311

完整准确贯彻新时代党的治疆方略
接续奋斗　砥砺前行
不断开创麦盖提各项工作新局面

——在中共麦盖提县委十一届八次全委（扩大）会议上的报告

（2021 年 1 月 8 日）

文福来

一、回顾总结工作，准确把握形势，切实增强做好 2021 年工作的信心和决心

2020 年是麦盖提极不容易、极不平凡、极不寻常的一年。面对突如其来的新冠肺炎疫情、严峻复杂的反恐形势、艰巨繁重的脱贫攻坚任务，县委团结带领各族干部群众，紧紧围绕总目标，众志成城、共克时艰，扎实推进“1+3”工作部署，圆满完成了“四个确保”目标任务。

新冠肺炎疫情实现零发生。坚持以“四早”为目标，严守“三道防线”，建立健全“八项监测预警机制”和应急处置工作机制，高标准改建定点救治医院、隔离场所，着力提升集中隔离、核酸检测、医疗救治、中药生产能力，有效应对了三轮疫情严峻考验，确保了人民群众生命安全和身体健康。

社会大局持续稳定。坚持运用法治思维和法治方式维护稳定、防范风险、处理问题、化解矛盾，深入推进扫黑除恶专项斗争，社会环境不断净化，群众基础更加牢固。

脱贫攻坚决战决胜。坚持“四个不摘”、落实“八个不变”，9 个包联督战专班、121 个包联作战工作组协同作战，各包联单位和帮扶干部持续定点帮扶，推动脱贫攻坚责任、政策、工作落实和“十二项工程”精准落地，实现贫困人口清零、贫困县摘帽。

经济发展稳中有进。预计全年生产总值较上年增长 6.5%，工业增加值增长 6%；固定资产投资增长 33%；一般公共预算收入增长 1%。打好蓝天、碧水、净土保卫战，污染防治成效明显。政府存量债务化解任务圆满完成。全域旅游加速推进，启动实施叶河流域生态旅游开发，实现旅游收入 2.45 亿元。20 项改革任务全面完成，行政审批制度改革取得新突破，发展软环境不断优化，招商引资到位资金 12.61 亿元。

*民族宗教和睦和谐。*民族团结“五个一”工程扎实推进，“民族团结一家亲”和民族团结联谊活动深入开展，各族群众交往交流交融更加密切，五一林场成功创建为自治区级民族团结模范集体。坚持新疆伊斯兰教中国化方向，依法加强宗教事务管理，37 个驻村管寺管委会发挥作用明显，宗教活动“五统一”、主麻礼拜“五步法”严格落实，“四项活动”管理服务到位，全县没有发生一起非法宗教活动。

*反分裂斗争深入推进。*大宣讲活动保持常态，宣传教育紧贴地气，习近平新时代中国特色社会主义思想、中国特色社会主义核心价值观和“五个认同”深入人心，干部群众的爱国感恩意识进一步增强。文化润疆工程稳步推进，文体活动蓬勃开展。对冲宗教极端思想渗透成效明显。

*人民生活不断改善。*城乡居民人均可支配收入分别增长 7.5%、9%。持续推进九项惠民工程，就业渠道不断拓宽，农村富余劳动力转移就业 7.87 万人次。义务教育阶段学生实现应入尽入，农村四年级以上学生实现应寄尽寄，初高中未升学未就业毕业生职业教育实现应纳尽纳。免费健康体检覆盖城乡居民，城西传染病医院建成投用。高标准建成县级残疾人事业保障中心、老年康养中心和 10 所乡镇幸福大院，社会保障水平不断提高。改造棚户区 4083 户，完成煤改电 8509 户。广泛开展城乡绿化行动，稳步推进塔克拉玛干沙漠百万亩防风固沙生态林建设，农村人居环境明显改善，各族群众幸福指数大幅提升。

*对口援疆成果喜人。*第十批 119 名援疆干部人才真情奉献，突出抓好干部人才援疆，务实推进产业援疆，扎实做好文化教育援疆，推进援疆向民生倾斜、向基层倾斜，全方位援疆不断深化，投入援疆资金 3.6 亿元，实施项目 24 个，有力地促进了社会稳定、助推了脱贫攻坚。

党的建设取得新成效。“不忘初心、牢记使命”主题教育不断深化，各级党员干部“四个意识”进一步增强，践行“两个维护”更加自觉。坚持“两个坚定不移”，村干部队伍建设不断加强、待遇大幅提升，新发展农村党员 534 名，163 支“访惠聚”驻村工作队作用充分发挥，村级党组织政治功能明显增强。全面落实管党治党“两个责任”，大力整治“四风”“四气”，基层减负成果进一步巩固。精准监督执纪，处置问题线索 1119 件，问责处理党员干部 1077 人次，政治生态持续向好。

*艰难方显勇毅，磨砺始得玉成。*成绩的取得，是以习近平同志为核心的党中央亲切关怀的结果，是自治区党委和地委坚强领导的结果，是中国证监会、山东省、深圳证券交易所、五家渠市无私援助的结果，是兵地融合发展的结果，是“访惠聚”驻村工作队辛勤工作的结果，也是全县各级党政、驻麦单位和各族干部群众团结奋斗的结果。在此，我代表县委向为麦盖提各项事业发展付出辛勤努力的同志们，表示衷心的感谢并致以崇高的敬意！

*在肯定成绩的同时，我们也要清醒地看到存在的困难和问题。*一是新冠肺炎疫情形势仍然严峻复杂。全球疫情呈高发态势，周边国家和地区疫情形势严峻，国内零星散发病例不断，而一些干部对常态化疫情防控的严峻形势认识不足，麻痹思想、厌战情绪、侥幸心理、松劲心态有所抬头，

落实常态化疫情防控措施不深不细，防疫工作还有不少漏洞。二是“三期叠加”的特殊形势没有根本改变。有的党员干部满足于已经取得的成果，盲目乐观、松懈麻痹，落实措施时紧时松。三是实现高质量发展还有不少的短板和弱项。当今世界正经历百年未有之大变局，国际环境日趋复杂，不稳定性不确定性明显增加，受新冠肺炎疫情影响，经济全球化遭遇逆流，世界进入动荡变革期。麦盖提县地处塔克拉玛干沙漠边缘，自然资源匮乏，生态环境脆弱，三次产业结构不合理，产业链条短、附加值不高；民生领域短板较多，水利等基础设施建设相对滞后，保障和改善民生的工作还需加强。四是干部作风还需持续转变。干部能力水平与新形势新任务新要求还不相适应，有的干部“四风”“四气”特别是形式主义、官僚主义仍然存在，不担当、不作为，作风建设仍任重而道远。这些问题亟待认真加以解决。

在前进的道路上，既有风险，也有挑战，更有机遇。一是党中央的关心关怀。以习近平同志为核心的党中央高度重视新疆工作、把新疆工作摆在事关党和国家工作全局的重要位置，召开第三次中央新疆工作座谈会，全面部署推动新疆社会稳定和长治久安的重点工作，为我们指明了前进方向、提供了根本遵循。二是各类政策叠加增效。喀什处于丝绸之路经济带核心区的重要位置，国家赋予喀什诸多特殊优惠政策，对南疆产业发展继续给予特殊支持，为麦盖提县经济社会发展注入新动力。三是稳定、防疫红利充分释放。全县各族干部群众团结一心、攻坚克难，将涓滴之力汇聚成磅礴伟力，构筑起维护稳定和疫情防控的铜墙铁壁，社会大局持续稳定，各族人民自信自强，为促进经济高质量发展营造了良好环境。

征途漫漫，唯有奋斗。2021年是中国共产党成立100周年，是实施“十四五”规划、开启全面建设社会主义现代化国家新征程的开局之年，是两个百年奋斗目标交会与转换之年。我们要坚定不移贯彻落实习近平新时代中国特色社会主义思想，完整准确贯彻新时代党的治疆方略，全面落实自治区党委、地委的部署要求，坚持一张蓝图绘到底，咬定目标不放松，不断开创麦盖提各项工作新局面。

二、坚持用党的创新理论武装头脑、指导实践，扎实推进党中央决策部署和自治区党委、地委工作要求落地生根

全县各级党组织要以高度的政治自觉、思想自觉、行动自觉，坚持把学习宣传贯彻党的十九届五中全会、第三次中央新疆工作座谈会、中央经济工作会议、中央农村工作会议和自治区党委九届十一次全会、自治区党委经济工作会议及地委扩大会议精神，作为当前和今后一个时期的重要政治任务，加强领导、精心组织，持续学习领会、完整准确把握、狠抓贯彻落实，自觉用会议精神统一思想、统一认识、统一步调、统一行动。

（一）持续学习领会，推动入脑入心。县四大班子领导要带头读原著、学原文、悟原理，充分发挥表率作用，深入分管单位、包联乡镇领学、讲学、督学，带动各级党政深入学习会议精神。各党委（党组）要用好常态化学习机制，通过理论中心组学习、专题学习培训等形式，全面系统学、深入思考学、联系实际学，深刻领会党的十九届五中全会、第三次中央新疆工作座谈会、中央经济工作会议和自治区党委九届十一次全会、地委扩大会议的核心要义和精神实质，完整准确贯彻新时代党的治

疆方略，真正做到学深悟透、内化于心、外化于行。在集中学习后要开展交流研讨，通过研讨统一思想、凝聚共识，推动学习贯彻往深里走、往心里走、往实里走。要扎实开展培训，充分发挥县乡党校的培训主阵地作用，分期分批对党员干部进行系统培训，做到人员、时间、内容、效果“四落实”。

（二）深入宣传宣讲，推动家喻户晓。要充分利用广播电视、乡村大喇叭等传统媒介和麦盖提零距离、抖音、快手等新媒体，多渠道、全方位宣传党的十九届五中全会、第三次中央新疆工作座谈会、中央经济工作会议和自治区党委九届十一次全会精神，营造浓厚的氛围。县四大班子领导要带头讲党课、作辅导、开展宣讲，发挥好县乡宣讲团和“草根”宣讲员的作用，利用好包联帮扶干部、“访惠聚”驻村工作队入户走访、扶贫帮困等时机，多采用“苞谷馕”式的语言和喜闻乐见的方式，面对面宣讲、点对点送学，分层分类开展宣讲活动，推动会议精神进机关、进农村、进社区、进企业、进校园、进军营、进宗教场所，深入基层、深入人心。

（三）狠抓贯彻落实，推动落地生根。习近平总书记的系列重要讲话是指方向、明方略、绘蓝图的纲领性文献，自治区党委围绕贯彻落实党的十九届五中全会、第三次中央新疆工作座谈会、中央经济工作会议精神也作了详细具体的安排，地委结合喀什实际制定了工作方案，我们要结合工作实际和职责任务，研究制定贯彻落实具体方案，逐条逐项细化分解重点任务，一项工作一项工作研究，一件事情一件事情落实，切实把目标变为结果，把蓝图变为现实，在全面建设社会主义现代化麦盖提新征程中开好局、起好步。

三、坚持依法办事，运用法治思维和法治方式维护社会大局稳定

四、坚持外防输入、内防反弹，慎终如始抓好常态化疫情防控

习近平总书记多次强调，疫情防控成绩来之不易，必须倍加珍惜；要时刻绷紧疫情防控这根弦，慎终如始、再接再厉，持续抓好外防输入、内防反弹工作，决不能让来之不易的疫情防控成果前功尽弃。要充分认清疫情防控的政治性和特殊重要性，全面贯彻坚定信心、同舟共济、科学防治、精准施策的总要求，切实做到思想、措施、机制、责任“四个不放松”，强化“外防输入、内防反弹”各项措施，全力守护好人民群众生命安全和身体健康。

（一）压实责任，坚决防止疫情输入。始终把外防输入作为常态化疫情防控的首要任务，坚持面上放开、点上精准、关口前置、首站负责、闭环管理的工作策略，坚持人、车、物同防，严格把守“三道防线”，确保不漏一人、不疏一环。要守好县门，加强人员力量，紧盯重点、分类施策，充分发挥前端专班、县门把守专班作用，落实好信息登记、查“行程码”、扫“健康码”、测体温、核酸检测、环境物品消杀等重点工作，第一时间将有风险人员及物品筛查出来、跟踪管控到位，对“四类人员”做到应隔尽隔。要守好村（社区）大门，健全完善城乡、村（社区）联防联控的工作机制和群防群控的组织体系，每村保留一个出入口，严把人员进出关，压实“五包一”防控责任，强化网格化、精细化管理，做到对来往人员底数清、情况明，切实发挥基层末梢的预警功能。要守好行业单位院门，各行业、各单位、各类场所要落实好测体温、不聚集、戴口罩、扫码登记、消毒消杀等措施，坚决看好自己的门、管好

自己的人。敬老院、福利院、监所、学校、幼儿园等重点场所要严格封闭式管理，最大限度减少对外接触，确保绝对安全。

（二）健全机制，坚决防止疫情反弹。 充分认识当前疫情高发期的严峻形势，突出“四早”这个关键、“预警”这个核心，坚持专班专人专责，以核酸筛查检测为最有效手段，加强对重点人员、重点场所、高危物品、重点车辆、重点环境的监测防控，落实落细“八项监测预警机制”，切实做到及时发现、快速处置、精准管控、有效管控。要抓好重点人群和全员核酸检测预警机制落实，科学制定检测方案，动态调整重点人群分类，强化采样、检测工作人员培训力度，不断提升检测效率和质量。依托“和易行”预警平台，加强数据分析和风险分析，及时查漏补缺，确保科学精准、不漏一人。要抓好环境监测预警机制落实，精细化确定高危环境、重点环境、一般环境，科学划定采样检测范围，细化到具体点位，对地区以外入麦货物及批零市场等做到每3天检测一次、地区以内的每7天检测一次、县域内的每14天检测一次，做到人、物、环境同检同查全覆盖。要抓好所有医疗机构药店预警机制落实，全面摸排诊所就诊和药店售药情况，对“八大症状”人员和购买“四类药”的重点监测人群全部登记造册，及时录入平台，动态跟踪观察，增加检测频次，及时消除隐患。要抓好交通运输人和物的监测预警机制落实，常态化做好物流企业人员核酸检测和物资、车辆、场所全面消杀，严格落实中高风险地区人员、车辆、集装箱、货物核酸检测、集中管理、消杀等工作。要抓好冷链食品冷链物流监测预警机制落实，坚决不得从国外进口和中高风险地区购入冷链物品，对从国内低风险地区购入的要实行严格备案制度，对所有批发、零售冷链产品进行抽样检测全覆盖。要抓好人员不聚集监督管理预警机制落实，对中高风险人群进行严格管控，一律不得聚集；一般人群聚集要严格把关，不得超过限定人数；加强对人员密集场所的管理，控制人员数量，及时进行分流，做到不扎堆、不聚集。要抓好环境消毒消杀预警机制落实，围绕高危行业、高危区域、高危环境聚集区域，常态化开展预防性消杀，对承接地区以外来麦物品高频接触环境每天消杀3次、地区以内的和县域内流动的每天消杀2次。要抓好健康码运用预警机制落实，配齐配强6个专项组人员力量，健全工作机制，动态掌握检测、赋码、扫码等情况，及时消除“黄码”，做到精准管控。

（三）紧扣实战，坚决确保备战到位。 要做好长期作战的思想准备、工作准备和保障准备，做到人员到位、设备到位、物资到位、培训到位、能力到位，确保一旦有事心中有数、不打乱仗。要强化战时保障，加大对防疫工作人、财、物的投入力度，确保资金、物资、实验室、设备等提前准备到位；要做好备用隔离点日常维护，确保一旦启动应急处置工作机制，随时可以入住使用；要按照3个月的储备量，提前将中药及各类生活、医疗物资准备到位，确保战时保障有力。要完善工作流程，认真总结去年疫情防控工作的经验教训，抓住重点人群核酸检测、环境监测和以发热为主的“八大症状”等预警关键机制，对疫情触发后的具体部署、力量组成、工作流程搞清搞透，明确每个点位的权限、任务，使监测、预警和处置各环节都能无缝衔接，做到平时好用、战时管用。要注重专业培训，各专项工作组要针对核酸检测、阳性患者转运、流调溯源、环境消杀、隔离点管理和基层日常防控、社会面管控、居家服务、心理疏导等工作，对相关人员进行分级分层轮训，提升工作能力。要加强实战演练，卫生、疾控、医院、公安等部门要按照“预、演、练、战”的要求，通过桌面推演和情景模拟等方式，就疫情响应、道路封控、人员转运、场所消杀、诊疗救治、流调溯源、院感防护等工作常态进行模拟演练，不断在演练中发现问题、完善预案、磨合机制、锻炼队伍。

（四）加强统筹，坚决做到常态精准。不断总结经验、把握规律，做到科学防控、精准防控、依法防控。要优化防控体系，保持县委统一领导下的疫情防控领导小组和指挥部工作机制不变，进一步健全上下协同、协调配合、运行高效、平战结合的指挥体系，确保一旦发生疫情迅速处置、联动处置，防止贻误战机。要强化防控责任，进一步强化属地责任、领导责任、部门单位责任，主要领导要加强统筹协调，分管领导要具体抓好落实，行业部门要强化业务指导，切实将防控责任压实到基层末梢、细化到最小单元、量化到人到岗。要突出科学精准，牢固树立科学意识、法治思维和担当精神，妥善处理好保持秩序和增强活力、严格防控和方便群众的关系，做到科学精准防控和维护正常生产生活秩序相适应、应急突发处置和实时动态调整相统一，坚持不懈地落实好“四个打通”“十个搞好”的工作要求，杜绝简单机械、层层加码、过度防控和懒政怠政。要推动常态落实，“八项监测预警机制”各工作专班要坚持每日分析，查找工作中的问题漏洞、提出改进措施；县疫情防控工作领导小组和指挥部要每天分析疫情防控形势，科学调整防控措施，确保疫情防控各项工作无盲区、无缝隙、无空白点。

五、树牢安全发展理念，牢牢守住安全生产底线

习近平总书记指出，生命重于泰山。安全生产事关改革发展、社会稳定大局，事关人民生命财产安全。全县各级党政要从树牢“四个意识”、坚定“四个自信”的高度，站在人民的立场全力抓好安全生产工作，确保人民生命财产安全。

（一）压紧压实责任。要压实党政属地管理责任，各级党政主要领导要切实扛起“第一责任人”责任，其他班子成员要落实“一岗双责”，及时研究解决事关安全发展重大政策和问题；压实行业部门监管责任，县应急、公安、交通、住建、商工、文旅、消防等行业安全监管部门要严把安全生产准入条件，加强安全生产监督检查，实施严格监管和有效指导，严厉打击安全生产非法违法行为；压实各企业主体责任，督促企业严格落实业务管理和安全生产“双责任”，建立健全严密的安全生产责任体系，加快安全生产标准化建设，不断提高企业制度化、规范化、标准化管理水平。

（二）排查整治隐患。以安全生产三年专项整治行动为抓手，聚焦“治大隐患、防大事故”目标，坚持把事故防范关口前移，紧盯易发生群死群伤事故的重点行业领域，坚持多部门联动，持续深入开展安全生产专项治理，特别要紧盯园区企业、农贸市场、景区景点、商超、医院、学校等人员密集场所，突出城市安全运行和农村道路安全等薄弱环节，认真开展隐患排查治理，确保不留盲区、不留死角。

（三）强化宣传培训。充分利用新时代文明实践所（站）、干部入户走访等时机，开展用气用电、燃煤取暖、道路交通、农机操作等安全常识大宣讲，扎实开展安全生产月等主题宣传活动，普及安全知识，

强化警示教育，提高安全意识。加强应急管理、防灾减灾救灾培训，着力提高各级各部门和全社会应急意识和应急能力。

（四）严格考核奖惩。强化安全生产目标管理考核，健全完善考核评价体系，落实安全生产“一票否决”制，对安全生产工作成绩突出的单位和个人，大张旗鼓地表彰；对安全生产工作局面被动的单位，及时约谈提醒，限期完成整改；对发生安全生产责任事故的，依法依规从严从重惩处，以铁的纪律、铁的决心、铁的手段抓好安全生产工作。

六、贯彻新发展理念，推动经济高质量发展

习近平总书记指出，发展是新疆长治久安的重要基础。全县各级党政要牢牢把握稳中求进工作总基调，坚定不移贯彻新发展理念，全力推动经济高质量发展。2021 年，力争全县生产总值增长 10.81%，工业增加值增长 35%，固定资产投资增长 22%，社会消费品零售总额增长 8.5%，一般公共预算收入增长 8%，城乡居民人均可支配收入分别增长 7% 和 9%。

（一）培育壮大优势产业。坚持用工业化理念谋划产业，推进一、二、三产业深度融合发展。

一是做优一产上规模。要抓好农业结构优化调整，坚持“稳粮、优棉、增菜、促经、强畜、兴果”的农业产业结构调整思路，全力推动农业提质增效、农民持续增收、农村稳步发展。要稳定粮食面积，优化粮食品种，加强 25 万亩小麦田间管理，落实 15 万亩玉米种植，确保粮食总产达 17 万吨。优化棉花布局，坚持“一主一辅”品种布局，将优质高产棉花种植面积稳定在 50 万亩，大力推广机采棉，确保皮棉总产达 7 万吨以上，打造国家级优质棉生产基地。做优特色林果业，新定植特色林果 1.8 万亩，加强 56 万亩红枣、20 万亩核桃日常管理，持续开展提质增效行动，力争林果总产达到 30 万吨以上，着力打造国家级麦盖提灰枣生产基地。扩大香蕉梨、冬香梨、新梅、苹果等特色优质水果种植面积，不断拓宽增收渠道。大力发展“安格斯”肉牛产业，逐步淘汰土杂品种，坚持“养殖基地 + 合作社 + 农户”的发展模式，辐射带动千家万户科学养殖，年内实现“安格斯”肉牛存栏 5 万头以上，打造国家级“安格斯”肉牛核心繁育基地。狠抓“菜篮子”工程，新建日光温室 1000 座，落实 4 万亩露地蔬菜种植，实现“春提早、夏排开、秋延后、冬补缺”压茬衔接，确保蔬菜供应充足。围绕市场和农产品加工企业需求，发展小茴香、刀郎土瓜、色素辣椒、金银花等特色经济作物 20 万亩；发挥家禽孵化基地作用，发展家禽养殖 350 万只（羽）以上，有效拓宽农民增收渠道。要抓好农业科技推广，实施科技示范工程，抓好 4.13 万亩农作物良种繁育基地和 1 个红枣种质资源圃建设，发挥 7 个“安格斯”肉牛、1 个西门塔尔牛、1 个刀郎羊良种繁育场和 110 个林果科技示范园的作用，带动千家万户提升科学种植养殖水平。要抓好产业化经营，扶优扶强 20 家农民专业合作社，支持现有农业企业发展精深加工。充分发挥 15 家农业产业化龙头企业的带动作用，促进农产品就地加工转化，延伸产业链、提高附加值。

二是做强二产上台阶。要提升农副产品加工产业发展水平，围绕红枣、馕、“安格斯”肉牛资源，推动全产业链发展，引进 2～3 家农副产品精深加工龙头企业，推动农副产品 90% 以上实现初加工、40% 以上精深加工。要提升劳动密集型产业发展质量，大力发展纺织服装、电子产品、体育

用品加工等产业，加快推进利泰丝路24万锭纺纱项目全面投产，培育发展电路板生产、LED灯珠封装、SMT贴片及DOB光源板产业，形成智慧LED灯饰全产业链；以羽毛球拍生产为依托，招引跳绳、篮球、排球、体育服饰等生产加工企业落地，打造体育用品生产基地。要提升新兴产业发展活力，支持星联科技高堡膜生产项目建设，变农田“白色污染”为“绿色再生资源”。依托塔克拉玛干沙漠百万亩防风固沙生态林，大力发展大芸、甘草等中药材生产，扩大金银花、枸杞等特色种植面积，打造中医药生产加工基地。

三是做大三产上水平。要推动全域旅游发展，围绕“三园”（叶河生态文化园、五一林场桃花园、刀馕产业园），打造“四条精品旅游路线”，即：叶尔羌河流域生态旅游线；刀郎画乡—百万亩防风固沙生态林—N39°沙漠探险旅游线；刀郎乡里—刀郎湖—万亩精品枣园旅游线；26万亩原始胡杨林旅游线，推动形成全域旅游新格局。加强旅游营销策划，认真办好节庆旅游活动，推动旅游业持续快速发展，力争全年接待游客60万人次，旅游收入3亿元。要推动商贸物流产业发展，加快物流资源整合，提升平翔物流园承载能力，打造标准化的物流示范园。高标准建设农副产品交易中心，打造集仓储、运输、加工、配送、电商为一体的多功能一站式现代农副产品交易中心。盘活建材交易市场和农资市场，使之尽快发挥效益。

（二）全力做强园区经济。坚持务实管用原则，理顺体制机制，强化服务意识，聚集优势要素，发展特色板块，做大做强园区经济。要加快喀什经济开发区麦盖提产业园建设，坚持科学规划、合理布局，全力推进“飞地园区”4万平方米标准化厂房、5500平方米企业服务中心和“七通一平”基础设施建设，力争8月底前完工投用，不断提升园区承载能力，加强宣传推介和招商引资，吸纳优质企业入驻。要提升城西城南工业园区承载力，完成园区3万平方米标准厂房及配套附属建设，抓好环境绿化亮化等工作，推进餐饮娱乐、文化体育、住房等综合服务体系建设，打造宜业宜商宜居的园区发展环境；抓好员工技能培训，协调做好企业用工招录工作，特别要注重吸纳特殊困难群体到园区企业就业。稳步推进乡镇产业园建设，使之成为与县工业园区梯次互补、辐射带动村级卫星工厂的中小微企业集聚地。要做大做强主导产业，按照地区“十大产业”发展方向和集中发展重点产业、主导产业的要求，重点扶持利泰丝路、刀郎阳光、五征现代农业、麦腾牧业、新疆枣都、比通达电子等企业发展壮大，做大做强农副产品精深加工、纺织服装、电子组装加工产业，培育发展医疗器械、灯具灯饰、体育用品、中医药等产业，逐步形成2～3个骨干优势产业和3～4个劳动密集型产业支撑县域经济发展新格局。要加强园区党的建设，发挥园区党工委的领导核心作用，健全、完善、落实组织生活制度，建设一支懂经济、懂经营、会招商、善做群众工作的专业化园区干部队伍，注重发挥援疆干部优势，扎实推进招商引资工作，切实将党建优势转化为企业发展优势。要完善园区考核机制，把园区考核作为评定高质量发展的重要内容，把项目落地、产业集聚、解决就业等作为硬指标，加强对园区工作考核，考核结果作为干部使用的重要依据。

（三）全力实施项目带动战略。抢抓国家和自治区政策支持的机遇，配强项目工作专班，强化项目储备库建设，做到“开工一批、储备一批、建设一批”，以重点项目建设扩大投资、促进消费。要加强基础设施建设，年内完成麦盖提通用机场建设的前期工作，促进麦喀铁路、巴莎铁路等重点项目尽早开工。实施好叶尔羌河流域麦盖提段生态治理工程，新建防渗渠道36.52千米，对希依提墩乡、央塔克乡、吐曼塔勒乡、昂格特勒克乡472千米农村饮水安全管网进行提升改造。加快“5G+”“5G+宽带”建设，新建5G基站101个，实现城乡全覆盖。高质量完成10936户农村居民“煤改电”任务，不断完善县城供排水、供热、天然气管网等基础设施，提升城市承载能力。要激活社会消费活力，扩大生活消费，发展夜间经济和“跳蚤市场”，鼓励各大商超、饭店延长营业时间，开展晚间促销活动；鼓励汽车消费，加大对汽车个人消费信贷支持力度，完善加油加气站和新能源汽车充电设施，满足群众消费需求；高标准完成国家电子商务进农村综合示范县项目，力争国家项目二次覆盖。以满足消费升级、农产品外销、产业转型和城市发展为目标，加快构建“物流分拨中心、专业配送中心、末端配送网点”县乡村三级网络为主的城乡配送体系，畅通农产品上行“最初一千米”和工业品下行“最后一千米”。

（四）全力推进脱贫攻坚同乡村振兴有效衔接。刚刚闭幕的中央农村工作会议明确，脱贫攻坚目标任务完成后，对摆脱贫困的县，从脱贫之日起设立5年过渡期。要准确把握过渡期内的主要任务，突出重点工作，持续巩固拓展脱贫攻坚成果，接续推进脱贫攻坚与乡村振兴有机衔接。要压实扶贫政治责任，坚持“四个不摘”，落实“八个不变”，保持现有帮扶政策、资金支持、帮扶力量总体稳定，持续抓好“冬季攻势”宣传培训、项目资产、巩固拓展、问题整改四件事，把工作精力放在谋划项目建设、增强内生发展动力上来。要细化包联帮扶举措，坚持县领导包乡、乡领导包村、干部包户的包联工作机制，持续推进“五个一”和“两个全覆盖”工程；深化援疆扶贫、社会扶贫和区内协作，加大与中国证监会、深圳证券交易所、山东省日照市和五家渠市的协作对接力度，持续巩固脱贫成果，接续推进乡村振兴。要强化产业促进就业，深入推进一、二、三产业融合发展，持续发挥庭院经济、农民专业合作社、良繁中心和保鲜库作用，健全完善产供销一体化运营机制。持续加大稳岗就业力度，深入开展国家通用语言教育和就业技能培训，加大岗位开发对接，落实好“三托一转”政策，引导各族群众走出去到疆内外就业，确保有外出转移就业意愿的劳动力应转尽转、持续增收。要强化项目资金落实，坚持一个项目一个专班，周调度、月推进，加快项目建设进度，确保年度计划内项目9月底前全部竣工达效。严格落实扶贫项目资金国库集中支付和公告公示制度，强化项目后续管理，健全资产登记制度，确保资金安全、项目长期发挥效益。要加强返贫致贫监测，坚持预警在先、防范在前，用好脱贫攻坚大数据平台，落实周采集、半月比对、月评估工作机制，及时发现并识别存在返贫致贫风险，采取有针对性的帮扶措施，切实做到实时监测、即时预警、未返即防。要深入实施乡村建设行动，不断完善乡村基础设施，进一步巩固提升农村改厨改厕成果，因地制宜推进生活垃圾、生活污水处理设施建设，加快补齐短板弱项。加大村容村貌整治力度，持续开展“五清”专项行动，推进庭院经济发展，不断改善农村生产生活环境。要抓好农产品销售，充分发挥县级电子商务公共服务中心作用，常态开展网络直播带货，打造一批优质农畜产品电商品牌。积极对接疆内各大商超，实行点对点配送，不断拓宽农副产品销售渠道。要加强扶志扶智，充分利用宣传宣讲、新时代文明实践所（站）等时机，依托广播电视、微信公众号等载体，大力宣传脱贫致富典型事迹，持续发挥爱心美德公益超市激励作用，激发群众内生动力。

（五）**全力推进新型城镇化**。坚持以人为核心的城镇化，促进人口与产业协同集聚、产业发展同城镇建设有机融合，努力实现产业聚人、城市留人。加速城镇化发展进程，以县城为核心，辐射带动巴扎结米镇、库木库萨尔乡、昂格特勒克乡协同发展；以城西工业园区为中心，带动希依提墩乡一体化发展；以吐曼塔勒乡为副中心，辐射带动央塔克乡、库尔玛乡发展；以克孜勒阿瓦提乡为支点，带动尕孜库勒乡发展。加快推动城乡融合发展，依托地理区位和红枣、核桃、设施农业、“安格斯”肉牛、旅游等特色产业，加快希依提墩乡、央塔克乡、吐曼塔勒乡、克孜勒阿瓦提乡、库木库萨尔乡特色小城镇建设，把乡镇建设成为服务农民的就近就业中心、产业服务中心和生活服务中心，稳步推进央塔克乡、吐曼塔勒乡、尕孜库勒乡、克孜勒阿瓦提乡、库木库萨尔乡撤乡建镇。大力实施城市更新行动，推进城镇保障性安居工程建设，新建公共租赁房300套，改造棚户区800套，抓好15个老旧小区和六社区老城区改造，加快众合领秀、百汇丽景、天裕国际、德润世纪、博望城等房地产项目建设，试点开展租赁住房、长租房和租赁市场化运作，多途径保障群众住房需求。充分利用城市拆迁和改造地块，合理布局街头绿地、小游园等休憩场所和停车场、公共厕所，试点推行城市绿化养护市场化运作，让城市成为生态良好的休闲地。全面放开城镇落户条件，落实农业户籍人口在城镇落户后一定时期内享受城乡双重政策，支持有能力在城镇稳定就业和生活的农业人口举家进城落户，有序推进农业转移人口市民化，吸引更多农村群众进城就业生活。

（六）**全力抓好全面深化改革**。坚持以深化改革为动力、以制度为保障，在关键点上持续用劲，不断增强经济发展的动力和活力。要深化“放管服”改革，落实政府权责清单制度，推动政务一体化平台应用，以线上“一网通办”、线下“只进一扇门”、现场“最多跑一次”为目标，全面推行“一表申请、一门受理、一次审核”的企业登记模式，优化审批程序，提高办事效率，激发市场活力。要构建亲清政商关系，对发展潜力大的民营企业实行梯队培优，在企业用地、人才引进、金融支持等方面给予重点扶持，严厉惩处为企服务不作为、慢作为，乱收滥罚等违纪违法行为，打通“堵点”、解决“痛点”，着力营造亲商、安商、稳商、富商的良好投资环境。要加强财税金融工作，牢固树立过紧日子的思想，坚持依法征税，落实减税降费政策，强化财政资金预算绩效管理，大力压缩一般性支出和“三公”经费，把有限的资金用在保工资、保运转、保基本民生、保稳定支出、保疫情防控、保重点建设上。完善普惠金融服务体系，加强政银企对接，缓解民营和中小微企业融资难融资贵问题，提高金融服务实体经济能力。要深化农业农村改革，持续抓好农村集体产权制度改革，稳慎推进农村宅基地制度改革，严格落实“一户一宅”规定，严禁未批先建、超面积占用宅基地。落实好第二轮土地承包权到期后再延长30年政策，加强永久性基本农田保护，推进农业水价综合改革，为农业农村发展提供有力保障。

（七）全力扩大对内对外开放。立足自身资源优势，坚持“引进来”和“走出去”并重，不断激发县域经济发展活力。要积极融入丝绸之路经济带核心区建设，围绕自治区“一港”“两区”“五大中心”“口岸经济带”重点部署和地区“建设丝绸之路经济带核心区南疆支点”的发展定位，借助中欧班列货物集拼集运优势，用好到周边国家的货运直通航班和陆路运输资源，积极与地区行业部门对接，融入地区货运编组物流体系，进一步提升本地产品出口能力。要加大招商引资力度，从本地干部和援疆干部中优选能招商、善招商、愿招商的干部，充实到招商队伍，配强招商引资工作专班，加强项目宣传推介，重点围绕纺织服装鞋帽、电子产品组装、农产品精深加工等劳动密集型产业开展全产业链招商，力争招商引资到位资金14亿元以上。

（八）全力做好对口援疆工作。充分发挥对口援疆工作的战略优势，在广度拓展、深度挖掘、力度强化上下功夫。要继续加大产业援疆力度，抓住其他省（市）产业转移的机遇，围绕促进就业加大产业援疆力度，着力引进一批质量高、效益好、带动能力强的劳动密集型企业，促进各族群众就近就地稳定就业。在日照重要景区景点建设“麦盖提夜市”，宣传推介麦盖提美食、特产及文化，搭建麦盖提农村富余劳动力转移就业新平台。要继续加大教育医疗援疆力度，借助日照教育资源优势，举办“日麦校长论坛”，组织齐鲁名师、名校长来麦送教讲学，推动日照市10所学校与麦盖提学校建立“学校发展共同体”“教师研修共同体”。完善日照妇保院业务托管麦盖提妇保院机制，帮助麦盖提人民医院发展骨科、康复科，推进县域内“医联体”建设。要继续加大干部人才援疆力度，坚持“请进来”“送出去”相结合，积极引进更多懂经济、懂农业、懂技术的援疆干部人才到麦盖提工作，分期分批选派本地干部人才赴援疆省市交流学习，为麦盖提发展提供有力人才支撑。要继续加大“三交”力度，广泛开展文化交流、学习考察、结亲交友等活动，深度推进各民族交往交流交融。

（九）全力推进兵地融合发展。牢固树立“兵地一盘棋”的思想，加强沟通协调，健全完善兵地融合沟通协作长效机制，深化拓展兵地全方位融合发展。要加强兵地防疫协作，坚持以地方为主、兵地联动的分工协调机制，进一步完善兵地双方沟通交流、联席会议、工作协商、联防联控等制度，形成兵地一体、上下联动、信息共享、反应高效、处置有力的防疫体系，不断提升协同作战的能力水平。要支持驻麦团场发展，加强兵地双方资源整合，积极探索建立产业化经营利益联结机制，形成兵地协作共赢的经营模式，促进兵地共同融入“丝绸之路经济带核心区”建设，构建符合县域特点、促进兵地共同发展的现代化产业体系。要深化兵地共建，深入推进兵地政治、经济、文化、社会、生态文明和干部人才等多方位融合，推动形成责任共担、产业发展共赢、城镇建设共推、社会服务共享、文化交流共融、生态文明共建、民族团结共创、干部人才共用的良好局面。

七、不断巩固加强民族团结，铸牢中华民族共同体意识

习近平总书记强调，要以铸牢中华民族共同体意识为主线，不断巩固各民族大团结。要高举各民族大团结的旗帜，把加强民族团结作为基础性、长远性的工作来抓，促进各民族交往交流交融。

（一）坚定不移贯彻落实党的民族政策。坚决贯彻落实民族区域自治制度和民族区域自治法，深入开展党的民族政策宣传，增强中华民族大家庭意识。坚持用法律保障民族团结，既依法全面保障各民族的合法权益，又依法严厉打击破坏民族团结的行为，促进各民族和睦相处、和衷共济、和谐发展。

（二）深化中华民族共同体意识宣传教育。把中华民族共同体意识纳入国民教育、干部教育、社会教育全过程，构建课堂教学、社会实践、主题教育多位一体的教育平台，开展形式多样的民族团结主题教育和社会实践活动，讲好中华民族故事、讲好民族大团结故事，让民族团结正能量更充沛、主旋律更强劲。深化民族团结先进典型事迹宣传，通过宣传宣讲、网上互动、图片展览、公益广告、微信微博等形式和载体，深化"三个离不开"宣传教育，营造加强民族团结、维护祖国统一、反对民族分裂的浓厚氛围。

（三）深入开展民族团结进步创建活动。坚持把民族团结进步创建纳入经济社会发展总体规划，扎实开展民族团结进步创建"十进"活动，不断深化民族团结"五个一"工程，积极开展民族团结进步"好学生""好居民""好员工""好邻居"等创建微行动，建设一批标准化、多样化、特色化的民族团结进步教育基地，每年要创建和表彰一批民族团结机关、单位、社区、小区、学校，选树和表彰一批民族团结示范户、优秀结亲干部等先进典型，努力争创全国民族团结进步模范县。

（四）促进各族群众广泛交往、全面交流、深度交融。不断完善"民族团结一家亲"和民族团结联谊活动，常态化开展"三进两联一交友"活动，引导各族干部群众多层次、多方式、多形式走动互动，不断推动民族团结往深里走、往心里走、往实里走。继续组织宗教教职人员、基层干部群众、青少年及社会各界人士到其他省市参观学习，把对口援疆工作打造成民族团结工程。通过政策引导、经济补助、教育资源倾斜等方式，构建各民族嵌入式的社会结构和社区环境，创造各族群众共居、共学、共事、共乐的社会条件，推动各族群众守望相助、深度融合。

八、扎实推进文化润疆工程，打好意识形态领域主动仗

习近平总书记强调，要深入做好意识形态领域工作，深入开展文化润疆工程。全县各级党政要全面贯彻落实党中央关于加强意识形态工作的决策部署，持续强化意识形态领导权意识、阵地意识、底线意识，坚定不移举旗帜、聚民心、育新人、兴文化、展形象，确保意识形态工作正确政治方向。

（一）严格落实意识形态工作责任制。深入贯彻落实新疆若干历史问题研究座谈纪要精神，加强对各类宣传文化产品出版刊播前的审读工作，持续深入开展"习近平新时代中国特色社会主义思想进万家"活动，强化社会主义核心价值观教育，讲好中国故事、传播好中国声音，引导各族干部群众树立正确的国家观、历史观、民族观、文化观、宗教观。

（二）加强基层宣传文化阵地建设。建设好管理好使用好新时代文明实践中心，依托文化馆、展览馆、图书馆和文化广场，推动新时代文明实践活动在县域蓬勃开展。加快推进乡镇新时代文明实践所和村级新时代文明实践站、新疆"四史"教育基地建设，乡村新时代文明实践所（站）要在3月底前实现全覆盖，村（社区）新疆"四史"

教育基地要在两周内建成投用。

（三）扎实推进现代文明建设。持续开展“三新”活动，倡导科学、文明、健康的习俗风尚，大力传播现代理念和行为方式。以建党100周年为主线，创作一批反映麦盖提县政治、经济、文化、生态、脱贫攻坚、援疆成就等主题的歌舞晚会、风情图集、小品、短剧等精品文艺作品，进一步丰富和完善《永恒的刀郎》舞台剧，精心打造一台展现麦盖提新时代、新气象、新变化的精品歌舞剧，常态化开展“我们的中国梦—文化进万家”“每村每周一场群众性文体活动、每月一场文艺演出”，丰富各族群众精神文化生活。

（四）坚定不移地推广国家通用语言文字教育。依托新时代文明实践所（站）和技工学校等载体，选配专兼职国家通用语言教师，精心制订教学计划，加强中青年群体的国家通用语言文字培训，不断提高国家通用语言应用能力和使用水平，为各族群众更好地外出务工就业、生产生活、融入当地社会搭建良好平台。

（五）切实做好知识分子工作。严格落实党的知识分子政策，充分尊重劳动、尊重知识、尊重人才、尊重创造，积极为教育、医疗、文化、科技工作者干事创业搭建平台，鼓励其在各自岗位上建功立业、发挥作用。精细化做好知识分子的团结教育工作，对受到问题教材影响的教师、受宗教极端思想毒害的知识分子，坚持正向引领，加强教育培训，肃清思想流毒；对受处理的知识分子，坚持一人一策，不歧视、多关心，真正做到“团结大多数、打击极少数”。

（六）加强文化人才队伍建设。健全公共文化服务人才培养、使用、激励机制，大力挖掘乡村文化能人、乡土文化专家，激发各类文艺团体和广大文艺创作者的创作积极性，打造一支门类齐全、结构合理、梯次分明、素质优良的公共文化服务队伍。

九、深入贯彻新时代党的治疆方略，切实抓好28件事

为深入贯彻落实第三次中央新疆工作座谈会精神，自治区党委将重点工作细化为30项具体工作，其中涉及麦盖提县的有28项：1.稳妥推进国家通用语言文字教育，切实发挥学校教育的基础阵地作用、党政机关的带头作用、新闻媒体的引领作用、公共服务行业的窗口作用，不断提升国家通用语言文字普及程度。2.完善“民族团结一家亲”和民族团结联谊活动，不断丰富和创新活动的载体形式，密切干群关系，夯实社会稳定和长治久安总目标根基。3.推进各民族学生混班混宿，以学校、班级、宿舍为单位，开展丰富多彩的民族团结实践活动，让民族团结之花在各民族学生心灵深处生根发芽、开花结果。4.改善其他省（市）麦盖提籍人员服务管理，坚持疆内外联动、相关部门齐抓共管，寓管理于服务，帮助麦盖提籍人员更好地融入当地社会。5.倡导和支持基层汉族干部学习少数民族语言，通过脱产培训、在岗学习、结对互学、实践锻炼等形式，使汉族干部在三年内基本掌握少数民族语言。6.推进新疆伊斯兰教中国化、提升驻村管寺水平，选优配强驻村管寺干部，坚持在规范中管理、在管理中服务，进一步提升驻村管寺工作科学化、规范化、常态化水平。7.举办马克思主义宗教理论和宗教知识干部研修班，提升各族党员干部依法管理宗教事务的水平，增强“导”的本领，促进宗教和谐稳定。8.加强宗教界人士培养培训，办好党政干部宗教工作研修班，建设一支政治可靠、听党指挥、素质较高、梯

次合理的新时代宗教教职人员队伍。9. 落实意识形态工作责任制、维护意识形态领域安全，进一步加强和改进意识形态工作，教育引导各族干部群众自觉抵御民族分裂主义和宗教极端思想渗透，正本清源、守正创新。10. 贯彻落实《中央新疆工作协调小组关于新疆若干历史问题研究座谈纪要》精神，筑牢意识形态领域反分裂斗争思想防线，不断增强各族群众“五个认同”和中华民族共同体意识。11. 完善对涉疆题材作品创作生产的审核把关、健全民族语言出版物事前审读机制，严把宣传文化产品的政治方向、舆论导向、价值取向，防范和抵御境内外敌对势力意识形态渗透破坏。12. 抓好学校意识形态工作，维护学校意识形态领域安全，着力培养社会主义合格建设者和可靠接班人。13. 实施文艺精品战略，打造一批精品力作，以弘扬社会主义核心价值观为主线，以传播中华文化为主体，打造一批具有时代特色的精品舞台剧目和品牌文化活动。14. 加强历史文物遗址保护利用，充分发挥文物资源在传承弘扬中华文化、贯彻落实总目标、深入开展“文化润疆”工程、促进经济社会发展中的重要作用。15. 加强麦盖提县历史文化问题研究，推出一批研究深、思想新、水平高的研究成果，深化研讨和成果转化，为推动高质量发展、实现长治久安奠定思想基础。16. 加快丝绸之路经济带核心区建设，拓宽对外贸易渠道，提升对外开放层次。17. 大力发展纺织服装、农副产品深加工、电子组装、林果、畜牧、旅游等劳动密集型产业，扩大产业发展规模，增强产业集聚效益，提升产业发展水平，带动更多群众就近就地稳定就业。18. 巩固脱贫攻坚成果，接续推进脱贫攻坚与乡村振兴有效衔接，坚持“四个不摘”，持续巩固提升“两不愁三保障”水平，推进与乡村振兴有效衔接，促进农业高质高效、乡村宜居宜业、农村富裕富足。19. 推进“煤改电”工程，切实提高电能消费比重，降低主要污染物排放，安全稳妥解决群众冬季取暖问题。20. 抓好城乡富余劳动力、高校毕业生、退役军人、困难群体就业，广开就业门路，加强岗前培训，狠抓岗位对接，实现“人人能就业、月月有收入”。21. 维护社会大局稳定，健全完善党政军警兵民协调联动机制，着力提升社会治理体系和治理能力现代化水平，确保社会大局持续稳定、长期稳定。22. 稳妥做好重点群体及家庭家属工作，强化思想教育、提升服务管理、落实关怀保障、解决困难诉求，确保思想稳定、行为安全、安居乐业。23. 充实加强县委涉疆对外斗争专班力量，打好涉疆对外斗争主动仗，提升应对处置能力，有力回击美西方反华势力的炒作污蔑，彻底粉碎其罪恶图谋。24. 积极稳妥应对美涉疆制裁，发挥企业主观能动作用，利用各类政策优势，稳住外贸订单，拓宽产品销路，稳定市场预期、稳定就业岗位。25. 支持兵团深化改革，促进兵地融合发展，牢固树立“兵地一盘棋”思想，促进兵地产业深度融合、基础设施共建共享、稳定疫情联防联控。26. 做好内招生、留疆战士招录工作，让他们在基层一线经风雨、见世面、强筋骨，尽快适应南疆基层维护稳定、社会发展、乡村振兴工作需要。27. 改进完善驻村工作，着力帮带培养村党组织书记和优秀年轻骨干，打造一支永不走的工作队，不断强化村级党组织政治功能和组织力，建强基层战斗堡垒。28. 发挥对口援疆优势、放大援疆综合效益，坚持把保障和改善民生放在突出位置，持续抓好干部人才援疆、教育医疗援疆、产业就业援疆，推动援疆工作取得更大成效。

以上 28 件事，县委已逐一制定了措施具体、责任到人的贯彻落实方案，各牵头领导和责任单位要扎扎实实抓好落实。各乡镇也要结合实际，进一步细化工作措施，责任压实到人，确保“28 件事”落细落实落到位。

十、坚持以人民为中心，全力保障和改善民生

习近平总书记指出，保障和改善民生是党的初心使命的根本体现。全县各级党政要牢固树立以人民为中心的发展思想，持续深入办好各项利民惠民实事，加快补齐民生领域短板，让各族群众切实感受到改革发展稳定的成果。

（一）**促进城乡充分就业**。把稳定和扩大就业作为经济社会发展的优先目标，坚持疆内疆外有组织转移就业、县内园区就业、乡村生产车间就业、三产就业相结合，确保每个有劳动能力的人“人人能就业、月月有收入”。要抓好精准摸排，对有劳动能力家庭“一户一策”“一人一岗”精准制定就业方案，特别是对就业困难人员、团结关爱家庭要实行一对一就业援助。要加强岗前培训，依托县技工学校开展各类工种，共培训 6000 人，重点加强国家通用语言文字、劳动技能和法律知识培训，全面提升劳动者的综合素质。要强化服务保障，加快县乡村三级公共就业网络服务平台建设，选派工作专班常驻其他省（市）与企业对接就业岗位，实现点对点精准输出。力争 2021 年全县实现城镇新增就业 5000 人，农村富余劳动力转移就业 5.6 万人次，新增稳定就业 9000 人。

（二）**优先发展教育事业**。全面落实党的教育惠民政策，深化教育领域改革，巩固提升集团办学成果，推动城乡义务教育一体化发展。稳妥推进国家通用语言文字教育，巩固各学段国家通用语言文字教学全覆盖成果，对过渡期国家通用语言不达标的学生实施分类教学、强化辅导，着力提升国家通用语言教学质量。启动县第七小学建设，完成 6 所乡村小学周转宿舍建设，不断补齐教育基础设施短板。突出抓好寄宿制教育，健全寄宿管理服务制度，特别是抓好学生的心理疏导、教育引导工作，确保健康成长。推进职业教育扩容提质，完成职业中专实训车间建设，深化职业教育产教融合、校企合作，促进教学和就业融合发展。

（三）**提升医疗卫生服务**。以提高人民健康水平为核心，深入推进医疗卫生体制改革和县域医共体建设。持续开展城乡居民免费健康体检，完善疾病防控体系、公共应急物资保障体系，合理布局县域内医疗资源，满足疾病预防和救治需要。持续加大基层医疗卫生投入，完善三级医疗卫生服务网络，加大重点地方病、传染病防治救治力度，推进以全科医生为重点的基层医疗人才队伍建设，不断提升基层医疗服务水平。健全完善“互联网 + 医疗”诊疗模式，推动医疗卫生系统信息化建设，确保县域医共体内远程医疗服务全覆盖。积极发展中医药事业，健全中医药服务体系，推动中医药事业传承发展。

（四）**织密织牢社保网络**。扩大城乡居民人身意外伤害保险、城镇职工大病保险覆盖面，完善城乡居民最低生活保障标准动态调整机制，做到应保尽保。加大失业保险、工伤保险政策宣传力度，确保城乡居民养老保险参保率达到 98% 以上。不断完善残疾人康复中心服务功能，使残疾人、精神障碍患者能够得到专业治疗。提升县老年康养中心、10 所乡镇幸福大院管理服务

水平，确保老有所养。

（五）推进生态文明建设。牢固树立“绿水青山就是金山银山”的理念，严格落实生态环境保护“党政同责”“一岗双责”和“一票否决”制度，持续打好“蓝天、碧水、净土”保卫战，努力建设天蓝地绿水清的美丽麦盖提。打赢蓝天保卫战，持续推进清洁能源替代利用，落实节能减排措施，抓好散煤污染治理、扬尘污染防治、工业企业综合整治和生活面源污染治理。打好碧水保卫战，全面落实河（湖）长制，强化河岸污染源监管；加强饮用水水源地保护，常态开展水质分析预警，确保饮用水源绝对安全；严守水资源管理“三条红线”，大力推广高新节水灌溉技术，严肃查处非法提取地下水、滥采地下水的行为；完成城北污水处理厂三期扩容工程，推进中水回用助力沙漠绿化。打好净土保卫战，引导农民科学施肥，推广使用高堡膜，推进农业面源污染防治和废弃物资源化利用。加强生态保护修复，严控非法开荒，加强叶尔羌河流域水系生态保护，积极推进 4.92 万亩退耕还林、1.5 万亩“三北”防护林绿化工程，完成 4.48 万亩退化林修复计划。持之以恒推进塔克拉玛干沙漠百万亩防风固沙生态林建设，新完成沙漠造林 7.5 万亩。

十一、坚持全面从严治党，夯实党在基层的执政基础

习近平总书记指出，做好新时代新疆工作，关键在党，关键在人。要深入学习贯彻新时代党的建设总要求，以党的政治建设为统领，推进全面从严治党向纵深发展，不断夯实党的执政基础、巩固党的执政地位，凝聚起推动麦盖提改革发展稳定的强大合力。

（一）坚持不懈加强思想政治建设。坚持把政治标准和政治要求贯穿到全县各项事业之中，把维护习近平总书记这个核心作为最大的政治，把完整准确地贯彻落实新时代党的治疆方略作为增强“四个意识”、坚定“四个自信”、做到“两个维护”的具体体现，始终在思想上政治上行动上同以习近平同志为核心的党中央保持高度一致。不断强化理论武装，把学习贯彻习近平新时代中国特色社会主义思想作为首要政治任务，落实干部队伍培养培训规划，加大党员干部专题教育培训力度，努力提升干部队伍素养。严格党内政治生活，全面开展党员干部“政治体检”、对党忠诚教育，不断深化“不忘初心、牢记使命”主题教育。坚持不懈强化理想信念教育，突出政治训练、思想淬炼、实践锻炼、专业历练，常态化识别干部政治素质，确保各级领导权始终牢牢掌握在忠诚干净担当的干部手中。

（二）强化干部队伍建设。切实抓好县乡村换届工作，各级党组织要坚决履行主体责任，严肃换届纪律，确保换届风清气正、工作衔接有序。树立鲜明用人导向，对政治过硬、敢于担当的优秀少数民族干部，充分信任、坚定团结、大胆选拔、放手使用。加强年轻干部队伍建设，不断提高政治能力、调查研究能力、科学决策能力、改革攻坚能力、应急处突能力、群众工作能力和抓落实能力，让年轻干部在实践中锻炼成长。加大培训力度，突出干部能力提高、村级班子学历提升、干部双语学习，着力培养一支理论功底扎实、政策把握到位、实践能力强的干部队伍。坚持严管与厚爱结合、激励和约束并重，不断完善干部考核评价机制，落实激励机制和容错纠错机制，为想干事、敢担事的干部撑腰鼓劲。认真落实地委关心关爱干部十项措施，推动职务职级并行向乡村一线干部倾斜，谋划建设干部子女托管中心，解决双职工家

庭后顾之忧。搭建干事创业平台，用好内调内招、留疆战士、北疆选派干部和本地干部，充分调动各级党员干部干事创业的积极性，让干部有为有位。

（三）持之以恒加强基层组织建设。推进完善乡村组织设置，建立乡镇“五办六中心”和村级“一支部三中心”运行机制，形成上下贯通、执行有力的组织领导体系、贯彻落实体系。结合换届工作加强乡镇班子建设，不断优化乡镇班子结构。深入贯彻落实自治区党委关于加强村党组织和村干部队伍建设“1+2”文件精神，加强村（社区）党支部建设，发挥好“访惠聚”驻村工作队、驻村管寺等各支力量作用，使用好、培养好新招录内招生、留疆战士这支队伍。以换届为契机，选优配强村党组织书记，加强村“两委”成员教育管理和村级后备干部培养，不断提升基层党组织战斗力、凝聚力和号召力。高度重视社区工作，按照“五化”要求，加快“四个平台”“四个服务场所”建设应用，推进智慧型社区建设，不断提升社区治理能力和服务水平。持续整顿软弱涣散基层党组织，把基层党组织建设成为服务群众、维护稳定、反对分裂的坚强战斗堡垒。

（四）锲而不舍加强干部作风建设。强化宗旨意识，坚持工作重心下移，以干部包户住户、扶贫帮困等为载体，推动作风转变，最大限度地把各族群众团结在党和政府的周围。树立实干导向，大力弘扬民族精神和时代精神，践行胡杨精神和兵团精神，求真务实、真抓实干，把各项工作往实里做、往深里做。驰而不息落实中央八项规定和自治区党委20条具体措施，力戒形式主义、官僚主义，时刻防范、高度警惕“四风”“四气”及其变异问题，深化整治形式主义、官僚主义，坚决防止政策棚架、表面文章。持续巩固基层减负成果，切实精简和规范会议、文件、督查检查考核，杜绝“数字政绩”，最大限度地减轻基层负担。

（五）深入推进党风廉政建设和反腐败斗争。坚持严的主基调，一体推进不敢腐、不能腐、不想腐，进一步巩固发展反腐败斗争压倒性胜利和反分裂斗争阶段性胜利成果。严明政治纪律和政治规矩，精准打击、严肃查处在反分裂斗争中同党离心离德的行为。全面落实从严治党主体责任，坚持“四责联动”，贯通运用“四种形态”，既充分用好第一种形态，又综合运用好第二、第三种形态，同时坚决不放松第四种形态，保持和强化惩治腐败高压态势。持续开展扶贫领域专项治理，深入推进民生领域和漠视侵害群众利益等干部作风问题整治，强化“小微权力”监管，严厉惩治“微腐败”。紧盯项目招投标、交通运输、选人用人等重点领域和关键环节“一把手”，严查各类贪污贿赂、滥用职权等职务违法犯罪行为，在减存量、遏增量上下功夫。围绕“三个聚焦”，深化政治巡察和成果运用，扎实做好巡察“后半篇”文章，进一步彰显巡察利剑作用。加强党风廉政教育，常态化开展送廉下乡、廉政测试、上廉政党课、参观廉政基地和警示教育大会，注重培养良好家风，增强自身免疫力，营造风清气正的政治生态。

政府工作报告

——在麦盖提县第十六届人民代表大会第六次会议上的报告

代县长　阿迪力·哈斯木

（2021 年 1 月 26 日）

一、“十三五”时期及 2020 年工作回顾

“十三五”的五年，是麦盖提极不平凡的五年，是经济社会发展最快、群众得实惠最多的五年。五年来，在地委、行署和县委的坚强领导下，县人民政府团结带领全县广大干部群众，坚决执行党的路线、方针、政策，全面贯彻中央新疆工作座谈会精神，果断落实党中央、国务院、自治区党委、人民政府、地委、行署和县委的一系列决策部署，以新一轮援疆工作为契机，紧紧围绕实现社会稳定和长治久安总目标，有效应对各种挑战，勠力同心、开拓奋进、务实创新，各项工作都取得了新进展、新成就、新突破，开创了民族团结、经济发展、社会稳定和人民安居乐业的新局面。

经济保持稳定增长。我们坚持稳中求进工作总基调，坚决贯彻新发展理念，牢牢把握高质量发展要求，统筹推进稳增长、促改革、调结构、惠民生、防风险、保稳定各项工作，预计全县生产总值从 2015 年的 39.70 亿元增长到 2020 年的 63.28 亿元，年均增长 9.3%；工业增加值从 1.66 亿元增长到 2.05 亿元，年均增长 4.32%；固定资产投资五年累计完成投资 192.94 亿元；城镇居民人均可支配收入达 29354 元，年均增长 8.82%；农村居民人均可支配收入达 11455 元，年均增长 3.04%。

社会大局保持和谐稳定。“十三五”期间，面对“三期叠加”的特殊形势，全县上下始终将工作的着眼点和着力点聚焦到社会稳定和长治久安上，枕戈待旦，连续作战，确保了改革开放 40 周年、中华人民共和国成立 70 周年等重要节点大事不出、中事不出、小事也不出，全县实现基本稳定。

产业结构进一步优化。“十三五”期间，我们按照“稳粮、优棉、增菜、促经、强畜、兴果”的思路，加快农业产业结构调整，促进农业提质增效。粮棉保持安全，以红枣为主、核桃为辅的林果业产量和品质不断提升，“麦盖提灰枣”品牌进一步打响；特色作物种植面积逐步扩大，拓宽了农民增收渠道；畜牧业快速发展，牲畜存栏 35.51 万头（只），重点推动“安格斯”肉牛产业发展壮大。工业规模不断扩大，园区基础设施不断完善，24 万锭精梳环锭纺纱项目落地，加快工业现代化进程，全县规模以上企业从 2015 年的 4 家增长到 2020 年的 18 家，增长 350%。

城乡基础设施进一步完善。“十三五”期间，我们以推进新型城镇化建设为重点，围绕“东改、西扩、南控、北拓”的城市发展思路，城市管理不断加强。城市面积由 10.1 平方千米扩大到 13.1 平方千米，集中供热、供排水、天然气入户等民生工程大力推进，城市绿化面积不断扩大，县城承载能力得到大幅度提升。推进农村“煤改电”供暖设施改造，23200 户村民享受上清洁便利的暖气。建设公共租赁住房 4243 套，完成棚户区改造 13182 套，老旧小区提升改造 5.4 万平方米，有效解决和改善了城区

2.5万余人的住房和居住环境问题。

脱贫攻坚任务顺利完成。“十三五”期间，我们紧紧围绕社会稳定和长治久安总目标，坚持以习近平总书记关于脱贫攻坚的重要论述为指引，坚决贯彻落实“六个精准”“七个一批”“三个加大力度”和“九清”要求，紧扣“两不愁　三保障”，狠抓产业扶贫、就业扶贫、生态扶贫，扎实推进“十二大工程”，通过不懈努力，13680户49266名建档立卡贫困人口全部达到“一超过、两不愁、三保障”脱贫标准，实现贫困户清零目标，所有行政村实现“五通七有”全覆盖，52个贫困村全部退出，于2019年实现脱贫摘帽。

民生得到进一步改善。“十三五”期间，我们不折不扣贯彻落实党的各项强农惠农政策，各族群众得到更多实惠。累计建设农村安居富民房23422套，实现了农村户籍安全住房全覆盖。通过就近就地就业、整建制转移就业等促进就业32.16万人次。大力发展教育事业，学前教育快速发展，普惠性幼儿园覆盖率达100%，控辍保学不断巩固，累计投入资金9.6亿元，新建职专、中学、小学各1所，义务教育基本均衡，高质量通过自治区评估验收。城乡低保标准不断提高，城市低保标准、农村低保标准分别从2015年的343元/月·人、2332元/年·人提高至2020年的500元/月·人、4200元/年·人，分别增长45.77%、80.1%，有意愿的特困老人、孤儿全部实现集中供（收）养。医疗卫生条件不断改善，加强结核病防控，全面推广“集中服药+营养早餐”工程建设，家庭医生签约服务做到应签尽签，持续推行分级诊疗、“双向转诊”，落实“先诊疗、后付费”和“一站式”结算制，实现了首诊在基层、大病去医院、康复回基层，缓解了看病难、看病贵的问题。计划生育奖扶政策全面落实，人口出生率5.51‰，自然增长率0.23‰，人口素质进一步提高。不断加快城乡社会保险体系建设，城镇居民养老保险参保率达到99.98%，新农合参保率达到99.69%。

文化旅游开发势头强劲。“十三五”期间，我们以刀郎文化为引领，以做大做强“刀郎之乡、红枣之都、旅游之城”品牌为目标，倾力打造“旅游之城”。充分发挥文化底蕴和旅游资源优势，着力打造刀郎文化旅游产业，创建国家AAAA级旅游景区1家、国家AAA级旅游景区2家、特色旅游景点5个。五年来，累计接待游客191.8万人次，旅游收入累计达到8.28亿元。

对口援疆工作取得阶段性成果。“十三五”期间，我们充分发挥援疆优势，围绕产业发展、扩大就业，积极引进一批纺织、电子等劳动密集型企业落地投产。突出“教育、就业、人才、产业、民生、基层”等重点领域，以项目实施为抓手，推动各领域发展提升。五年来，共计实施援疆项目150个，投入援疆资金16.55亿元，其中基层项目资金15.98亿元，占比96.6%；民生项目资金13.96亿元，占比84.4%。圆满完成“双80”任务，极大地推动了麦盖提县经济和社会各项事业快速发展。

2020年是“十三五”的收官之年，是麦盖提极不容易、极不平凡、极不寻常的一年。面对突如其来的新冠肺炎疫情、严峻复杂的反恐形势、艰巨繁重的脱贫攻坚任务，县人民政府在自治区党委、人民政府、地委、行署和县委的坚强领导下，坚持以习近平新时代中国特色社会主义思想为指导，深入学习贯彻落实党的十九大和十九届二中、三中、四中、五中全会精神，贯彻落实习近平总书记关于统筹推进新冠肺炎疫情防控常态化和经济社会健康发展系列重要讲话和指示批示精神，深入学习贯彻落实第三次中央新疆工作座谈会、中央经济工作会议精神，坚决按照自治区党委“1+3”工作部署和地委、县委工作要求，团结带领全县广大干部群众，坚持稳中求进工作总基调，坚决贯彻新发展理念，牢牢把握高质量发展要求，做好“六稳”工作，落实“六保”任务，保持了社会稳定和经济平稳健康发展。

2020年，预计全县实现生产总值增长6.5%。固定资产投资增长33%；一般公共预算收入增长1%；社会消费品零售总额增长1.5%；城乡居民人均可支配收入分别增长7.5%和9%。

一年来，我们认真履行政府职责，主要做好了以下工作：

（一）社会大局持续稳定

坚持运用法治思维和法治方式维护稳定、防范风险、处理问题、化解矛盾。持续深入推进扫黑除恶专项斗争；扎实做好群众工作，持续加强矛盾纠纷调解力度，受理化解矛盾纠纷3049件，依法化解信访案件286件566人次，坚持做好帮扶关爱工作，解决困难问题2438条，困难家庭中有劳动能力的人全部实现了精准稳定就业。

（二）慎终如始抓好疫情防控工作

新冠疫情突发以后，县委将疫情防控作为头等大事来抓，坚定坚决贯彻落实党中央疫情防控决策部署，成立由县主要领导任组长的县疫情防控工作领导小组和疫情防控工作指挥部，县委书记亲自安排部署、亲自谋划防控工作，亲自督促工作落实，在县委坚强领导下，全县各级各部门履职尽责，广大医务人员英勇奋战，各级党政机关干部、公安干警、党员服务队坚守岗位，生活物资保供相关企业、运输人员不辞辛苦，社会各界捐款捐物，广大人民群众积极配合，为打赢这场疫情防控的人民战争、总体战、阻击战奠定了坚实基础。

在疫情防控中，我们坚定信心、众志成城，扎实抓好各项防疫措施的落实，不惜代价、不遗余力，全力以赴保障人民生命健康安全。严格落实管控措施，守好“三道门”，减少人员流动，坚决将交叉感染和疫情输入风险降至最低。快速改扩建集中隔离医学观察点场所，规范发热门诊建设，坚持隔离场所“吃好、睡好、上中药”，增强隔离人员抵抗力、降低感染风险，最大限度保障人民群众身体健康。多渠道积极联系采购急需医用物资，确保口罩、防护服、隔离衣、检测试剂等医疗物资和防护物资储备充足。全面保障米面油、肉蛋奶菜、日常生活用品等生活物资供应，加强物品质量监督和物价稳控，确保市场供应有序平稳。组建党员服务队、志愿者服务队、干部服务队478支5018人，设立便民服务热线59个，落实代购、配送等服务措施，拨付资金701.1万元对30053名困难群众进行救助，有效保障了全县各族群众生活正常有序。

（三）推动经济平稳健康发展

推动农业提质增效。大力发展“粮棉、瓜菜、红枣、肉牛、家禽”五大产业，多渠道促进农民增收。抓好粮棉生产，种植小麦20万亩、棉花55.13万亩，确保了粮棉安全。加强瓜菜产销衔接，种植甜菜、西瓜、刀郎土瓜、油菜等特色作物面积9万亩，1052座温室大棚、1371座大拱棚、26295座小拱棚实现两茬种植，充分发挥8个净菜中心、乡村89个蔬菜销售点的作用，积极与地区、乌鲁木齐超市对接，销售农产品11.29万吨。促进56万亩红枣、20万亩核桃提质增效，果品总产量达26.24万吨，林果业人均增收7025元。加快以“安格斯”肉牛和“刀郎羊”为重点的现代畜牧业发展，推行“龙头企业 + 党支部 + 基地（合作社）+ 农户”发展模式，落实“四良一规范”，全县牛存栏达到 5.01 万头，羊 29.56 万只。大力发展家禽养殖，通过孵化基地集中养殖和农户养殖，家禽养殖量达到 284.37 万只，实现农户家禽养殖月月有收益。

工业经济稳中向好。克服疫情带来的困难，保持招商力度不减，采用云招商、云签约等方式，推动企业落地，全年招商引资项目 47 个，到位资金 12.6 亿元。园区发展蒸蒸日上，城南城西工业基础设施不断完善，产业园区带动就业明显，飞地园区建设稳步推进，逐步形成以飞地园区为主的外向型经济和以工业园区、产业园区和乡村车间为主的劳动密集型产业聚集区。强化涉企优惠政策落实，通过“减、免、降、缓、贷”等多种措施，受益企业、个体工商户 4.63 万户次，涉及金额 12.46 亿元，并积极协调解决企业用工、原材料运输、防护物资筹措保障等困难问题，全力保障企业复工复产、正常生产，完成“个转企”29 家，新增规上企业 9 家，实现工业增加值 2.05 亿元。

全域旅游和服务业持续发展。全域旅游高质量发展，完成 N39° 沙漠探险营地建设，馕产业园建成投用，启动实施叶尔羌河流域旅游开发，成功举办新疆喀什（麦盖提）丝路文化胡杨节，实现旅游收入 2.45 亿元。服务业加快推进，完成电子商务进农村综合示范项目建设，乡镇电商服务（快递物流配送）全覆盖。配齐 1 个县级电商公共服务中心、10 个乡级电商服务站、84 个村级电商服务点设施设备，积极开展抖音、直播和县长直播促进农产品销售，实现线上线下产销对接。

（四）脱贫攻坚成效显著

坚持“四个不摘”，落实“八个不变”，聚焦重点难点，强化挂牌督战，努力克服疫情影响，精准巩固、对标提升，剩余 25 户 85 名贫困人口全部脱贫，实现贫困户清零目标，601 户 2004 名脱贫监测户、1828 户 6037 名边缘户、13655 户 49170 名已脱贫人口人均纯收入超过 8000 元，圆满完成 131 个行政村 13680 户贫困户的脱贫攻坚普查工作，为实现全面脱贫与乡村振兴有效衔接奠定了坚实基础。

（五）民族宗教和睦和谐

全面贯彻党的民族政策，各民族交往交流交融更加密切，民族团结创建活动深入扎实，23 个村（社区）实现各族群众相互嵌入居住，35 个学校落实民汉合校，五一林场成功创建为自治区级民族团结模范集体。依法加强宗教事务管理，驻村管寺干部作用发挥明显，依法管理宗教活动，确保宗教活动场所干净、清爽、中国化；清真寺民主管理委员会认真履职，宗教活动场所安全、运行有序。

（六）人民生活持续改善

坚持把就业作为最大的民生，积极搭建县乡村三级就业服务体系，最大限度挖掘和开发就业岗位，有序转移农村富余劳动力 7.79 万人次。巩固义务教育均衡发展成果，筹措资金 1500 万元对学校、幼儿园实施消防改造，提升安全度，投入 1172.41 万元配备桌椅、电脑、机房等设施，全面改善办学条件；落实好教育扶贫资助政策，困难学生实现应助尽助。全民免费健康体检工作稳步推进，扎实做好结核病、地方病等疾病预防，投资 1575 万元建设感染性疾病防控中心，实施大病患者救治 1067 人，持续落实“先诊疗、后付费”和一站式结算制，缓解了看病难、看病贵的问题。建设农村幸福大院10所，已入住530名“五类老人”，80名孤儿及四年级以下困境儿童全部实行集中供养，积极做好残疾人就业和康复工作，残疾人康复中心和残疾人事业保障中心建成投用，不断提升残疾人和残疾人家庭的生活质量。退役军人事务扎实推进。深入开展各类隐患排查治理，全县未发生安全生产责任事故，安全生产形势总体向好。生态环境持续改善。稳步推进百万亩防风固沙生态林建设，完成造林3万亩，按照“能绿就绿、见缝插绿”原则，大力实施城市绿化提升改造，全面落实河（湖、库）长制，强化河岸污染源监管，切实加强水源地保护，加快“美丽乡村”建设，深入推进庭院改造、“厕所革命”、农村垃圾处理、污水治理和村容村貌整治，农村人居环境明显改善。

（七）援疆工作成果丰硕

第十批119名援疆干部人才真情奉献，突出抓好干部人才援疆，务实推进产业援疆。扎实做好文化教育援疆，推进援疆向民生倾斜、向基层倾斜，全方位援疆不断深化，投入援疆资金3.6亿元，实施项目24个，有力地促进了社会稳定、助推了脱贫攻坚。

（八）政府自身建设进一步加强

坚持把党的领导贯穿政府工作始终，深入贯彻落实自治区党委“1+3”工作部署，坚决落实县委工作要求，提升政府效能。全面落实“双随机、一公开”监管，继续推进“多证合一”，政务服务平台建设完善，推动政务服务向乡（镇）、村（社区）延伸，10个乡（镇）、161个村（社区）全部开通网上办件站点，打通便民服务“最后100米”。开展优化营商环境专项整治，涉企政策和2219项行政权责事项全部公示公开，接受群众监督，企业开办、工程审批、产权登记、水电气报装等指标办理时限大幅压缩。坚持办好“县长热线”，受理并办结群众来电248个，群众满意率100%。认真执行县人大及其常委会的决议、决定，自觉接受县人大及其常委会的法律监督、县政协的民主监督和社会舆论监督，全年共办理议案、提案和意见建议58件，办复率100%。在重大事项决策过程中，广泛征求各方意见，政府工作的透明度和公众的参与度进一步提高。持续推动干部作风转变，大力整治“四风”“四气”，基层减负成果进一步巩固。

工会、共青团、妇联、科协、社科联、红十字会等群团组织在经济社会发展中发挥了积极作用，统计、审计、气象、邮政、通信等工作稳步推进。

各位代表，今年以来，我们扎实落实自治区党委“1+3”重点工作和地委工作要求，疫情防控的措施得到了有效落实，社会大局保持了稳定，脱贫攻坚、复工复产、就业等各项工作扎实推进，充分证明中央、自治区党委、地委的决策部署是科学正确的，充分说明县委的各项工作是有效有力的，充分说明各级党政、广大党员干部、各族人民群众的努力是富有成效的。

这些成绩的取得，是以习近平同志为核心的党中央英明决策、亲切关怀的结果，是自治区党委、政府、地委、行署坚强领导的结果，是县委统揽全局、正确领导的结果，是中国证监会、山东省、深交所、五家渠市无私援助的结果，是各级“访惠聚”驻村工作队辛勤工作的结果，是县人大、政协、在座的各位人大代表、政协委员及社会各界有效监督、鼎力支持的结果，也是全县各族干部群众团结奋斗、拼搏进取的结果。在此，我谨代表县人民政府，向辛勤工作在各条战线上的广大干部群众，向各位人大代表、政协委员，向驻麦部队、武警官兵和中央、自治区驻麦单位，向在麦盖提县投资兴业的企业家和工程建设者们，向积极宣传提高麦盖提县知名度的各位记者朋友们，向所有关心、支持麦盖提县经济社会发展的同志们、朋友们，致以崇高的敬意和衷心的感谢！

面对这些问题和机遇，我们一定要坚定理想信念，进一步解放思想，适应新常态，勇于担当、恪尽职守，采取强有力措施，全力以赴做好各项工作，绝不辜负人民的期望。

二、“十四五”时期的目标任务

“十四五”时期是我国开启全面建设社会主义现代化国家新征程、向第二个百年奋斗目标进军的第一个五年，是麦盖提巩固社会稳定成果、推动高质量发展、迈向长治久安的关键五年。编制好“十四五”规划，描绘好未来五年发展蓝图，事关长远、意义重大。

1. **指导思想**。高举中国特色社会主义伟大旗帜，深入贯彻党的十九大和十九届二中、三中、四中、五中全会精神，第三次中央新疆工作座谈会精神，坚持以习近平新时代中国特色社会主义思想为指导，增强“四个意识”，坚定“四个自信”，做到“两个维护”，完整准确贯彻新时代党的治疆方略，深入落实自治区第九次党代会以来的部署要求，牢牢扭住社会稳定和长治久安总目标，统筹推进“五位一体”总体布局，协调推进“四个全面”战略布局，坚持依法治疆、团结稳疆、文化润疆、富民兴疆、长期建疆，坚定不移贯彻新发展理念，坚持稳中求进工作总基调，以推动高质量发展为主题，以深化供给侧结构性改革为主线，以改革创新为根本动力，以满足人民日益增长的美好生活需要为根本目的，以推进治理体系和治理能力现代化为保障，统筹发展和安全，加快建设现代化经济体系，加快融入以国内大循环为主体、国内国际双循环相互促进的新发展格局，实现经济行稳致远、社会安定和谐，努力谱写团结和谐、繁荣富裕、文明进步、安居乐业、生态良好的新时代中国特色社会主义新疆麦盖提新篇章。

2. **基本原则**。坚持党的全面领导，为实现高质量发展提供根本保证；坚持新时代党的治疆方略，聚焦社会稳定和长治久安总目标，确保麦盖提工作始终保持正确政治方向；坚持以人民为中心，不断实现人民对美好生活的向往；坚持贯彻新发展理念，努力实现更高质量、更有效率、更加公平、更可持续、更为安全的发展；坚持深化改革开放，持续增强发展动力和活力；坚持系统观念，实现发展质量、结构、规模、速度、效益、安全相统一。

3. **主要目标**。“十四五”经济发展主要预期目标：全县生产总值年均增长10.5%、工业增加值增长25%、全社会固定资产投资增长22%、一般公共预算收入增长8%、社会消费品零售总额增长8.5%、外贸进出口总额增长9%、城乡居民人均可支配收入分别增长7%和9%。

培育壮大特色优势产业。推动一、二、三产融合发展，加快构建具有麦盖提特色的现代产业体系。做优一产上规模，发展壮大粮棉、蔬菜、肉牛、红枣、家禽五大产业，提高农业质量效益和竞争力，到2025年，建成标准化养殖场（小区）30个，牲畜存栏73万头（只），实现林果总产40万吨，着力打造国家级麦盖提灰枣生产基地。做强二产上台阶，突出抓好“五大产业”，推动工业强基增效和转型升级，促进工业高质量发展，“十四五”期间，新增“小升规”企业25家、“个转企”170家。做大三产上水平，推动文化旅游和服务业、数字产业发展，创建1个国家AAAAA级、2个AAAA级旅游景区，旅游收入突破5亿元，争创国家级全域旅游示范县。加快发展商贸物流业、数字产业。

加强基础设施建设。“十四五”期间完成麦盖提通用机场建设，新建、改建客货运站7个，建设乡村公路1263千米，整修农村公路480千米，努力将麦盖提打造成南疆地区重要的交通枢纽。加快现代水利和智慧水利建设，改建大中型灌区渠道455千米，加固防洪堤59千米，改造输电线路980千米，新建农村供水配套管网2340千米。推进现代化电网体系建设，完善县域电网网架结构，积极推动5G等新型基础设施、信息基础设施、大数据平台建设。

推进新型城镇化建设。统筹推进撤乡建镇、特色小城镇建设，提升城市市政水平，推动城乡融合发展、农业转移人口市民化。到2025年，县城供水普及率达到99%，城区污水处理率达到98%，再生水利用率达到85%以上，城市垃圾无害化处理率达到96%以上，县城建成区绿化覆盖率达到41%，常住人口城镇化率达到50%，户籍人口城镇化率达到40%。

实现脱贫攻坚与乡村振兴有效衔接。在巩固拓展脱贫攻坚成果、全面加强乡村建设、深化农村改革、加大农民教育培训力度上下功夫，扎实推进乡村产业、人才、文化、生态、组织振兴。

深化“放管服”改革。持续优化营商环境，着力打造便利高效、公平规范的市场环境。全面推进社会事业改革，加快义务教育优质均衡发展，稳步推进公立医院改革，推动文化事业和产业的健康发展。深化国资国企改革，大力扶持国有骨干重点企业做大做强。支持民营企业发展，全面落实放宽民营企业市场准入和减税降费，激励和保护企业家干事创业。扩大对外开放，充分发挥“互联网+”技术，发展跨境电子商务对外贸易新业态，引导资本进入特色林果加工、棉花加工以及畜牧生产加工等产业，培育壮大一批贸易龙头企业。

铸牢中华民族共同体意识。深入实施文化润疆工程，持续开展“习近平新时代中国特色社会主义思想进万家”活动，贯彻落实新疆若干历史问题研究座谈纪要精神，引导各族干部群众树立正确的国家观、历史观、民族观、文化观、宗教观，不断增强“五个认同”。巩固发展民族团结，促进宗教和睦和谐。全面加强国家通用语言文字教育，不断巩固国家通用语言文字主体地位。繁荣发展文化事业和文化产业，实施文艺精品战略，推出一批正确反映麦盖提历史、具有中华文化底蕴、彰显优秀民族文化特色、符合现代文明理念、反映各族群众现实生活的精品力作，不断满足群众精神文化需求。

加强生态文明建设。健全生态环境保护机制，严禁“三高”项目落地，推动企业清洁化升级转型和绿色工厂建设，大力发展节能环保产业，到2025年，力争单位能耗强度接近全国平均水平，加强生态系统修复与治理，持续推进塔克拉玛干沙漠百万亩防风固沙生态林建设，新增沙漠造林25万亩，实现绿洲森林覆盖率达44%，全县森林覆盖率达12%。打好污染防治战，持续加大大气、水、土壤污染综合整治力度，促进环境质量持续改善。

促进兵地融合发展。牢固树立“一盘棋、一家人”的思想和意识，构建麦盖提与驻麦团场疆土共守、稳定共保、资源共享、经济共融、团结共建的融合发展新格局。创新融合发展机制，推动兵地双方在经济、文化、社会、干部人才、民族团结、环境保护等方面深度融合。推动兵地产业融合发展，建设兵地融合产业园区，促进兵地融合产业项目和骨干企业集聚发展。推进公共服务普惠共享，推动兵地职业教育、特色行业企业资源优势互补，实现医疗卫生服务领域有序开放、资源共享，加强兵地文化交流合作，加强基础设施合作共享，实现兵地交通基础设施建设“一张网、一张图”。健全兵地防疫联合指挥体制，共同维护区域社会大局稳定，共同筑牢疫情防控严密防线。

不断保障和改善民生。始终坚持以人民为中心的发展思想，把财政支出的80%以上用于保障和改善民生，持续深入办好各项利民惠民实事，加快补齐民生领域短板，让各族群众切实感受到改革发展稳定的成果。坚持就业惠民，努力让每一个有劳动能力的人实现稳定就业，力争到“十四五”末实现城镇新增就业1.5万人，城镇登记失业率控制在4%以内，就业困难群体得到有效援助，保持零就业家庭24小时动态清零，农村富余劳动力转移就业28万人次。坚持增收致富，对特殊困难群体落实综合社会保障措施，落实退休人员相关保障待遇，确保城乡居民收入和劳动报酬增长不低于经济增长。坚持教育惠民，落实15年免费教育政策，巩固学前教育普及普惠发展成果，推动城乡义务教育一体化发展，完善职业教育和培训体系，建设高素质专业化教师队伍，确保学前教育毛入园率、义务教育巩固率、高中阶段教育毛入学率分别达到98%、95%、98%以上。坚持健康惠民，提升县内医疗卫生机构医疗服务水平，进一步改善群众看病就医条件，力争到“十四五”末每万人全科医生数达3人以上。坚持社保惠民，加强城乡社会保障体系和救助体系建设，健全完善基本养老保险、失业和工伤保险制度，以扶老、助残、救孤、济困为重点，促进社会福利事业发展，加大临时救助力度，提高敬老院、乡村幸福大院和儿童福利院保障水平。坚持安居惠民，稳步实施城镇棚户区和老旧小区改造，巩固提升农村安居富民工程，试点发展租赁住房、长租房和租赁市场化运作，多渠道改善群众住房条件，保障各族群众住有所居。实施电化麦盖提工程，推动多领域电能替代，完善县域电网网架结构，提升生产生活用电质量，实现“煤改电”供暖全覆盖。坚持公共安全惠民，强化食品药品、网络安全监管，严查道路交通、建筑施工、消防等重点行业领域安全隐患，提升森林火灾、地质灾害、地震等自然灾害防御工程标准，保障群众生命财产安全。坚持稳定惠民，把维护社会稳定作为最重要的民生工程，保持社会大局持续稳定、长期稳定，充分释放稳定红利，让各族群众的获得感成色更足、幸福感更可持续、安全感更有保障。

到2035年与全国同步基本实现社会主义现代化的远景目标：综合实力大幅跃升，经济总量和城乡居民可支配收入迈上新台阶；基本实现新型工业化、信息化、城镇化、农业现代化，建成现代化经济体系；文化润疆取得重大成效，中华民族共同体意识深入人心，国民素质和社会文明程度达到新高度，文化软实力显著增强；生态环境持续改善，广泛形成绿色生产生活方式；城乡区域发展差距和居民生活水平差距显著缩小，基本公共服务实现均等化；社会大局持续稳定，基本实现社会治理体系和治理能力现代化，长治久安基础更加坚实；人民生活更加美好，人的全面发展、全体人民共同富裕取得更为明显的实质性进展。

三、2021年主要目标和任务

2021年是中国共产党成立100周年，是实施“十四五”规划、开启全面建设社会主义现代化国家新征程的开局之年，是两个一百年奋斗目标交汇与转换之年，做好今年政府各项工作至关重要。

2021 年工作总体要求是：高举中国特色社会主义伟大旗帜，深入贯彻党的十九大和十九届二中、三中、四中、五中全会精神、第三次中央新疆工作座谈会精神，坚持以习近平新时代中国特色社会主义思想为指导，增强“四个意识”，坚定“四个自信”，做到“两个维护”，完整准确贯彻新时代党的治疆方略，牢牢扭住社会稳定和长治久安总目标，坚持依法治疆、团结稳疆、文化润疆、富民兴疆、长期建疆，深入贯彻落实自治区党委九届十一次党代会和地委扩大会议、县委十一届八次全委（扩大）会议精神，坚定不移贯彻新发展理念，坚持稳中求进工作总基调，以深化供给侧结构性改革为主线，以改革创新为根本动力，推动高质量发展，全面做好“六稳”工作，落实“六保”任务，统筹推进“稳增长、促改革、调结构、惠民生、防风险、保稳定”，保持社会大局持续稳定，保持经济平稳健康发展，确保“十四五”开好局、起好步。

经济和社会发展主要预期目标是：力争全县生产总值增长 10.81%，一般公共财政预算收入增长 8%，全社会固定资产投资增长 22%，工业增加值增长 35%，社会消费品零售总额增长 8.5%，城乡居民人均可支配收入分别增长 7%、9%。

实现上述目标，我们将统筹兼顾，重点抓好以下工作：

（一）高举法治旗帜，坚决维护社会稳定

高举社会主义法治旗帜，弘扬法治精神，严格按照法律程序行使权力、履行职责，运用法律武器开展斗争、打击犯罪、运用法治方式处理问题、化解矛盾，规范公正文明执法司法，不断推动工作的法治化、规范化水平。坚持依法精准打击非法宗教活动等各类违法犯罪活动，不断加强社会面防控，有效防范各类风险，扎实做好群众工作，持续开展群众关心关爱、困难帮扶，加大矛盾纠纷排查化解力度，从源头上减少社会矛盾，确保社会大局持续稳定、长期稳定。

（二）慎终如始抓好常态化疫情防控，全力守护好人民群众生命安全和身体健康

1. 坚决防止疫情输入。始终把外防输入作为常态化疫情防控的首要任务，坚持面上放开、点上精准、关口前置、首站负责、闭环管理的工作策略，坚持人、车、物同防，严格把守“三道防线”，确保不漏一人、不疏一环。守好县门，加强人员力量，紧盯重点、分类施策，充分发挥“铁公机”前端专班、县门把守专班作用，落实好信息登记、查“行程码”、扫“健康码”、测体温、核酸检测、环境物品消杀等重点工作，第一时间将有风险人员及物品筛查出来、跟踪管控到位，对“四类人员”做到应隔尽隔。守好村（社区）大门，健全完善城乡、村（社区）联防联控的工作机制和群防群控的组织体系，每村保留一个出入口，严把人员进出关，压实“五包一”防控责任，强化网格化、精细化管理，做到对来往人员底数清、情况明，切实发挥基层末梢的预警功能。守好行业单位院门，抓好各行业、各单位、各类场所的测体温、不聚集、戴口罩、扫码登记、消毒消杀等措施。敬老院、福利院、监所、学校、幼儿园等重点场所严格封闭式管理，最大限度减少对外接触，确保绝对安全。

2. 坚决防止疫情反弹。充分突出“四早”这个关键、“预警”这个核心，坚持专班专人专责，以核酸筛查检测为最有效手段，加强对重点人员、重点场所、高危物品、重点车辆、重点环境的监测防控，落实落细“八项监测预警机制”，切实做到及时发现、快速处置、精准管控、有效管控。抓好重点人群和全员核酸检测预警机制落实，科学制定检测方案，动态调整重点人群分类，强化采样、检测工作人员培训力度，不断提升检测效率和质量。依托“和易行”预警平台，加强数据分析和风险梳理，及时查漏补缺，确保科学精准、不漏一人。抓好环境监测预警机制落实，精细化确定高危环境、重点环境、一般环境，科学划定采样检测范围，细化到具体点位，对地区以外入麦货物及批零市场等做到每 3 天检测一次、地区以内的每 7 天检测一次、县域内的每 14 天检测一次，做到人、物、环境同检同查全覆盖。抓好所有医疗机构药店预警机制落实，全面摸排诊所就诊和药店售药情况，对“八大症状”人员和购买“四类药”的重点监测人群全部登记造册，及时录入平台，动态跟踪观察，增加检测频次，及时消除隐患。抓好交通运输人和物的监测预警机制落实，常态化做好物流企业人员核酸检测和物资、车辆、场所全面消杀，严格落实中高风险地区人员、车辆、集装箱、货物核酸检测、集中管理、消杀等工作。抓好冷链食品冷链物流监测预警机制落实，坚决杜绝从国外进口和中高风险地区购入冷链物品，对从国内低风险地区购入的实行严格备案制度，对所有批发、零售冷链产品进行抽样检测全覆盖。抓好人员不聚集监督管理预警机制落实，对中高风险人群进行严格管控，一律不得聚集；一般人群聚集严格把关，不得超过限定人数；加强对人员密集场所的管理，控制人员数量，及时进行分流，做到不扎堆、不聚集。抓好环境消毒消杀预警机制落实，围绕高危行业、高危区域、高危环境聚集区域，常态化开展预防性消杀，对承接地区以外来麦物品高频接触环境每天消杀 3 次、地区以内的和县域内流动的每天消杀 2 次。抓好健康码运用预警机制落实，配齐配强 6 个专项组人员力量，健全工作机制，动态掌握检测、赋码、扫码等情况，及时消除“黄码”，做到精准管控。

3. 坚决确保备战到位。树牢长期作战的思想准备、工作准备和保障准备，做到人员到位、设备到位、物资到位、培训到位、能力到位，确保一旦有事心中有数、不打乱仗。强化战时保障，加大对防疫工作人、财、物的投入力度，确保资金、物资、实验室、设备等提前准备到位；做好备用隔离点日常维护，确保一旦启动战时机制，随时可以入住使用；按照 3 个月的储备量，提前将中药及各类生活、医疗物资准备到位，确保战时保障有力。完善工作流程，认真总结去年疫情防控工作的经验教训，抓住重点人群核酸检测、环境监测和以发热为主的“八大症状”等预警关键机制，对疫情触发后的具体部署、力量组成、工作流程搞清搞透，明确每个点位的权限、任务，使监测、预警和处置各环节都能无缝衔接，做到平时好用、战时管用。注重专业培训，针对核酸检测、阳性患者转运、流调溯源、环境消杀、隔离点管理和基层日常防控、社会面管控、居家服务、心理疏导等工作，对各专项工作组相关人员进行分级分层轮训，提升工作能力。加强实战演练，按照“预、演、练、战”的要求，通过桌面推演和情景模拟等方式，就疫情响应、道路封控、人员转运、场所消杀、诊疗救治、流调溯源、院感防护等工作常态进行模拟演练，不断在演练中发现问题、完善预案、磨合机制、锻炼队伍。

（三）时刻保持临战状态，全力抓好安全生产工作

坚持人民至上、生命至上，始终把保护人民生命安全摆在首位，严格落实安全生产责任制和管理制度，持续深化安全生产专项整治三年行动，抓紧抓实抓细道路交通、消防等重点行业领域安全隐患排查整治，坚决防范化解各类重大安全风险，严防各类事故发生。强化防灾减灾救灾体系建设，落实防灾减灾救灾和安全生产各项应急处置措施，健全预报、预警、预防，健全应急协调联动机制，进一步完善应急救援预案，强化应急演练，提高应急意识和应急能力。加大隐患排查治理，突出危险化学品、建筑施工、文化旅游、特种设备等行业领域，紧盯工业园区和劳动密集型企业，学校、商超等人员密集场所，深入开展安全生产隐患排查整治行动，确保做到“行业一个不漏、企业一个不漏、隐患一个不漏、整改一个不漏”。持续深入开展“两客一危一货一面”等重点车辆联合执法检查和危险化学品道路运输环节安全检查，加强对各类运输车辆的管理和路面安全管控，切实发挥好“两站两员”作用，严查“三超一疲劳”等严重违法违规行为。实施食品药品安全战略，确保人民群众饮食用药安全。强化质量监管，确保产品质量安全。加强气象服务，及时发布灾害天气预测预警，确保早预见、早预防。

（四）坚定不移贯彻新发展理念，全力推动经济高质量发展

1. 壮大培育特色优势产业。坚持用工业化理念谋划产业，突出龙头企业带动，推进一、二、三产业深度融合发展。

推动农业提质增效。围绕“稳粮、优棉、增菜、促经、强畜、兴果”发展思路，全力推动农业提质增效、农民持续增收、农村稳步发展。稳定粮食面积，优化粮食品种，加强 25 万亩小麦田间管理，落实 15 万亩玉米种植，确保粮食总产达 17 万吨。优化棉花布局，坚持“一主一辅”品种布局，将优质高产棉花种植面积稳定在 50 万亩，大力推广机采棉，确保皮棉总产达 7 万吨以上，打造国家级优质棉生产基地。做优特色林果业，新定植特色林果 1.8 万亩，加强 56 万亩红枣、20 万亩核桃日常管理，持续开展提质增效行动，力争林果总产达到 30 万吨以上，着力打造国家级麦盖提灰枣生产基地。扩大香蕉梨、冬香梨、新梅、苹果等特色优质水果种植面积，不断拓宽增收渠道。大力发展“安格斯”肉牛产业，逐步淘汰土杂品种，坚持“养殖基地 + 合作社 + 农户”的发展模式，辐射带动千家万户科学养殖，年内实现“安格斯”肉牛存栏 5 万头以上，打造国家级“安格斯”肉牛核心繁育基地。狠抓“菜篮子”工程，新建日光温室 1000 座，落实 4 万亩露地蔬菜种植，实现“春提早、夏排开、秋延后、冬补缺”压茬衔接，确保蔬菜供应充足。围绕市场和农产品加工企业需求，发展小茴香、刀郎土瓜、色素辣椒、金银花等特色经济作物 20 万亩；发挥家禽孵化基地作用，发展家禽养殖 350 万只（羽）以上，有效拓宽农民增收渠道。抓好 4.13 万亩农作物良种繁育基地和 1 个红枣种质资源圃建设，发挥 7 个“安格斯”肉牛、1 个西门塔尔牛、1 个刀郎羊良种繁育场和 110 个林果科技示范园的作用，带动千家万户提升科学种植养殖水平。扶优扶强 20 家农民专业合作社，支持现有农业企业发展精深加工。充分发挥 15 家农业产业化龙头企业的带动作用，促进农产品就地加工转化，延伸产业链、提高附加值。

推动工业强基增效和转型升级。用足用

好国家、自治区优惠政策，依托城南、城西工业园区、产业园区、“飞地园区”，发挥援疆和劳动力资源优势，强化工作专班，加大招商引资力度，大力引进纺织服装鞋帽、电子产品组装、农产品精深加工等劳动密集型产业，围绕红枣、馕、“安格斯”肉牛资源，推动全产业链发展，引进2～3家农副产品精深加工龙头企业，推动农副产品90%以上实现初加工、40%以上精深加工，实现招商引资到位14亿元。抓好园区建设，全力推进“飞地园区”4万平方米标准化厂房、5500平方米企业服务中心和“七通一平”基础设施建设，完成城西城南工业园区3万平方米标准厂房及配套附属建设，不断提升园区承载能力；做大做强主导产业，重点扶持利泰丝路、刀郎阳光、五征现代农业、麦腾牧业、新疆枣都、比通达电子等企业发展壮大，做大做强农副产品精深加工、纺织服装、电子组装加工产业，培育发展医疗器械、灯具灯饰、体育用品、中医药等产业，逐步形成2～3个骨干优势产业和3～4个劳动密集型产业支撑县域经济发展新格局。大力发展劳动密集型产业，推进纺织服装、电子产品、体育用品加工等产业发展，加快推进利泰丝路24万锭纺纱项目全面投产，培育发展电路板生产、LED灯珠封装、SMT贴片及DOB光源板产业，形成智慧LED灯饰全产业链；以羽毛球拍生产为依托，招引跳绳、篮球、排球、体育服饰等生产加工企业落地，打造体育用品生产基地。持续深入落实好领导包联企业制度，精准实施“一企一策”，政府要与企业共克时艰、共渡难关，对企业困难诉求实行清单销号、限时办结、跟踪督办，全力扶持“小升规”“个转企”。

大力发展现代服务业。以旅游业为总龙头，统筹生产性服务业和生活性服务业的发展。大力实施“文化强县、旅游活县”战略，积极开发旅游和特色产品，围绕“三园”（叶河生态文化园、五一林场桃花园、刀馕产业园），打造“四条精品旅游路线”，即：叶尔羌河流域生态旅游线、刀郎画乡—百万亩防风固沙生态林—N39°沙漠探险旅游线、刀郎乡里—刀郎湖—万亩精品枣园旅游线、26万亩原始胡杨林旅游线，推动形成全域旅游新格局，拓展营销旅游市场，推动“旅游+”和“+旅游”，进一步完善旅游景区、景点基础设施，提升配套服务功能，补齐“吃住行游购娱”短板，推动旅游业持续快速发展，力争全年接待游客突破60万人次，旅游收入3亿元。加快发展商贸物流、电子商务等服务业，高标准建设农副产品交易中心，提升平翔物流园承载能力，加大特色农副产品电商平台招商培育，开展特色农产品网上营销，支持采取网红、抖音、直播等多种营销方式加大网上销售，扩大线上线下交易规模，让农产品卖得出、卖得好。大力发展生活性服务业，加快发展医疗、健康、养老、旅游、文化、体育、家政、物业等服务业，加强公益性基础性服务业供给，推动生活性服务业向高品质的多元化升级，不断满足群众的多样化需求。

2. 抓好扩大内需工作。坚定不移实施扩大内需的战略，拉动投资，促进消费，为经济高质量的发展提供动力。

加强基础设施建设。积极争取中央、自治区各类专项资金，引导更多社会资本和民间资金投向基建领域，破解发展瓶颈、增强发展后劲。加强水利基础设施建设，实施大中型灌区续建配套与节水改造工程，新建防渗渠道36.52千米，新增高效节水面积17万亩，对希依提墩乡、央塔克乡、吐曼塔勒乡、昂格特勒克乡472千米农村饮水安全管网进行提升改造。加强电力基础设施建设，实施农村配网建设工程，新建改造10千伏线路103.67千米、0.4千伏线路92.4千米，增换配电变压器127台，解决48个村“煤改电”用户用电问题。加强道路基础设施建设，积极推动通用机场建设，促进麦喀铁路、巴莎铁路等重点项目尽早开工，实施叶尔羌河流域麦盖提县生态治理道路项目，建设偏远散村组道路19千米，提升改造老旧县道、乡道，确保道路安全。加强市政基础设施建设，实施燃气惠民工程，延伸铺设燃气管网89千米，铺设城区排水管网83千米，改造提升老城区供热管网15.95千米，新建污水排放调节池（中水库）一座，加快“5G+”“5G+宽带”建设，新建5G基站101个，实现城乡全覆盖。

积极促进消费回暖。把扩大消费同改善人民生活品质结合起来，提振消费信心，促进消费恢复生机。促进网上购物、在线办公、在线教育等线上消费，鼓励零售、餐饮等行业提供线上线下相融合的“无接触服务”，鼓励外卖配送，不断扩大供给，满足群众多元化需求。扩大农村电商覆盖面，加快构建“物流分拨中心、专业配送中心、末端配送网点”县乡村三级网络为主的城乡配送体系，促进工业品下乡和农产品进城双向流通，激发城乡消费潜力。合理增加公共消费，提高教育、医疗、养老、育幼等公共服务支出效率。发展夜间经济和跳蚤市场，鼓励各大商超、饭店延长营业时间，开展晚间促销活动，培育消费增长点。

全力推进新型城镇化。坚持以人为核心的城镇化，促进人口与产业协同集聚、产业发展同城镇建设有机融合，努力实现产业聚人、城市留人。加速城镇化发展进程，以县城为核心，辐射带动巴扎结米镇、库木库萨尔乡、昂格特勒克乡协同发展；以城西工业园区为中心，带动希依提墩乡一体化发展；以吐曼塔勒乡为副中心，辐射带动央塔克乡、库尔玛乡发展；以克孜勒阿瓦提乡为支点，带动尕孜库勒乡发展。加快推动城乡融合发展，依托地理区位和红枣、核桃、设施农业、“安格斯”肉牛、旅游等特色产业，加快希依提墩乡、央塔克乡、吐曼塔勒乡、克孜勒阿瓦提乡、库木库萨尔乡特色小城镇建设，把乡镇建设成为服务农民的就近就业中心、产业服务中心和生活服务中心，稳步推进央塔克乡、吐曼塔勒乡、尕孜库勒乡、克孜勒阿瓦提乡、库木库萨尔乡撤乡建镇。大力实施城市更新行动，推进城镇保障性安居工程建设，新建公共租赁房300套，改造棚户区800套，抓好15个老旧小区和六社区老城区改造，加快众合领秀、百汇丽景、天裕国际、德润世纪、博望城等房地产项目建设，试点开展租赁住房、长租房和租赁市场化运作，多途径保障群众住房需求。充分利用城市拆迁和改造地块，合理布局街头绿地、小游园等休憩场所和停车场、公共厕所，试点推行城市绿化养护市场化运作，让城市成为生态良好的休闲地。全面放开城镇落户条件，落实农业户籍人口在城镇落户后一定时期内享受城乡双重政策，支持有能力在城镇稳定就业和生活的农业人口举家进城落户，有序推进农业转移人口市民化，吸引更多农村群众进城就业生活。

3. 持续推进脱贫攻坚同乡村振兴有效衔接。落实脱贫5年过渡期要求，坚持“四个不摘”，落实“八个不变”，在政策扶持、项目资金投入、产业发展、稳岗就业、动态监测、基础建设、作风治理等方面用力，持续巩固脱贫攻坚成果。建立农村低收入人口稳定帮扶的机制，加大易地扶贫搬迁后续扶持的力度，加快补齐农业农村发展的短板，完善乡村水、电、路、气、通信、广播电视等基础设施，持续推进农村人居环境整治，强化农村生活垃圾处理、生活污水处理，因地制宜推进农村改革，促进农业全面升级、农村全面进步、农民全面发展，切实为推进乡村振兴工作奠定坚实基础。

4. 深化重点领域和关键环节改革。坚持以深化改革为动力、以制度为保障，在关键点上持续用劲，不断增强经济发展的动力和活力。深化“放管服”改革，落实政府权责清单制度，推动政务一体化平台应用，持续推动政务服务向乡（镇）、村（社区）延伸，以线上“一网通办”、线下“只进一扇门”、现场“最多跑一次”为目标，全面推行“一表申请、一门受理、一次审核”的企业登记模式，优化审批程序，提高办事效率，激发市场活力。构建亲清政商关系，对发展潜力大的民营企业实行梯队培优，在企业用地、人才引进、金融支持等方面给予重点扶持，严厉惩处为企服务不作为、慢作为，乱收滥罚等违纪违法行为，打通“堵点”、解决“痛点”，切实简化优化营商环境六项主要指标，大幅压缩办理时限，强化各类涉企优惠政策落实，切实降低企业生产经营成本，着力营造亲商、安商、稳商、富商的良好投资环境。深化农业农村改革，持续抓好农村集体产权制度改革，稳慎推进农村宅基地制度改革，严格落实“一户一宅”规定，严禁未批先建、超面积占用宅基地、乱占耕地建房等违法行为。落实好第二轮土地承包权到期后再延长30年政策，加强永久性基本农田保护，推进农业水价综合改革，为农业农村发展提供有力保障。

5. 抓好生态环境保护和建设。坚持绿水青山就是金山银山的理念，持续加大大气、水、土壤污染综合治理力度，持续改善生态环境质量。坚持实行最严格的生态保护制度，严禁三高项目落地，落实节能减排措施，实施“煤改电”1.09万户，持之以恒推进百万亩防风固沙生态林建设，力争今年新造林7.5万亩以上，继续实施退耕还林还草，不断改善生态环境。实行最严格的水资源管理制度，全面落实河（湖、库）长制，强化河岸污染源监管，加强饮用水水源地保护，严守水资源利用“三条红线”，坚决遏制水资源浪费。强化土壤和农业面源污染防治，减少化肥农药投入，全面推广高堡膜，变农田“白色污染”为“绿色再生资源”。推动绿色低碳发展，加快发展节能环保、清洁工业生产，发展绿色建筑，积极倡导绿色低碳生活方式。

6. 全力做好对口援疆工作。用好对口援疆优势，坚持将援疆重心向基层倾斜、向保障和改善民生倾斜、向促进各民族交往交流交融倾斜，最大限度发挥对口援疆综合效益。继续加大产业援疆力度，抓住其他省（市）产业转移的机遇，围绕促进就业加大产业援疆力度，着力引进一批质量高、效益好、带动能力强的劳动密集型企业，促进各族群众就近就地稳定就业。在日照重要景区景点建设“麦盖提夜市”，宣传推介麦盖提美食、特产及文化，搭建麦盖提农村富余劳动力转移就业新平台。继续加大教育医疗援疆力度，借助日照教育资源优势，举办“日麦校长论坛”，组织齐鲁名师、名校长来麦送教讲学，推动日照市10所学校与麦盖提学校建立“学校发展共同体”“教师研修共同体”。完善日照妇保院业务托管麦盖提妇保站机制，帮助县人民医院发展骨科、康复科，推进县域内“医联体”建设。继续加大干部人才援疆力度，坚持“请进来”“送出去”相结合，积极引进更多懂经济、懂农业、懂技术的援疆干部人才到麦盖提工作，分期分批选派本地干部人才赴援疆省市交流学习，为麦盖提发展提供有力人才支撑。继续加大“三交”力度，广泛开展文化交流、学习考察、结亲交友等活动，深度推进各民族交往交流交融。

（五）着力保障和改善民生，提升群众幸福指数

坚持以人民为中心的发展思想，持续实施惠民工程，不断增强各族群众的获得感、幸福感、安全感。一是持续推进就业惠民。统筹抓好以团结关爱家庭、高校毕业生、退伍军人、就业困难人员和“零就业家庭”等重点群体的就业，大力开展全民技能提升培训，抓好其他省（市）企业有组织转移就业、疆内转移就业、县内就近就地就业等工作，促进城乡富余劳动力稳定转移就业。二是持续推进教育惠民。认真落实15年免费教育，突出抓好国家通用语言教育、学前双语教育和职业教育。严守控辍保学底线，优化资源配置，促进义务教育优质均衡发展。强化寄宿学校管理，加大对困难大学生的资助力度，推进初高中未就业毕业生职业教育培训全覆盖。持续深化教育改革，着力解决教育工作中的突出问题，不断提升教育质量。三是持续推进医疗惠民。加大基层医疗卫生事业资金投入，加强重特大病和传染病治疗救治，持续开展好“千医下乡帮扶千村”，落实“先诊疗、后付费”和“一站式”结算服务，保质保量完成全民健康免费体检工作，提升全民健康水平。从严执行计划生育“一票否决”制，确保计划外生育零控制。四是持续推进安居惠民。着力构建多主体供应、多渠道保障、租购并举的住房制度，调整供需结构，统筹推进棚户区改造和公租房建设，持续扩大住房保障覆盖面，逐步实现中低收入住房困难家庭应住尽住。五是持续推进社保惠民。进一步织密扎牢社会保障“安全网”，全面实施全民参保计划，支持帮助低保对象等困难群体参加社会保险，切实减轻就医负担；完善对符合低保条件的城乡困难群众应保尽保，对有养老意愿的“五保”老人和孤残、困境儿童集中供养，加快推进残疾人事业发展，实现人人享有基本的社会保障。加强退役军人事务工作，保障退伍军人权益。六是持续推进文化惠民。持续实施东风工程、农家书屋、农村电影放映工程、广播电视户户通等文化惠民工程，丰富各族群众精神文化生活。

（六）加强民族团结，促进宗教和谐

坚定不移贯彻落实党的民族政策。坚决贯彻落实民族区域自治制度和民族区域自治法，深入开展党的民族政策宣传，增强中华民族大家庭意识。坚持用法律保障民族团结，既依法全面保障各民族的合法权益，又依法严厉打击破坏民族团结的行为，促进各民族和睦相处、和衷共济、和谐发展。深化中华民族共同体意识宣传教育。把中华民族共同体意识纳入国民教育、干部教育、社会教育全过程，构建课堂教学、社会实践、主题教育多位一体的教育平台，开展形式多样的民族团结主题教育和社会实践活动，讲好中华民族故事、讲好民族大团结故事，让民族团结正能量更充沛、主旋律更强劲。深化民族团结先进典型事迹宣传，通过宣传宣讲、网上互动、图片展览、公益广告、微信微博等形式和载体，深化“三个离不开”宣传教育，营造加强民族团结、维护祖国统一、反对民族分裂的浓厚氛围。深入开展民族团结进步创建活动。坚持把民族团结进步创建纳入经济社会发展总体规划，扎实开展民族团结进步创建“十进”活动，不断深化民族团结“五个一”工程，积极开展民族团结进步“好学生”“好居民”“好员工”“好邻居”等创建微行动，建设一批标准化、多样化、特色化的民族团结进步教育基地，创建和表彰一批民族团结机关、单位、社区、小区、学校，选树和表彰一批民族团结示范户、优秀结亲干部等先进典型，努力争创全国民族团结进步模范县。促进各族群众广泛交往、全面交流、深度交融。不断完善“民族团结一家亲”和民族团结联谊活动，常态化开展“三进两联一交友”活动，引导各族干部群众多层次、多方式、多形式走动互动，不断推动民族团结往深里走、往心里走、往实里走。继续组织宗教教职人员、基层干部群众、青少年及社会各界人士到其他省（市）参观学习，把对口援疆工作打造成民族团结工程。通过政策引导、经济补助、教育资源倾斜等方式，构建各民族嵌入式的社会结构和社区环境，创造各族群众共居、共学、共事、共乐的社会条件，推动各族群众守望相助、深度融合。

全面贯彻党的宗教工作基本方针。坚持保护合法、制止非法、遏制极端、抵御渗透、打击犯罪，引导信教群众树立正确的国家观、民族观、宗教观，正确处理去极端化和依法保护正常宗教活动的关系，依法保障信教群众正常宗教需求和正常的宗教活动，推动伊斯兰教中国化，更好引导宗教与社会主义社会相适应。着力提升依法管理宗教水平，加强对各级干部的培训，掌握处理宗教问题的基本原则，正确区分民族风俗习惯、合法宗教活动与宗教极端思想。切实抓好宗教活动场所的服务管理，改进完善驻村管寺制度，持续推进“七进两有”“九配备”，不断改善宗教活动场所和宗教活动条件。加强宗教教职人员培训培养，突出国家通用语言、法治、去极端化、社会主义核心价值观、爱国主义教育，建设一支政治上靠得住、宗教上有造诣、品德上能服众、关键时起作用的宗教教职人员队伍。加强对解经讲经的规范管理，讲好《新编卧尔兹》，积极引导解经讲经内容与社会主义核心价值观相适应。

（七）扎实推进文化润疆工程，打好意识形态领域主动仗

全面贯彻落实党中央关于加强意识形态工作的决策部署，持续强化意识形态领导权意识、阵地意识、底线意识，坚定不移举旗帜、聚民心、育新人、兴文化、展形象，确保意识形态工作正确政治方向。

严格落实意识形态工作责任制。深入贯彻落实新疆若干历史问题研究座谈纪要精神，加强对各类宣传文化产品出版刊播前的审读工作，持续深入开展“习近平新时代中国特色社会主义思想进万家”活动，强化社会主义核心价值观教育，讲好中国故事、传播好中国声音，引导各族干部群众树立正确的国家观、历史观、民族观、文化观、宗教观。

加强基层宣传文化阵地建设。建设好、管理好、使用好新时代文明实践中心，依托文化馆、展览馆、图书馆和文化广场，推动新时代文明实践活动在县域蓬勃开展。加快推进乡镇新时代文明实践所和村级新时代文明实践站、新疆“四史”教育基地建设。

扎实推进现代文明建设。持续开展“三新”活动，倡导科学、文明、健康的习俗风尚，大力传播现代理念和行为方式。以建党100周年为主线，创作一批反映麦盖提县政治、经济、文化、生态、脱贫攻坚、援疆成就等主题的歌舞晚会、风情图集、小品、短剧等精品文艺作品，进一步丰富和完善《永恒的刀郎》舞台剧，精心打造一台展现麦盖提新时代、新气象、新变化的精品歌舞剧，

常态化开展“我们的中国梦——文化进万家”“每村每周一场群众性文体活动、每月一场文艺演出”，丰富各族群众精神文化生活。

坚定不移地推广国家通用语言文字教育。依托新时代文明实践所（站）和技工学校等载体，选配专兼职国家通用语言教师，精心制订教学计划，加强中青年群体的国家通用语言文字培训，不断提高国家通用语言应用能力和使用水平，为各族群众更好地外出务工就业、生产生活、融入当地社会搭建良好平台。

切实做好知识分子工作。严格落实党的知识分子政策，充分尊重劳动、尊重知识、尊重人才、尊重创造，积极为教育、医疗、文化、科技工作者干事创业搭建平台，鼓励其在各自岗位上建功立业、发挥作用。精细化做好知识分子的团结教育工作，对受到问题教材影响的教师、受宗教极端思想毒害的知识分子，坚持正向引领，加强教育培训，肃清思想流毒；对受处理的知识分子，坚持一人一策，不歧视、多关心，真正做到“团结大多数、打击极少数”。

加强文化人才队伍建设。健全公共文化服务人才培养、使用、激励机制，大力挖掘乡村文化能人、乡土文化专家，激发各类文艺团体和广大文艺创作者的创作积极性，打造一支门类齐全、结构合理、梯次分明、素质优良的公共文化服务队伍。

（八）持续加强政府自身建设，着力打造人民满意政府

为人民服务，对人民负责，受人民监督，让人民满意，是政府工作必须始终坚守的信念。新的一年里，我们将继续坚持和完善中国特色社会主义行政体制，构建职责明确、依法行政的政府治理体系，努力建设人民满意的政府。

全面加强党对政府工作的领导。始终坚持用习近平新时代中国特色社会主义思想武装头脑、指导实践、推动工作，进一步增强“四个意识”、坚定“四个自信”、做到“两个维护”，把政治建设作为根本性建设、摆在首要位置，始终对以习近平同志为核心的党中央绝对忠诚，始终在政治立场、政治方向、政治原则、政治道路上同党中央保持高度一致，全面准确把握新时代党的治疆方略，任何时候都坚定坚决、不折不扣地把以习近平同志为核心的党中央决策部署落到实处，把自治区党委、地委、县委各项工作部署落到实处，为建设中国特色社会主义麦盖提提供坚强保证。

全面加强法治政府建设。坚持全面依法履职，严格遵守宪法法律，把政府活动全部纳入法治轨道，让权力在阳光下运行，加快建设职能科学、权责法定、执法严明、公开公正、廉洁高效、守法诚信的法治政府。依法接受人大及其常委会的法律监督，自觉接受人民政协的民主监督，及时办理人大代表议案、政协委员提案。主动接受社会舆论和人民群众的监督，保障群众知情权、参与权和监督权。坚持科学决策、民主决策、依法决策，落实重大问题集体决策、专家咨询、社会公示制度。

全面加强政府作风建设。坚持实事求是，尊重客观规律，坚决防止政策执行简单机械、“一刀切”。崇尚实干苦干，以钉钉子精神，狠抓落实，在务实功、求实效上下功夫。着力解决形式主义和官僚主义突出问题，坚决防止工作棚架、浮在面上、流于形式，坚决防止口号喊得震天响、落实起来轻飘飘以及欺上瞒下、弄虚作假等行为。坚持以人民为中心的发展思想，始终把人民利益摆在至高无上的地位，巩固“不忘初心、牢记使命”主题教育成果，推动政府作风持续转变！

全面加强廉洁政府建设。认真履行党风廉政建设主体责任，健全党风廉政建设工作机制，深入推进政府系统党风廉政建设和反腐败斗争，严肃惩治各类腐败行为，进一步提高政府的公信力。为了让市场主体更有活力、让群众过上更好日子，政府必须真正过紧日子，加强节约型机关建设，无论是日常开支、公共工程建设，还是办展办会等，都要厉行节约、反对铺张浪费，切实把财政资金真正用在刀刃上！

麦盖提县刀郎羊成为农民增收的重要支柱产业

刀郎羊又称多浪羊，是麦盖提土羊与阿富汗的瓦尔吉尔肥羊杂交的肉脂兼用型绵羊品种，是新疆维吾尔自治区的名特优地方养殖良种，也是自治区重点保护并大力发展的优良地方小畜品种。该品种羊耳大、鼻梁高、毛色略红、肉嫩多汁无膻味、成熟早、双羔率达到26%。该羊对不同气候条件适应性强，采食广，易饲养。在本地市场上出现了炒作刀郎羊的现象，其价格一度攀升到1400万元/只。为充分发挥刀郎羊的生产优势，1989年经自治区批准建立了麦盖提县种羊场，承担着向南北疆各地提供合格羊的任务，多年来已向外提供种羊数万只。1999年，成功注册“多浪羊商标”。2007年，成功注册“麦盖提多浪羊国家地理标志集体商标”。

为培育品种优良的刀郎羊，麦盖提县先后与新疆大学、新疆畜牧科学院合作，实施刀郎羊多胎品系研究和刀郎羊繁育体系建设项目，开展刀郎羊多胎性、饲养管理、选育选配、疫病防治等多个领域研究，制定9项刀郎羊繁育研究技术规程，建立175个刀郎羊品种改良服务点，着力加强县、乡、村三级刀郎羊繁育体系建设，促进刀郎羊自群繁育、品系繁育技术的示范推广。相继出台了畜牧业发展的意见、规划及畜牧业发展的若干优惠政策，设立2000万元扶持发展基金，积极引导社会各界助力刀郎羊产业发展，大力推广“两化一社”和“公司+合作社+农户”发展模式。同时，不断强化科学养殖，大力推广“四良一规范”综合配套技术和科学养殖技术，组织刀郎羊养殖大户交流养殖经验，定期提供上门技术服务和防疫服务，促进刀郎羊产业健康发展。

2020年，麦盖提县的刀郎羊（县融媒体中心供稿）

此外，还不断加大刀郎羊的宣传力度，在全疆宣传刀郎羊品种、饲喂、效益等。通过举办麦盖提县刀郎羊选美大赛等活动，加大对刀郎羊的宣传推广力度，刀郎羊品牌日益打响。

近年来，麦盖提县依托畜牧养殖园区和刀郎羊品牌优势，发展以刀郎羊为重点的标准化、规模化现代畜牧业，并通过“政策促动”“品牌带动”“科技推动”，最终使刀郎羊成为农民增收的重要支柱产业。2020年，全县畜牧业专业合作社超过100家，刀郎羊养殖大户、专业户接近4000户，养殖场、养殖小区备案40多户（个），刀郎羊存栏50万只以上、占牲畜总存栏的75%以上，刀郎羊产业实现农民人均收入700元以上。

56万亩红枣助推新疆麦盖提县进入幸福快车道

深秋的十月，在地处塔克拉玛干沙漠西南边缘的新疆麦盖提县田野里，颗颗饱满的红枣在茂密的树叶中摇曳，微风吹来阵阵果香，红彤彤的枣儿“闹”丰收。

新疆喀什地区麦盖提县，这个曾经受风沙和贫穷困扰的贫困县，按照“稳粮、优棉、增菜、促经、兴果、强畜”思路，不断壮大红枣产业，调优调强农业产业结构，进一步打响“红枣之都”品牌，将红枣作为助力脱贫攻坚的有力抓手，团结带领30万名各族人民奋力拼搏、于2019年底实现全部脱贫，所有建档立卡贫困户达到“两不愁三保障”脱贫标准，全县综合贫困发生率下降至3%以下，各项指标均达脱贫摘帽标准，实现贫困县摘帽。

麦盖提县地处沙漠边缘，日照丰富，温度适宜，无霜期长，加上无污染、碱性沙质土壤和有机管理模式，为红枣生长提供了有利环境。

2006年起，麦盖提县积极调整农业种植结构，充分利用自然优势，大力发展红枣产业，大面积种植红枣。近几年来，麦盖提县在做大做强红枣产业的同时，努力提高红枣的管理水平，实施了一系列红枣精细化管理方法，由县农业部门聘请红枣种植方面的专家走进田间地头，手把手教枣农技术，努力提高其红枣科学管理技术。同时，按照“重点产业重点抓”的要求，狠抓红枣精品园和高产示范园建设，在全县建成的红枣示范园3.2万亩，使全县亩产过300千克的精品园达到3万亩。全县的141支林果业技术服务队定期深入田间地头，帮助枣农开展嫁接管理和病虫害防治，红枣管理技术有了大提升，为红枣增产奠定了基础，使果农增收致富有了可靠的保障，红枣已经成功助推麦盖提进入增收致富“快车道”。

2020年10月23日，麦盖提县举办灰枣节

新疆枣都现代农业是麦盖提县比较大的红枣加工企业之一，是集红枣生产、深加工、仓储、销售于一体，拥有1.4万吨气调保鲜库、5000亩红枣示范园，逐步形成“龙

头企业＋专业合作社＋基地＋农户”的产供销衔接机制，迈向了规范化、精细化之路，并集中力量打绿色牌、走优质路，积极探索精深加工，从而更好发展，红枣产业不但助力了当地的脱贫攻坚发展，还成就了一批红枣龙头企业。

枣贱伤农的不确定因素影响着枣农脱贫攻坚成果巩固，“保险＋期货”项目是麦盖提县枣农的“定心丸”，种植户向保险公司购买价格保险，保险公司向期货经营机构购买场外期权将风险转移，利用期货市场进行风险对冲，保障种植户不受市场价格波动影响。2019 年 4 月，麦盖提县红枣期货在郑州商品交易所挂牌交易，连续透明的价格体系和“期货＋保险”的交易模式，使枣农能够安心提升红枣品质，为进一步提升麦盖提红枣产业化发展的水平和竞争力打下了坚实的基础，为枣农稳定增收上了一道“保险”。

随着农业品牌化时代的到来，打造红枣品牌已成为提升麦盖提县红枣销量和竞争力，扩大其影响的必由之路。近年来，麦盖提县着力提高红枣质量，紧密结合乡村振兴战略，按照“生态优先、绿色发展”的理念，积极向无公害、绿色、有机红枣发展，大力打造创建属于麦盖提县自己的红枣品牌。目前，麦盖提县刀郎牌红枣、红枣片、红枣汁、红枣醋等系列产品远销北京、上海、广州、深圳、福州、武汉、乌鲁木齐、温州等一、二线城市，备受各地消费者青睐。

2020 年，麦盖提县的灰枣园

2020 年，麦盖提县红枣种植面积 56 万亩，主要品种是灰枣，总产量达 26.24 万吨以上，产值 2.09 亿元。依靠红枣产业，农民收入持续快速增长，红枣人均收入达 6127 元，红枣收入占农民总收入的 50%。红枣产业成为当地农民脱贫攻坚、增收致富的支柱产业，实现了“枣业富民”战略。

（文图：尔志毅　苏衍宽）

大事记

1 月

6 日，中共麦盖提县委十一届六次全委（扩大）会议召开，会议的主要任务是坚持以习近平新时代中国特色社会主义思想为指导，深入贯彻落实党的十九大，十九届二中、三中、四中全会精神，贯彻落实新时代党的治疆方略特别是社会稳定和长治久安总目标，贯彻落实中央经济工作会议、农村工作会议和自治区党委九届八次全体会议、经济工作会议以及地委扩大会议精神，总结 2019 年工作，部署 2020 年任务，动员全县各级党政统一思想、坚定信心、勠力同心、顽强拼搏，为实现社会大局和谐稳定，决胜全面建成小康社会而努力奋斗。县委书记文福来作了题为《坚持以习近平新时代中国特色社会主义思想为指导 聚焦社会稳定和长治久安总目标 为决胜全面建成小康社会而努力奋斗》的报告。

15 日，“不忘初心、牢记使命”主题教育总结大会召开，会议的主要任务是深入学习贯彻习近平新时代中国特色社会主义思想，学习贯彻习近平总书记在中央“不忘初心、牢记使命”主题教育总结大会上的重要讲话精神和自治区党委、地委主题教育总结大会精神，聚焦新时代党的治疆方略特别是社会稳定和长治久安总目标，认真总结全县主题教育工作，巩固拓展主题教育成果，激励各级党组织和广大党员干部以主题教育为新的起点，持续推动“不忘初心、牢记使命”主题教育，增强斗争精神和革命精神，奋力推进麦盖提社会稳定和长治久安，决战决胜全面建成小康社会。

17 日下午，县委组织开展第 2 次县委理论学习中心组学习，传达学习《习近平总书记二〇二〇年新年贺词》《习近平总书记在全国“不忘初心、牢记使命”主题教育总结大会上的讲话》《习近平总书记在十九届中央纪委四次全会上的讲话》《习近平扶贫论述摘编》。

同日，县委组织开展第 3 次县委理论学习中心组学习（脱贫攻坚专题），传达学习中央农村工作会议、全国扶贫开发工作会议和深度贫困地区脱贫攻坚座谈会议精神。

23 日，喀什地区检察机关首家未成年人检察工作室——麦盖提县人民检察院未成年人“检爱”工作室揭牌成立。

30 日晚，县委组织开展第 4 次县委理论学习中心组学习，学习习近平总书记关于做好新型冠状病毒感染肺炎疫情防控工作的重要讲话和重要指示批示精神、《中共中央关于加强党的领导为打赢疫情防控阻击战提供坚强政治保证的通知》《中共新疆维吾尔自治区委员会关于认真学习贯彻习近平总书记重要指示精神和中央通知要求、切实加强党的领导坚决打赢疫情防控阻击战的通知》《中组部关于及时调整不胜任干部的通知》《中央纪委国家监委关于贯彻党中央部署要求、做好新型冠状病毒感染肺炎疫情防控监督工作的通知》《习近平扶贫论述摘编》。

2月

6日，麦盖提县检察院被自治区人民检察院授予2019年度全疆检察机关信息工作先进集体称号。

12日，自治区人大常委会领导率自治区新冠肺炎疫情防控督导组到麦盖提县督导检查疫情防控工作。

24日上午，县委组织开展第5次县委理论学习中心组学习，传达学习《习近平在解决“两不愁三保障”突出问题座谈会上的讲话》《关于印发〈喀什地区聚焦未脱贫户、边缘户和脱贫监测户确保高质量脱贫和防止返贫致贫的工作方案〉的通知》《喀什地区扶贫开发领导小组关于做好新冠肺炎疫情防控期间脱贫攻坚工作的通知》《地区扶贫开发领导小组会议纪要》和《喀什地区脱贫攻坚巩固提升方案》。

3月

15日，自治区人民政府领导一行到麦盖提县指导调研脱贫攻坚工作。

21日晚，县委组织开展第6次县委理论学习中心组学习，传达学习《习近平总书记在决战决胜脱贫攻坚座谈会上的讲话》《习近平、赵乐际同志在第十九届中央纪律检查委员会第四次全体会议上的讲话和报告》《中共中央 国务院关于抓好“三农”领域重点工作 确保如期实现全面小康的意见》《中共中央办公厅 国务院办公厅印发〈关于防范化解和妥善处置群体性事件的意见〉的通知》《中共中央办公厅 国务院办公厅关于印发〈领导干部报告个人有关事项规定〉和〈领导干部个人有关事项报告查核结果处理办法〉的通知》《学习辅导百问》《陈全国、杨鑫同志在自治区纪委九届五次全会上的讲话和报告》《自治区党委 自治区人民政府贯彻〈中共中央 国务院关于抓好“三农”领域重点工作 确保如期实现全面小康的意见〉的实施意见》《陈全国在自治区“不忘初心、牢记使命”主题教育总结会议上的讲话》。

26日，在县迎宾馆举行《麦盖提县志（1991—2015）》评审会。自治区地方志编委会党组书记、副主任廖运建，自治区地方志编委会一级巡视员刘星等领导和来自疆内其他地州、县市的专家出席会议并提出修改意见建议。

28日，兵团第六师五家渠市师市党委领导一行到县巴扎结米镇库台克勒克村、五一林场走访调研并捐赠100万元。

同日，自治区人民检察院领导一行到县检察院调研指导工作。

31日，在山东省援疆工作指挥部大力支持下，刀郎羊种质资源保护创新工程中心在麦盖提县希依提墩乡城西工业园区新疆五征绿色农业公司正式成立，并聘请自治区刀郎羊专家7人为中心特聘专家。

4月

1日，山东省援疆工作指挥部领导一行

到麦盖提县百万亩防风固沙生态林基地调研并参加植树造林活动，调研沙漠旅游项目、刀郎画乡文化产业项目、刀郎文化产业园项目、新疆五征绿色农业发展有限公司、日照港物流园红枣产业化项目。

21 日晚，县委组织开展第 7 次县委理论学习中心组学习，传达学习 4 月 17 日中共中央政治局会议精神、《中共中央印发〈关于在全党开展“不忘初心、牢记使命”主题教育总结报告〉的通知》《党委（党组）落实全面从严治党主体责任规定》《关于纪检监察系统认真学习习近平总书记关于深化国家监察体制改革重要讲话的通知》《自治区党委办公厅印发〈关于深化标本兼治推动以案促改工作常态化的实施意见〉的通知》《关于持续解决困扰基层的形式主义问题为决胜全面建成小康社会提供坚强作风保证的通知》《中共新疆维吾尔自治区委员会关于开展向加思来提・麻合苏提同志学习活动的决定》《大战大考中的挑战与机遇》《加快发展健康产业 助推健康新疆建设》《汪洋同志在脱贫攻坚约谈会议上的讲话》《加快发展现代农业 着力推进绿色发展》和全国扫黑办第九次主任会议、全国扫黑除恶专项斗争视频会议暨领导小组第八次会议、全国扫黑除恶专项斗争第二次推进会议主要精神。

22—23 日，新疆交通建设投资控股有限公司高级专家一行到麦盖提县各旅游景点、景区调研并召开座谈会。

27 日，地区促进农村经济发展推进会在麦盖提县召开，地区四大班子领导、地直有关单位领导和各县（市）委书记、县（市）长、分管农业工作县领导出席会议。

5 月

12 日，自治区人大常委会党组领导一行到麦盖提县调研。

19 日上午，县委组织开展第 10 次县委理论学习中心组学习，传达学习《中共中央 国务院关于新时代推进西部大开发形成新格局的指导意见》《关于自治区接续推进全面脱贫攻坚与乡村振兴有效衔接试点工作现场推进会和南疆四地州深度贫困地区脱贫攻坚现场推进会会议精神的通报》。

19—20 日，地区“三夏”农业生产推进会在麦盖提县召开，地委、地区政协工委领导，地委农办、地区农业农村局负责人，地直有关单位负责人和各县（市）主要负责人、分管农业工作负责人、农业农村局一名主要负责人出席会议。

30 日，麦盖提县 10 所农村幸福大院建设项目开工。其中，新建 9 所、改扩建 1 所，建筑面积 1.92 万平方米，设床位 600 张，投资 7073 万元。分布在巴扎结米镇、希依提墩乡、央塔克乡、吐曼塔勒乡、尕孜库勒乡、克孜勒阿瓦提乡、库木库萨尔乡、昂格特勒克乡、库尔玛乡、麦盖提镇。

6 月

2 日下午，县委组织开展第 11 次县委理论学习中心组学习，传达学习全国“两会”精神和《习近平扶贫论述摘编》《陈全国：攻克坚中之坚 夺取全面胜利（两会声音）》《自治区各级党政领导干部保密工作责任制实施办法》。

14—15 日，恒大集团、恒大旅游集团、恒大高科农业集团领导一行到麦盖提县塔克拉玛干百万亩防风固沙生态林、N39° 沙漠探险营地、刀郎文化园、旭日园区、城南工业园区恒大集团援建饲草料加工厂、库木库萨尔乡、巴扎结米镇、央塔克乡调研。

20日上午，县委组织开展第13次县委理论学习中心组学习，传达学习外交部、全国人大外事委员会、全国政协外事委员会和新疆人大常委会关于美国所谓“2020年维吾尔人权政策法案”签署成法发表的严正声明。

7月

14日，山东省委书记刘家义率党政代表团到麦盖提县良种湖羊繁育示范场、妇幼保健院、央塔克乡鲁疆爱心小学考察。

23日，麦盖提县检察院干警阿衣加马力·胡加木尼亚孜被最高人民检察评为“法治进校园”全国巡讲表现突出先进个人。

8月

1日，自治区党委常委、自治区副主席艾尔肯·吐尼亚孜一行到麦盖提县调研。

6日，自治区党委、政法委领导一行到麦盖提县山东省援疆核酸检测实验室、塔克拉玛干沙漠百万亩防风固沙生态林、“安格斯”牛场、技工学校隔离点调研。

8日，国家卫健委新冠肺炎疫情医疗救治专家组等一行到麦盖提县调研疫情防控工作。

17日，山东、广东、上海等9个援疆医疗队到麦盖提县观摩刀郎画乡、塔克拉玛干沙漠百万亩防风固沙生态林、N39° 沙漠探险基地。

9月

10日，麦盖提县委召开庆祝第36个教师节暨表彰大会，表彰2020年“先进教育工作者”“优秀教师”“疫情防控先进个人”。

12日上午，县委组织开展第15次县委理论学习中心组学习，传达学习《习近平谈治国理政》第三卷和习近平总书记在扎实推进长三角一体化发展座谈会、在经济社会领域专家座谈会、在中央财经委员会第八次会议、在中央全面深化改革委员会第十五次会议、在纪念中国人民抗日战争暨世界反法西斯战争胜利75周年座谈会、在全国抗击新冠肺炎疫情表彰大会上的讲话精神，学习《自治区党委 自治区人民政府关于进一步加强生态文明建设的实施意见》和自治区党委办公厅、自治区人民政府办公厅印发《贯彻落实〈关于防范化解和妥善处置群体性事件的意见〉的措施》的通知。

21日，郑州商品交易所麦盖提红枣“保险＋期货”县域覆盖项目启动。

25日，麦盖提县五一林场被自治区民族事务委员会授予“自治区民族团结进步示范林场”“自治区民族团结进步模范集体”称号，马晓伟、吐来克·库完被授予“自治区民族团结进步模范个人”称号。

28日，自治区政府领导一行到麦盖提县利泰丝路公司、库木库萨尔乡、尕孜库勒乡、克孜勒阿瓦提乡调研。

10月

4日上午，县委组织开展第16次县委理论学习中心组学习，传达学习习近平总书记在第三次中央新疆工作座谈会上的重要讲话精神和《人民日报》、新华社关于第三次中央新疆工作座谈会社论。

8日下午，县委组织开展第17次县委理论学习中心组学习，传达学习习近平总书记在6次脱贫攻坚专题会议上的指示要求、《习近平扶贫论述摘编》和《关于印发〈新疆维吾尔自治区精准扶贫档案整理手册〉的通知》。

9—10日，麦盖提县民政局配合自治区第三人民医院开展“光彩明天”“明天计划”项目患儿筛查工作，筛查患儿504人，筛查出符合手术治疗、康复救助患儿118人。第一批先心病患儿11人前往自治区第三人民医院进行治疗。

23日，分会场“2020中国新疆喀什丝路文化胡杨节”开幕式在县叶尔羌河生态文化园举办。

31日，自治区人大常委会党组书记、主任肖开提·依明一行到麦盖提县调研疫情防控工作。

11月

6日上午，麦盖提县委组织开展第18次县委理论学习中心组学习，传达学习习近平总书记在第七个国家扶贫日到来之际重要指示、《习近平扶贫论述摘编》、刘永富在学习习近平总书记扶贫工作重要论述研讨会上的讲话和《自治区2020年脱贫攻坚成效考核实施方案》。

21日上午，麦盖提县委组织开展第19次县委理论学习中心组学习，传达学习《十九届五中全会公报》《中共中央关于制定国民经济和社会发展第十四个五年规划和二〇三五年远景目标的建议》以及关于十九届五中全会社论，学习自治区党委九届十次全会决议。

同日上午，麦盖提县委组织开展第20次县委理论学习中心组学习，传达学习《习近平扶贫论述摘编》、汪洋主席在河北调研时的讲话（新闻稿）、胡春华副总理在甘肃调研时的讲话（新闻稿）和刘永富在全国“万企帮万村”精准扶贫行动现场交流会暨先进民营企业表彰会上的讲话精神。

12月

10日，山东省援疆指挥部领导到麦盖提县新疆沣浓农业科技开发有限公司、利泰丝路公司、库木库萨尔乡农博馆、巴扎结米镇、五一林场调研并召开座谈会。

17日，麦盖提县N39°沙漠旅游景区被评为国家AAAA级旅游景区。

22日下午，县委组织开展第21次县委理论学习中心组学习，传达学习中央经济工作会议精神、习近平总书记在十九届中央政治局第二十五次集体学习时的讲话精神和《中共中央关于印发〈法治中国建设规划（2020—2025年）〉的通知》，学习自治区党委书记陈全国在九届十一次全会第二次全体会议上的讲话和中共新疆维吾尔自治区委员会印发《中共新疆维吾尔自治区委员会关于制定国民经济和社会发展第十四个五年规划和二〇三五年远景目标的建议》《关于〈中共新疆维吾尔自治区委员会关于制定国民经济和社会发展第十四个五年规划和二〇三五年远景目标的建议〉的说明的通知》。

概　况

【位置面积】 麦盖提县位于新疆维吾尔自治区西南部，喀什地区东部，塔里木盆地西部，叶尔羌河中下游，全境地处北纬 38° 25′ ~39° 22′，东经 77° 28′ ~79° 05′。东南与和田地区皮山县接壤，西临莎车县，南接叶城县，北与巴楚县为邻，全境东西长 160 千米，南北宽 136 千米，距自治区首府乌鲁木齐市约 1410 千米，距喀什市约 140 千米，县内驻有新疆生产建设兵团第三师四十五团、四十六团、前进水库管理处、南疆军区农副业基地。土地总面积 1.52 万平方千米，其中塔克拉玛干沙漠约 1.4 万平方千米。

【区划沿革】 麦盖提县境自汉代以来，就是中国领土不可分割的一部分。西汉初年，麦盖提县境为莎车国辖地。元朔三年（前 126 年），张骞通西域之后，莎车国作为“丝绸之路”中段南道要冲重镇开始与汉朝建立往来关系。元康元年（前 65 年），莎车国归附汉朝。神爵二年（前 60 年），西汉设西域都护府作为管理西域的军政机构，县境归其统辖，当地官吏皆佩带汉朝印绶。东汉建武五年（29 年），因莎车王康抗击匈奴有功，光武帝册封康为莎车建功怀德王、西域大都尉。其后莎车王归降匈奴。章和元年（87 年），班超率兵攻破依附匈奴的莎车国，麦盖提县境复归汉朝管辖。延光二年（123 年），东汉改西域都护府为西域长史府，继续行使管理西域的职权，麦盖提县境归西域长史府管辖。

唐贞观二十二年（648 年）与显庆三年（658 年），两度设置疏勒都督府，麦盖提县境归其管辖。贞元六年（790 年）前后，唐朝失去对西域的控制权，县境先受吐蕃控制，后为回鹘汗国辖地。开成五年（840 年）后，回鹘大批西迁，其中有一部分至麦盖提境域定居。

北宋咸平四年（1001 年），喀喇汗王朝建立，县境归其统辖。北宋庆历元年（1041 年），喀喇汗王朝分裂为东、西两部，县境为东喀喇汗国属地。喀喇汗王朝与宋朝保持着朝贡关系，多次派使臣向宋朝朝贡。

南宋嘉定十一年（1218 年），成吉思汗派兵占领天山南麓，县境受蒙古汗国统治。宝庆元年（1225 年）成吉思汗将其占领的土地分封给诸子，县境归察合台汗国管辖。

明正德九年（1514 年），县境归叶尔羌汗国管辖。

清乾隆二十四年（1759 年），清政府平定大小和卓叛乱之后，设置叶尔羌办事大臣，麦盖提归其管辖。清同治九年（1870

年），阿古柏侵占叶尔羌，麦盖提被其占领。清光绪三年（1877 年），左宗棠率军收复新疆，麦盖提重归清政府管理。清光绪八年（1882 年），设玛喇巴什直隶厅，麦盖提归其管辖。清光绪二十八年（1902 年），改玛喇巴什直隶厅为巴楚州，麦盖提为巴楚州八大庄之一。

民国 17 年（1928 年），建立麦盖提县，全县划为 6 个乡，实行乡约制（当地人称乡约为伯克），隶属喀什噶尔道。6 个乡分别为：提依里克乡（今恰木古鲁克村、昂格特勒克乡、希依提墩乡），设乡约 1 人；央塔克乡（今央塔克乡部分村庄）设乡约 1 人；吾依布袋乡（今央塔克乡部分村庄、吐曼塔勒乡和库尔玛乡的各一部分村庄）设乡约 1 人；哈拉吾依乡（今央塔克乡部分村庄，巴扎结米镇和库木库萨尔乡各一部分村庄）设乡约 1 人；洪湖沙乡（今库木库萨尔乡和尕孜库勒乡的各一部分村庄）设乡约 1 人；上下阿瓦提乡［今巴楚县境内的阿瓦提乡，国民政府于民国 36 年（1947 年）将其划归巴楚县管辖］设乡约 1 人。

民国 27 年（1938 年）国民政府废乡约制，实行区村制。区设区公所，村设村长。全县设 3 个区，36 个村，1 个街公所。分别为：第一区（阿孜坤区）辖 14 个村；第二区（央塔克区）辖 11 个村；第三区（吐满堂区）辖 11 村；街公所称麦盖提巴扎街公所，直属县政府管辖，设主任 1 人，副主任若干人。

民国 32 年（1943 年），国民政府成立莎车第十行政长公署（1945 年改称莎车行政督察专员公署），麦盖提县归其管辖。

民国 35 年（1946 年）国民政府废区村制，实行保甲制。全县设 3 个乡，35 个保，1 个街公所。分别为：建新乡（今克孜勒阿瓦提乡原属莎车县黑孜奇村，1945 年 1 月 5 日，国民政府将其划归麦盖提县管辖），辖 14 保。第一保为波斯坎庄，第二保为久里克其庄，第三保为铁米力克庄，第四保为塔瓦克司克庄，第五保为保夏甫鲁克庄，第六保为恰麻坤庄，第七保为阿孜坤庄，第八保为哈太力克庄，第九保为汗坤庄，第十保为洪湖沙庄，第十一保为哈达里克庄，第十二保为库木什买力庄，第十三保为拉依当庄，第十四保为阿瓦克孜勒提庄。文明乡（今央塔克乡），辖 9 保。第一保为恰木古鲁克庄，第二保为包孜亚红丹庄，第三保为血依提墩庄，第四保为吾塘哈里夏力、哈帕克、阿斯提 3 个小庄，第五保为向夹得力克庄，第六保为霍加阿瓦提庄，第七保为包鲁哈庄，第八保为央塔克庄，第九保为阿提哈什、亚坤两个小庄。振新乡（今吐曼塔勒乡），辖 12 保。第一保为阿哈白力庄，第二保为哈拉吾依庄，第三保为阿合提干、阿日郎哈、希带郎哈 3 个小庄，第四保为阿日湖塘庄，第五保为吾依布袋庄，第六保为吐格墩庄，第七保为吐满堂庄，第八保为拉力玛庄，第九保为沙其哈克庄，第十保为什依其力克、希依帕塔 2 个小庄，第十一保为白尔格孜庄，第十二保为恰斯庄。巴扎街公所，直属县政府。

民国 37 年（1948 年），全县设 1 个镇、2 个乡。太和镇辖 24 保、231 甲，4913 户、1.81 万人。建新乡辖 20 保、128 甲，4433 户、1.73 万人。振兴乡辖 17 保、120 甲，1.73 万人。

1949 年 9 月 25 日新疆和平解放后，人民解放军进驻麦盖提，设麦盖提县军事管制委员会，属莎车军区军事管制委员会管辖。

1950 年 3 月，麦盖提县人民政府成立，全县划为 1、2、3 区，共 32 个乡。1950 年冬，全县划为 5 个区，24 个乡，1 个街公所。

第一区辖乌尔达库勒乡、阔什艾肯乡、昂格特勒克乡、恰木古鲁克乡、巴扎结米镇、托万克色克乡、贝勒克乡、吾克乡、英艾买力乡、巴扎乡、巴扎人民街公所。第二区辖黑孜阿瓦合乡、拉依当乡、库木什乡、洪湖沙乡、帕哈达乡、阿孜坤乡、汗坤乡。第三区辖央塔克乡、吾依布袋乡、阿合提干乡、吐格墩乡、吐曼塔勒乡、白力克孜乡、血依墩乡。

1951年，麦盖提县人民政府将全县改划为5个区、31个乡，1个巴扎人民街公所。

1953年，麦盖提县人民政府又将全县改划为7个区、34个乡，1个区辖乡级镇人民委员会。第一区（城关区）辖7个乡、1个镇人民委员会、32个自然村；第二区（昂克特勒克区）辖4个乡、16个自然村；第三区（央塔克区）辖5个乡、22个自然村；第四区（ 吐曼塔勒区）辖5个乡、22个自然村；第五区（阿孜坤区）辖4个乡、23个自然村；第六区（克孜勒阿瓦提区）辖5个乡、16个自然村；第七区（库木库萨尔区）辖3个乡、8个自然村。

1955年11月，第七区被撤销，该区8个自然村分别划归第一区、第五区各4个。

1956年6月，莎车行政督察专员公署撤销，麦盖提县归属喀什地区行署管辖。

1958年9月，全县以区为单位成立人民公社。第一区为火箭人民公社，第二区为东风人民公社，第三区为红旗人民公社，第四区为红光人民公社，第五区为卫星人民公社，第六区为战斗人民公社。通常按顺序称一、二、三、四、五、六公社。镇人民委员会改为城镇管理区，归属火箭公社管辖。

1962年，火箭公社划出一、二、三、五4个生产大队，卫星公社划出四、六、八、十一4个生产大队归并建立向阳公社，按顺序称七公社。

1966年，火箭公社城镇管理区改建为城镇人民公社，时全县共有8个人民公社。

1978年，各人民公社均以地名及当地群众习惯称呼，按顺序定名为巴扎结米公社、英阿瓦提公社、央塔克公社、吐曼塔勒公社、尕孜库勒公社、克孜勒阿瓦提公社、库木库萨尔公社，城镇人民公社改称为麦盖提镇。

1984年11月，实行政社分开，全县各人民公社均改为乡，经自治区人民政府批准，英阿瓦提公社辖区叶尔羌河东岸第七、第八、第九、第十四大队划出，成立昂格特勒克乡。叶尔羌河西岸成立英阿瓦提乡，其余6个公社均按其原公社名称改称乡，生产大队改称为村，村设村民委员会。此时麦盖提县为8个乡、1个镇，即巴扎结米镇、英阿瓦提乡、央塔克乡、吐曼塔勒乡、尕孜库勒乡、克孜勒阿瓦提乡、库木库萨尔乡、昂格特勒克乡、麦盖提镇。

1988年，经自治区人民政府批准，麦盖提县英阿瓦提乡改为希依提墩乡，将吐曼塔勒乡划分为吐曼塔勒乡和库尔玛乡2个乡。此时全县共9个乡、1个镇，6个居民委员会，137个村民委员会，209个自然村。

1991年，全县辖9个乡、1个镇、3个农林场，7个居民委员会，131个村。

2010年，全县辖9个乡、1个镇、3个农林场，129个村，7个社区。

2015年，全县辖9个乡、1个镇、2个农林场，129个村，13个社区。

2020年，全县辖8个乡、2个镇、2个农林场，140个村，21个社区。

【民族】 2020年，麦盖提县境内有民族13个，主要有汉族、维吾尔族、回族等民族。

【地理环境】 麦盖提县属叶尔羌河中游冲积平原，主要的地貌组合为沙漠、山地、平原，境内海拔最高点1207米，最低点146米，在靠近沙漠边缘一带，地势起伏不平，荒地、沙丘交错，芦苇草滩、盐碱滩、碱水坑成群。沿叶尔羌河两岸为平原区，土层深厚，平坦肥沃，是该县农牧业区；东北部沿叶尔羌河下游一带为原始胡杨森林区；东部为沙漠区，沙丘广布，多呈垄状。

为温带大陆性干旱气候，四季分明，年温差大，光照充足，无霜期长，降水偏少，蒸发量大，光热资源丰富。年平均日照时数2484.6小时，年平均气温13.1℃，年平均气压值883.2百帕，年平均降水量66.1毫米，年平均蒸发量1226毫米。主要自然灾害有大风、沙尘暴、冰雹、暴雨、洪涝、霜冻、低温、高温、干旱等。

流经县境内河流主要有叶尔羌河和提孜那甫河，其中叶尔羌河全长1165千米，境内流长180千米，河床平均宽1000米左右，夏秋两季水源充沛，可提供农业灌溉面积64万亩；提孜那甫河全长335千米，境内流长56千米，可提供农业灌溉面积52万亩。

【自然资源】 麦盖提县拥有多种自然资源，其中林木、旅游等资源比较丰富。

土地资源　麦盖提县土地资源比较丰富，沿叶尔羌河两岸为平原区，东北部沿叶尔羌河下游一带为原始胡杨林区，东部为塔克拉玛干沙漠区。截至2020年底，全县农区耕地面积102.92万亩，其中粮食种植面积42.67万亩，比2019年增长68.12%。其中，小麦种植面积21.47万亩，增长39.69%；玉米种植面积20.76万亩，增长107.81%。在希依提墩乡、央塔克乡、吐曼塔勒乡、尕孜库勒乡、克孜勒阿瓦提乡示范种植藜麦1000亩，亩产200千克。

林木资源　麦盖提县地处塔克拉玛干沙漠西南边缘，林业生态环境脆弱，天然林以胡杨、沙棘、红柳为主，人工林以新疆杨为主。截至2020年底，全县林地面积552.27万亩，其中天然荒漠林374.6万亩，人工林177.67万亩。当年完成造林9.49万亩，退耕还林26.44万亩。

草资源　2020年，麦盖提县草原面积8901.2亩，其中完成退耕还草任务5600亩。

水资源　麦盖提县境内水资源较为丰富，叶尔羌河、提孜那甫河流经麦盖提，成为麦盖提县农业灌溉的主要水源。

叶尔羌河也称玉河，发源于昆仑山北麓，河水由降雪、冰川、冰湖和降雨形成，上游由克勒青河和塔什库尔干河两大支流组成，全长1165千米，属塔里木河水系，是塔里木河正流，河流干流走向由东南向西北转向北流，于卡群水文站出山口后转向北，流经塔什库尔干县、叶城县、泽普县、莎车县、麦盖提县、巴楚县至阿克苏地区阿瓦提县肖夹克附近与阿克苏河及和田河汇合，流入塔里木河。叶尔羌河从莎车县荒地镇东南流入麦盖提县境内，从县境内胡杨林场出境，境内流长180千米，河床平均宽1000米左右，根据《叶尔羌河流域规划报告》，在保证率P=75%时，径流量为55.84亿立方米，在保证率P=50%时，径流量为64.6亿立方米。此河系麦盖提县农业灌溉主要水系，历年平均引水量3.95亿立方米。

提孜那甫河发源于昆仑山北坡，科克阿特达坂西南叶城县西何休乡境内，河流呈南北向，流经叶城县、泽普县、莎车县至麦盖提县罕库勒渠首，全长335千米，流入麦盖提县境内56千米，其末端消失在农区内。河水以山区融雪补给为主，同时，部分由降水补给，多年平均径流量 8.1 亿立方米。夏季一般来水较早，枯水期河水断流，洪枯水量悬殊。根据多年来的水文资料分析计算，在保证率为 P=75%时，径流量为 6.97 亿立方米，在保证率 P=50%时，径流量为7.6亿立方米。最大与最小比值为2.03，年变化系数 Cv 值为 0.17，年际变化不大。麦盖提县农业灌溉历年平均引水量 2.87 亿立方米。

由于位处平原绿洲中部，无山前侧向补给水。大气降水极少，对地下水的补给可以忽略不计。因此，地下水资源基本由县境内的河流补给、渠系渗漏补给、田间渗漏水补给、水库渗漏补给以及过境渠道渗漏补给等组成，根据《叶尔羌河流域平原区地下水资源评价报告》，麦盖提县灌区内地下水补给量为每年 5.2 亿立方米，开采系数为 0.45，年可开采量为 2.34 亿立方米。根据水文地质普查，麦盖提县地下水矿化度较高，灌区外围矿化度为 5～10 克/升，只有叶尔羌河附近，老灌区部分地段，地下水矿化度在 1～3 克/升，可用于灌溉。

动植物资源 麦盖提县除拥有优良的刀郎羊、“安格斯”肉牛外，还有猪、鸡、鸭、鹅、鸽子等家畜家禽。野生动物种类繁多，其中白鹤、叶尔羌鼓鳔鳅（狗头鱼）属国家一级保护动物，草原斑猫、鹅喉羚、塔里木兔、灰鹤、小鸥、大雁、翠鸟、鹃鸠、白腹黑啄木鸟、纵纹腹小鸮、猎隼、燕隼、灰背隼属国家二级保护动物，野鸭属国家三级保护动物。

县境内植被类型分为荒漠植物、草甸植物、沼泽植物、沙生植物、田间植物。已查明的野生植物有大芸、罗布麻、枸杞、甘草、梭梭、柽柳（俗称红柳）、白刺、骆驼刺、麻黄、芦苇、花花柴、马齿苋、稗子、苦豆子、苦苦草、车前草、铃铛刺、蒲草、三棱草、水葱、鸭舌草、沙蓬、旋花、灰藜、蒲公英、蒺藜、曼陀罗、菟丝子、薄荷、龙葵等。

矿产资源 麦盖提县属于矿产资源贫乏的县，已探明地下矿藏为砖瓦用黏土矿。

旅游资源 麦盖提县文化旅游资源丰富。历史文化悠久，是“刀郎文化”的发祥地和“维吾尔乐舞之母”阿曼尼沙罕的故乡，是国内外知名的原生态文化区，其中库木库萨尔乡 1996 年被文化部授予“中国民间艺术之乡”称号；2004 年 9 月，麦盖提县被中国特产之乡推荐暨宣传活动组织委员会命名为“中国刀郎羊之乡”。2005 年 4 月，麦盖提县被中国特产之乡推荐暨宣传活动组织委员会命名为“中国刀郎木卡姆之乡”“中国刀郎麦西莱甫之乡”“中国刀郎农民画之乡”。以“刀郎木卡姆”“刀郎麦西莱甫”和“刀郎农民画”为代表的“刀郎文化”，作为中华优秀文化的一朵奇葩，不仅在国内影响深远，还屡次走出国门，走向世界舞台，享誉中外。

麦盖提县拥有 1.4 万平方千米的塔克拉玛干大沙漠，连绵起伏、浩瀚无垠，一直都是国内外游客向往之地；拥有 25.82 万亩的原始胡杨林，风光美丽妖娆，一望无际，颇为壮观；拥有面积 2 万余亩的东河滩湿地，植被茂密、万物丛生，一片原始生态景象；拥有碧波荡漾的刀郎湖，湖中布满无数大大小小的岛屿，四季四景，美不胜收。

麦盖提县拥有刀郎画乡、刀郎乡里、N39° 沙漠旅游景区、沙海林场百万亩防风固沙生态林、叶尔羌河生态文化园、叶尔羌河大桥、刀郎文化广场、民俗一条街、集贸市场、五一林场桃花源等，令人流连忘返。截至 2020 年底，国家 A 级以上旅游景区 4 个，其中 AAA 级 3 个、AAAA 级 1 个。

【经济社会发展】 2020年，麦盖提县经济运行呈现生产持续回升态势，需求稳定恢复，发展质效提升，活力不断增强，民生保障有力，各项社会事业全面发展，“十三五”规划主要目标任务顺利完成，高质量发展取得新成效，为开启全面建设社会主义现代化新征程奠定坚实基础。全年完成生产总值63.28亿元。其中，第一产业增加值31.93亿元，比2019年增长10.96%；第二产业增加值5.3亿元，增长1.42%；第三产业增加值26.04亿元，增长7.32%。第一产业增加值占地县生产总值比重为50.5%，第二产业增加值比重为8.4%，第三产业增加值比重为41.1%。

农林牧渔　2020年，麦盖提县农林牧渔及其服务业总产值59.34亿元，比2019年增长18.88%。其中，农业产值51.49亿元，增长27.39%；林业2492.98万元，下降89.61%；牧业4.16亿元，下降28.61%；渔业495.97万元，下降17.85%；服务业3.38亿元，增长159.08%。

工业和建筑业　2020年，麦盖提县工业增加值1.96亿元，比2019年下降2.4%。其中，规模以上工业增加值增长0.1%。在规模以上工业中，从工业门类看，制造业增长5.7%，电力、热力、燃气及水的生产和供应业下降24.6%。从轻重工业看，轻工业增长31.1%，重工业下降24.2%。

全年18家规模以上五类行业中，燃气生产和供应业增加值下降24.6%，非金属矿物制品业下降24%，塑料制品业增长10%，纺织业增长27.7%，农副食品加工业增长58.9%。规模以上工业增加值中五类行业增加值比重分别为天然气生产和供应业占比13.6%、非金属矿物制品业占比28.8%、塑料制品业占比16.2%、纺织业占比19.2%、农副食品加工业占比22.2%。

全年全社会建筑业增加值3.34亿元，比2019年增长3.7%。

服务业　2020年，麦盖提县批发和零售业增加值2.37亿元，比2019年增长18.3%；交通运输、仓储和邮政业增加值2842万元，下降25.6%；住宿和餐饮业增加值5676万元，下降34.1%；金融业增加值2.07亿元，增长2%；其他服务业增加值18.15亿元，增长3.3%。

全年货物运输量2.1万吨。货物运输周转量142.6万吨千米，比2019年下降24.5%。全年旅客运输总量108.84万人次，下降22%；旅客运输周转量1798.74万人千米，下降30%。

年末，民用汽车保有量1.74万辆（包括三轮汽车和低速货车），比2019年末增长0.9%。其中，私人汽车保有量1.73万辆，增长0.9%。

年末，全县固定电话用户2.34万户，下降18.0%；移动电话用户15.76万户，增长6.2%。互联网宽带用户4.86万户，增长2.4%。全年互联网和相关服务业营业收入1.16亿元，比2019年增长14.7%。

贸易、投资　2020年，麦盖提县社会消费品零售总额5.79亿元，比2019年下降2.4%。按经营地统计，城镇消费品零售额3.94亿元，下降0.9%；乡村消费品零售额1.85亿万元，下降5.6%。按消费类型统计，商品零售额4.8亿元，下降4.8%；餐饮收入额9841.9万元，上升11.2%。

全年固定资产投资（不含农户）比2019年增长33.5%。在固定资产投资中，第一产业投资比2019年增长39%；第二产业投资增长156.1%；第三产业投资下降16.6%。

全年房地产开发投资2.42亿元，比2019年增长100%。其中，住宅投资1.88亿元，商业营业用房投资5400万元。

财政和金融 2020年，麦盖提县一般公共预算收入2.08亿元，比2019年增长1%。其中，税收收入8513万元，下降24%；非税收入567.02万元，增长1%。一般公共预算支出40.42亿元，增长4.7%。其中，公共安全支出2.74亿元，下降21.2%，教育支出8.97亿元，增长5.1%，文化体育与传媒支出3460万元，下降6.8%，社会保障和就业支出4.73亿元，增长36.5%，卫生健康支出3.43亿元，增长22.8%，节能环保支出1.35亿元，增长67.1%，农林水事务支出10.59亿元，增长37.8%，住房保障支出1.89亿元，下降65.3%，灾害防治及应急管理支出1132万元，增长28.6%。

年末，金融机构（含外资）人民币各项存款余额71.91亿元，比2019年下降1.2%。其中，非金融企业存款余额10.38亿元，增长0.3%；住户存款余额43.36亿元，增长15.1%。年末，金融机构（含外资）人民币各项贷款余额44.7亿元，比2019年增长3.1%。住户贷款10.21亿元，增长0.4%；非金融企业及机关团体贷款34.49亿元，增长3.9%。

居民收入消费 2020年，麦盖提县城镇居民人均可支配收入2.7万元，比2019年下降1%；农村居民人均可支配收入1.14万元，比2019年增长8.4%，农牧民人均纯收入1.39万元，增长6.8%。

旅游收入 2020年，麦盖提县接待游客40.31万人次，比2019年下降16.36%，实现旅游收入2.01亿元，比2019年下降19.36%。

就业情况 2020年，麦盖提县就业9.09万人，比2019年增长7.2%。当年新增就业1.2万人，城镇困难人员实现就业276人；农村富余劳动力转移就业7.87万人次。城镇登记失业率4%以内。

社会保障 2020年，麦盖提县参加城镇职工基本养老保险8844人，参加城乡居民社会养老保险11.67万人；参加城镇职工基本医疗保险1.71万人，参加城镇居民基本医疗保险20.85万人，建档立卡贫困户人口参加医疗保险4.86万人，参保率100%。参加工伤保险1.9万人；参加失业保险1.44万人。年末城镇居民纳入最低生活保障3174人，农村居民纳入最低生活保障2.41万人。建成县级残疾人事业保障中心、老年康养中心和10所乡镇幸福大院。

贫困退出 2020年，麦盖提县按照现行农村贫困标准计算，全县1.35万户，4.87万名贫困人口稳定脱贫，52个贫困村全部退出，实现贫困县摘帽。贫困群众“两不愁三保障”全面实现，生产生活条件得到大幅改善，基本医疗保险、大病保险参保率均为100%，麦盖提县绝对贫困问题历史性消除。

住房和供热 2020年，麦盖提县城镇棚户区改造4083户，农村完成煤改电供热8509户。

城镇功能提升 2020年，麦盖提县城镇综合承载能力显著提升。城镇供水普及率、污水处理率、生活垃圾无害化处理率分别达100%、98%、100%。城区绿化覆盖率37.5%。

文教科技卫生 2020年，麦盖提县有中等职业教育学校1所，在校学生3140人（少数民族3140人）；普通高中1所，在校学生4352人（少数民族4060人）；初中4所，在校学生1.16万人（少数民族1.12万人）；小学66所，在校学生3.53万人（少数民族3.4万人）；幼儿园71所，在园幼儿1.37万人（少数民族1.3万人）。各类教师5129人（少数民族3650人）。全年教育经费投入8.97亿元。

有专业文艺团体1个，图书馆1个，文化馆（站）15个。

全年专利授权4件，其中发明专利授权1件。累计有效专利35件，其中有效发明专利2件。

有医疗卫生机构54个，其中医院9个、基层医疗卫生机构42个（包括社区卫生服务中心、卫生院、门诊部等）、专业基本公共卫生机构3个［包括专科疾病防治院所、站、妇幼保健院（所、站）等］，卫生技术人员1711人，卫生机构床位1566张。

专业技术人员　2020年，麦盖提县有专业技术人员5975人，其中中级以上1222人。占事业人员的87.6%。

中国共产党麦盖提县委员会

【领导名单】

书　记：文福来

副书记：艾尼瓦尔·吐尔逊（县长，维吾尔族，12 月离任）

阿迪力·哈斯木（县长，维吾尔族，12 月任职）

丁　辉（援疆干部，1 月离任）

吴健强（9 月任县人大党组书记）

戴永刚（政法委书记，12 月离任）

任　路

谢霁晓（援疆干部，1 月任职）

常　委：胡　健

薛　飞（5 月离任）

卜红博（援疆干部，1 月离任）

吐尔洪·依明（统战部部长，维吾尔族，9 月离任）

朝克图（兼昂格特勒克乡党委书记，蒙古族）

韩　飞（常务副县长）

郑　君（组织部部长）

孙永东（宣传部部长）

文海华（纪委书记、监委主任）

许　洋（援疆干部，1 月任职）

赛普丁·铁木尔（统战部部长，塔吉克族，9 月任职）

县委办主任：王新华

重要会议

【县委（扩大）会议】　2020 年 1 月 6 日，麦盖提县委召开第十一届六次全委（扩大）会议，县委书记文福来作题为《坚持以习近平新时代中国特色社会主义思想为指导聚焦社会稳定和长治久安总目标 为决胜全面建成小康社会而努力奋斗》的报告。会议的主要任务是坚持以习近平新时代中国特色社会主义思想为指导，深入贯彻落实党的十九大，十九届二中、三中、四中全会精神，贯彻落实新时代党的治疆方略特别是社会稳定和长治久安总目标，贯彻落实中央经济工作会议、农村工作会议和自治区党委九届八次全体会议、经济工作会议以及地委扩大会议精神，总结 2019 年工作，部署 2020 年任务，动员全县各级党政统一思想、坚定信心、勠力同心、顽强拼搏，为实现社会大局和谐稳定，决胜全面建成小康社会而努力奋斗。

3 月 12 日，麦盖提县委召开第十一届七次全委（扩大）会议，县委书记文福来作题为“认真学习贯彻习近平总书记重要讲话精神 奋力夺取决战决胜脱贫攻坚的新胜利”的报告。会议的主要任务是深入贯彻党的十九大，十九届二中、三中、四中全会精神，全面学习贯彻落实习近平总书记在决战决胜脱贫攻坚座谈会上的重要讲话精神，贯彻落实自治区党委九届九次全体会议和地委扶贫开发工作会议精神，动员全县各级党政干部和广大群众，克服疫情影响，坚定信心、攻坚克难，多措并举巩固提升脱贫攻坚成果，确保麦盖提县与全国、全疆同步全面建成小康社会。

【党建会议】 1月15日，麦盖提县委召开“不忘初心、牢记使命”主题教育总结大会，会议的主要任务是深入学习贯彻习近平新时代中国特色社会主义思想，学习贯彻习近平总书记在中央“不忘初心、牢记使命”主题教育总结大会上的重要讲话精神和自治区党委、地委主题教育总结大会精神，聚焦新时代党的治疆方略特别是社会稳定和长治久安总目标，认真总结全县主题教育工作，巩固拓展主题教育成果，激励各级党组织和广大党员干部以主题教育为新的起点，持续推动“不忘初心、牢记使命”主题教育，增强斗争精神和革命精神，奋力推进麦盖提社会稳定和长治久安，决战决胜全面建成小康社会。

3月11日，麦盖提县委召开第六次县委“五人小组”会议，听取县委第六轮巡察情况综合汇报，研究部署第七轮巡察工作。

3月29日，麦盖提县委召开推进全面从严治党加强党风廉政建设和反腐败斗争工作会议，会议的主要任务是深入学习贯彻习近平新时代中国特色社会主义思想，贯彻落实党的十九大和十九届二中、三中、四中全会精神，贯彻落实十九届中央纪委四次全会精神、特别是习近平总书记重要讲话精神，贯彻落实习近平总书记关于新疆工作的重要讲话和重要指示批示精神、新时代党的治疆方略，贯彻落实自治区党委九届八次、九次全会和自治区纪委九届五次全会精神以及地委扩大会议、地区推进全面从严治党加强党风廉政建设和反腐败斗争工作会议精神，聚焦社会稳定和长治久安总目标，总结2019年工作，部署2020年任务，一以贯之推进全面从严治党，为巩固提升脱贫攻坚成果、决胜全面建成小康社会、实现社会稳定和长治久安提供坚强保障。

7月23日，麦盖提县委召开履行全面从严治党主体责任座谈会，会议的主要任务是认真贯彻落实自治区警示教育大会和地区“以案促改”警示教育大会精神，分析当前反分裂反腐败斗争形势，动员各党委（党组）在全面从严治党中扛起政治责任、强化政治担当，持之以恒推进正风肃纪、反腐惩恶，为决胜全面建成小康社会、决战脱贫攻坚提供坚强保障。

9月2日，麦盖提县委召开第七次县委“五人小组”会议，听取县委第七轮巡察情况综合汇报，研究部署第八轮巡察工作。

10月8日，麦盖提县委召开落实全面从严治党主体责任暨巡察工作会议，会议的主要任务是坚持以习近平新时代中国特色社会主义思想为指导，深入学习贯彻第三次中央新疆工作座谈会特别是习近平总书记重要讲话精神，学习贯彻新时代党的治疆方略，中办关于《党委（党组）落实全面从严治党主体责任规定》，自治区巡视巡察工作会议暨九届自治区党委第十一轮巡视动员部署会精神，地区落实全面从严治党主体责任暨巡察工作会议精神及《喀什地区全面从严治党“四责联动”机制实施意见（试行）》，牢牢扭住新疆工作总目标，对落实全面从严治党主体责任、扎实做好巡察工作进行部署，为决胜全面建成小康社会、决战脱贫攻坚、实现社会稳定和长治久安提供坚强保障。

12月7日，麦盖提县委召开深入学习宣传贯彻党的十九届五中全会、第三次中央新疆工作座谈会精神动员部署会议，会议的主要任务是坚持以习近平新时代中国特色社会主义思想为指导，深入学习宣传、贯彻落实党的十九届五中全会、第三次中央新疆工作座谈会精神，动员各级党政干部、广大党员坚定必胜信心，抢抓时间机遇，迎难而上、主动作为，扎实做好“六稳”工作，全面落实“六保”任务，坚决实现“四个确保”，为全面建设社会主义现代化麦盖提开好局、起好步，进而在新发展阶段乘势而上再出发，团结一致迈向新征程、夺取新胜利。

【脱贫攻坚会议】 3月24日，麦盖提县委召开产业扶贫暨春季农业生产现场会总结会议，会议的主要任务是深入学习贯彻习近平总书记在决战决胜脱贫攻坚座谈会上的重要讲话精神，贯彻落实自治区党委九届九次全会和3月20日召开的自治区党委常委（扩大）会议、25个摘帽县脱贫攻坚工作片区会议以及地委扩大会议、地委扶贫开发工作会议精神，紧扣全面建成小康社会目标任务，以社会稳定和长治久安总目标为统领，聚焦“三个不动摇”（坚持全面打赢脱贫攻坚战、决胜全面建成小康社会不动摇；全面完成经济社会发展目标不动摇；全面抓好社会稳定各项工作不动摇），对打好打赢脱贫攻坚战进行再动员、再部署，坚决实现“三个确保”（确保高质量完成脱贫攻坚任务、如期全面建成小康社会；确保圆满完成全年经济社会发展目标任务，确保社会大局和谐稳定）。

4月6日，麦盖提县委召开脱贫攻坚领域反馈问题整改部署会议，会议的主要任务是：深入贯彻落实习近平总书记关于扶贫和巡视工作的重要论述，贯彻落实习近平总书记在决战决胜脱贫攻坚座谈会上的重要讲话精神，贯彻落实自治区党委关于中央第六巡视组开展脱贫攻坚专项巡视“回头看”及国家脱贫攻坚成效考核等方面反馈问题整改工作动员会和地委2020年第五次地委委员（扩大）会议暨脱贫攻坚领域反馈问题整改部署会议精神，按照自治区党委和地委的统一要求，对统筹推进中央第六巡视组脱贫攻坚专项巡视“回头看”、国家脱贫攻坚成效考核等各类反馈问题整改工作进行再部署，动员各级各部门坚决扛起政治责任、主体责任，以整改任务的圆满完成推动脱贫攻坚如期高质量完成。

12月14日，麦盖提县委召开2020年脱贫攻坚“冬季攻势”动员部署会议，主要任务是深入贯彻落实习近平总书记关于扶贫工作的重要论述和党中央决策部署，贯彻落实党的十九届五中全会、第三次中央新疆工作座谈会精神特别是习近平总书记的重要讲话精神，贯彻落实自治区党委九届十一次全会、自治区脱贫攻坚“冬季攻势”动员部署会议精神，统筹推进疫情防控和脱贫攻坚，以脱贫攻坚“冬季攻势”为统领，聚力“四抓”（抓宣传培训、抓项目资产、抓巩固拓展、抓问题整改），动员全县各级党政干部、各族群众凝心聚力、攻坚克难，推动巩固拓展脱贫攻坚成果同乡村振兴有效衔接。

【经济工作会议】 1月19日，麦盖提县委召开农业农村工作会议，会议的主要任务是认真贯彻落实县委十一届六次全委（扩大）会议精神，总结2019年全县农业农村工作，分析当前农业农村发展面临的形势，全面部署2020年工作。

5月12日，麦盖提县委召开统筹推进“1+3”重点工作再动员再部署会议，会议的主要任务是深入贯彻落实习近平总书记关于统筹推进疫情防控和经济社会发展的重要讲话精神特别是5月6日在中央政治局常委会会议上的重要讲话精神，贯彻落实自治区党委、地委关于统筹推进“1+3”重点工作的部署要求，对麦盖提县“1+3”重点工作进行再动员再部署，切实将各级党政的思想行动统一到党中央的决策部署和自治区党委、地委的工作要求上来，坚持“三个不动摇”，坚决打赢“三场硬仗”、实现“三个确保”。

【民生领域会议】 6月14日，麦盖提县委召开教育工作暨“三进两联一交友”动员大会，会议的主要任务是深入贯彻落实习近平新时代中国特色社会主义思想和党的十九大，十九届二中、三中、四中全会精神，贯彻落实习近平总书记关于教育工作的重要论述精神，贯彻落实自治区党委、地委关于教育工作的决策部署，进一步加强党对教育工作的全面领导，部署今后一个时期教育工作的重点任务，为社会稳定和长治久安提供强有力的智力和人才保障。

6月21日，麦盖提县委召开十大重点行业领域联席会议，会议的主要任务是以习近平新时代中国特色社会主义思想为指导，深入贯彻落实全国扫黑办第八次、第九次主任会议精神，贯彻落实全国扫黑除恶专项斗争视频会议暨领导小组第八次会议精神，贯彻落实自治区扫黑除恶专项斗争领导小组办公室第九次主任会议和第七次地委委员会议精神，对全县十大重点行业领域专项整治工作进行再部署。

党办工作

【落实督办工作】 2020年，麦盖提县委办公室，狠抓地委督查事项、县委重要部署、领导批示件的督办工作，承办地委督办事项63件，完成县委督办任务48件，围绕县委“1+3”重点工作部署，常态化开展实地督查，形成督查专报25期，督促整改各类问题128类384条，做到事事有回音、件件有着落。

【办文办会】 2020年，麦盖提县委起草重大会议、重要活动领导讲话文稿65篇，整理会议纪要290余份，起草印发文件120余份。落实“安全保密、畅通及时”的要求，做好各类会议的组织保障工作，规范提供保障17次。

【信息工作】 2020年，麦盖提县委办不断探索信息采编方式、强化信息深度挖掘，确保信息质量数量，为领导决策提供全方位、多角度的信息服务。向地委报送信息200余条、政研参考7期，向自治区党委直报信息55期。

【保密工作】 2020年，麦盖提县委办结合“七五普法”活动开展，印发有关保密工作知识口袋手册1000册。严格保密人员政审、涉密人员岗位教育和离岗后脱密管理，规范开展定密工作，完善涉密文件收发及传阅制度，强化涉密文件管理。建成基础保密室，配备保密柜、手机存放柜、保密碎纸机，安装“三合一”防护设备398套，保密基础设施日趋完善。以常态化督促检查为手段，开展抽查检查253次。

【机要工作】 2020年，麦盖提县委办（机要保密局）履行机要保密职责，加强密码保护，完成收发办理密码电报3197份、明传电报640份。做好县文电传输系统服务器等设备的维护工作，排除服务器故障4次，解决内网用户问题120余次。对35家电子政务内网涉密域单位进行分级保护测评，县党政机关电子公文系统安全可靠，应用全面替代工程稳妥推进。

组织工作

【党员干部培训】 2020年，麦盖提县委组织部依托县乡党校，举办科级干部、村党支部书记、对党忠诚教育等培训班37期，培训党员干部9874人。举办为期5天的科级干部党的十九届五中全会和第三次中央新疆工作座谈会专题培训班，共培训754人，进一步深化全县党组织和党员干部的政治建设，“不忘初心、牢记使命”主题教育成果得到巩固拓展。在县级党校举办县直部门扶贫政策理论培训班2期826人，村（社区）党支部副书记业务培训班1期120人，入党积极分子培训班2期1024人。

麦盖提县委组织部根据地委组织部调训和上级行业部门调训要求，选派领导干部外出参加理论及行业培训14人次，其中县处级领导干部4人次、其他乡科级干部10人次。选派干部参加喀什地委组织部组织的在线网络、视频培训班2期15人；县处级、乡镇党政正职干部和党校教师在新疆干部网络学院参加在线学习57人。

【开展政治体检】 2020年，麦盖提县委组织部对全县1.15万名党员开展政治体检、建立负面清单，对1026名村干部进行县级联审、清理不合格村干部8人。

【发挥组织优势】 2020年，麦盖提县委组织部在疫情防控工作中，成立临时党委和临时党支部127个，组建党员先锋队、志愿服务队420个，组织动员党员干部开展志愿服务，为群众解决实际困难6342件，完成地委交办的喀什银瑞林宾馆、疏附县群众医学观察隔离任务，彰显组织优势、组织功能、组织力量。

【抓党建促稳定】 2020年，麦盖提县委组织部抓党建促稳定，加强关键部位、重点领域、薄弱点的党组织建设，在“访惠聚”驻村工作队、驻村管寺工作组、村警务站、园区等部位建立党支部115个，把驻村党员干部党组织关系全部转到所驻村，发挥党组织领导核心和党员先锋作用。

【脱贫攻坚工作】 2020年，麦盖提县委组织部开展抓党建促决战决胜脱贫攻坚，落实“四个不摘”和“八个不变”工作要求，推动压实县、乡、村各级党组织脱贫攻坚政治责任，压实7个挂牌督战村和124个有扶贫任务村的包联督战责任，深化“访惠聚”驻村工作和“五个一”包联帮扶机制，巩固脱贫质量和成色，高标准配合完成脱贫攻坚普查任务。

【发挥人才作用】 2020年，麦盖提县委组织部在发挥各类人才作用上持续用力。有34名援麦盖提人才到乡镇一线任职带“长”，选派77名科技特派员到基层一线工作，引进10名医疗柔性人才提高医疗卫生水平，下派支教教师 69 人为农村孩子提供优质教育，动员 5 名民营企业家到村担任名誉村主任带动当地群众脱贫致富，招聘 50 名本土大学生到村任职为基层组织输入新鲜血液。

【党建信息收集刊发】 2020 年，麦盖提县委组织工作对准组织工作的“关键点”、领导决策的“关注点”和基层实践的“症结点”，加强党建信息收集整理、分析，累计在中组部、自治区、地区及各类新闻媒体、网站刊发稿件，其中《人民日报》采用 3 条、新疆组工信息采用 2 条、《中国组织人事报》采用 2 条、《党员之友》5 条、地区组工信息采用 6 条、《喀什党建》采用 5 条。

【服务基层组织】 2020 年，麦盖提县委组织部以深入服务农村基层组织建设为重点，坚持每天通过网络平台推送学习任务，全县站点完成自治区党员干部现代远程教育集中学习计划任务每个月均达到 100%。摄制完成“七一”展播片 2 部，制作“我是一颗石榴籽”主题微视频 1 部、“不忘初心，不负韶华”系列演讲课 1 部，“党课开讲了”系列微党课 1 部，“我是优秀共产党员”系列党员教育公益宣传片 4 部，内招生系列宣传片 3 部，作为学习资料向基层组织发放，供基层组织学习使用。从党费中出资 6.8 万余元，为基层订购《党员学习记录本》1.15 万本、“三会一课”等组织生活记录本 2950 本。

【加强基层组织】 2020 年，麦盖提县委组织部在加强基层组织方面持续用力，先后提拔 10 名年轻干部充实到乡镇领导班子，备案调整村党支部书记 6 人，精准选派干部驻村 923 人、干部管寺 228 人、民警进驻村警务站 140 人，把 280 名留疆战士、内招生选进村“两委”班子，新招聘优秀返乡大学生 50 人进入村干部队伍，新发展农村党员 534 人，将新轮换调整的 149 名党员驻村工作队队员党组织关系全部转接至所在村党支部，建立村级储备干部人才库 737 人，培训基层干部 25 期 5494 人次。

【党组织整顿】 2020 年，麦盖提县委组织部全面整顿软弱涣散基层党组织和后进基层党组织。落实“四个一”包联整顿机制，“一村（社区）一策”精准整顿，完成 8 个软弱涣散村、15 个后进村党组织整顿工作，整顿后的村党组织政治功能和领导核心作用进一步强化、村级运行管理进一步规范、群众满意度进一步提升。

【规范村级运行】 2020 年，麦盖提县委组织部持续规范村级运行工作。选定 4 个乡镇召开抓党建促脱贫现场推进会，常态化规范化推进“三会一课”“四议两公开”和“三务公开”等制度机制落实，执行村（居）民会议、村（居）民代表会议、联席会议等民主管理制度。

【提升基层保障水平】 2020 年，麦盖提县委组织部拨付 800 余万元用于提高村干部和村民小组长报酬、582 万元保障村级组织正常运转，筹集 1200 万元实施村集体增收项目 16 个，提升基层保障水平。

【机关党建整治】 2020 年，麦盖提县委组织部统筹推进各领域党建工作，整治机关党建“灯下黑”问题。对 22 个党委、34 个党组“三重一大”制度落实情况开展督导检查，抽查 24 个党委、132 个机关党支部“三会一课”落实情况，下发督办通知 26 份，推动机关党建工作。

【“两新”组织建设】 2020年，麦盖提县委组织部开展为期百天的集中组建攻坚行动，组织对县辖区内非公经济组织和社会组织进行全面摸排，共摸排出非公经济组织744家、社会组织468家、党员422人，新建“两新”组织党支部6个（截至2020年累计成立“两新”组织党支部40个）、选派党建工作指导员228人指导帮建“两新”组织528家，初步实现非公企业和实体性社会组织党组织应建尽建，不符合组建条件的两新组织应管尽管、全面覆盖。

【社区“大党委”】 2020年，麦盖提县委组织部发挥社区“大党委”作用，整合驻社区单位以及社区民警、楼栋长、街道商户等参与社区管理，发挥辖区内机关、企事业单位、各类组织和广大党员、居民群众在社区建设中的作用，开展在职党员进社区、环境整治、民事调解、“微心愿”认领、“大手拉小手”等活动，推动和谐社区、幸福家园建设。

【干部提拔任用】 2020年，麦盖提县委组织部落实新时期好干部标准和民族地区干部“三个特别”政治标准，树立鲜明用人导向，提拔重用脱贫得力、在疫情防控一线表现突出的干部60人；落实容错纠错机制，重新启用被问责后业绩突出的干部7人，干部担当作为精神明显提升。

【干部监督】 2020年，麦盖提县委组织部按照地委组织部《关于做好2020年领导干部报告个人有关事项工作的通知》要求，做好32名县处级领导干部有关事项报告表报送工作。针对个别干部脱贫攻坚包联帮扶作用发挥不到位，帮扶责任落实有偏差，工作责任心不强、工作落实不力，组织纪律意识淡薄等问题，开展诫勉谈话1人、提醒谈话201人。加强会风会纪、学风学纪监督管理，共发《麦盖提县学风学纪督办通知》《乡镇干部脱贫攻坚政策理论测试情况通报》4期，对不遵守学风学纪的130人在全县予以通报批评，并责令立即整改。规范领导干部请销假制度，对262名科级干部进行请销假登记备案，对未按规定落实干部请销假的46名干部进行摸排梳理，并移交县纪委监委处理。全年对科级领导干部组织约谈38人，对不胜任现职干部进行组织处理，免职科级领导11人。对全县819名领导干部在企业兼职（任职）情况进行全面核查，部分违规经商办企业和在企业兼职（任职）的领导干部被清退。全年接到信访举报件4件，其中地委组织部干部监督科转来信访举报件1件，干部选拔任用中专项举报件2件，电话举报件1件，查核4件，查实1件。

【干部关爱】 2020年，麦盖提县委组织部注重用事业造就人才，用环境凝聚人才，用机制激励人才，用制度保障人才，协调相关单位分配公租房，改善落实新招录干部生活保障条件；每季度举办一届“相约刀郎·缘来是你”干部联谊活动，促进年轻干部群体与当地各族干部群众之间交往交流交融，为其他省（市）新招录大学生在当地组建家庭提供便利；召开年轻干部工作座谈会，重要节日开展慰问活动，了解他们的思想、生活动态。春节、七一、十一等重大节日前夕，专门制定方案部署走访慰问活动，县委、县政府主要领导带头深入村（社区），看望慰问离退休老干部、老党员、先模党员、因公牺牲党员家属、夫妻双方驻村党员代表和贫困党员等累计628人，发放慰问金46.9万元。全县637个基层党组织响应县委号召，普遍开展送温暖、解民忧活动，把党的关怀和温暖送到各类党员心坎上。全面落实自治区关于调整机关事业单位工作人员高定工资档次，持续推进公务员职务与职级并行工作，解决基层干部配偶就业、子女就学等问题，为244名公务员晋升职级，并及时兑现工资，为36名干部家属协调解决两地分居及工作问题，解决干部后顾之忧，县、乡出资800余万元用于改善提高基层干部生活条件，营造拴心留人的工作环境。

【党费收支】 2020年，麦盖提县委管理的党费账户进账总额701.46万元，其中收缴491.07万元、上级党组织下拨209.5万元、党费利息收入0.89万元。全年共支出党费481.29万元，其中向地委组织部上缴100.2万元，向地委组织部上缴疫情捐款86.81万元，下拨下级党组织党建、拆分村级阵地建设等经费209.89万元，下拨社区党建经费1万元，下拨乡镇疫情补助20.5万元，订购党建图书刊物、党务本表册2.54万册支出11.76万元，用于表彰先进基层党组织、优秀共产党员和优秀党务工作者支出3.7万元，走访慰问生活困难党员、老党员、老干部658人次支出47.3万元，用于支付支票、银行转账手续费用支出1298元。

【企业家任职】 2020年，麦盖提县委组织部选聘的首批企业家5人到村担任“名誉村主任”，参与研究制订任职村的发展规划和振兴计划，引进推广新知识、新技术、新产品、新成果，助力乡村发展。

【“访惠聚”驻村工作】 2020年，麦盖提县共派出163个“访惠聚”驻村工作队、923名工作队队员，涉及县直单位87个。“访惠聚”驻村工作队深入群众面对面宣讲5120场次，累计走访群众9.33万户次51.2万人次，排查化解矛盾纠纷1.21万件，查找问题线索1543个，消除不稳定因素和安全隐患1229个；为群众办好事实事1.97万件，发放慰问金120.29万元。各级“访惠聚”驻村工作队发展或引进中小微企业32个，成立农民专业合作社134个，促成农村电子商务166个，解决群众在家门口就业1102人。把致富带头人培养成党员90人，把党员培养成致富带头人164人，把党员致富带头人培养成村干部62人。推进发展党员工作，引导各族群众向党组织递交入党申请书2959人，确定入党积极分子1630人，拟定发展对象512人，已发展农民党员443人。

统筹用好援疆资金100万元，为全县新时代文明实践所（站）共配置课桌椅1250套，改善新时代文明实践所（站）办学条件；从教育系统抽调国家通用语言水平高、组织能力强的教师163人充实到全县各新时代文明实践所（站），从各驻村工作队中统筹补充驻村干部135人任新时代文明实践所（站）教师，专职从事新时代文明实践所（站）教学工作。每月组织农民学员开展国家通用语言水平考试，综合评选出“国家通用语言标兵”，营造良好的学国家通用语言、用国家通用语言社会氛围。

【干部帮扶】 2020年，麦盖提县各级干部为农村群众做好人好事4.6万余件，捐款124万余元、捐物4.9万余件，参与干部5.5万余人、惠及群众18万余户；发挥协调联系作用，为贫困户解决就业岗位5.4万个，实现富余劳动力一人一岗就业目标；在村里

5月9日，县委组织部召开动员和凝聚社会力量决战决胜脱贫攻坚座谈会（王小奇摄）

开展“六好家庭”评选活动，累计评选表彰7712户，并依托爱心美德公益超市发放积分兑换表彰奖励资金18.7万元，持续激发群众内生动力。

宣传工作

【疫情防控宣传】 2020年，面对紧迫的疫情防控形势，麦盖提县委宣传部先后召开工作调度会20次，明确各行业、各基层宣传工作职责，压实主体责任，形成横向到边、纵向到底的疫情防控宣传责任体系。组建疫情防控宣传工作微信群3个，设协调联络、信息审核、新闻发布、舆情监督4个工作小组。安排县融媒体中心通过广播、乡村大喇叭、“麦盖提零距离”、微信公众号、抖音、头条等多个媒体平台，开设《众志成城》《阻击疫情》《防控天地》等疫情防控专题栏目，及时播发疫情防控工作安排、政策措施、通知通告、防疫知识、工作动态等相关信息；在《麦盖提新闻联播》《众志成城 打赢疫情防控阻击战》专栏开设《来自疫情防控一线的报道》《凡人新事》《疫情防控知识专栏》等3个子栏目，组织记者进行相关采访100多次，播出90期300多条新闻；拍摄制作疫情防控小常识、核酸检测行为规范专题片下发至各乡（镇）、村（社区）播放宣传；结合防疫宣传工作实际，发挥“移动小音箱”“流动宣传车”“电子显示屏”等贴近群众、直通基层的优势，把新冠肺炎疫情资讯、防控科普知识、自治区28条政策等内容不间断地送到居民小区、村社农户，引导广大干部群众认清新冠肺炎疫情防控严峻形势，做好自身防护，打通疫情线下宣传“最后一千米”，促进广大群众防护意识提升；印发《致全县人民的一封信》《致武汉来疆返疆人员的一封信》《防治新型冠状病毒感染的肺炎倡议书》《新型冠状病毒感染的肺炎公众预防知识》等宣传彩页和宣传手册30余万份，组织各单位悬挂各类标语、横幅300条，发放疫情防控宣传挂图5.38万张，制作抖音短视频50余条。全县各单位户外LED大屏密集滚动播出疫情防控通告、倡议书、公益广告及标语、口号，每天播出9个小时。

【宣讲团宣讲】 2020年，麦盖提县委宣传部落实上级和县委部署，组织县宣讲团赴全县各乡（镇、场）、村（社区）进行示范性巡回宣讲，同时培训基层宣讲员170人，提升基层宣讲员能力，为推动基层宣讲工作规范化助力。基层宣讲员用“苞谷馕”似的语言宣讲党的惠民政策、脱贫致富、法律法规、民族团结等内容，教育各族群众要听党话、感党恩、跟党走，遵纪守法，牢固树立民族团结思想，远离极端宗教，激励农民脱贫致富奔小康。全年，县宣讲团巡回集中宣讲427场次，教育引导群众16.86万人次；入户面对面宣讲1.37万次，覆盖居民4.54万人；田间地头宣讲533次，教育群众3.68万人次；开展国旗下宣讲3800场次，教育引导各族群众163.23万余人次。县委宣传部协调组织地区宣讲团在本县开展宣讲16场次，教育引导群众6700人次。

【媒体宣传】 2020年，麦盖提县委宣传部邀请中央、自治区主流媒体围绕民族团结、脱贫攻坚、美丽乡村建设、刀郎文化、环境改善等主题开展采访报道活动。4月，县领导在直播间进行“直播带货”，为麦盖提县灰枣代言，吸引网友关注69万人，销售麦盖提灰枣等特产43吨。6月，配合中央电视台国际频道完成《1400万刀郎羊的故事》拍摄取景工作，配合中央电视台国际频道《穿越新疆》栏目完成刀郎农民画、刀郎麦西莱甫、刀郎羊等拍摄直播活动，向海内外推介麦盖提县刀郎文化。7—8月，配合自治区党委宣传部完成十集脱贫攻坚电视系列剧《美丽家园之乡里乡亲》拍摄取景，为拍摄组提供场地及人员、讲述麦盖提县库尔玛乡库尔玛村典型故事，为脱贫攻坚收官之年献礼。9月，邀请9家中央重量级媒体及2家自治区级媒体共34名记者走进麦盖提县，就百万亩防风固沙生态林建设等相关选题进行重点采访，相继刊发播出20多篇新闻。全年，各单位在《人民日报》、人民网、新华网、《新疆日报》、天山网、《喀什日报》、中国喀什网等发表各类信息1200余条，其中人民网、新华网等央级媒体发表200余篇。

【“学习强国”平台参学管理】 2020年，麦盖提县委宣传部做好各级党组织“学习强国”学习平台参学管理工作。全年，加入系统开展网络学习、手机学习的党员干部4650人；向“学习强国”平台供稿平台提供稿件110篇，采用6篇。

【专项治理】 2020年，根据《麦盖提县关于深入开展打“三非”物品专项治理工作实施方案》要求，县委宣传部牵头，统战部、文旅局等相关单位参与成立审读工作领导小组，对麦盖提县出版的书籍、音像制品等出版物和宣传印刷品进行全面审读、清查。全年，县文化市场管理（扫黄打非）领导小组办公室，联合县文化稽查大队、市场监督管理局、公安、教育、工商、运管等部门开展执法行动15次、出动执法人员60人次，发现并整改问题20余处；检查打字复印店60家次、印刷厂20家次、各类书店和文具店70家次，规范其经营行为。联合文旅、市场监管、教育等部门在春季开学前后开展“护苗、净网、清源、秋风”行动，组织开展中小学校周边出版物市场整治，重点清查书店、报刊摊点及文具店、打字复印店、电子产品维修店等场所，查缴含有妨害未成年人身心健康内容的“口袋本”图书、卡通漫画游戏卡片等有害出版物及信息，清理无证销售出版物、销售非法出版物的店档和游商，校园周边出版物经销市场进一步得到净化。向全县各级各类学校发放海报500张，发放“绿色书签”3500余张。

统战工作

【民族团结创建工作】 2020年，为加强组织领导，麦盖提县成立以县委书记为组长的民族团结进步创建工作领导小组和民族团结进步示范县领导小组，下设创建办公室，配齐配强专职干部16人，做到专职专用，发挥统筹协调作用。成立创建工作专项组8个，负责抓工作落实。县委常委会研究民族团结工作6次，召开县乡工作例会8次，县创建办牵头组织开展指导检查9次，下发通报3期。结合工作实际，麦盖提县民族团结进步创建工作领导小组办公室制定每日派工制度、工作例会制度、联席会议制度、信息上报制度、宣传报道制度、指导检查制度等，细化民族团结进步创建“细胞工程”标准及示范单位、“细胞工程”评选流程。县、乡两级保障民族团结进步创建工作经费，县纳入财政预算50万元，各乡镇按照人均2元的标准设立专项资金，专款专用于民族团结进步创建工作。县委统战部按照地区《关于充分利用公共空间大力开展民族团结进步宣传教育的指导意见》，指导各乡（镇、场）、县直各单位结合实际利用公共空间、区域诸如灯箱、公益宣传栏、路灯宣传广告牌、LED显示屏、宣传栏、文化长廊、农民画、文化墙、示范户宣传牌等宣传载体，开展民族团结宣传教育，营造浓厚氛围。打造县级民族团结宣教馆1座、各单位选树民族团结先进典型147人、各乡镇打造（新建）民族团结展示厅11个、民族团结示范村（社区）12个，培育民族团结示范户628户，评选出“好家庭”“好居民”“好邻居”“好单元”“好楼栋”“好干部”“好员工”“好班级”等细胞载体3.06万个，命名县级民族团结进步示范单位560个。2个林场、10个村、13个社区、86个小区实现各族群众相互嵌入居住，其中打造嵌入式示范小区3个（刀郎小区、幸福小区、南网小区）、示范村1个（库尔玛乡库尔玛村），示范农林场1个（五一林场），促进各民族交往交流交融。

【“民族团结一家亲”工作】 2020年，麦盖提县各族结亲干部在“民族团结一家亲”活动中做好人好事4.6万余件、捐款124万余元、捐物4.9万余件、解决就医1600余件、解决就学500余人、帮助引导就业5300人、帮助发展生产2.4万件、其他类1.2万余件，参与干部5.5万余名、惠及群众18万余户。全年，各单位及结亲干部共开展民族团结联谊活动2.1万余场次（含家庭式小型联谊活动），涉及375万余人次；收集并推荐“民族团结一家亲”及民族团结联谊活动好做法、好经验、亮点特色及典型事例130多件。结亲干部为农户订购党报4540余份。统战部门在“麦盖提零距离”刊发“民族团结一家亲”稿件24篇、县新闻联播播出82篇，向自治区“民族团结一家亲”云平台报送信息245篇。

【建立宗教工作联席会议制度】 2020年，麦盖提县委建立健全由统战部牵头的统一战线、宗教工作联席会议制度，定期召开宗教工作领导小组会议、宗教工作例会、现场观摩会，压紧压实乡村两级宗教工作责任制，优化落实到村、规范到宗教活动场所的宗教工作网络，形成党委统一领导、党政齐抓共管、统战民宗部门组织协调、有关部门分工负责的工作格局。

【培训工作】 2020年，麦盖提县委统一战线工作部采取以会代训、集中培训、现场观摩等方式，培训宗教领域干部，培训率100%。落实中央、自治区、地区和县“四位一体”宗教教职人员培养培训机制，全年选派中央社会主义学院短期培训1人，选派自治区常规培训13人，选派新疆伊斯兰教经学院喀什分院中专班学历培训12人。

【驻村管寺工作】 2020年，麦盖提县委统一战线工作部贯彻自治区党委驻村管寺工作部署，选派227名干部组建37个驻村管寺管委会。驻村管寺管委会在教育上，加强对宗教教职人员和信教公民的宣传引导，在管理上，做到管人管寺管活动，在服务上，帮助群众办实事好事4000余件，依托村（社区）红白理事会为群众服务2189场次，发放关爱金68.03万元、服务费10.56万元。驻村管寺管委会引导宗教教职人员创业增收、依靠科技勤劳致富，带动群众就业70余人。常态化向广大群众宣传党的民族宗教政策，引导确立正信、抵制极端。全年累计参加“三非”整治工作管委会干部1.9万人次，累计入户走访101万户，累计收缴“三非”物品4400件（群众上交2300件）。

【扶贫帮困】 2020年，麦盖提县统战部门动员民营企业、商（协）会、企业家等社会组织和各界人士参与“万企帮千村”精准扶贫行动，开展实用技术、生产技能、经营管理等技能培训，累计吸纳贫困户劳动力稳定就业7500人次，人均每月增收1500～3000元。开展扶贫捐助和光彩事业，各会员单位和民营企业累计捐款捐物折合资金100万元，慰问贫困群众和“四老”人员等400户，送去慰问品和慰问金8万元。6月，自治区民生银行实施爱心守护——光彩·民生银行先心病救治项目，免费诊疗和救治先心病儿童24人，助力健康扶贫。

10月18日，县委统战部在县五一林场举行“自治区民族团结进步示范林场”授牌仪式（张建良摄）

直属机关工委工作

【基层党组织改选、补选】 2020年，麦盖提县委直属机关工委结合事业单位改革，指导16个基层党组织完成改选、补选工作，为基层党组织班子选配干部15人。

【非公企业党组织建设】 2020年，麦盖提县委直属机关工委按照党的领导全覆盖要求，批准成立麦盖提刀郎庄园新农业股份有限公司党支部等10个非公企业联合党支部，覆盖企业23个；从行业企业主管部门选派24名党员到非公企业联合党支部任职或担任党建指导员，帮助企业开展党建工作。

4月24日，县委直属机关工委领导到联系村协调解决问题（柳雪峰摄）

【党组织关系转接】 2020年，麦盖提县委直属机关工委转接党组织关系293人。

【发展党员】 2020年，麦盖提县委直属机关工委深入65个县直部门考察215名入党积极分子和发展对象，全年发展党员50人，批准同意预备党员按期转正26人。

【党内统计】 2020年，麦盖提县委直属机关工委完成党内统计工作2次。

【党费收缴】 2020年，麦盖提县委直属机关工委收缴党费 23.84 万元。

6 月 20 日，县委直属机关工委召集县直单位研究机关党建等工作（柳雪峰摄）

机构编制

【人员编制】 2020 年，麦盖提县共有行政编制 1012 人，实有 957 人；政法专项编制 528 人，实有 559 人；机关工勤编制 136 人，实有 117 人；全额事业编制 5215 人，实有 5811 人；差额事业编制 265 人，实有 245 人；自收自支事业编制 193 人，实有 168 人。

根据自治区党委编办《关于明确基层整合审批服务执法力量有关问题的通知》文件精神，通过调研，根据乡镇人口数核定分配乡镇行政编制 600 人、事业编制 437 人，起草麦盖提县乡镇机构改革实施方案及各乡镇“三定”规定。

【乡镇机构设置】 2020 年，麦盖提县乡镇党政机构改革后设置综合性办公室 5 个，分别是党政办公室、党建办公室、经济发展办公室、社会事务办公室、综合执法办公室；设置中心 6 个，分别是农业（畜牧业）发展服务中心、文体广电旅游服务中心、社会保障（民政）服务中心（退役军人服务站）、农村合作经济（统计）发展中心（财政所）、村镇规划建设发展中心（生态环境工作站）、综治中心（网格化服务中心）。整合市场监管、文化市场、农业、城市管理、安全生产等领域在乡镇现有站所、行政执法力量和资源，组建综合行政执法机构。

【机构职能合并】 2020 年，麦盖提县根据地委编办《关于规范县（市）科学技术协会机构事宜的通知》文件精神，将麦盖提县科学技术协会与县科学技术局合署办公，增加科级领导职数 1 个，将县科学技术协会列入群团系统管理；根据喀什地委编办《关于调整地、县（市）扶贫办水库移民管理职责和机构编制的通知》文件精神，将县扶贫办承担的水库移民管理相关职责划转至县水利局。

【教职工“三总量”落实】 2020 年，根据自治区党委编办《关于自治区中小学和幼儿园实行人员、岗位、经费“三总量”管理的意见》、喀什地委编委《关于下达麦盖提县中小学、幼儿园教职工人员总量的通知》文件精神，麦盖提县于 10 月 6 日召开编委会议，以中小学、幼儿园学生数和班级数为依据，将自治区核定下达麦盖提县中小学教职工人员总量 3643 人（其中全额预算管理事业编制 2860 人、人员控制数 783 人）划分至 20 所中小学；将幼儿园教师人员总量 1006 人（其中全额预算管理事业编制 372 人、人员控制数 634 人）划分至 18 所幼儿园。

【机构调整】 2020 年，为进一步强化基本公共卫生法治体系保障，完善疾病预防控制体系、重大疫情防控救治体系和爱国卫生运动服务体系，增强县疾病预防控制中心对突发基本公共卫生事件的应急处置能力，县疾病预防控制中心机构规格提升为正科级，核定全额事业编制 45 人，其中领导职数 4 个（2 正 2 副）；县爱国卫生运动服务中心机构规格提升为正科级，核定全额事业编制6人，其中领导职数2个（1正1副）；新设立县突发基本公共卫生事件应急中心，为公益一类副科级事业单位，核定全额事业编制5人，其中领导职数2个。

网信管理

【信息发布】 2020年，麦盖提县委网信办依托“麦盖提零距离”微信公众号平台，发布涉及麦盖提县各类信息2693组2779条；为进一步做好“4·15”全民国家安全教育日宣传活动，通过县政务网站、企业网站、微信公众号、零距离等自媒体平台宣传国家安全意识和履行法律责任义务相关视频文章20余篇，浏览量1100余人次；根据宣传引导工作指令要求，制作、上报主题为“战胜疫情新疆在行动”短视频作品3个，展示本县疫情防控工作取得的实际成效。

【网络安全宣传】 2020年9月14—20日，麦盖提县网信办与县教育局、公安局、妇联、总工会、团委、人民银行、电信公司、移动公司、联通公司协调联动，组织开展网络安全进社区、进农村、进企业、进机关、进校园、进家庭等网络安全宣传周活动，广泛宣传网络安全知识和防护技能，通过在现场悬挂宣传横幅、发放宣传折页、设置展板、以案说法等形式广泛宣传网络安全教育的法律、法规和相关防范知识，强化民众对维护网络安全的参与意识和责任意识。

【风险隐患排查】 2020年7月，麦盖提县网信办联合公安局网安大队对交通运输局、水利局、供排水公司、县广播电视台、县财政局的网站平台、服务器机房开展风险隐患排查检查工作，通过检查发现问题，下发问题整改建议清单，完善重点领域网站平台运维管理机制，确保属地网络关键基础设施、网站平台运行安全。

9月17日，县委网信办、公安局网安大队在尕孜库勒乡巴扎开展网络安全周活动（陈文彬摄）

老干部工作

【老干部管理】 2020年，县委组织部落实离退休干部及各离退休党支部书记每周五政治学习制度，采取讨论会、座谈会、观看视频等多种形式，组织老干部有重点、有针对性地进行学习，共组织学习15次，参加536人次，集中培训离退休干部1200人，其中在县级党校举办离退休干部学习教育培训班2期720人，使老干部思想常新。春节、七一、十一等重大节日前夕，专门制定方案部署走访慰问活动，县委、县政府主要领导深入村（社区），看望慰问离退休老干部、老党员，发放慰问金，把党的温暖送到老干部家中。组织部门发挥38个离退休党组织作用，实现离退休老干部党员“离职不离党、退休不褪色”。

【走访慰问】 2020年，麦盖提县委组织部坚持做好重要节日走访离退休干部及遗属慰问工作，了解他们的生活身体情况，帮助他们解决困难和问题，送去党和政府的关怀和温暖。节日期间，对离休干部、离休干部遗孀 61 人进行慰问，发放慰问金 6.1 万元，帮扶特殊困难离退休干部 4 人。

5 月 29 日，县委组织部举办麦盖提县 2020 年度第一期离退休干部学习教育培训班

（阿迪力·达吾提摄）

党校教育

【干部培训】 2020 年，麦盖提县委党校围绕县委脱贫攻坚、民族团结、基层组织建设、“访惠聚”、国家通用语言强化等重点工作，采取校内集中轮训、专题培训、校外委托培训等形式，开展党员干部大培训工作。全年，累计举办各类干部培训班 19 期，培训党员干部 2848 人次，其中 10 天以上主体培训班 2 期、3 个班次、培训 217 人次，短训班 17 期、培训 2631 人次。

【校外宣讲】 2020 年，麦盖提县委党校外派教师到乡（镇）、村（社区）、县直单位、学校开展理论政策、法律法规等培训宣讲 4 场次，受教育 2800 人次。

【开展调研】 2020 年，麦盖提县委党校 6 名专职教师人均下沉乡村调研 40 天以上，共撰写调研报告 16 篇、专题论文 12 篇，撰写新专题讲稿 4 篇，其中在国家级刊物上发表 1 篇。

10 月 1 日，县委党校举行升国旗仪式，开展国旗下讲话活动（杜宇威摄）

地方志工作

【县志编纂】 2020 年，根据自治区地方志编委会相关领导实地指导意见，麦盖提县地方志编纂委员会再次调整《麦盖提县志（1991—2010）》编目及内容，将旅游并入文化编，整合公安、检察、审判、司法行政 4 个编目为法治编，形成除概述、大事记、附录外共 36 编、191 章、741 节，约 120 万字的评审稿。3 月 26 日，举办《麦盖提县志（1991—2010）》评审会，邀请自治区地方志编委会领导、自治区特邀评审专家、巴音郭楞蒙古自治州、阿克苏地区、克孜勒苏柯尔克孜自治州、喀什地区各县（市）地方志办公室负责人共 36 人参加。会后根据领导和专家的评议发言，将志稿进行修改完毕后送审。7 月 16 日，自治区地方志编委会出具三审意见，县编委会根据自治区三审意见进行修改。8 月上旬，向出版社交稿。12 月 25 日，出版社出具三审意见，县编委会根据出版社三审意见进行修改后交印刷公司排版、印制样书。12 月，麦盖提县被自治区地方志编委会评为“完成

二轮志两全目标先进县”。

【年鉴编纂】 2020年，麦盖提县地方志编委会完成《麦盖提年鉴（2017）》《麦盖提年鉴（2018）》《麦盖提年鉴（2019）》《麦盖提年鉴（2020）》四稿修改。截至12月底，《麦盖提年鉴（2017）》《麦盖提年鉴（2018）》《麦盖提年鉴（2019）》根据地区反馈意见继续修改完善，《麦盖提年鉴（2020）》分别通过地委史志办、出版社三审，送印刷企业排版、印制样书。

档　案

【馆库安全】 2020年，麦盖提县档案史志馆完善安全管理制度16个，针对火灾、地震等灾害制定应急演练预案3个，开展清验自查16次，档案馆库安全巡查48次，发现并整改隐患问题16个。

【业务指导培训】 2020年，麦盖提县档案史志馆开展各类档案业务指导163场次，集中培训12次，上门服务83次。其中，疫情防控档案业务指导6次，集中培训1次；脱贫攻坚档案业务指导43次，集中培训6次，上门服务45次；机构改革涉改单位档案业务指导83次，集中培训5次，上门服务38次。为社会各界人士提供档案查询服务293人次，查阅各类案卷352卷次。

【档案接收】 2020年，麦盖提县档案史志馆接收政法委、司法局等单位文书档案2308卷、2609件。

【档案整理】 2020年，麦盖提县档案史志馆设立档案全宗号104个，馆藏档案6.7万卷10.86万件，文史资料4114册。其中，清代档案2件，民国档案1219卷、1.19万件，文书档案6.58万卷、9.67万件。有实物档案150件，其中印章149枚、牌匾1块。

【国际档案日活动】 2020年，麦盖提县档案史志馆在“6·9”国际档案日，发放宣传单306份、制作宣传展板6个、悬挂横幅3条、张贴宣传海报83张，现场参与观众1053人。举办以《中华人民共和国档案法》为主要内容的“学法达人月月赛”活动，全县51个单位4377人参与答题，促进社会各界人士档案利用意识提升。

麦盖提县人民代表大会

【领导名单】

党组书记：吴健强（2020年11月任职）

主　　任：阿不都艾尼·阿不都瓦依提（维吾尔族）

副 主 任：阿布都克力木·艾山（维吾尔族）
　　　　　柳虎平

办公室主任：买买提明·玉素甫（维吾尔族）

重要会议

【代表大会会议】 2020年1月12—14日，麦盖提县第十六届人民代表大会第五次会议召开，应出席代表152人，实出席代表147人。大会听取和审议《政府工作报告》，县人民政府关于《2019年县国民经济和社会发展计划执行情况与2020年县国民经济和社会发展计划草案的报告（草案）》，县人民政府关于《2019年县地方财政预算执行情况和2020年县地方财政预算草案的报告（草案）》，麦盖提县人大常委会工作报告，麦盖提县人民法院工作报告，麦盖提县人民检察院工作报告，并对以上报告作出决议。

【常委会会议】 2020年1月12日，麦盖提县第十六届人大常委会召开第二十八次会议，会议听取审议县人民政府关于地方财政预算调整及新增地方政府专项债券限额等议案，审议通过相关议案的决议。

4月30日，麦盖提县第十六届人大常委会召开第二十九次会议，会议听取审议县人民政府关于提前下达麦盖提县2020年新增地方政府一般债务限额、新增地方政府一般债券及地方政府专项债券新增限额等议案，审议通过相关决议。通过有关人事任免案。

6月11日，麦盖提县第十六届人大常委会召开第三十次会议，会议听取和审议“一府两院”有关专项工作报告及财政预算调整方案。通过有关人事任免案。

9月14日，麦盖提县第十六届人大常委会召开第三十一次会议，会议听取和审议县人民政府关于麦盖提县2020年第五批地方政府专项债券新增限额、新增专项债券项目及第六批新增地方政府一般债务限额、一般债券项目等议案。听取审议县人民政府财政决算报告、审计工作报告，通过财政决算决议。通过有关人事任免案。

10月15日，麦盖提县第十六届人大常委会召开第三十二次会议，会议听取和审议县人大常委会执法检查报告，县人民政府关于产业扶贫工作情况的报告。通过有关人事任免案。

12 月 30 日，麦盖提县第十六届人大常委会召开第三十三次会议，会议听取和审议县人大常委会执法检查报告、调研视察报告、“执法满意度”测评情况的报告；县人民政府有关专项报告及再融资债券、预算调整等议案，通过有关决议；审议通过关于接受艾尼瓦尔·吐尔逊辞去县十六届人大代表职务的决定，关于个别代表的代表资格审查报告；通过有关人事任免案。

【党组会议】 2020 年，中共麦盖提县人大常委会党组共召开党组会议 13 次。先后传达学习习近平新时代中国特色社会主义思想、习近平总书记系列重要讲话及重要指示批示精神，以及上级党委、人大的最新会议精神，会议重点讨论研究人事任免案 23 件，研究确定 6 次常委会会议审议的有关事项。

【主任会议】 2020 年，麦盖提县第十六届人大常委会共召开主任会议 11 次。会议重点讨论研究县十六届人大常委会第二十八至三十三次会议召开的有关事项，讨论研究需在常委会会议上听取审议的相关报告和批准的相关决议决定。

重要事项决定

【行使决定权】 2020 年，麦盖提县人大常委会依法行使重大事项决定权，共作出决议、决定 23 个。主要是《关于批准县人民政府关于 2020 年新增地方政府专项债券限额的议案的决议》《关于批准县人民政府关于 2020 年地方政府新增专项债券项目的议案的决议》《关于批准县人民政府关于 2019 年地方财政预算调整及变更方案的决议》《关于批准县人民政府关于 2019 年扶贫资金预算调整方案议案的决议》《关于批准县人民政府关于麦盖提县 2020 年地方政府新增专项债券项目议案的决议》《关于批准县人民政府关于麦盖提县 2020 年地方政府专项债券新增限额的议案的决议》《关于批准县人民政府关于提前下达麦盖提县 2020 年新增地方政府一般债券的议案的决议》《关于批准县人民政府关于提前下达麦盖提县 2020 年新增地方政府一般债务限额的议案的决议》《关于批准县人民政府关于 2020 年地方财政预算调整方案的决议》《关于批准县人民政府关于 2020 年扶贫资金预算调整方案的决议》《关于批准 2019 年县地方财政决算的决议》《关于批准 2019 年度县部门决算的决议》《关于批准 2019 年社会保险基金决算的决议》《关于批准县人民政府关于第六批麦盖提县 2020 年新增地方政府一般债券项目的议案的决议》《关于批准县人民政府关于麦盖提县 2020 年第五批地方政府新增专项债券项目的议案的决议》《关于批准县人民政府关于麦盖提县 2020 年第五批地方政府专项债券新增限额的议案的决议》《关于批准县人民政府关于第六批麦盖提县 2020 年新增地方政府一般债务限额的议案的决议》《关于批准县人民政府关于 2020 年扶贫资金预算调整方案的决议》《关于批准县人民政府关于 2020 年地方政府再融资债券的议案的决议》《关于批准 2020 年地方财政预算调整及变更方案的决议》《关于接受艾尼瓦尔·吐尔逊辞去县人民政府县长职务的决定》《关于阿迪力·哈斯木同志代理县人民政府县长职务的决定》。

【人事任免】 2020年，麦盖提县人大常委会坚持党管干部与人大依法任免相统一，任免国家机关工作人员23人次。其中，任免县人民政府工作人员6人次，监察委员会工作人员4人次，常委会工作人员3人次，法院、检察院工作人员10人次。

监督工作

【专项报告审议】 2020年6月11日，麦盖提县第十六届人大常委会第三十次会议，听取和审议县人民政府关于社区矫正工作开展情况的报告、县人民法院贯彻实施《中华人民共和国人民法院组织法》情况的报告及县人民检察院贯彻实施《中华人民共和国人民检察院组织法》情况的报告。10月15日，麦盖提县第十六届人大常委会第三十二次会议，听取和审议县人民政府关于产业扶贫工作情况的报告。12月30日，麦盖提县第十六届人大常委会第三十三次会议，听取和审议县人民政府关于旅游开发工作开展情况的报告。

【政府预算决算监督】 2020年1月12日，麦盖提县第十六届人大常委会第二十八次会议，听取和审议县人民政府关于2019年地方财政预算调整及变更情况的报告。6月11日，麦盖提县第十六届人大常委会第三十次会议，听取和审议麦盖提县人民政府关于2020年财政预算绩效目标管理情况的报告。9月14日，麦盖提县第十六届人大常委会第三十一次会议，听取和审议县人民政府关于2019年度部门决算、社会保险基金决算、县地方财政决算、预算执行和其他财政收支情况的审计工作、国有资产管理情况报告，听取和审议县人大常委会财经工委关于2019年县地方财政决算的审查报告，听取和审议县人民政府关于2020年上半年县国民经济和社会发展计划执行情况、县地方财政预算执行情况的报告，听取和审议县财政局关于中央直达资金分配、拨付、使用情况的报告。12月30日，麦盖提县第十六届人大常委会第三十三次会议，听取和审议县人民政府关于2020年地方财政预算调整及变更情况的报告。

【执法检查】 2020年9月22—24日，麦盖提县人大常委会组织部分常委会委员、县级人大代表组成执法检查组，对《中华人民共和国水污染防治法》贯彻实施情况进行检查。

10月19—20日，麦盖提县人大常委会组织部分常委会委员、县级人大代表组成执法检查组，对《中华人民共和国人民警察法》贯彻实施情况进行检查。

12月12日，麦盖提县人大常委会组织部分常委会委员、县级人大代表组成执法检查组，对《中华人民共和国职业教育法》贯彻实施情况进行检查。

【视察调研】 2020年12月9—10日，麦盖提县人大常委会组织部分常委会委员、县级人大代表组成视察组对麦盖提县食品安全工作进行调研。24日，麦盖提县人大常委会组织部分常委会委员、县级人大代表组成视察组对麦盖提县农民合作社运行情况进行视察。

【落实宪法宣誓制度】 2020年，麦盖提县人大常委会落实国家宪法宣誓制度，依法举行新任命国家机关工作人员宪法宣誓仪式10人次。

议案建议办理

【议案建议跟踪督办】 2020年，麦盖提县人大常委会向县人民政府交办十六届人大五次会议上代表提出的意见建议23件，强化跟踪督办，办理的满意率进一步提升。

【议案建议提交】 2020年，麦盖提人大常委会协助驻县自治区人大代表向自治区十三届人大四次会议提交议案建议6件。

代表工作

【落实双联制度】 2020年，麦盖提县人大常委会根据自治区人大常委会、地区人大工委的要求，建设县级人大代表工作室1个，各乡（镇）、村（社区）建设人大代表联络站82个，发挥宣传站、民意窗、连心桥、监督岗、大讲堂的作用，密切代表同人民群众的联系。24名县人大常委会委员定期深入各代表联络站，与基层代表共同开展活动，带动各级代表依法履职；600名各级人大代表，深入开展联系群众活动，积极为群众办实事解难事，践行“人民选我当代表、我当代表为人民”的庄严承诺。

【代表活动】 2020年，麦盖提县人大常委会深入开展“决战决胜脱贫攻坚，人大代表在行动”主题活动，印发倡议书600份，召开县乡推进会11场次，选树在勤劳致富、“三新”活动、带动就业等方面的典型10个，用榜样的力量引领群众、推进工作。

麦盖提县人民政府

【领导名单】

县　长：艾尼瓦尔·吐尔逊（维吾尔族，2020年12月离任）

代县长：阿迪力·哈斯木（维吾尔族，2020年12月任职）

常务副县长：韩　飞

副县长：许　洋

开萨尔·马木提（维吾尔族）

叶丛香（女）

乐　钊

热沙来提·沙拉伯克（女，塔吉克族）

政府党组成员：杨　彬

政府办主任：柴天喜

重要会议

【麦盖提县人民政府第59次常务会议】 2020年1月11日上午，麦盖提县人民政府召开第十六届人民政府第59次常务会议，这次会议主要研究讨论《2020年政府工作报告》。会议同意县财政局提交的《关于申报麦盖提县部分2020年地方政府新增专项债券项目的请示》《关于申请麦盖提县部分2020年地方政府专项债券新增限额的请示》《关于2019年地方政府预算调整的请示》《关于批准2019年扶贫资金预算调整方案的请示》《2019年地方财政预算执行及2020年预算草案的请示》提请县人民代表大会或常务委员会审议，由县政府办公室向县人民代表大会或常务委员会提交议案，并委托县财政局代表县人民政府向大会作报告。

会议同意县发改委提交的《关于麦盖提县2019年国民经济和社会发展计划执行情况与2020年国民经济和社会发展计划（草案）的报告》提交县人民代表大会或常务委员会审议。县人民政府、县人大、县政协领导及相关部门负责人出席会议。

【麦盖提县人民政府第60次常务会议】 2020年1月21日，麦盖提县人民政府召开第十六届人民政府第60次常务会议，会议讨论研究2020年脱贫攻坚项目建设有关事宜和扶贫办提交的《麦盖提县2020年脱贫攻坚巩固提升实施方案的请示》。会议同意《麦盖提县2020年脱贫攻坚巩固提升实施方案》。县人民政府领导及相关部门负责人出席会议。

【麦盖提县人民政府第61次常务会议】 2020

年 2 月 16 日，麦盖提县人民政府召开第十六届人民政府第 61 次常务会议，会议讨论研究扶贫办提交的《麦盖提县聚焦未脱贫户和“两类户”确保高质量脱贫和防止返贫致贫的工作方案的请示》和 2020 年脱贫攻坚项目建设有关事宜。县人民政府及相关部门负责人出席会议。

【麦盖提县人民政府第 62 次常务会议】 2020 年 2 月 18 日，麦盖提县人民政府召开第 62 次常务会议，就县人社局提交的《关于申请拨付 1 月份、2 月份就业扶持资金的报告》和扶贫办提交的《麦盖提县 2020 年脱贫攻坚项目建设责任分解方案（征求意见稿）》进行讨论研究。县人民政府领导及相关部门负责人出席会议。

【麦盖提县人民政府第 63 次常务会议】 2020 年 3 月 6 日，麦盖提县人民政府召开第十六届人民政府第 63 次常务会议，会议研究讨论县医疗保障局提交的《2019 年麦盖提县城乡居民统筹基金定额使用及调整情况说明》。会议同意县医疗保障局提交的 2019 年麦盖提县城乡居民统筹基金定额使用分配方案。会议研究讨论县昆仑土地扶贫开发有限责任公司提交的《关于更换麦盖提县昆仑土地扶贫开发有限责任公司法人的请示》。会议同意县昆仑土地扶贫开发有限责任公司更换法人。会议研究讨论《关于麦盖提县昆仑土地扶贫开发有限责任公司变更股东的报告》。会议同意麦盖提县昆仑土地扶贫开发有限责任公司变更股东，股东由新疆昆仑土地扶贫开发有限责任公司、麦盖提县沙漠果业农产品有限公司变更为麦盖提县国有资产经营有限责任公司，出资 1000 万元，占 100% 股份，麦盖提县昆仑土地扶贫开发有限责任公司为麦盖提县国有资产经营有限责任公司的全资子公司，不再属于新疆昆仑土地扶贫开发股份有限责任公司的子公司。会议同意县财政局提交的《麦盖提县土地清理收益管理实施方案》。同意县住房和城乡建设局提交的《麦盖提县 2020 年棚户区改造实施方案》。会议要求以棚户区改造领导小组办公室名义下发《麦盖提县 2020 年棚户区改造实施方案》，要及时召开听证会，广泛听取群众的心声，解决群众的困难诉求，确保棚户改造这项民心工程取得实效，同时要加大宣传力度。同意县财政局提交的《关于提前下达麦盖提县 2020 年新增地方政府一般债务限额的请示》和《关于提前下达麦盖提县 2020 年新增地方政府一般债券的请示》，并提交县人大常委会审议。县人民政府领导及相关部门负责人出席会议。

【麦盖提县人民政府第 64 次常务会议】 2020 年 4 月 20 日，麦盖提县人民政府召开第十六届人民政府第 64 次常务会议，会议研究县住房和城乡建设局提交的《石榴花园西区、迎宾小区（东地块）详细规划及设计方案》，同意县住房和城乡建设局提交的方案。会议研究县住房和城乡建设局提交的《玫瑰小区商住楼建设项目规划方案》。会议同意玫瑰小区商住楼建设项目规划方案。会议研究县住房和城乡建设局提交的《2019 年棚户区改造结转资金使用计划》，同意 2019 年棚户区改造结转资金使用计划。会议研究县住房和城乡建设局提交的《麦盖提县生态环保基础设施建设项目融资方案》，初步决定，2 亿元差额资金由城投公司作为贷款主体，向农业发展银行融资贷款。会议研究县自然资源局提交的《关于麦盖提县基地军联棉业有限责任公司搬迁用地的请示》，同意在吐曼塔勒乡检查站西侧选址 90

亩国有未利用土地作为该公司新建轧花厂用地。会议研究县自然资源局提交的《关于征求〈喀什地区土地利用总体规划新增建设用地指标区域范围内调剂方案〉意见建议的请示》，同意《喀什地区土地利用总体规划新增建设用地指标区域范围内调剂方案》。会议研究自然资源局提交的《关于完善库尔玛乡轧花厂、库尔玛乡派出所院内新建办公用房建设用地等六宗土地用地手续的请示》，同意完善上述土地用地手续。会议研究县自然资源局提交的《关于麦盖提县麦叶加油站建设项目用地的请示》，同意自然资源局提交请示报告。会议研究县供排水公司提交的《喀什地区麦盖提县城北污水处理厂（三期）及中水回用建设项目征用土地相关情况的说明》，同意城北污水处理厂（三期）及中水回用建设项目征用土地有关事宜。会议研究县商工局提交的《麦盖提县乡村生产车间就业奖补实施办法（讨论稿）》，会议认为，《麦盖提县乡村生产车间就业奖补实施办法》需融入工作激励机制，由工业园区对接完善《麦盖提县乡村生产车间就业奖补实施办法》，确保就业奖补资金发挥最大作用。会议研究县应急管理局提交的《关于确定道路限速值的报告》，同意对 S215 线、S310 线、S234 线、Z700 线进行分段提速。S215 线、S310 线、S234 线以二级公路标准提速至 70 千米 / 小时，Z700 线以一级公路标准提速至 80 千米 / 小时，上述道路中村庄密集区域、学校路段不提速，其余路段分段提速。会议研究讨论县刀郎融资担保有限责任公司提交的《关于麦盖提县刀郎融资担保有限责任公司法人变更的请示》，同意麦盖提县刀郎融资担保公司变更法人代表、董事长。会议研究讨论县民政局提交的《麦盖提县临时救助办法》。会议认为，《麦盖提县临时救助办法》符合实际，同意发布。会议研究讨论县扶贫办提交的《关于麦盖提县 2020 年脱贫攻坚到位资金安排项目的请示》，同意按照目前项目实施情况，将资金安排用于农村环境综合整治项目。会议研究讨论县扶贫办提交的《2019 年农村安居工程补助结余资金（未整合部分资金）安排项目的建议》。会议决定，农村安居工程补助结余资金优先用于家庭人口超过 5 人且居住安居房面积 50 平方米以下旧房已拆除的困难户加盖安居房附属房屋建设补助，每户补助标准 1 万元，如尚有剩余资金，用于完善村级幸福院、托幼所设施设备的支出。县人民政府领导及相关部门负责人出席会议。

【麦盖提县人民政府第 65 次常务会议】 2020 年 5 月 31 日，麦盖提县人民政府召开第十六届人民政府第 65 次常务会议，会议讨论研究县扶贫办提交的《关于麦盖提县 2020 年脱贫攻坚项目库动态调整的请示》，同意将 12 个项目列入项目库，涉及资金 1.31 亿元。需补充完善的项目 4 个，资金增加 2497 万元。会议讨论研究关于 2020 年第三批脱贫攻坚到位资金项目安排，决定将 2020 年第三批脱贫攻坚到位资金安排到蔬菜大棚示范基地建设项目，此次安排资金 2239 万元。会议研究讨论县财政局提交的《关于 2020 年地方财政预算调整的请示》，同意对县财政收支预算进行相应调整，同时县财政局要严格按照《中华人民共和国预算法》等有关法律规定及上级相关要求，将调整后的《麦盖提县 2020 年地方财政总预算（草案）》报县人大常委会审议批准后执行。会议研究讨论县财政局提交的《麦盖提县 2020 年财政预算绩效目标管理报告》，同意该报告，由办公室按程序将报告提请县人大常委会审议。会议研究讨论县财政局提交的《关于批准 2020 年扶贫资金预算调整方案的请示》，同意对2020年扶贫资金预算进行调整，将调整后的《2020年扶贫资金预算调整方案》报县人大常委会审议批准后执行。会议研究讨论县自然资源局提交的《关于麦盖提县城区土地定级与基准地价的更新方案》，原则上同意县自然资源局提交的《关于麦盖提县县城区土地定级与基准地价的更新方案》，按照审批流程上报地区、自治区，待审核通过后实施。会议研究讨论县自然资源局提交的《关于麦盖提县实施城镇规划2020年度第一批次建设项目用地的请示》《关于麦盖提县希依提墩乡2020年新建加气建设项目用地的请示》《关于新疆灾后水利薄弱环节提孜那甫河麦盖提县防洪治理工程（125+530—129+700）项目用地的请示》《关于新疆灾后水利薄弱环节提孜那甫河麦盖提县防洪治理工程（129+700—133+530）项目用地的请示》，同意城镇规划2020年度第一批次建设项目和上述3宗项目用地申请，依据土地管理法律法规有关规定，按程序上报地区行署审批。县人民政府领导及相关部门负责人出席会议。

【麦盖提县人民政府第66次常务会议】 2020年6月28日，麦盖提县人民政府召开第十六届人民政府第66次常务会议，专题研究脱贫攻坚项目建设有关事宜，会议要求，要加快设备购置进度，央塔克乡养殖合作社建设项目、乡村生产车间建设及配套设施设备建设项目等牵头单位要克服疫情不利影响，做好设备采购的督促工作，使设备尽早到货投入使用；要加强项目进度管理，项目牵头单位要强化责任意识，加快项目进度，采取有效措施，督促施工方项目进度，确保项目严格按照合同要求进度开展；要高标准制定报账手续，有关单位要切实履行报账手续流程“一次性告知”义务，项目牵头单位要督促施工单位切实履行报账手续，及时准备、准确提供报账材料，防止因资料不齐全，影响审计竣工结算审核进度，影响项目资金拨付。会议强调，县扶贫部门要发挥好牵头抓总作用，各项目实施单位切实担负起主体责任，县财政部门做好项目资金支付督促指导，审计部门加快决算审计，纪委监委强化执纪问责。齐心协力，推动扶贫项目按期落地见效。县人民政府领导及相关部门负责人出席会议。

【麦盖提县人民政府第67次常务会议】 2020年7月24日，麦盖提县人民政府召开第十六届人民政府第67次常务会议，会议讨论研究县财政局提交的《关于提交麦盖提县2020年第五批地方政府新增专项债券项目的议案的请示》，同意提交县人民代表大会或常务委员会审议，并由县政府办公室向县人民代表大会或常务委员会提交议案。会议讨论研究县财政局提交的《关于提交麦盖提县2020年第五批地方政府专项债券新增限额的议案的请示》，同意并提交县人民代表大会或常务委员会审议，由县政府办公室向县人民代表大会或常务委员会提交议案。会议讨论研究了县财政局提交的《关于提交第六批麦盖提县2020年新增地方政府一般债券的议案的请示》，同意提交县人民代表大会或常务委员会审议，由县政府办公室向县人民代表大会或常务委员会提交议案。会议讨论研究了县财政局提交的《关于提交第六批麦盖提县2020年新增地方政府一般债务限额的议案的请示》，同意并提交县人民代表大会或常务委员会审议，由县政府办公室向县人民代表大会或常务委员会提交议案。会议通报县农业农村局

2020年扶贫项目进展情况。县人民政府领导及相关部门负责人出席会议。

【麦盖提县人民政府第68次常务会议】 2020年9月6日，麦盖提县人民政府召开第十六届人民政府第68次常务会议，会议讨论研究县财政局提交的《关于向人大提交关于2020年上半年县地方财政预算执行情况报告的请示》，同意提交县人民代表大会或常务委员会审议，并委托县财政局代表县人民政府向大会作报告。会议讨论研究县财政局提交的《关于报呈审议2019年麦盖提县地方部门决算的请示》，同意在数据确保无误的情况下提交县人民代表大会或常务委员会审议，并委托县财政局代表县人民政府向大会作报告。会议讨论研究了县财政局提交的《关于向人大提交关于2019年县地方财政决算报告的请示》，同意提交县人民代表大会或常务委员会审议，并委托县财政局代表县人民政府向大会作报告。会议讨论研究县财政局提交的《关于报呈审议2019年麦盖提县社会保险基金决算的请示》，同意在数据确保无误的情况下提交县人民代表大会或常务委员会审议，并委托县财政局代表县人民政府向大会作报告。会议讨论研究县审计局提交的《麦盖提县2019年度本级财政预算执行情况和其他财政收支情况的审计工作报告（草拟稿）》，同意提交县人民代表大会或常务委员会审议，并委托县审计局代表县人民政府向大会作报告。会议讨论研究县发改委提交的《麦盖提县2020年上半年国民经济和社会发展计划执行情况的报告》，同意提交县人民代表大会或常务委员会审议，并代表县人民政府向大会作报告。会议讨论研究脱贫攻坚有关工作。对2020年扶贫项目建设情况进行通报。县人民政府领导及相关部门负责人出席会议。

【麦盖提县人民政府第69次常务会议】 2020年10月23日，麦盖提县人民政府召开第十六届人民政府第69次常务会议，会议讨论研究县商工局提交的《关于道狼商贸有限公司扩大二手车交易市场经营规模的请示报告》，原则同意麦盖提县道狼商贸有限公司扩大经营规模，县自然资源局要对用地的合法性进行审核，如果符合有关法规要求，按有关规定办理；如不合规，需根据实际情况再行商定。会议研究县商工局提交的《关于万盛商贸大厦改制重组和部分资产处置的请示报告》，同意按评估价格处置万盛商贸大厦部分资产，县商工局、国资委、万盛公司要按照国有资产处置的有关要求，依法确定收购主体，处置后剩余资产根据改制要求并入麦盖提县刀郎城市投资发展有限责任公司，万盛商贸大厦债权债务由麦盖提县刀郎城市投资发展有限责任公司承担，万盛商贸大厦注销。县人社局、商工局、万盛公司等单位要认真研究重组后的人员分流问题，制定更加可行的人员安置方案。会议研究讨论县自然资源局提交的《关于麦盖提县二十六宗建设项目用地规划的请示》，同意《关于麦盖提县二十六宗建设项目用地规划的请示》。会议讨论研究《麦盖提县人民政府、西安建工市政交通集团有限公司项目建设战略合作框架协议》，同意以县人民政府名义同西安建工市政交通集团有限公司签订战略合作框架协议。会议讨论研究县发改委提交的《关于变更麦盖提县金粮商贸有限责任公司企业法人的报告》，同意麦盖提县金粮商贸有限责任公司变更法人。会议听取县统计局第七次人口普查工作汇报。会议研究讨论县住房和城乡建设局提交的《关于上报研究论证房地产开发项目方案的报告》，会议认为，方案契合麦盖提县城市规划布局，同意上述房地产开发项目方案。会议研究县扶贫办提交的《2020年五家渠市协作帮扶麦盖提县工作自评报告》，同意以县扶贫开发领导小组办公室名义印发。会议安排部署迎接2020年脱贫攻坚成效考核工作。县人民政府领导及相关部门负责人出席会议。

【麦盖提县人民政府第70次常务会议】 2020年11月30日，麦盖提县人民政府召开第十六届人民政府第70次常务会议，会议讨论研究县医疗保障局提交的《麦盖提县2020年度城乡居民基本医疗保险基金总额控制指标年中调整方案》，原则同意县医疗保障局提交的方案，要征求医改领导小组成员单位意见，研究通过后报地区医疗保障局审核后执行。会议讨论研究扶贫领域清理拖欠农民工工资工作，要求各扶贫项目牵头单位、金融机构、县人社部门要加强协调配合，对以工代赈项目、贫困人口参与多的项目用工情况、劳务费支出情况、农民工工资专用账户使用情况进行大排查，准确掌握各类信息，对发现的问题建立清单，发现问题立即进行整改，确保问题不遗漏；加快资金拨付进度；县财政局要尽快对符合资金支付条件的项目从国库拨付资金；县信访部门要对欠薪上访事件进行及时处理，一般案件及时处理，复杂案件要当月接访当月办结，做到案件办结率100%。县人民政府领导及相关部门负责人出席会议。

【麦盖提县人民政府第71次常务会议】 2020年12月23日，麦盖提县人民政府召开第十六届人民政府第71次常务会议，会议讨论研究县扶贫办提交的《麦盖提县2021年巩固拓展脱贫攻坚成果项目》。会议认为，2021年巩固拓展脱贫攻坚成果项目，符合全县实际，同意县扶贫办向地区有关部门报送。会议部署精准扶贫档案建设工作。县人民政府领导及相关部门负责人出席会议。

政务服务

【转变职能】 2020年，麦盖提县人民政府全面落实监管责任，完善政务服务平台，推动政务服务向乡（镇）、村（社区）延伸，10个乡（镇）、161个村（社区）全部开通网上办件站点，打通便民服务“最后100米”。企业开办、工程审批、产权登记、水电气报装等指标办理时限大幅压缩。麦盖提县人民政府涉企政策和2219项行政权责事项全部公示公开，接受群众监督；在重大事项决策过程中，广泛征求各方意见，透明度和公众参与度进一步提高。麦盖提县人民政府自觉接受县人大及其常委会的法律监督、县政协的民主监督和社会舆论监督，全年办理议案、提案和意见建议58件，办复率100%。

【综合协调】 2020年，麦盖提县人民政府办公室围绕全县中心工作，按照县委、县政府部署，牵头保障胡杨节、深圳企业家代表团到麦盖提考察等重要活动，确保重大活动开展；参与各级巡视巡查、督查考核、验收、审计、督促指导等到麦盖提人员保障工作，确保其工作顺利开展。

【公文处理】 2020年，麦盖提县人民政府办公室履行收发文处理程序，严把文字、政策关，保证公文质量，提高公文效率。全年，组织起草领导讲话材料、汇报材料、总结材料 520 份；撰写脱贫攻坚、疫情防控、党建、精神文明建设、稳定工作、自治区文明单位创建、自治区节约型机关创建等材料 130 份 80 万字。落实基层减负，印发政发、政函、政办、政阅等文件 233 个，重点精简类文件减少 58%；收发处理文电 1000 份，处理率 100%。

【会务服务】 2020 年，麦盖提县人民政府办公室坚持会议“四不开一合并”原则，落实精简会议数量、提高会议质量，做好会务服务工作，办公室不分会议大小、轻重缓急，都给予重视，做好会前准备（会议通知、会场布置、材料准备）、会中服务、会后落实的每个环节，确保各类会议顺利召开。

【公务用房专项整治】 2020 年，麦盖提县人民政府办公室开展公务用房专项整治工作。根据《关于做好喀什地区党政机关办公用房信息统计报告工作的通知》文件要求，摸排全县党政机关办公用房信息，完成对全县 96 个单位的公务用房及县级领导办公用房核定工作。

【优化营商环境】 2020 年，麦盖提县人民政府办公室牵头开展优化营商环境专项整治，召开推进会议 2 次，促进工作落实，完成涉企政策梳理挂网公示 60 条，整改营商环境问题 28 条，推进整治“脸难看、话难听、事难办”“小鬼难缠”甚至故意刁难投资者行为，压缩营商环境主要指标办理时限，推进服务大厅全程电子化登记，梳理出行政权力事项 2219 项在政府网站公示，推进 547 项依申请类行政权力事项、201 项公共服务事项入驻政务大厅办理，完善行政服务大厅审批事项，将涉及工程建设领域审批事项的发改委、商工局、生态环境局纳入大厅集中办公，实现“应进必进”。推进新疆政务服务 APP 注册、使用，便利群众和企业办理相关事务；推进政务公开，全年在政府官网更新信息 1505 条，其中政务公开更新 143 条，政务动态更新 1258 条。

【信访工作】 2020 年，麦盖提县人民政府办公室坚持办好“县长热线”，共受理并办结群众来电 248 个，群众满意率 99%，帮助农民工讨要拖欠工资、工程款 48.34 万元。对辖区内信访案件排查梳理，落实领导接访、包案化解措施，接待来访群众 323 件 633 人次，其中 303 件 560 人次办结，20 件 73 人次正在核实处理。

【后勤管理】 2020 年，麦盖提县人民政府办公室落实疫情防控工作要求，每天对办公楼公共区域消杀 2 次，明确各单位消杀区域，做到不留死角；对会议室相关场所进行随会消杀，强化会议室环境卫生消杀管理。对办公楼区域的喷泉水泵、景观灯亮化、LED 电子显示屏，周转房区域路灯以及综合办公楼区域各楼层损坏的设备设施进行及时维修，及时更换损坏和老化的水、电、暖设施，避免出现水浪费、电不通、暖不热等现象。

人事工作

【人事人才】 2020 年，麦盖提县有事业干部（含工勤、县聘人员）6820 人。其中，管理岗位 564 人，占事业总人数的 8.3%；专业技术岗位 5975 人，占事业总人数的 87.6%；工勤 281 人、占 4.1%；30 岁及以下人员 2183 人，占比 32.0%；31～35 岁人员1358人，占比19.9%；36～40岁人员1055人，占比15.5%；41～45岁人员930人，占比13.6%；46～50岁人员668人，占比9.8%；51岁以上人员626人，占比9.2%。男性2694人，占比39.5%；女性4126人，占比60.5%。

【高校毕业生安置】 2020年新冠疫情防控期间，麦盖提县人力资源和社会保障局开展高校毕业生线上服务，建立高校毕业生QQ群、微信群等交流平台，及时发布各类招考、招录信息，引导高校毕业生参加各类招考、招录，实现就业；对未就业高校毕业生优先推荐就业岗位；利用就业援助金等惠民政策，对有创业意愿的高校毕业生进行就业援助、就业指导工作。

【领导名单】

主　席：艾克拜尔·麦麦提明（维吾尔族，9 月退休）

县政协党组副书记、主席候选人：吐尔洪·依明（维吾尔族，9 月任现职）

副主席：曹兴东

艾尔肯·吾守（维吾尔族，9 月免去副主席职务）

林新江

专职常委：玉苏甫·买合苏提（维吾尔族）

办公室主任：蒋和刚

重要会议

【政协麦盖提县第十四届委员会第五次会议】 2020 年 1 月 11—13 日，政协麦盖提县第十四届委员会第五次会议在会议中心举行。会议总结了县政协 2019 年来的工作。会议听取并审议批准艾克拜尔·麦麦提明代表政协麦盖提县第十四届委员会常务委员会所作的工作报告、曹兴东代表政协麦盖提县第十四届委员会常务委员会所作的提案工作情况的报告。各族各界政协委员向大会提交提案 102 件。

【列席麦盖提县第十六届人民代表大会第五次会议】 2020 年 1 月 12 日、14 日，政协麦盖提县第十四届委员会全体政协委员列席麦盖提县第十六届人民代表大会第五次会议。听取并讨论政府工作报告及其他有关报告，对政府工作报告和其他报告表示赞同。

民主监督

【乡村调研】 2020 年，麦盖提县政协委员深入包联乡镇、村，通过与乡镇领导、“访惠聚”工作队干部、扶贫工作专干、贫困户代表进行座谈，入户走访、发放调查问卷等方式，就脱贫攻坚工作开展实地调研，形成报告，为县委决策提供依据。

【机关调研】 2020 年，政协麦盖提县第十四届委员会通过与县住房和城乡建设局、市场监督管理局、教育局、人社局、环保局、水利局、交通运输局等相关单位和部门领导、界别委员进行座谈交流，重点调研委员履职、提案办理、干部下沉、疫情防控、脱贫攻坚等方面情况，形成报告，为县委决策提供依据。

委员活动

【献计献策】 2020年，政协麦盖提县第十四届委员会重点围绕自治区政协和地区政协工委确定的创新方式方法、垃圾分类处理、旅游产业发展、民族团结教育等议题，组织政协委员深入机关、农村、企业等广泛开展视察活动，每到一处，政协委员献计献策，帮助促进工作。

【扶贫帮困】 2020年，政协麦盖提县委员会引导政协委员主动承担社会责任，参与脱贫攻坚、乡村振兴和公益事业，用实际行动彰显“政协服务人民、委员联系群众”的道德风范。全年，17名工商界委员所在企业吸纳200余名贫困户到企业务工就业；委员李耀堂等购买了价值20余万元的瓷砖、水泥、沙发、油烟机、地板砖，助力人居环境改造，并资助贫困户开办超市；委员余新华为供热辖区警务站及200余户贫困户减免约35万元的暖气费；金域果业合作社负责人麦麦提依里·吐尔逊委员优价收购贫困户红枣、核桃108吨。

【热心公益事业】 2020年，麦盖提县康复医院院长周永强等医疗界委员每月定期2次派医生到福利院为老人和儿童义诊、体检，并为脑瘫患儿捐赠21万余元的药品；委员余新华为教育系统捐助5万元购买口罩。

提案办理

【立案办理】 2020年，政协麦盖提县委员会共征集提案102件，由提案委员会进行分类梳理审查，对进一步加强环保教育等31件提案立案提交县人民政府进行办理，全部办理完毕，提案办复率100%，委员、群众满意和基本满意率98%，推动人民群众关心的热点、难点问题得到有效解决。

【议案提交】 2020年，政协麦盖提县委员会发挥驻县自治区政协委员作用，向自治区政协十二届四次会议提交提案8件。

中共麦盖提县纪律检查委员会
麦盖提县监察委员会

【领导名单】

县委常委、纪委书记、监委主任：

文海华

县纪委副书记、监委副主任：

时胜旺

玉苏甫江·艾合买提（维吾尔族）

图尔荪江·麦苏木（维吾尔族）

党风廉政教育

【党风廉政宣传】 2020年，麦盖提县纪委监委开展第22个党风廉政教育月活动，推动党风廉政教育质量提升，探索推行乡镇党委班子成员及纪委干部每月“送廉到村”活动；组织全县各级党组织和党员干部观看《歧途》《蚊蝇之害》《正风肃纪》等警示教育片，并在全县范围开展演讲比赛；针对本级查办的典型案件拍摄《利剑高悬治蝇贪》《染黑的权力》《嗜血蚊蝇》3部警示教育片，供各级党组织开展警示教育使用。

【廉政党课】 2020年，麦盖提县纪委监委常态化派员到县委党校为参与理论培训的乡村干部上廉政党课8场次。

【教育基地建设】 2020年，麦盖提县纪委监委有序推进县级党风廉政建设警示教育基地建设，9个乡镇廉政教育室正在建设。

信访举报

【信访平台和接待窗口建设】 2020年，麦盖提县纪委监委推进信访子平台和接待窗口标准化建设；印发信访举报连心卡1.6万份，布置信访举报箱164个，完善信访接待机制，强化信访监管，收到信访件104件。

【社会监督】 2020年，麦盖提县纪委监委引导媒体参与、公开检举受控信息等方式，调动群众、舆论、网络等社会力量参与监督。

【监督力量整合】 2020年，麦盖提县实行县纪委监委到乡到区（协作区）、派驻机构到点到位、乡镇纪委到村到户监督；设置35个乡村监督片区，将乡村“五大员”混编为35个监督组，实行“乡、村、组、户”联动监督；通过对49名乡镇纪检监察干部、161名村（社区）纪检委员、483名监察信息员进行业务培训，印发“口袋书”等方式提高乡村监督人员监督能力。

案件查处

【扶贫领域执纪问责】 2020年，麦盖提县纪委监委按照自治区纪委监委2次扶贫领域专项治理座谈会和地区纪委监委4次片区推进会精神，及时向县委提出“七个紧盯”工作，稳步推进监督检查。紧盯“关键少数”，常态化通过调研指导、提醒谈话督促乡镇、县直单位主要领导、分管扶贫工作领导履责用权，对工作不力的4名乡镇主要领导进行约谈。紧盯项目推进，督促相关部门将6大类78个扶贫项目进行公开公示；每月对项目进行跟踪推进，对商工局、农业农村局主要领导进行约谈，下发整改通知书24份。紧盯资金使用，2次通过调阅国库集中支付台账对8个职能部门、68个乡镇村资金使用进行监督，对2个部门、2个乡镇分管财务领导进行约谈，下发整改通知书3份；对良繁中心、农民合作社、土地开发公司、学校、卫生院、信用社等“3+7”重点领域开展专项监督，发现各类问题线索81条，下发整改通知书9份，纪律检查建议书2份。紧盯“两不愁三保障”，督促扶贫、水利、住建、卫生健康、教育等部门围绕饮水安全、住房安全、医疗保险、义务教育开展调研，解决安居房标准不高、通水不正常、医疗保险不及时等问题45个；对幸福大院、馕产业园项目建设、资金使用、运营管理情况开展2轮监督检查，当场指出整改意见12条。紧盯扶贫领域干部作风建设，开展脱贫攻坚干部作风大整顿，整改虚报冒领、贪占挪用等作风问题22条，督促3个单位进行以案促改；制定《扶贫领域案例通报曝光制度》，召开县乡警示教育大会48次，拍摄警示教育片3部，曝光典型案例5批12人；对5名驻村第一书记进行提醒谈话，128名党员干部进行集体约谈。紧盯问题整改，对各级各类问题逐项列明整改举措，组织专班推进整改；对整改缓慢的18名县乡主要领导、3名乡镇扶贫书记、3名村第一书记进行约谈，下发整改通知书24份。紧盯线索处置，建立扶贫领域案件专账，坚持直查直办、快查快办；定期开展问题线索“回头看”，共处置扶贫领域问题线索49个，查处扶贫领域案件24件24人。

【腐败问题执纪问责】 2020年，麦盖提县纪委监委开展“破网打伞”活动，及时查结4起涉黑涉恶保护伞关系网案件，对公安局1名民警收受贿赂、包庇黑恶势力开赌场等违纪违法问题依法移送司法机关，对扫黑除恶中负有主体责任的10人、监管责任的12人进行追责问责。深化重点领域专项治理，召开林草系统、民生领域专项治理推进会，开展大棚房治理，清理大棚房81套，对1起违建别墅相关责任领导进行问责；督促教育、公安等部门对2010—2019年的1.08万名考生中是否存在冒名顶替就学情况进行核查；督促住建、国土等部门对140个行政村19.07万名农村人口、838户易地搬迁贫困户违规合村并居情况进行核查；督促住建部门对2013年以来人防工程易地建设费缴纳、人防面积批建情况进行梳理核查；督促县自然资源局从1.21万个图斑入手违规占用耕地建房问题进行核查。加强“小微权力”监督，将“小微权力”运行监管列入县委议事日程。梳理涉及“三资”管理、扶贫救助、惠农惠民政策落实、土地发包、行政审批、招标采购等71项“小微权力”清单，逐项绘制运行“流程图”，梳理的166个风险点，明确重要岗位实行提级管理、重点人员实行定期轮岗、重点环节实行“双人”监管，确保权力运行各环节受到有效制约。抓干部作风建设，以央塔克乡博勒喀村疫情防控干部作风问题整治为突破口，在全县开展干部作风大排查，对发现的 76 条问题进行整改，对其中 58 条问题线索进行核查，对 14 人进行立案查办，将整治成果向县直单位扩展，干部作风整改成效明显提升。

【监察调查处置】 2020 年，麦盖提县纪委监委对 3844 人次廉政复函进行逐件核查，对 101 名不符合推荐条件人员明确提出否定意见；抓审查调查，始终保持高压态势，针对“不想办”“没人办”“没案办”“不会办”的短板，采取压责任、沉力量、扩队伍 、练技能四步措施，采取班子成员跟案、协作区办案、提级办案、交叉办案、要案会战等具体举措，持续提高审查调查质效。全年共处置线索 782 件，立案 293 件，四种形态占比分别为 76%、20.7%、2.3%、0.9%；落实容错纠错机制，召开澄清证明大会 2 次。

6 月 24 日，县纪委监委组织纪检监察系统干部举办“清风满天山”讲故事比赛
（县纪委监委供稿）

1 月 6 日，麦盖提县乡镇纪检监察干部业务大练兵“实战对抗”赛举行（县纪委监委供稿）

巡　察

【巡察队伍建设】 2020 年，麦盖提县纪委监委加强巡察队伍建设，完善学习培训制度 6 项，常态化通过参加大讲堂、聘请专家授课、业务比武、实战练兵等方式提升巡察队伍精准发现问题能力。

【政治巡察】 2020 年，麦盖提县纪委监委坚持政治巡察，把政治巡察作为首要职责，紧紧围绕中央治疆方略、党中央重大决策部署开展巡察，十一届县委对 31 个县直单位、6 个村党组织进行政治巡察，巡察覆盖率达 98.2%，发现问题 2384 个。做实后半篇文章，采取下发整改通知、电话督促、开展“回头看”等方式督促被巡察单位加强问题的整改，目前整改完毕 2233 个。督促被巡察单位针对突出问题，召开专题民主生活会进行反思，加强制度建设。

对口支援

综　述

【资金支援】 2020年，山东省及日照市对麦盖提县的支援是全方位的，既有项目方面的，又有产业方面的，还有民生改善方面的，投入大量资金和人力、物力，为麦盖提县脱贫攻坚取得决定性胜利、疫情防控、经济社会发展发挥重要作用。全年，山东省在麦盖提县投入项目资金3.62亿元，投入产业资金9000多万元，投入教育类资金9850万元，投入医疗类资金1402万元，投入促进就业类资金6140万元，投入促进交流交往类资金600万元，投入干部、人才培训类资金1760万元，投入改善人民群众生活条件类资金3761万元，投入基层阵地等建设资金1416万元；投入资金700万元实施农村户厕改造项目，投入资金1500万元实施乡村污水处理和垃圾填埋扩容项目，投入资金100万元实施乡村广播电视更新改造项目，投入资金1800万元实施防风固沙林建设项目，提供风险保障3亿元实施红枣“保险+期货”项目赔付农户1863.78万元；山东省企业家在麦盖提县办企业总投资3.3亿元。

【消费支援】 2020年，山东省在麦盖提县开展消费援疆，销售当地刀郎土瓜、板栗南瓜等特色农副产品3.5万吨，创造经济效益1.5亿元。

【人才支援】 2020年，山东省根据麦盖提县实际需求，选派援疆干部人才189人，其中党政干部18人、技术人才19人、柔性人才152人，充实到相关领域，发挥行业引领作用，带动麦盖提县大批干部人才提高。

项目支援

【民生项目】 2020年，山东省在麦盖提县实施援疆项目24个，其中民生项目20个，基层和民生领域的支援资金占总投入资金的90%以上。

【重点项目】 2020年，山东省在麦盖提县对口支援的重点项目包括扶贫产业园区厂房建设（在麦盖提县城南工业园区内，扶贫产业包括耳机、口罩、服装等生产，解决贫困户就业问题）、红枣产业化、寄宿制学校、乡村旅游、农村厕所改造、乡村广播电视更新改造等，均已投入使用。山东省参加喀什地区重点项目暨旅游援疆推介会，组织日照民营企业家20余人来麦盖提考察并签约，爱林诺医疗用品、宏春网袋、顺鑫工艺品、顺耕红薯加工、沣浓棉籽油等一批项目建成投产，新增稳定就业岗位1200多个。

【乡村旅游项目】 2020年，山东省在麦盖提县实施乡村旅游援疆项目包括乡村旅游示范村打造、协办桃花节和丝路文化胡杨节等。由山东省提供资金，当地规划实施，重点打造五一林场、央塔克乡克亚克勒克乌衣村等乡村旅游示范点（村），对N39°沙漠旅游景区进行提升改造。

产业支援

【园区建设】 2020年，山东省投入资金4920万元对口支援麦盖提县产业发展，在麦盖提县建设扶贫产业园和“飞地”园区，重点布局纺织、电子等劳动密集型企业，年内入驻企业111家，提供就业岗位2296个。

【产业扶持】 2020年，山东省对口支援麦盖提县推进产业发展，投入资金1300万元对特色产业、劳动密集型产业及商贸物流、文化旅游、电子商务、农业（畜牧业）试验示范等进行产业扶持、用工补助，深化“县城企业总部—村卫星工厂—家庭扶贫车间”三级联动、上下贯通的产业促就业服务体系，带动就业2000多人。

【助力宣传】 2020年，山东省对口支援麦盖提县推进产业发展，投入资金100万元，以制作招商宣传片、印制宣传册、组建驻外招商点、疆内外企业交流等方式，促进麦盖提县产业走出去和引进来。

【红枣产业化】 2020年，山东省对口支援麦盖提县推进产业发展，投入资金1200万元推进红枣产业化，建成农产品交易中心、红枣加工车间，完善配套服务设施，发挥“大仓东移”等渠道作用助力销售红枣。

文化教育支援

【地面数字电视中继站建设】 2020年，山东省投入90万元用于库尔玛乡库尔玛村地面数字电视中继站建设，9月竣工，解决该县偏远乡村地面电视无线数字信号差的问题，提高了电视信号覆盖率。

【组团式教育支援】 2020年，山东省在麦盖提县推进组团式教育支援项目，实施“互联网＋教学”“教研联盟”等模式搭建鲁喀优质教育资源共享台，深度开展教学教研交流，培育优秀骨干教师16人，培训教师3578人。

【开办支援实验班】 2020年，山东省依托麦盖提县实验中学开办支援实验班，打造优质标杆学校，探索提高教育教学质量新途径。

【大学生补助】 2020年，山东省在麦盖提县实施大学生补助计划，全年完成三批次贫困大学生补助，实际资助疆内外大学生626人（疆内大学生273人、疆外大学生353人），累计发放补助资金293.7万元。

【新建改扩建项目】 2020年，山东省在麦盖提县新建、改扩建学校15所（寄宿制学校14所），促进麦盖提县教育均衡发展。

【支教活动】 2020年，山东省选派教师116人到麦盖提县各学校开展国家通用语言支教活动，缓解麦盖提县师资不足问题，提高受援学校的教育教学水平。

医疗支援

【医疗设备购置】 2020年，山东省对口支援麦盖提县医疗卫生事业发展，购置外科显微镜、神经外科手术头架、显微器械、骨外器械、残疾人康复设备等先进医疗设备，提高本县医疗服务及技术整体水平。

【远程会诊】 2020年，山东省对口支援麦盖提县医疗卫生事业发展，提升远程会诊系统，实现“医联体”全覆盖，累计远程会诊189人次。

【义务诊疗活动】 2020年，山东省组织医疗专家队72人，开展义诊活动，受益1800人；“光明行”白内障复明手术救助90人；结核病防治筛查15万人，治愈32人。

【组团式支援】 2020年，山东省对口支援麦盖提县医疗卫生事业发展，组团选派医疗卫生援疆医务人员16人次（其中支援医疗干部人才6人次、医疗柔性人才10人次），为麦盖提县培训医疗卫生人员350人（结对帮带培训280人、骨干人才培训70人）。

【实施“青蓝工程”】 2020年，山东省持续推动“青蓝工程”，选派医疗骨干与麦盖提县医疗卫生系统医务人员结对33对、山东省教学骨干与麦盖提县教育系统教师结对378对，山东省的医疗、教学骨干手把手培养麦盖提县医护人员和教师，传授新理念、新技术、新知识，促进麦盖提县教育、卫生专业队伍水平整体提高，为麦盖提县培养一批“永久牌”专业人才队伍。

保障和改善民生

【农村厕所改造】 2020年，山东省对口支援实施农村户厕改造项目，对全县部分农村户厕进行改造，每户补助500元。截至年底，共补助1.04万户。

【乡村污水处理和垃圾填埋扩容】 2020年，山东省对口支援实施乡村污水处理和垃圾填埋扩容项目，扩建巴扎结米镇污水处理厂，将每日污水处理规模提升为1.5万立方米；扩建库木库萨尔乡12个村垃圾填埋场，增加库容46万立方米。

【乡村广播更新改造】 2020年，山东省对口支援实施乡村广播更新改造项目，对全县农村“大喇叭”工程提升改造，更换老旧水泥杆、电源线等。

【防风固沙林建设】 2020年，山东省对口支援实施防风固沙林建设项目，在库木库萨尔乡塔克拉玛干沙漠边缘人工造林1万亩。

交往交流交融

【文化交流】 9月18—21日，山东省日照市文学艺术界联合会艺术家一行应邀到麦盖提县进行文化交流活动，举办座谈会，参观文化旅游景区，在县五一林场民族团结展馆现场献艺、交流。

【胡杨节献艺】 10月23日，山东省书画家参加麦盖提县丝路胡杨文化节，展出书画作品近百幅，并同麦盖提县书画家交流技艺，现场献艺。

5月15日，麦盖提县举办医疗援疆"青蓝工程"启动及师徒结对签字仪式（县援疆办供稿）

9月18—21日，山东日照市与麦盖提县开展文化艺术交流活动（县援疆办供稿）

9月21日，援疆资金支持的麦盖提县"保险+期货"红枣援疆项目启动（县援疆办供稿）

9月21日，日照市鲁喀包机游首航抵达喀什机场（县援疆办供稿）

2020年，援疆企业爱林诺医疗用品集团在麦盖提县投资建厂（县援疆办供稿）

工 会

【关心关爱】 2020年，麦盖提县总工会按照《中华全国总工会办公厅关于下拨2020年工会常态化送温暖资金有关事项的通知》和《中华全国总工会办公厅关于加强新型冠状病毒感染肺炎防控工作专项资金使用管理的通知》要求，在疫情防控期间开展送温暖慰问2次，慰问困难职工1600余人次，累计投入资金9万余元。根据喀什地区行署《关于转发七部门〈关于开展“喀什春季特惠消费周”活动指导意见的通知〉》及县委关于促进消费的相关要求，为1213名职工每人发放消费券1000元，用于促进麦盖提县内消费，共发放工会经费120万余元；购买本地农副产品和扶贫车间产品作为节日慰问品、职工活动奖品价值2万余元。全年累计慰问单位70余家，慰问职工2000余人次，投入慰问金22万余元，其中春节慰问在岗单位22家，购买羊肉、水果、干果、糖共计10.86万元；慰问劳模11人，发放慰问金1.3万元；慰问因公牺牲职工亲属10人，共发放慰问金5000元；疫情防控期间，慰问3个小区160余名职工，共投入资金1.8万元；发放低收入补助金5人共7000元、特困补助金1人5000元。

【困难职工帮扶】 2020年，麦盖提县坚持“政府主导、工会牵头、部门负责”的工作机制，健全1个网络，形成整体联动的帮扶工作格局。年初，县总工会将全县困难职工2831户档案全部整理录入系统，按居住地址进行上门询问、了解、核实，其中脱困970户、注销1804户。帮扶中心对困难职工进行分期救助，一季度213户、二季度144户、三季度145户，四季度还有在档60户未救助。

【数据比对】 2020年，麦盖提县总工会定期就民政、残联、医保等单位的数据与帮扶系统数据进行比对，实现信息互通、资源共享。全年开展数据比对5次。

【精准建档】 2020年，麦盖提县总工会按照第三方评估要求，规范建档、健全制度、健全机制，对所有建档档案进行核实更新，降低档案漏评率、错退率、错评率，完成城市困难职工解困脱困第三方评估工作，被评为A级。全年对系统在档档案开展动态管理3次。

【规范资金使用】 2020年，麦盖提县总工会规范资金使用，确保资金专款专用。4月，第一批中央帮扶资金42.6万元，用于受疫情影响的213户困难家庭，每户补助2000元，以实名制发放到卡。5月，第二批中央专项帮扶资金58.57万元，按照这批专项资金的要求，对建档的213户进行核实，其中脱困67户，注销3户，剩余143户每户补助4000元，共57.2万元。9月，第三批中央专项帮扶资金46.47万元，对145户（新增3户）每户临时救助2000元共29万元，对在档的60户每户救助2000元共12万元。

【大病救助】 2020年，麦盖提县总工会困难职工帮扶中心根据《新疆维吾尔自治区工会帮扶资金使用管理办法》新工发通知要求，对深度困难职工在不超过个人承担范围内给予补助。全县大病救助3户，每户6000元，共1.8万元。

【金秋助学】 2020年，麦盖提县有深度困难职工子女在疆内外就读大学的14人，工会帮扶中心根据有关政策共发放金秋助学金7万元。

【基层工会建设】 2020年，麦盖提县新组建基层工会18家，新增会员2100人，其中农民工会员1800人。改选健全基层工会组织20家，推荐创立自治区级模范职工小家2家，“新疆刀郎阳光农牧科技股份有限公司第六育种场工会小组”申报成功。

【和谐劳动关系】 2020年，为保障劳动关系双方合法权益，促进劳动关系和谐稳定，麦盖提县总工会按照地区分配的建会任务，指导企业建立基层工会，完成率100%。全年发出工资集体协议要约26家，其中20家企业、职工签订集体合同、工资专项集体合同，涉及职工1000余人；接待职工信访25人次。

【各类培训】 2020年，麦盖提县总工会参加第二期县级工会主席深化工会改革专题网络培训1人，参加自治区和地区第三方评估、工会经费系统操作等培训6场次48人次。

4月11日，麦盖提县总工会组织基层工会干部开展城市困难职工解困脱困第二期培训（张平摄）

【文体活动】 2020年1月1日下午，麦盖提县总工会与教育局在县刀郎大剧院联合举办“庆元旦、迎新年”“不忘教育初心、牢记育人使命”暨民族团结文艺会演。

【表彰先进】 2020年，麦盖提县受表彰自

5月1日，县总工会召开“五一”劳动节优秀职工表彰大会（张平摄）

治区级劳动模范和先进工作者 2 人，地区级劳动模范和先进工作者 6 人。5 月 1 日，麦盖提县总工会举办表彰会，表彰年初疫情后企业复工复产一线职工 52 人、优秀工会工作者 5 人。

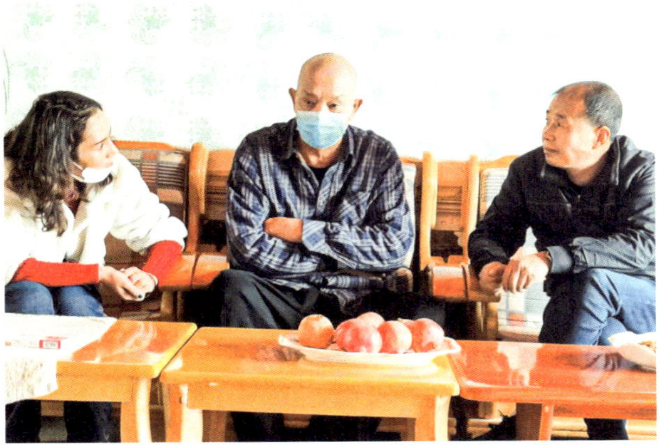

10 月 13 日，县总工会慰问劳动模范和先进工作者（张平摄）

团　委

【后备军培养】 2020 年，麦盖提县有团组织 474 个，其中团工委 1 个、团委 18 个、团总支 17 个、团支部 438 个；有共青团员 9247 人（新发展团员 1460 人，毕业生团员 1224 人），团干部 574 人。成立少工委的学校有 16 个，有少先队员 2.86 万人；有少先队辅导员 956 人，其中大队辅导员 79 人，中队辅导 877 人。全年，团组织推优入党 119 人，推优比例为 40.47%。

【团组织活动】 2020 年，共青团麦盖提县委组织全县团委、团支部专职书记进行团务基础知识培训 4 次，参培 180 人，进行团务知识测试 1 次。针对团组织关系转接工作对各乡镇团委专职干部进行专题培训 3 次，指导各乡镇团委、教育系统团工委对团支部进行辅导培训 3 次，团县委开展“送课下乡”工作 2 次。9 月，团县委组织开设麦盖提县团员青年国家通用语言文字普及强化培训班，配备 2 名西部计划志愿者担任国家通用语言教师，制订学习计划、培训内容，专职负责培训工作。第一期共培训学员 50 人。规范和落实每月各级团组织主题团日活动，共开展 8 场，其中开设乡镇分会场 10 个，覆盖 140 个村（社区）团支部；7 个中学团委每月组织班级团支部开展主题团日活动，做到团员学生全覆盖；组织全县团员、青年参加“青年大学习”网络主题团课共 33 期 2.6 万人次，不断提升青年、团员学习参与率。各团组织通过宣讲、新媒体宣传，加强法治教育，累计宣传 150 场次，累计参与青年教师 201 人；微信公众号宣传法治内容 20 次，重点宣传民法典等内容，覆盖 2000 余人；各学校结合普法宣传周开展青少年“模拟法庭”大赛，提升青少年的法治意识。“五四”期间选树表彰红旗团委 8 个、红旗团支部 20 个、优秀共青团员 30 人、优秀团干部 22 人。为让寄宿学生感受到团组织的关怀和温暖，在 4 所学校开展爱心生日会 10 次，累计为 285 名学生送去生日祝福，参与 452 人。与麦盖提县委组织部联合开展青年干部联谊活动 2 次，200 余人次参加。

【少先队活动】 2020 年，共青团麦盖提县委开展青少年学习教育活动，组织 68 所中小学开展统一的少先队课 8 次。各团组织通过宣讲、新媒体宣传，加强青少年法治教育，累计宣传 150 场次，累计参与 162 个少先中队，参与学生 9885 人。8 月以来，共青团麦盖提县委响应习近平总书记提出的“厉行节约，反对浪费”号召，开展以“美丽中国，青春行动”为主题的光盘行动，组织少先队开展以“节约粮食”为主题的手抄报比赛 2 次，累计参与 150 余人。通过微信公众平台向广大青少年推广“节约粮食，从我做起”倡议书，累计覆盖 1500 余人次。通过微信小程序开展光盘行动打卡活动，累计参与 150 余人次。

【志愿者活动】 2020 年，共青团麦盖提县委成立以青少年为主的青年志愿服务队 11 支，各团组织开展志愿服务活动 120 场次，累计参加志愿者活动 1800 余人；疫情防控期间，各村、社区团支部组织“众志成城”志愿服务队参加村、社区疫情防控工作，累计参与团员、青年 850 余人。10 月 29 日，县级团属青年志愿者协会成立。选派优秀大学生 36 人深入村、社区开展假期“红领巾小课堂”志愿服务活动，2000 余名小学生参加志愿服务活动。大学生西部计划志愿者 43 人被分配到组织部、政府办、日照援疆指挥部、宣传部、工业园区、团委、财政局、住房和城乡建设局、党校、总工会、民政局、审计局、发改委、人社局、五一林场、医保局、气象局、残联、儿童福利院 19 个单位，助力脱贫攻坚，参与麦盖提县建设。

【就业创业工作】 2020 年 10 月 30 日，麦盖提县级团属青年创业协会成立，各行业优秀青年创业代表 31 人参加麦盖提县青年创业协会会议。共青团麦盖提县委组织各级团组织抓农村青年致富带头人队伍、青年之家培育工作，在 8 个乡 2 个镇挖掘涵盖农业、养殖业、美容、汽修、电商、馕产业等领域农村致富带头人 105 人、团员示范户 25 人。与麦盖提县人力资源和社会保障局联合举办“千校万岗”专场招聘会 2 场、网络招聘会 1 场，累计参与 400 余人，帮助 150 余人就业。通过微信平台推送就业信息 100 余条，对接毕业生简历 140 余份，做到用人单位与毕业生双向互动，助力大中专毕业生就业工作。

【爱心助学】 2020 年，在共青团麦盖提县委组织和协调下，开展助学活动 3 次，为 99 名学生申请“2020 鲁喀共青团爱心助学金”5 万元，为 5 名学生申请中国茅台助学金，为 11 名学生申请“金穗圆梦”助学金，为 12 名学生申请“向阳花少儿医疗救助”基金。

妇联

【美丽庭院创建活动】 2020 年，麦盖提县妇女联合会指导 8 个乡、2 个镇、140 个村妇联开展美丽庭院宣传创建活动，向妇女同胞发出倡议，倡导大家行动起来，通过举例子、摆事实，引导村民做到“思想好、学习好、团结好、家风好，人美、院美、屋美，厕所卫生”。全年，共宣讲 251 场次，听取宣讲 8.92 万人次。各基层妇联组织妇女群众参与环境卫生大扫除活动，各村妇联主席每月选树美丽庭院示范户 10 户，以现场会的形式组织村民参观学习；9 月 24 日，县妇联在克孜勒阿瓦提乡古再勒巴格村召开“美丽庭院”现场观摩会暨“家庭学校”培训会，来自 8 个乡 2 个镇的妇联主席、部分村妇联主席代表 30 余人参加培训会，

9 月 24 日，县妇联开展巾帼脱贫“美丽庭院”和“家庭学校”培训会（何明娟摄）

培训以家居布置、保洁知识、家政清洁、育儿知识、厨艺技巧、健康饮食搭配营养知识、美容美发技能等为内容；组织观摩学习农村人居环境整治典型经验、特色做法，交流探讨落实院内、院外、房内三件事，通过以观代检、以观促学，帮助基层妇联组织找差距、找不足、理思路、教方法，推进“美丽庭院”建设；选树“美丽庭院”示范户200户进行表彰。

【“寻找最美家庭”活动】 2020年，麦盖提县妇女联合会根据地区妇联要求，常态化开展“寻找最美家庭”活动，在县直单位和乡镇评选出“最美家庭”136户进行表彰，并广泛宣传，为广大妇女群众树立身边最美家庭榜样，以典型事迹感染人、教育人，倡导夫妻和睦、尊老爱幼、科学教子、勤俭节约、邻里互助的家庭文明理念，发挥女性在弘扬中华民族家庭美德、树立良好家风方面的独特作用。

【关爱活动】 2020年12月10日，麦盖提县妇女联合会举办“农村贫困母亲两癌救助款”发放仪式，把每人1万元救助款直接支付到救助对象账户上，并邀请8名受助贫困妇女参加发放仪式，鼓励受助妇女要坚强面对生活，以乐观向上的心态积极配合医生的治疗，坚定信心，与病魔做斗争，争取早日康复。

【网上冬令营征集活动】 2020年，麦盖提县妇女联合会开展自治区妇联推出的“爱在新疆——网上儿童冬令营”网上征集活动。妇联与教育局联系，组织儿童参与活动，通过写封信、绘幅画、读本书、常锻炼、学厨艺等方式来充实寒假生活，增加生活乐趣、学习科学预防新冠肺炎的方式方法及生活技巧，加强儿童爱国感恩教育，促进儿童正能量传递。网上征集活动收到儿童绘画作品11幅、书信作品1件、锻炼身体视频2个。

【牵手结对活动】 2020年，麦盖提县妇女联合会在“六一”儿童节期间，开展“小家传大爱，共筑家国梦”千名儿童牵手感恩活动；第一中学8名七年级学生代表通过网上与山东日照市学校8名学生进行结对，在微信视频中分享各自的节日祝福、卡片等礼物，表达对援疆省份的感激，对援疆干部的感恩之情，对援疆省市少年儿童的美好祝愿。

【庆国庆、迎中秋活动】 2020年，麦盖提县妇女联合会举办庆国庆、迎中秋之“巾帼心向党 建功新时代”时装秀活动，来自各乡镇的200多名农村妇女身穿精心准备的旗袍、汉服、晚装、民族特色服饰等，向现场观众展示中国服饰文化和现代新农村女性的魅力。

10月4日，县妇联举办庆国庆、迎中秋时装秀活动（童春灵摄）

工商联

【机制建立】 2020年，麦盖提县工商业联合会有团体会员2个、个体会员360余人。建立健全县委、县人民政府领导班子成员联系民营企业（商会）工作机制，定期开展联系走访工作。

【非公企业发展】 2020 年，麦盖提县非公有制工业企业经济增长值 5.41 亿元，增速提高 9.3%；基础设施项目建设 10 个，完成固定资产投资 7.49 亿元；吸纳就业 5160 余人。

【维权服务】 2020 年，麦盖提县工商业联合会在县信访局、人力资源和社会保障局劳动监察大队分别设立民营企业投诉平台，全年受理、解决民营企业诉求 20 起。

【参政议政】 2020 年，麦盖提县有非公经济人士“两代表一委员”18 人，提交提案 25 个，引起有关部门重视。

【扶贫工作】 2020 年，麦盖提县工商业联合会组织非公企业参与“千企帮千村”专项行动，138 名民营企业家到村任职、结对帮扶不变。全年，非公企业安排贫困户就业 5160 人，28 家非公农副产品加工企业购销贫困户核桃 2 万吨、收购红枣 28 万吨。

【扶贫捐助】 2020 年，麦盖提县工商业联合会借助民营企业等社会力量人才优势开展智力帮扶，开展实用技术、生产技能、经营管理等技能培训，提高贫困户自我发展能力，帮助结对村群众更新生产生活观念，提高生产技能和生活质量。动员民营企业等社会力量，通过捐款捐物、助学、助老、助残、助医等形式，改善结对村群众的生产生活条件。全年，非公企业为贫困村、贫困户捐物折合人民币 30 万元，捐资助学、捐物折合人民币 12.2 万元。搭建社会扶贫平台，和五家渠工商联对接，取得当地企业支持，争取一家企业捐资助学资金 10 万元。10 月，第六师五家渠工商联领导一行到麦盖提县进行扶贫调研，带来 1 家企业捐赠的桌椅 100 套，捐赠给 100 名南网社区的贫困学生，解决贫困学生家庭没有书桌学习的问题。

9 月 21 日，县工商联代表第六师五家渠工商联在南网社区开展爱心书桌捐赠活动（杨忠建摄）

【信息填报】 2020 年，麦盖提县工商业联合会按时完成全国工商联“上规模民营企业调研系统”填报、“会员组织系统”填报工作。6 月底前，按时在“上规模民营企业调研系统”中录入县工商联组织、商会组织执委信息；12 月底前，按时在“会员组织系统”填报第八届县工商联执委内容。

【促进就业】 2020 年 2 月，麦盖提县工商业联合会统计所属会员企业就业岗位 422 个。经过反复核查，联系人社局、就业培训局促成 256 人就业。

科　协

【科技项目争取】 2020 年，麦盖提县科学技术协会争取自治区科协—麦盖提县科普示范阵地建设 1 个，项目资金 20 万元；争取地区科普示范基地项目 1 个，项目资金 5 万元；依托 138 个行政村远程教育站点建成科普 e 站 138 个，争取项目资金 2.76 万元；

依托57个校园班班通建成校园科普e站57个，争取项目资金1.14万元。

【科技助农活动】 2020年5月27—30日，麦盖提县科学技术协会邀请地区农业专家，以现场推进、田间操作、观摩交流等形式，对全县种植大户、养殖业示范户、林果业示范户、科技特派员等进行培训，解决农民农业种植生产技术难题。农业技术专家们在各乡镇示范点，采取与当地农民问答互动的形式，就当地农业种植、庭院种植、家畜的繁殖品种改良技术、牛羊的疫病防治和圈舍消毒等方面进行系统讲解，同时对科学技术普及工作进行政策解释，现场解答农民群众所遇到的难题。在县巴扎结米镇、希依提墩乡、央塔克乡、尕孜库勒乡等乡镇开展“科普助力脱贫攻坚基层行”活动，举办培训42场次，受益1万余人。

5月27日，地区科协专家到麦盖提县开展科技助农技术培训（县科协供稿）

【上级部门调研】 2020年6月22日，自治区科学技术协会调研组一行到麦盖提县开展调研指导科协工作。调研组一行先后参观了巴扎结米镇老果园林下育雏及养殖科普示范基地项目、县二中科协农村中小学科技馆“科普实验仪器及开发学生智能”科普器械、百万亩防风固沙林纪念馆，实地查看沙海林场，观看纪录片，并要求县科协收集资料，申报生态林科普基地项目。6月23日上午，召开自治区科协赴麦盖提县调研科协工作座谈会，参加座谈会的单位为县全民科学素质纲要各成员单位。座谈会就推进1+3重点工作为主题，以发展农业、畜牧业、林果业、设施农业和特色种植业五大产业为重点，从提升全民科学素质、人才培养、助力脱贫攻坚和衔接乡村振兴提供支撑等方面开展座谈。

5月28日，自治区科协赴麦盖提县调研座谈会（县科协供稿）

【“全国科普日”宣传】 2020年9月25日，由麦盖提县科学技术协会牵头，联合县卫健委、司法局、应急管理局、市场监督管理局等单位在麦盖提县农贸市场大巴扎开展以“决胜全面小康，践行科技为民”为主题的全国科普日主题宣传活动，向群众免费发放各类宣传资料科普知识，开展农业科技、医疗保健、安全生产、法律法规等咨询服务，重点宣传《中华人民共和国社区

9月25日，县科协在县大巴扎开展“全国科普日”宣传活动（县科协供稿）

矫正法》《新疆维吾尔自治区食品小作坊、小餐饮店、小食杂店和食品摊贩管理条例》等相关法律法规及政策，共出动宣传车辆8车次、宣传人员20人，参加科普宣传的各族群众5200余人，发放科普宣传材料5000余份。

【合作社筛选】 2020年，麦盖提县科学技术协会对接县农业农村局、农技中心，对全县农业合作社进行摸排，筛选出发挥作用好的合作社50个，发展成立农技协会3个。

社科联

【服务脱贫攻坚】 2020年，麦盖提县社会科学联合会发挥宣传资源优势，服务脱贫攻坚，向地区提供脱贫攻坚优秀征文11篇、脱贫攻坚十二大工程图片资料300余张，编辑完成《麦盖提县2017—2020年外宣新闻精品汇编》《麦盖提县2017—2020年零距离精品汇编》《2020年麦盖提县脱贫攻坚收官之年典型宣传汇编》“脱贫攻坚专刊”3本，其中《麦盖提县2017—2020年外宣新闻精品汇编》收录脱贫攻坚精品图文信息95条、《麦盖提县2017—2020年零距离精品汇编》收录脱贫攻坚精品图文信息103条、《2020年麦盖提县脱贫攻坚收官之年典型宣传汇编》收录“好干部”“好先锋”“好企业”“好路子”“好集体”“好群众”六个方面脱贫攻坚先进典型60个。

【社科普及周活动】 2020年，麦盖提县社会科学联合会根据自治区、地区社会科学普及周活动安排，于5月15—20日开展以“线上+”模式为主，转载、播发自治区“社科之夜”经典诵读会活动内容，发动全县网评员推送，扩大阅读面；在网络上举办春暖花开会有时——麦盖提县“抗疫情”农民画和素描画平面设计网上图片展，征集、精选以抗击疫情为主题的刀郎农民画作品7幅、素描画7幅、视频作品1个，广泛普及科学防护知识；在网络上举办“麦盖提县脱贫致富农民画”网上展，精选刀郎农民画作品41幅，展示全县各族人民在脱贫攻坚战线上的生动实践；举办“2020年麦盖提社科书市”网上推介活动，由县新华书店整理、推荐当前最新的有关经济、社会、历史、文化、公众人文素养等21部社科精品图书籍进行网上推介，满足各族群众阅读社科精品图书的需求；依托县宣讲团深入乡村开展“决胜全面小康 决战脱贫攻坚”主题巡回宣讲，讲解党和国家脱贫攻坚的各项惠民政策，讲述身边的致富典型，普及理论、政策和社科知识。

【媒体宣传】 2020年，麦盖提县社会科学联合会参与宣传工作，重点做好外来媒体的服务引导工作，配合宣传部门做好全县新冠肺炎疫情防控、脱贫攻坚、“访惠聚”、农村振兴、重大经济活动、重大项目投资、各行各业发展等主题宣传。全年，疆内外各级媒体采用刊发稿件1200余篇。

【信息舆情上报】 2020年，麦盖提县社会科学联合会建立上下贯通、全面覆盖的社会舆情管理网络，及时搜集民众关注的社会热点、焦点等事件信息，形成信息44期，反映县乡村社会热、焦点类情况650个，建议问题类情况70余条，为领导了解基层情况和决议决策提供预警和参考。

【刀郎诗文征集】 2020年，麦盖提县社会科学联合会为建党100周年献礼，开展“刀郎诗文”征集活动。截至年底，征集诗文稿件 100 余篇。

残　联

【办证换证】 2020 年，全县有残疾人 6954 人，其中新评出的残疾人 1201 人。麦盖提县残疾人联合会常态化开展办证换证工作，其中办理第二代残疾人证 5443 人（建档立卡贫困残疾人 1604 人）、换证 1511 人。

【落实优惠政策】 2020 年，麦盖提县残疾人就业 1006 人，享受两项补贴 3385 人次，发放补贴金 565.84 万元；享受残疾人各项政策 4686 人次，享受政策比例 86%。向有关单位征收残疾人就业保障金 24.31 万元，按比例安排残疾人 15 人，其中 4 名重度残疾人受益。开展农村残疾人科学养殖技术知识培训班 1 期，培训残疾人学员 50 人，每人发放补助资金 500 元用于购买鸽苗，发展商品鸽养殖。

【项目实施】 2020 年，麦盖提县残疾人联合会重点实施残疾人康复中心及综合服务设施项目（中央投资 1130 万元，完成工程量的 82%，资金支出 869.25 万元）和残疾人康复（托养）中心改造项目（地方债券资金 1000 万元、支援资金 200 万元，完成工程量的 95%）。截至年底，康复中心入住 36 人。实施爱心天使助学项目，5 名困难残疾在校大学生每人收到 2000 元的助学金。

5 月 15 日，县残疾人事业保障中心建设项目动工（县残联供稿）

【助残日活动】 2020 年 5 月 17 日是第三十个全国“助残日”，麦盖提县残疾人联合会发放各类宣传单 500 余份，协调五家渠残联为 10 名困难残疾人发放补助资金 5000 元。接待残疾人及残疾人家属 1200 余人次，解决困难诉求 207 条、发放残疾人辅助器具 207 件。

5 月 17 日，县残联开展“助残日”活动
（县残联供稿）

【残疾人康复工作】 2020 年，麦盖提县残疾人接受基本康复治疗 570 人，投入 9 万元为精神残疾人购买精神病药物 201 人次，推荐残疾儿童接受上级医院免费人工耳蜗手术 24 人，协调脑瘫儿童接受专门康复治疗 20 人次。6 月 15 日，上级医院到麦盖提

6 月 15 日，县残联在英买里社区开展听力筛查和助听器适配活动（县残联供稿）

县开展听力筛查和助听器适配活动，参与筛查听力残疾人 81 人，为 45 名听力残疾人适配助听器。县残联培训社区康复协调员 17 人，培训残疾人及亲属 204 人，举办残疾人康复专业知识普及培训，参培 70 人，推动社区残疾人康复工作发展。

【节日慰问】 2020 年，麦盖提县残疾人联合会春节前对全县 1853 名困难残疾人进行慰问，每人送去 2～3 千克羊肉，为 89 名寄宿制托养残疾人购买应季衣物等生活用品，价值 11 万元。

红十字会

【“红十字博爱周”活动】 2020 年 5 月 8—12 日，麦盖提县红十字会工作人员深入克孜勒阿瓦提乡、吐曼塔勒乡、刀郎巴扎市场开展“参与社区疫情防控，红十字救在身边”、“5·8”红十字博爱周系列活动，宣传应急救护、新冠肺炎预防、防灾减灾知识，普及应急救护和防灾避险操作技能。共发放各类疾病预防宣传资料 3600 份、拖鞋 150 双、运动鞋 300 双、棉被 30 床、毛衣裤子

5 月 8 日，县红十字会深入乡村开展“参与社区疫情防控，红十字救在身边”活动（姜小丽摄）

等各类衣服 50 件、牙膏牙刷 500 套、卫生巾 500 包、女包 30 个、一次性口罩 1500 只。

【献血和造血干细胞捐献】 2020 年 5 月 10 日，麦盖提县红十字会在刀郎巴扎开展无偿献血动员宣传活动，参与无偿献血 30 人，累计献血 1.2 万毫升。12 月 11 日，红十字会工作人员与电力部门协调，在吐曼塔勒乡供电所和克孜勒阿瓦提乡供电所开展捐献造血干细胞志愿者招募及血样采集活动，30 名造血干细胞志愿者参与，采集血样和志愿者相关信息录入“中华骨髓库”。

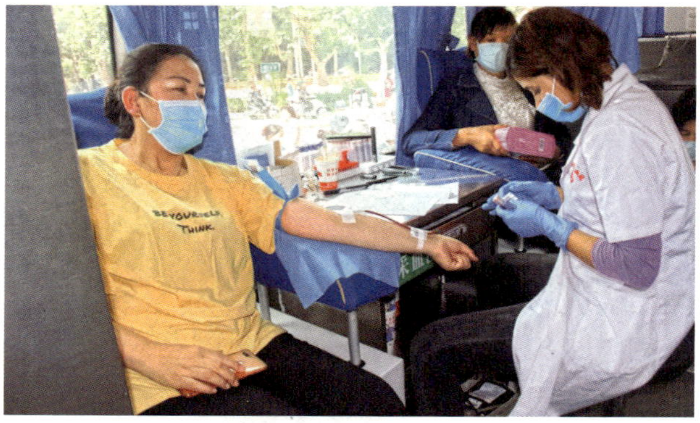

5 月 10 日，县红十字会采集无偿献血者的血样（姜小丽摄）

【应急救护培训】 2020 年 5 月 11 日，麦盖提县红十字会工作人员在国家电网麦盖提县供电公司举办应急救护知识讲座，培训救护员 23 人，对测试通过的 20 人发放救护员证书。6 月 2 日，县红十字会 11 人应邀参加新疆广电局 91617 台举办的应急救护知识讲座，通过理论讲授、现场演示、

5 月 11 日，县红十字会在县供电公司开展应急救护知识、技能培训（姜小丽摄）

实践操作等方式，培训心肺复苏技能、创伤急救基本技能（止血、包扎、固定、搬运）、常见急症现场处理、现场避险逃生、突发事件和意外伤害现场应对等急救知识和技能，参培人员应急救护能力得到进一步提高。

【关爱困难群体】 2020年，麦盖提县红十字会开展“四项民生工程”人道救助项目，通过天使阳光基金、小天使基金、“爱之天使”、“嫣然天使基金”等公益基金资助平台对贫困群体患者进行救助工作，为先心病儿童1人、宫颈癌1人争取天使阳光基金和“爱之天使”公益基金的资助。5月12日，县红十字会工作人员深入吐曼塔勒乡奇热木丹村开展“关爱困难群体，传递人道温暖”送温暖活动，为15户困难群众发放毛毯、棉被、衣服、拖鞋、牙膏牙刷、卫生巾等生活物资。12月29日，县红十字会工作人员到县残疾人事业保障中心开展节前慰问活动，为49名残疾儿童发放毛衣、裤子、鞋袜、牙膏牙刷等生活物资。

5月12日，县红十字会深入乡村开展“关爱困难群体，传递人道温暖”活动
（依地热斯·瓦依提摄）

【捐款捐物管理】 2020年，新冠肺炎疫情突发以后，麦盖提县红十字会共接受捐款239.49万元，接受价值146.27万元的医疗和生活物资。所有捐赠款物在县委应对新冠肺炎疫情工作指挥部和卫健委统一安排下使用，严格落实先审批后发放制度，对捐赠款物接受使用情况在麦盖提县人民政府官网进行公示，公开捐赠款物的总体接收和使用分配情况，主动接受社会监督，确保捐赠款物全部用于抗疫。

法学会

【组织构成】 2020年，麦盖提县法学会有会员22人。10月，推选参加喀什地区法学会第三届会员代表大会代表12人、理事会候选人4人、主席团成员和常务理事会候选人各1人。

【课题研究】 2020年，麦盖提县法学会把党委政府关注和当前迫切需要解决的难点问题、政法工作迫切需要解决的实际问题、群众关心的法治热点问题作为重点课题，定期开展调研活动。全年，报送参加第十五届“西部法治论坛”征文2篇，向新疆法学会上报《市域社会治理现代化建设法治实践创新研究》《强化制度执行力研究》《把法治元素融入美丽乡村建设》《法治乡村建设中的重点难点问题》4个研究课题，为党委政府决策提供依据。

【法律服务】 2020年，麦盖提县法学会组织会员发挥专长，运用法学知识开展法律咨询等法律服务工作，为党政机关、企事业单位、中小学校等开展法律知识讲座200余场次，引领法治文化建设；组织会员参与社会管理创新和社会矛盾纠纷排查化解，开展诉前调解工作，全年诉前调解纠纷1130件；加强诉讼引导，强化诉讼风险和法律权利义务告知，理性引导矛盾纠纷化解。

法治

政法委与综治工作

【扫黑除恶专项斗争】 2020年，麦盖提县委政法委建立完善涉黑线索收集、移交、核查、会商、“回头看”工作机制，规范线索受理—移交—转办—反馈闭环运行体系，解决群众最关心的热点难点问题，推动各族群众安全感、满意度不断提升。全年线索办结率100%，反馈率100%，群众满意度100%，兑现举报奖励14人3.25万元。规范涉黑案件立案侦查—提前介入—会商—起诉审判—报备认定程序，公检法各部门各司其职、协调联动，确保案件依法办理、定性准确，持续深挖余罪，防止漏罪、漏人，确保每一起案件都能经得起法律和历史的检验。建立健全纪委监委、公安局涉黑问题线索双向移送、“三长”签字背书工作机制，持续强化“打伞破网”扩线深挖、回溯核查力度，实现扫黑与“打伞”同步推进，一些“关系网”“保护伞”被打掉。加快“黑财”执行进度，综合运用追缴、没收、判处财产刑和行政罚款等多种手段，依法依规处置涉案资产，彻底铲除黑恶势力经济基础。全年判处财产刑476.6万元，判处罚金237.5万元，执行到位金额161.5万元。

【行业乱象整治】 2020年，麦盖提县委政法委建立政法各部门与行业主管部门相互协调、相互配合、相互监督、整体推进的工作机制，对行业领域突出乱象问题，制发“三书一函”，监督责任落实。全年开展宾馆、网吧、台球厅等娱乐餐饮场所查封整顿行动，对餐饮、摊点责令整改；加大“食药环”案件侦破，依法处理涉案人员；依法拘留处罚涉“黄赌毒”人员，涉及的赌资、毒品（大麻）全部收缴。纪委监委、法院、检察院、公安局向行业监管部门发出监察建议书、司法建议书、检察建议书、公安提示函45份，整改反馈率95.6%。

【矛盾化解】 2020年，麦盖提县委政法委根据多元化要求，成立四类调解审批委员会，明确职责任务，提升一站式多元化解矛盾纠纷水平。发挥司法所人民调解、司法矫正、法律服务、法治宣传等职能作用，压实各乡镇人民调解委员会、司法调解委员会、行业调解委员会、家事审判调解委员会责任，按照“懂群众心理、懂群众语言、懂沟通技巧、会化解矛盾、会调处纠纷、会主动服务”要求，融入群众生活，体察民情，掌握民意，主动、细致做好排查调处工作，确保矛盾纠纷第一时间化解、社会治安治理能力逐步提升。全年受理矛盾纠纷3049件，全部调解成功。落实领导接访、包案化解、属地管理、源头防范等措施，依法开展信访案件登记化解工作；强化信访积案梳理，坚持包案化解，制定措施，明确责任，及时化解，对合理诉求及时解决到位，对不合理诉求依法依规做解释工作，对生活困难的给予帮扶救助。

【社会治安综合治理】 2020年，麦盖提县委政法委建立协调联动机制，在构建立体化信息化社会治安综合治理体系上下功夫，提升基层社会治理能力；发挥大数据在社会治安综合治理中的关键作用，以科技为支撑，助推社会治安综合治理决策科学化、防控一体化、服务便捷化，提升智能化治理水平。

公　安

【专项行动】 2020年，麦盖提县公安局以破命案、盗抢骗、电信网络诈骗、食药环等十个专项行动为抓手，打击各类刑事犯罪。全年，立案170起（破案105起），破案率61.76%，与2019年同期相比，破案率下降4.76%。

1月9日，县公安局开展全国第34个“110宣传日”主题宣传活动（县公安局供稿）

【扫黑除恶】 2020年，县公安局紧扣“长效常治”目标要求，开展“线索清仓”行动，对收集各类线索均核查完毕。开展“逃犯清零”行动，落实“一十百千万”行动要求，在“百日追逃”雷霆攻势下，抓获目标对象1人，逃犯到案率100%。开展“案件清结”行动，共打掉恶势力犯罪集团4个，侦办涉恶类刑事案件13起，涉案25人；破获九类涉恶刑事案件42起，抓获犯罪嫌疑人152人。开展“行业清源”行动，重点对“十大行业领域”开展社会治安涉黑涉恶问题整治，公安局扫黑办向各类行业监管单位、部门相继发出建议书、公安提示函28份，直指行业领域突出问题，均已反馈上报。

【打击电信诈骗】 2020年，麦盖提县公安局坚持打击电信网络新型违法犯罪活动。全年，电信诈骗案件立案89起（破35起），占刑事案件总数的52.35%；与2019年同期相比，破案率上升0.5%。截至年底，止付账户164个，止付金额101.61万元；冻结账户10个，冻结金额3.89万元。

【扫黄打非】 2020年，麦盖提县公安局持续开展“扫黄打非”专项行动整治工作，防止非法出版物流入。全年，收缴“三非”书籍130本、办理“黄赌”案件32起。

【治安重点单位动态管理】 2020年，麦盖提县公安局动态更新调整“县级治安重点单位”，梳理县级治安重点单位292家，形成有针对性管理。

【"护校安园"】 2020年，麦盖提县公安局开展"护校安园"专项活动，推动中小学幼儿园安全防范建设三年行动计划，全年，对143所学校进行安全检查，梳理问题短板及薄弱环节，形成专题报告3次，报送县政法委、教育局。县政法委组织公安、教育、应急管理等部门对各级各类学校"护校安园"行动整改情况进行"回头看"督查，促进学校安全防范水平进一步提升。

【行政案件侦办】 2020年，麦盖提县公安局提高行政案件侦办效率。全年侦办各类行政案件256起，均提交人民法院受理，并上缴罚没款24.85万元。

【流动人口管理】 2020年，麦盖提县登记流动人口3.81万人，其中流出2.19万人，流入1.66万人。全年发送协查信息3.14万条，回复1.79万条，对流动人口形成有效管理。

【消防检查】 2020年，麦盖提县公安局联合消防大队开展消防检查，全年，开展日检查8760次，下发限期责令整改通知书147份，整改存在问题481处，消防形势好转。

【交通安全执法】 2020年，麦盖提县公安局全面推进"两站两员"建设，加强多部门联动，整合执法力度，对交通违法行为进行治理，使交通违法行为得以遏制。全年，共查处各类交通违法行为6.95万起，累计罚款金额643.57万元；办理案件1584起（行政案件1533起、刑事案件51起）。

【创建"枫桥式公安派出所"】 2020年，麦盖提县公安局以"百万警进千万家"为契机，以创建"枫桥式公安派出所"为抓手，推广"庭所对接""民调入所""律师进所"，发挥人民调解、行政调解和司法调解"三调联动"机制作用，做到"小事不出村、大事不出乡、矛盾不上交、平安不出事、服务不缺位"。各派出所建立独立调解室，建立健全制度、台账，配备专（兼）职调解员共243人，共化解各类矛盾纠纷143起。以"访民情、解民忧、化矛盾、防风险、查问题"为主要内容开展走访工作，共梳理摸排群众困难诉求647起、排查化解各类矛盾纠纷815起。

4月15日，县公安局开展第17个宪法法律宣传月暨"防控疫情，法治同行"法治宣传活动
（县公安局供稿）

【"放管服"改革】 2020年，麦盖提县公安局以"让群众少跑路，为人民办实事"为目标，持续推动"放管服"改革，简化审批程序，推行"一次性告知、一窗受理、一站服务"，落实上门服务等便民举措，全年办理户籍业务7150份、办理异地办证285张、办理临时身份证433张、发放居民身份证1.76万张、办理准迁证72张、办理边境通行证448张、办理护照34个。利用微博、微信、抖音开展户籍、身份证、居住证、特行备案等业务网上办理宣传，提升网上办件率，全年共办理各类网上业务2.22万件，其中户籍业务1.87万件、身份证业务515件、电子居住证业务2948件。

与县财政局、县工行沟通协调，于4月20日率先在全地区实现网上支付身份证业务办理，共扫码支付办理身份证3457条。

9月22日，县公安局开展教育整顿“开门评警恳谈会”暨警营开放日活动（县公安局供稿）

检　察

【刑事检察】 2020年，麦盖提县检察院开展刑事检察，受理审查逮捕案件120件176人，批准逮捕117件172人（其中涉未成年犯罪案件10件11人、批准逮捕10件11人），不捕3件4人；受理公安机关移送审查起诉案件246件325人，经审查移送县法院提起公诉259件340人，不起诉20件23人。

【行政检察】 2020年，麦盖提县检察院开展行政检察，办理行政监督案件6件。开展民事检察，办理支持起诉案件154件，办理民事诉讼监督4件（执行监督1件，审判程序违法监督3件）。开展未成年人检察，持续抓好“一号检察建议”贯彻落实，年初成立全地区第一个以“检爱”命名的未成年人工作室；依托“刀郎文化”+“检爱”工作室，打造未成年人法治教育基地2个，组织开展各类活动6次，参与600余人次；开通“检爱”微博为未成年人提供一对一心理疏导和法律咨询服务，落实涉罪未成年人犯罪记录封存制度，封存73件。2名未成年受害人接受心理疏导。

【公益诉讼】 2020年，麦盖提县检察院开展公益诉讼，摸排发现公益诉讼线索117条、案件105件（涉及生态环境领域16件、涉及食品安全领域46件、涉及药品安全领域6件、涉及国有资产保护领域9件、涉及等外案件领域28件），立案100件；制发检察建议97件，行政机关回复111件。

【刑事执行监督】 2020年，麦盖提县检察院开展刑事执行监督，对社区矫正人员进行对比核实，在社区矫正“回头看”检察监督中发放检察建议5份、纠正违法通知书2份；同法院有关单位沟通协调，摸清公诉案件财产刑裁判底数，监督执行财产刑24万元，办理暂予监外执行案件1件。

【成立未成年人“一站式”询问工作室】 2020年，麦盖提县检察院在县公安局执法办案中心成立未成年人“一站式”询问工作室（询问室、讯问室和心理疏导室），制定相关工作机制。举办未成年人检察开放日2次，发放宣传资料1000余份。受理审查逮捕涉未成年人案件10件11人，依法批准逮捕10件11人，受理审查起诉案件14件15人，向县法院提起公诉16件21人。附条件不起诉1件1人。

【发挥12309检察服务中心职能】 2020年，麦盖提县检察院发挥12309检察服务中心职能，落实“7日程序回复，3个月内结果答复”制度，为群众提供更多更优的法治产品和检察产品。对受理的178件来信来访事项，逐月清理并对承办部门进行提醒，对逾期未办结未回复的，及时督促整改。成功申报全国检察机关“文明接待室”并通过验收。

【降低“三率”】 2020年，麦盖提县检察院突出抓好降低“案—件比”率、巩固认罪认罚从宽适用率、无罪判决率“三率”工作。落实“少捕慎诉”司法理念，对符合认罪认罚从宽条件的案件，依法适用认罪认罚从宽制度办理，认罪认罚从宽适用率处在地区前列。向县人大常委会提请任命1名检委会委员，专题汇报贯彻实施人民检察院组织法工作报告和司法警察履职工作报告各1次。

3月29日，县检察院在县城大巴扎开展法律宣传（阿布力海提摄）

法　院

【案件受理】 2020年，麦盖提县人民法院共受理各类案件3363件，审结3338件，审结率99.26%，收结案数与2019年同期相比分别上升40.6%和37.5%。其中，在刑事审判工作中，全年共受理刑事案件254件，审结249件，审结率98.03%；在民事审判工作中，共受理民商事案件1856件，审结1791件，审结率96.49%，调解率89.92%。

【案件执行】 2020年，麦盖提县人民法院在执行工作中，共受理各类执行案件1234件，执结1234件，执结标的金额1.13亿元，执行质效指标位列全地区第一位、全疆第二位，审判执行质效指标位列全地区第四位；在立案工作中，共审理速裁案件1430件，诉前调解案件720件，网上立案763件，跨域立案29件，网上开庭55件，利用人民法院调解平台网上调解结案1112件，网上缴费1576件；在人民法庭工作中，共受理各类案件966件，审结966件，结案率100%，其中吐曼塔勒人民法庭作为“枫桥式”人民法庭，共审理各类案件312件，庭长海日古·吐地11月被最高人民法院评为全国法院人民法庭工作先进个人。

【协调配合】 2020年，麦盖提县人民法院抽调业务骨干成立专案组，加强与公安、检察等部门协调配合，落实涉黑案件提前介入机制，形成工作合力，推进“六清”行动落实，建立工作台账，督促限时完成。

【司法救助】 2020年，麦盖提县人民法院加大建档立卡贫困户权益保护，贫困户起诉案件纳入立、审、执“绿色通道”，依情形，给予诉讼费缓、减、免的政策，加大司法救助力度。严厉打击扶贫领域违法犯罪

3月25日，县法院召开新闻发布会公开司法救助工作（县法院供稿）

行为。

【开通涉企“绿色通道”】2020 年，麦盖提县人民法院开通涉企“绿色通道”，为涉诉企业提供跨域立案、网上立案、电子送达、远程开庭、网上调解等智能化服务，缩短办案周期，努力降低企业涉诉成本；与相关单位、银行、企业等对接，召开多元解纷诉调对接联席会议，聘请 17 名特邀调解员，发挥人民调解、行业调解、行政调解作用，落实多元解纷机制；召开专题会议，专题部署服务金融健康发展、打击治理电信网络新型犯罪工作，严厉打击高利贷和网络诈骗犯罪；快立快审消费者权益纠纷案件，对符合适用小额诉讼程序的使用小额诉讼程序，依法保障消费者合法权益。

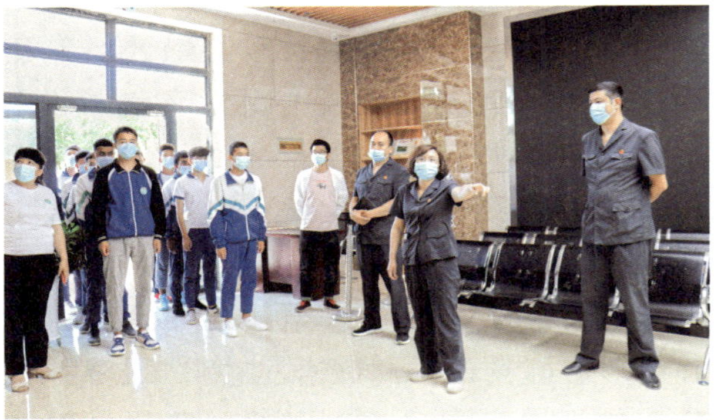

5 月 20 日，县法院开展“公众开放日”活动（县法院供稿）

7 月 10 日，县法院法官走进企业普法解惑（县法院供稿）

【健全审判权力运行体系】2020 年，麦盖提县人民法院健全审判权力运行体系，提升审判质效和司法公信力。明确法官、法官助理、书记员职责清单，进一步发挥法官在办案中的主导性、基础性作用；按照人员特

7 月 28 日，县法院首个“枫桥式”法庭正式“上线”（县法院供稿）

9 月 21 日，县法院开展实操演练，提高干警业务水平（县法院供稿）

11 月 20 日，县法院诉讼服务中心接待当事人（县法院供稿）

点，整合资源配置，提高审判质效；完成人民陪审员选任工作，现有人民陪审员81人，案件陪审率100%。利用电子送达平台实行短信送达相关诉讼材料，全年电子送达524次，提高办案效率，推进智慧法院建设，促进司法为民。

司法行政

【人民调解】 2020年，麦盖提县司法局通过返聘离退休法律从业人员、政府购买服务等方式，选聘人民调解员，配备兼职人民调解员724人、专职223人；开展人民调解业务培训5期，建立基层人民调解委员会172个，建立行业性、专业性人民调解组织9个，建立个人调解室2个。主动排查化解征地补偿、拆迁安置、土地、建筑领域农民工工资、医患、债务、涉法涉诉等矛盾纠纷4708件，化解率100%。加强人民调解委员会“五落实、六统一”建设，发放“一案一补”经费21.41万元，开展宣传先进典型表彰1次，挖掘、评选优秀人民调解委员会14个、优秀人民调解员28人。司法局牵头、各乡镇司法所开展交叉评查，随机抽查案件337件，其中不合格7件、合格200件、优秀130件。

【社区矫正】 2020年，麦盖提县成立以县委书记为主任、县长及其他县级领导为副主任、各相关部门负责人为成员的社区矫正委员会，明确各部门工作职责，形成部门联动、资源共享、相互衔接、相互支撑、相互协调的工作体系，为社区矫正工作推行提供组织保证。落实相关制度和管理机制，掌握人员思想动态，有针对性开展矫正教育。

【安置帮教】 2020年，麦盖提县司法局通过与公安局刑满释放人员数据比对、碰撞、核实信息，准确掌握人员底数。健全一人一档，完善帮教协议，明确帮教责任，落实帮扶措施，因人施教，多方协调，解决刑释解教人员安置问题，安置率100%。

【法律服务】 2020年，麦盖提县司法局对县域2家律师事务所、1家公证处开展行业检查，规范其服务行为。全年，法律援助中心共受理法律援助案件54件，“12348”热线平台永开通，接待来电来访咨询172人次；公证处办理公证案件452件、法律援助公证29件；律师事务所代理案件130件。

【法治宣传】 2020年，宪法法律宣传月期间，麦盖提县司法局联合县税务局、法院、检察院、农业农村局、民政局等执法单位在县大巴扎和刀郎巴扎开展全民国家安全教育日宣传活动，共展出各类宣传展板20块、出动宣传车10辆、悬挂宣传挂图50幅、发放宣传单1.5万份，现场设立咨询台22个，群众咨询300余人次。在国家宪法日，结合疫情防控实际，携手3家运输企

4月24日，司法局开展第十七个宪法法律宣传月宣传活动（地力夏提·阿地力摄）

业、3个外卖平台，组织司机800余人、外卖员50余人，将3000个宣传小贴纸贴于外卖餐盒、出租车等醒目位置，引导市民

扫宣传贴纸上的二维码，线上学习宪法；将4000份宣传海报、4000份宣传册分发到11个乡镇司法所和行政服务大厅，开展线下宪法宣传普及活动。抽调普法成员单位干部组成督查组到各乡镇和单位开展普法和法治政府建设督促指导，下发整改通知书128份，反馈问题34条，印发通报两期，以整改推进工作开展。开展《中华人民共和国民法典》《中华人民共和国社区矫正法》《中华人民共和国人民调解法》宣传，开辟专栏，投稿26篇，印制《中华人民共和国社区矫正法》宣传手册300份，宣传挂图20张，维吾尔族、汉族文字宣传单2万余份，发往全县各乡镇和县直各部门；每月在法宣在线无纸化网络答题平台开展法律法规测试。在县刀郎广场添加法治文化元素，设置法治宣传版面22块、法治宣传栏8个；在刀郎社区打造民主法治社区试点，设置法治宣传栏12个、建立法治图书角1个；各乡（镇）村按照“三个一”“四个一”要求建立法治文化墙和法治宣传栏，营造“七五”普法宣传氛围。12月4日，库尔玛乡库尔玛村被自治区司法厅和民政厅命名为首批“自治区民主法治示范村（社区）”。

【文件清理审核】 2020年，麦盖提县司法局对照国家《优化营商环境条例》相关规定，对违反条例的制度文件进行清理，对无法律法规政策依据的证明事项以及无依据随意要求市场主体提供的证明材料进行全面清理。全年梳理审核规范性文件18件，其中废止2件、失效16件；梳理涉及民法典政府规章和规范性文件122件；梳理证明事项15项、保留事项15项。

【依法行政】 2020年，麦盖提县成立全面推行“三项制度”领导小组，组织各行政执法单位开展“三项制度”落实情况自查自评工作，汇总问题47条；对行政执法单位开展督导检查，反馈问题72条，下发整改通知书36份，进一步规范各单位依法行政、依法办事、依法决策的行为。

7月1日，司法局组织全体党员干部开展“党旗映天山”主题党日活动（王娣摄）

10月14日，司法局组织干部学习十九届五中全会会议精神（王娣摄）

军　事

人民武装部

【征兵工作】 2020 年，麦盖提县人武部组织征兵工作，进行细致筹划，广泛宣传报道，在各单位和基层武装部的大力协助下，完成兵役登记工作，登记率 100%。

【民兵教育】 2020 年，麦盖提县人武部对民兵组织政治工作开展情况进行检查摸底，针对存在的困难和问题有针对性地对民兵党组织进行调整，制订年度政治教育计划，下发政治教育教材资料，为民兵政治工作开展完善条件；向乡镇武装部下发《年度民兵思想政治教育计划》和民兵政治教育教案，保证各乡镇开展好民兵教育工作。

【军民共建】 2020 年，麦盖提县人武部着眼促进军地双方全面建设，坚持把军民共建与各项创建活动融为一体，建立军民共建点 5 个，“共建美好精神文明家园”联系点 2 个，帮扶小学 2 所。

武警麦盖提中队

【学习教育】 2020 年，武警麦盖提中队学习贯彻习近平新时代中国特色社会主义思想和习近平强军思想，增强“四个意识”，坚定“四个自信”，做到“两个维护”，严密组织“传承红色基因，担当强军重任”主题教育，搞好大课讨论消化和小课串讲，以及专题配合活动的开展。贯穿全年开展“大学习”活动，主要围绕“学理论、学军事、学法规、学文化”四个方面展开，按照大队制订的月计划，抓好每日学习内容落实，官兵制订个人学习计划，阅读书籍，利用学习强国、军职在线、今日头条等 APP 学习习近平总书记系列重要讲话精神、了解国际国内重大事项等。

【文化活动】 2020 年，武警麦盖提中队按照“忠勇・阳光・强军”主题文化实践活动要求，开展“卫士风采”系列群众性文化活动，根据官兵兴趣爱好成立活动小组，有计划性地利用课余时间、周末假日组织文化活动，丰富官兵业余文化生活，增进官兵情、战友爱，促进官兵的凝聚力增强；为打造“一队一品 +N”特色文化，中队发掘和培育文化人才，申请采购一批文化器材，成立腰鼓队、手风琴队，官兵广泛参与；把枯燥的体能训练融入丰富的体育竞赛活动中，培养官兵吃苦意识。

【专项整治】 2020年，武警麦盖提中队开展“尊干爱兵、兵兵友爱”和密切内部关系专项整治活动，常态落实“知兵爱兵惠兵二十条”，促进官兵团结和谐、内部风气纯正。

经济管理

宏观调控

【固定资产投资】 2020年，麦盖提县纳入统计范畴的固投项目有67个，固定资产投资完成25.62亿元，超额完成25.53亿元的年度预期目标，同比增长33.48%。

【落实优惠政策】 2020年，麦盖提县发改委落实国家、自治区减税降费政策和支持工商业发展的特殊优惠政策，促进工商业实体经济发展。按照地区发改委下发的《关于阶段性降低非居民用气销售价格的通知》要求，联合各相关部门督促各企业落实调价政策，天然气优惠政策累计受益企业、工商户347户，用户受益率100%，累计享受降价优惠天然气72万立方米，到户均气价每立方米2.16元；车用气累计享受优惠天然气313.21万立方米，累计享受优惠金额313.21万元；督促落实电价优惠政策，一般工商业用电累计优惠6987户，受益率100%，累计优惠电量9256.81万千瓦时，累计优惠金额186.11万元。

【项目推进】 2020年，麦盖提县发改委争取中央预算内项目34个，到位资金4.3亿元，紧盯资金用于大中型灌区骨干节水工程、畜牧工程技术服务中心、棚户区改造、公租房建设、"煤改电"、吐曼塔勒乡110千伏输变电站建设、15万亩高标准农田建设、馕产业园建设、西门塔尔牛繁育中心、农贸市场改造、大巴扎物流交易集散中心、牲畜屠宰冷链、利泰丝路纺纱等重点项目建设，带动一产、壮大二产、调优结构，推动实体经济发展；争取项目资金368万元，实施易地搬迁后续产业发展项目9个，解决易地扶贫搬迁对象就业1545人；利用地方政府债券资金补短板、强产业，促使城北污水处理厂二期提标工程、日光温室设施农业、馕产业园、叶尔羌河流域生态治理等一批重点领域项目建成投用。

10月3日，县发改委召开乡镇易地扶贫搬迁工作推进会（郑伟摄）

【应急粮油储备】 2020年，麦盖提县建立7个代储点，共储备应急面粉400吨、大米150吨、食用油50吨、原粮小麦2500吨。进一步建立健全物资储备库各项制度，加大储备库巡查力度，常态化做好库房维护工作，确保储备库物资日常管理和维护工作有序。

【应急物资储备】 2020年，麦盖提县发改委根据疫情实际，完善应急物资储备工作，采购应急物资2622件价值70万元。

【价格监测与评估】 2020年，麦盖提县发改委出动102人次全面开展价格调查活动，确保市场商品销售价格在合理区间运行；疫情防控期间，每日对整体市场价格进行全面监测，对全县米面油供货7家企业、3家超市、93家粮油供应店及全县药店价格进行监测，市场秩序得到维护、物价得以稳定。规范各行政事业单位收费行为，利用年审时机，针对现有53个行政事业性收费单位开展清理和审验工作，全部审验完毕且审验合格。全年完成涉案物品价格鉴定4大类共32起。

10月3—6日，县发改委举办“十四五”规划项目编制负责人培训班（郑伟摄）

【棉花价改与收购】 2020年，麦盖提县发改委按照《新建棉花目标价格改革试单补贴资金使用管理暂行办法》，从新疆棉花管理信息平台提取各乡（镇）、农林场籽棉交售量和种植面积信息，为农业农村局核实种植面积及财政部门发放2019年棉花目标价格补贴资金分配和兑付提供依据。9月5—6日，牵头组织应急管理局、消防大队、农业农村局等棉花目标价格改革领导小组成员单位对全县25家棉花加工企业（22家企业计划棉花收购，3家企业停止收购）进行整体验收。截至12月13日，全县各企业共收购籽棉26万吨。

自然资源管理

【项目实施】 2020年，麦盖提县自然资源局引进房地产开发项目1个、加油加气站项目1个，完成投资4.49亿元；引进1万亩梭梭—肉苁蓉种植项目、克孜勒阿瓦提乡4000亩特色果品基地建设项目、1000亩绿洲一号饲草料基地建设项目、特色林果提质增效项目、农产品加工基地建设及设备购置5个脱贫攻坚项目，到位资金3816.34万元，项目全部启动实施，资金支付率100%。利用2019年度县城乡建设用地增减挂钩节余指标收益1.2亿元，安排12类40个项目，将项目分两批实施，第一批项目资金8461.26万元，实施10类38个项目（拆旧区复垦、林果业提质增效、苗圃基地建设、庭院经济建设与整治、乡村旅游提升改造、苗木育苗智能温室建设项目、刀郎土瓜种植项目、良种肉羊产业增收项目等），第二批项目资金3626.32万元，实施2类2个项目（拆旧区复垦、农用地规模化整理）。

【落实人员工资待遇】 2020年，麦盖提县兑现1083名生态护林员工资1083万元和50名草场管护员工资50万元，稳定了林草工作人员队伍。

【落实退耕还林资金】 2020年，麦盖提县落实2016—2018年退耕还林资金1.71亿元、2019年退耕还林资金149.97万元，退耕还林26.44万亩。

【生态林建设】 2020年，麦盖提县完成造林9.49万亩，森林覆盖率11.11%。县自然资源局将于今秋明春启动实施7.5万亩造林计划，按照工程建设分工，道路施工、土地平整、滴灌铺设等项目均已完工，秋季完成造林3万亩；完成克孜勒阿瓦提乡瑞泽公司5200亩林区接管工作；对库木库萨尔乡百万亩防风固沙林区苗木加强管护，完成克孜勒阿瓦提乡秋季沙漠边缘造林工作。

4月3日，麦盖提县沙海林场百万亩防沙治沙工程施工中（县自然资源局供稿）

【森林草原防火】 2020年，麦盖提县自然资源局建立健全森林草原火灾监测预警机制，加强森林草原防火宣传教育，常态化开展森林草原消防演练，充实防火物资储备库，每周对森林草原防火情况进行督促检查，梳理摸排安全隐患，督促责任单位限期整改落实；对公益林区、草场细化管护责任区域，对11个国家公益林管护站、5个草场安排专人管理，完善并落实管理考核机制，全年未发生森林、草原火灾事故。

【草原管护】 2020年，麦盖提县草原面积3301.2亩，有草原管护员50人。县自然资源局开展草地返青期地面监测工作，准确详细记录返青牧草情况，获取观测草地地面返青植物种类、生长态势及返青期等信息，结合实际制定并落实灭鼠措施，对草场生态进行保护。实施2019年退耕还草工程1.5万亩，总投资1500万元，到位资金900万元，打坐标面积1.5万亩，其中种草面积1万亩，验收保存合格面积8600亩、验收成活率合格面积4700亩。全年退耕还草任务5600亩，总投资560万元，到位资金336万元。

【国土空间规划编制】 2020年，麦盖提县自然资源局制定《麦盖提县国土空间按规划编制工作实施方案》、协助上海师范大学编制单位编制麦盖提县国土空间规划进行第一次调研和前期资料收集工作，召集各相关部门召开分组座谈会4次，并分组对各乡（镇）、团场进行实地踏勘及召集相关负责人座谈。

【乱占耕地整治】 2020年，麦盖提县自然资源局为贯彻落实习近平总书记重要指示批示精神，坚决整治农村乱占耕地建房问题，提高干部群众耕地保护意识，在麦盖

10月9日，县自然资源局在乡镇开展农村乱占耕地整治工作培训会（县自然资源局供稿）

提县零距离发布《关于麦盖提县开展农村乱占耕地建房问题清查整治的公告》，制定并印发《麦盖提县农村乱占耕地建房整治工作2020年方案》。9月23日，召开农村乱占耕地建房问题整治工作动员大会；9月27日至10月3日，在全县范围内开展培训工作。国家及自治区下发麦盖提县图斑1.39万个，完成摸排调查1.39万个，外业摸排完成率100%，通过内业数据套合分析，认定为不纳入摸排图斑1.33万个，纳入摸排图斑549个。

【不动产登记】 2020年，麦盖提县自然资源局完成各类不动产证登记614件，其中首次登记163件、转移登记417件、更正登记22件、变更登记12件；收到不动产登记证明622件，其中抵押登记341件、预告登记281件，抵押金额共48.84万元。实现不动产登记中心与住房和城乡建设局、税务局“一窗受理”一体办公运行机制，方便群众，提高办事效率。解决雅安居小区148户不动产登记办证方面历史遗留问题。全县总宗地数4.84万宗，符合发证要求的4.24万宗，完成公示4.84万宗，公示完成比例100%；发放不动产权证书3.41万宗，完成比例80.43%，提前完成自治区下达的任务。

【闭坑矿山恢复治理】 2020年，麦盖提县共有8家砖瓦用黏土矿，其中到期7家，未到期1家，恢复治理完成7家。

【用地保障】 2020年，麦盖提县自然资源局依法依规为97个项目出具预审意见；建设用地审查组件上报37个项目、213宗地，总面积1.11万亩；县人民政府欠缴自治区新增建设有偿使用费3873.71万元全部交清，并取得用地批复。

【卫片违规图斑整改】 2020年，麦盖提县涉及2015—2019年以来违规图斑370个、面积1.23万亩，其中立案图斑47宗、非立案图斑323宗，卫片未完善手续图斑已逐项整改销号并备案。

【土地利用】 2020年，麦盖提县自然资源局出让国有建设用地使用权8宗，总面积18.46万平方米，土地出让总价5288.6万元。完成拟调整城区土地定级与基准地价工作。

【规划管理】 2020年，麦盖提县自然资源局核发建设项目选址意见书49份、建设用地规划许可证21份、建设工程规划许可证17份（线上申请办理4份）、乡村建设规划许可证49份（线上申请办理23份）。

【棚户区改造项目审核】 2020年，麦盖提县自然资源局核发2019年棚改项目建设工程规划许可证、乡村建设规划许可证8件，核发2016年棚改项目建设用地规划许可证、建设工程规划许可证8件，出具用地红线图及建筑红线图213份、建设用地规划设计条件通知书14份、办理竣工规划认可书7件。

【执法监察】 2020年，麦盖提县自然资源局落实日常巡查工作制度，规范执法监察行为，开展日常巡查检查90余次，出动执法人员200余人次，检查场所200余处，并按要求做好巡查台账，为违法案件的发现并查处提供保障。在各类案件查处过程中贯彻落实案件审批、备案、督办、会商四项制度。全年立案查处违法案件15件、结案15件（土地违法案件12件、矿产违法案件3件）；土地罚没款39.75万元，矿产罚没款8万元；开展案件“回头看”工作，对2015年以后查处的140余个案卷进行全面“回头看”，对细节性的问题进行再梳理整改，确保案卷质量。全年依法办理农牧民林木采伐许可证，许可采伐林木共3270.49立方米。

12月25日，县自然资源局执法人员现场核查违法用地图斑（县自然资源局供稿）

财　政

【财政收入】 2020年，麦盖提县财政年初预算收入3.15亿元，实际完成2.78亿元，完成率88.49%，较2019年同期增收2998万元，上升12.06%。其中，一般公共预算收入完成2.08亿元，比上年增长1%，其中税收收入8513万元（下降24%）、非税收入567.02万元（增长1%），完成年初预算2.27亿元的91.82%，较2019年同期增收206万元，增长1%；政府性基金预算收入完成6917万元，完成年初预算8811万元的78.5%，较2019年同期增收2754万元，增长66.15%。

【财政支出】 2020年，麦盖提县财政支出42.19亿元，较2019年同期39.41亿元，增支2.78亿元，增长7.05%，其中一般公共预算支出40.42亿元，较2019年同期38.61亿元，增支1.81亿元，增长4.7%（公共安全支出2.74亿元，下降21.2%；教育支出8.96亿元，增长5.1%；文化体育与传媒支出3460万元，下降6.8%；社会保障和就业支出4.73亿元，增长36.5%；卫生健康支出3.43亿元，增长22.8%；节能环保支出1.35亿元，增长67.1%；农林水事务支出10.59亿元，增长37.8%；住房保障支出1.89亿元，下降65.3%；灾害防治及应急管理支出1132万元，增长28.6%）。政府性基金预算支出1.77亿元，较2019年同期7988万元，增支9681万元，增长121.19%。面对支出急剧增长的巨大压力，麦盖提县财政局通过对上争取、压缩一般性支出、争取上级发行新增债券、盘活预算单位账户资金等方式，保障刚性支出、扶贫支出、民生支出等资金需求。具体方式是树立“保基本、兜底线”的意识，增强财政支出的精准性和指向性；优化支出结构，清理压减不合理支出；增强保障民生项目支出，将保障和改善民生作为社会稳定和长治久安的基础，作为经济发展的重要动力；强化预算管理，树牢过紧日子思想。

【扶贫资金管理】 2020年，麦盖提县财政局严格执行政策，管好用好各类扶贫资金。精准拨付扶贫项目资金，确保扶贫资金发挥最大作用，产生最大效益，确保资金健康安全运行。截至12月31日，财政扶贫资金累计到位7.75亿元。到位资金中，财政专项扶贫资金2.39亿元（中央财政专项扶贫资金1.87亿元、自治区财政专项扶贫资金5096.6万元、地区财政专项扶贫资金50万元）；涉农整合资金4.15亿元（中央资金32541.02万元、自治区资金8976.26万元）；用于脱贫攻坚项目的地方政府债券资金 1.21 亿元。截至 12 月 31 日，累计支出扶贫资金 7.7 亿元，支付比例 99.35%。

【债券资金】 2020 年，麦盖提县共申请发行地方政府债券 3.08 亿元，其中新增一般债券 1.71 亿元、新增专项债券 1.3 亿元、再融资一般债券 700 万元。进一步明确“四个一律”要求，树牢“零举债”底线意识，坚持“有多少钱办多少事”的原则，量力而行、尽力而为。积极、稳妥、有序化解 2017 年 7 月 14 日之前产生的政府存量债务，完成 2020 年度债务化解任务 3433 万元，任务化解率 100%。

【支援资金】 2020 年，日照市对口援建项目到位资金 1.93 亿元，涉及促进就业、教育、改善群众生活条件、产业发展、基层阵地及交流培训等项目。麦盖提县财政局按照工程进度共核拨付 1.37 亿元。

【绩效管理】 2020 年，麦盖提县财政局按照《关于全面实施预算绩效管理的实施意见》要求，推进预算绩效管理工作，逐步推进并建立“预算编制有目标、预算执行有监控、预算完成有评价、评价结果有反馈、反馈结果有应用”的预算绩效管理体系，强化绩效管理意识，突出绩效管理导向，健全绩效管理制度，落实绩效管理责任，硬化绩效管理约束。牵头组织绩效培训 10 场次，参训人员 500 余人次。完成预算项目事前绩效评估 40 个、项目（含扶贫项目）的绩效目标设置、绩效监控 444 个。做好 76 个部门单位整体支出绩效目标设置、绩效监控。完成扶贫项目的绩效目标设置、绩效监控 90 个。直达资金项目 51 个，做到直达资金绩效监控全覆盖。

【惠民惠农补贴】 2020 年，麦盖提县财政局按照中央经济工作会议要求，坚持以人民为中心的发展思想，围绕民生大事急事难事，精准发力，做好关键时刻困难人群生活保障；落实地委、行署的工作部署，加强和规范惠民惠农补贴资金管理（惠民惠农补贴资金共有 49 项，落实到麦盖提县的有 41 项），截至 12 月 31 日，上级下达资金共 11.13 亿元，支付 10.92 亿元，支出率 98.11%。

【扶持政策落实】 2020 年，麦盖提县财政局做好疫情防控和经济社会发展各项扶持政策落实工作。截至 12 月 31 日，累计为 1177 户个体工商户提供贷款支持 2529 万元，受益个体工商户占比 13.7%；累计减免 1 户中小微企业融担费 5000 元，支持其获得贷款支持 100 万元；累计减免 331 户中小微企业和个体工商户房租 241.85 万元；累计为 2 户纺织服装企业提供 27.36 万元贴息，解决中小微企业和个体工商户复工复产资金需求。

【财政管理】 2020 年，麦盖提县财政局对政府预决算、部门预决算进行全面公开，对社保基金、扶贫资金及债券债务、国有资本经营预算等内容另设专栏进行公示公开，确保人民群众知情权、参与权和监督权，提升财政资金管理水平；树牢过紧日子思想，坚持“先有项目、后有预算”“先有绩效、后有预算”“先有预算、后有支出”的预算绩效管理规定，做好事前评估，守住预算编制审核关口，以财政应用支撑平台为基础，细化预算，提高预算编制的科学性和规范性；进一步完善国库集中支付程序，减少中间环节，安全及时拨付资金，规范财政资金拨付渠道，提高预算约束力和执行力；进一步加强财政性资金使用管理，盘活各类财政存量资金，推进财政性资金整合，压缩结余结转资金规模，集中有限资金用于稳增长、调结构、惠民生等重点领域和关键环节，提高财政性资金的时效性和使用效益，为保障重点支出创造条件；按照“积极稳妥、有序实施、改革创新、以事定费、强化预算、提高效益”的原则，深入调查，积极探索，统筹落实绿化、环卫、道路养护等领域政府购买服务工作；推进采购单位进驻电子卖场进行采购，使采购方式更加多样化，采购效率更便捷，节省人力、物力，提高办事效率，提高政府采购规范化、透明化程度；拓展国有资产监督领域，明确监管职责，按照“统一监管、统一授权、统一制度”要求，形成规则统一、权责明确、分类分层、规范透明的企业国有资产监管全覆盖体系；做好“7+4”类机构小额贷款公司、融资担保公司监管，规范交易场所市场行为和秩序；坚持服务实体经济与防控金融风险并重，完善风险防控体系，推进地方金融监管体系建设，督促各项政策措施的落实。

【财政法治建设】 2020年，麦盖提县财政局持续推进财政普法，建立和落实财政普法责任制，按照“谁执法谁普法”“谁服务谁普法”“谁主管谁普法”原则建立和落实普法责任制。制定并公布本部门普法责任清单，明确内设机构普法责任、责任人员、普法任务和工作要求。坚持普治并举、内外并重，创新形式、务求实效，完成普法规划确定的各项任务。加强对财政干部的法治教育培训，完善领导班子定期学法制度，把习近平全面依法治国新理念新思想新战略、宪法、法律列为干部教育的必修课。领导干部带头尊法学法守法用法，提高运用法治思维和法治方式深化改革、推动发展、化解矛盾、应对风险的能力。

税　务

【税收收入】 2020年，麦盖提县税务局共组织税收收入1.74亿元，中央累计收入7839万元，同比减收2392万元，减幅23.4%。地方级收入9588万元，同比减收2090万元，减幅17.9%。全年，社保费总收入3.41亿元，其中单位社保费收入1.83亿元，个人社保费收入1.58亿元（城乡居民社保费收入7496万元，城乡居民基本养老保险费收入1805万元，城乡居民基本医疗保险费收入5691万元）。

【税务服务】 2020年，麦盖提县税务局精确执法，将“好差评”工作作为重要的考核指标，倒逼全体干部切实转变工作作风，提高服务意识和服务水平，完善“差评”核实、整改、反馈机制，确保干部落实各项税收执法制度；精心服务，推广“非接触式办税”，为纳税人提供纸质发票免费邮寄业务，“盘点”网上办税缴费事项、网络办理途径和操作手册，引导纳税人通过“非接触式”渠道办理税费业务；精准管理，开展

9月30日，县税务局干部为缴费人讲解如何使用微信小程序缴纳社保费（丛鹏摄）

重点项目建设“税收管家”服务，对接重点建设项目49个，解决重点建设项目纳税人问题、困难15个，报送重点建设项目典型案例12起；精诚共治，发挥双重领导体制优势，把重大税收改革、重点税收任务纳入地方大盘子着力加强发票电子化改革、打击涉税违法行为、税法普及教育等方面的社会化协同，与县直各部门形成信息共享体系，提升协同共治能力。

统　计

【统计服务】 2020年，麦盖提县统计局及时统计全县地区生产总值、农业、工业、固定资产投资、国内贸易、财政、金融、税务、劳动工资等经济主要指标数据，按季度提供给县委、县人民政府。加强宏观经济运行态势和各项改革进程的跟踪分析，运用统计职能对经济发展走势科学预测，关注经济活动中出现的新情况、新问题，及时进行分析研判，撰写统计分析报告呈报给县委、县人民政府，为县经济发展决策提供统计数据服务，发挥统计的“晴雨表”作用。5月，发布《2019年麦盖提县国民经济和社会发展统计公报》。

【住户调查】 2020年，麦盖提县统计局住户调查专业人员，每季度深入6个抽样调查样本村（社区），指导抽样调查户精准填写收支记账本，规范填报要求，为综合评估全县脱贫攻坚工作成效、开展扶贫工作综合施策提供依据。12月，自治区住户调查工作办到麦盖提县对住户调查基层基础工作及数据质量情况检查验收，数据质量验收合格。

【人口普查】 2020年，麦盖提县统计局围绕国家和自治区要求，从成员单位抽调干部16人组建普查办，并依据2019年底户籍人数，选配“两员”1181人（其中兵团131人），落实预算经费30万元，发放各类宣传资料15万份，以视频直播、现场培训、实地入户试点等方式对全县“两员”进行培训50余场次，促进“两员”业务水平提高。7月15日，完成全县县界、乡界、村界的划分确定工作。8月5—15日完成莎车试点工作，8月25日完成全县普查小区划分和建筑物标绘工作。全县共划分普查区164个、普查小区855个、标绘建筑物5.4万个。9月开始对实有人口进行摸底，10月11日启动清查摸底工作，截至12月14日，完成短表登记和长表抽样调查。

9月22日，麦盖提县召开人口普查誓师动员大会（叶智摄）

【依法治统】 2020年，麦盖提县统计局利用人口普查宣传工作、“9·20”统计开放日、法治宣传活动等时机举办统计普法宣传活动。采取设立宣传咨询点、悬挂横幅、发放宣传资料、提供义务咨询等形式，向各族群众宣传《中华人民共和国统计法》《中华人民共和国统计法实施条例》等法律法规，现场发放各类宣传资料1万余份（册）。

审　计

【审计监督】 2020年，麦盖提县审计局开展审计监督服务。截至12月，共审计项目22个，出具审计报告18篇，出具征求意见稿2篇，发现问题26个，提出审计建议50条，完成问题整改11条。针对34个项目84个标段开展竣工结算工作，送审金额1.55亿元，审减金额897.21万元，核减率5.79%，为财政节约建设资金，提高了政府投资综合效益。

【财政审计】 2020年，麦盖提县审计局围绕财政资金管理和使用情况，加强财政审计，发挥“治已病、防未病”的作用。关注地方政府债券到位、拨付情况、援疆资金管理使用情况、国有资产使用和管理情况，同时对预算编制、执行情况、非税收支管理、“三公经费”使用情况、政府债务、存量资金等进行审查。全年采集80个财政一级预算单位财务数据，将6类253条疑点数据反馈至各预算单位，并督促相关单位整改完毕。同时对县政法委2016—2019年财务收支情况进行审计，督促补记固定资产涉及13项371.55万元，上缴国库资金382.34万元，促使退付保证金2.31万元，完善资金支付手续涉及5.02万元，通过调整账目298.74万元。

【专项资金审计】 2020年，麦盖提县审计局开展专项审计项目13个，出具审计报告13个，其中开展扶贫类专项审计4轮次，出具审计报告10份；其他专项审计3个，出具审计报告3份。通过审计整改收回违规资金15.73万元，发放滞留资金60万元，促进资金拨付813.33万元，促进资金缴纳253.29万元，其他管理不规范金额47.36万元。建立健全相关制度和管理办法7项，完善2个收益类扶贫项目与贫困户利益联结机制，通过审计进一步规范专项资金使用及项目管理，促进政策措施落地生根。

【经济责任审计】 2020年，麦盖提县审计局按照审计委员会工作安排，对麦盖提镇原党委书记严需宁、现任党委书记申安剑、现任镇长吐孙江·艾买尔开展领导干部经济责任审计，提出审计建议4条。同时联合县委组织部、县纪委监委对麦盖提镇领导干部开展经济责任审计相关内容培训，针对发现的问题从体制机制方面提出建议，督促问题整改。

【跟踪审计】 6月起，麦盖提县审计局对新增财政资金直达市县基层直接惠企利民情况每月开展跟踪审计，促进资金直达基层，直接惠企利民。每季度对减税降费和清理拖欠中小企业账款等重大政策落实情况进行跟踪审计，实现社会经济预期目标，促进财政预算管理能力和水平提升。

【投资项目审计】 按照地委相关文件安排，麦盖提县审计局于2020年9月4日将工程造价结算审核工作及时移交给县财政局。加强对政府投资项目决算审计和跟踪审计，确保审计执法工作的独立性；以促进中央支持新疆发展各项政策措施落实到位，保障资金管理和项目建设规范有序，提高绩效为目标，对2020年支持新疆发展资金和项目进行跟踪审计。

【其他审计】 2020年，麦盖提县审计局根据上级党委，县委、县政府的安排和组织部的委托，结合实际情况，开展新冠肺炎疫情防控资金和物资管理使用情况跟踪审计，2019年党费收缴、管理、使用情况专项审计，并督促落实问题整改。

【审计问题整改】 2020年，麦盖提县审计局联合扶贫、财政、审计组人员成立专班，制定扶贫问题整改方案，对自治区审计厅、地区审计局推送的2018—2019年度50条问题的整改进行“回头看”，督促相关单位进行整改，问题整改率100%，整改资金2.81亿元，完善相关制度规定7项，保障扶贫项目实施和资金安全使用。

市场监督管理

【落实疫情防控措施】 2020年，麦盖提县市场监督管理局合理布局营业场所网点，协调市场主体配送物资，召开价格提醒告诫会6场次，发放1万余份价格提醒告诫书，检查市场主体5000余户次。立案调查价格违法案件5起，曝光2起。分片区对县城范围内经营场所疫情防控措施进行宣传引导，做好环境消杀、环境监测、冷链食品、发热预警、重点人员核酸检测、进店扫码、人员不聚集等防疫措施，与市场主体签订责任书5000余份。组建冷链工作专班，制定《落实冷链食品监测预警机制细化工作方案》，明确职责任务、规范工作流程、细化工作措施、分片区确定包联干部，强化对全县涉及冷冻食品的冷库加强日常管理，完善一库一档信息；制定下发疫情防控冷链食品监测预警机制行政指导建议书，签订承诺书，召开现场会，组织冷冻食品经营负责人开展核酸采样培训；对各乡镇落实冷链监测机制发布提示2次，提出指导意见；按照规范程序无污染处理冷链食品包装箱1090千克，冷链食品48千克。督促电梯使用单位定期对电梯进行清洁和消毒，排查电梯隐患85部，消除隐患6部，抢修电梯20部，停层设置5部。开展复工复产政策宣传，召开宣传解读会6场次，组织9家房地产公司召开座谈会2次。下发减免房屋租金政策告知书3000余份，减缓个体工商户房屋租金压力。

【“放管服”改革】 2020年，麦盖提县市场监督管理局改革商事登记制度，全县登记市场主体1.31万户，同比增长36.9%。其中，个体工商户1.04万户，同比增长37.5%；企业1617户，同比增长37.2%；农专社441户，同比增长17.7%。通过电话通知、短信催促、入户登记、网上指导、集中宣传等形式，促进年报工作顺利开展。对未按时限报送年度报告的34户企业列入经营异常名录；移出经营异常名录企业35户；依法吊销僵尸企业92户、农民专业合作社42户，注销个体工商户1638户。推广全程电子化登记，办理全程电子化营业执照2250户，向相关部门推送通知109户，核发无介质电子营业执照3056户。完成“双随机、一公开”抽查任务23项439户，并对抽查结果全部公示。

【“四大安全”监管】 2020年，麦盖提县市场监督管理局在食品、药品、特种设备、产品质量方面，始终把安全作为不可逾越的红线，通过召开正反面现场会，促进后进学习先进、赶超先进的良好氛围，根据行业特点全面展开整改，净化、规范行业市场，打造良性竞争环境，确保食品、药品医疗器械、特种设备、产品质量“四大安全”。

食品安全 麦盖提县人民政府高度重视

食品安全工作，成立以县长为组长、分管县长为副组长的食品安全委员会，并组织开展一系列工作。全年开展各类食品经营培训30余场次，受训人员5000余人次，促进从业人员的食品安全意识提升，推进食品安全共治进程。完成食用农产品筹建409批次，不合格食用农产品5批次，全部核查处置完毕。检查学校食堂143个，食材配送企业4家，排查风险隐患31条；检查校园周边食品经营户476户，下发责令整改通知书48份，下架食品179千克，整改落实问题80条。联合开展“高考期间食品安全应急处突演练”，做好5个考点的5000余名考生饮食安全保障。雅安居市场、盛鑫超市通过示范市场和示范超市上报和验收，新荣超市通过“放心肉菜超市”验收。打造中小型餐饮业提档升级示范区2个，将周边22家餐饮店纳入示范区。张贴节约用餐、文明用餐标准、节约粮食标识3000余份。推进“光盘行动”，倡餐饮单位使用公勺、公筷，提供免费打包等服务。已安装上线“互联网＋明厨亮灶”社会餐饮46户。加快推进食品销售风险分级管理工作。

药品、医疗器械安全 加强药品、医疗器械日常监管，加大药械违法广告监测力度，整顿和规范药械市场秩序，检查药品经营企业39家，下达责改3份，立案2起。开展执业药师“挂证”回头看，下发责改4份，提交自查报告45份。开展药品安全专项整治，共检查29家次。开展国家集中采购中选药品专项检查，提交自查报告14份。检查疫苗使用单位26家。检查中药饮片经营使用单位21家次。检查肺结核药品发放医疗机构11家次。完成药品抽检任务8批次。召开喀什地区基层医疗机构药品和医疗器械使用规范化管理——麦盖提县试点推进会。组织培训会12次，悬挂横幅84条，发放宣传手册1800余份，解答群众咨询1300余人次。检查口罩生产企业18余次，抽样2个批次，不合格1个批次，对不合格项下达整改，解决问题5条。检查药品经营、使用企业16家次，医疗机构14家次。组织化妆品经营和使用单位培训5次，参加170人次。检查化妆品经营使用单位44家次。上报药品不良反应126例，医疗器械不良事件55例，化妆品不良反应13例。

8月12日，县市监局开展药店专项检查
（吴明丽摄）

特种设备安全 检查特种设备使用单位500余家，累计检查特种设备2000余台（件），下达安全监察指令书16份，责令停止使用特种设备8台。在重要节日节点开展安全隐患大排查，发现并整治安全隐患150余处。组织电梯安全专项培训5次，组织现场应急演练2次。开展危化品及相关物品专项整治，共检查5座加气站、10座加油站，重点对危化物品和包装盛装物进行监督检查，共抽查危化品2类8种、设备20台、车辆5辆。开展锅炉专项整治，检查锅炉使用单位8家、设备25台。对1台燃煤锅炉做了去功能化处理，注销3台锅炉，完善1台锅炉信息。提升特种设备监管效率，全年共办理注册登记6家18台设备，完成10家使用单位的注册变更，受理安装告知82起，帮助8家企业办理42台设备的变更，出具特种设备使用登记证27件，出具特种设备使用标识5套。

产品质量安全 对县域内8家企业进行2轮产品质量安全专项检查，在产品原材料、生产工艺等方面进行帮扶。全年共立案7起，结案7起，罚没收入5.85万元。推进“煤改电”工作，依法对麦盖提县4个标段86组样品进行抽样送检。组织开展“质量强县”活动，对5家消防器材销售点的10类产品进行专项检查；对25家五金、建材店、16家经销建筑门窗的经销店进行监督检查，下达责令改正通知书3份。开展童车等玩具产品强制性产品认证监督检查，责令下架6种30个问题产品。开展农资专项检查，监督抽样滴灌带生产企业8批次全部合格；检查农资销售店37家，对检查出不合格的农资进行查处。

【计量器具检定】 2020年，麦盖提县市场监督管理局检定地磅113台，检定小型计量器具50台，农贸市场计量器具500余台（件），累计减免计量检定费用30万元。对全县12座加油站96把加油枪进行2轮免费检定，全年优惠4.3万元。帮助生产企业免费检定压力表310块、水表2块，优惠0.6万元。对全县16家医疗机构计量器具进行备案登记，共免费检定40台血压计。开展眼镜配制场所计量器具专项检查。开展纤检工作，抽检2家校服加工企业生产的校服2组8套。对16家劳保用品销售点军（警）用服饰进行清理。对19家棉花收购加工企业进行专项监督检查。

【发挥监管职能作用】 2020年，麦盖提县市场监督管理局查办案件110起，落实罚没款60.26万元，其中产品质量9起，食品及相关产品62起，药品及医疗器械3起，特种设备3起，商标6起，计量2起，价格5起，化妆品10起，其他10起。

消费维权 全年共受理消费者投诉举报246件，为消费者挽回损失16.79万元。诉转案立案17起，落实罚没款6.8万元。

广告监管 推进公平交易执法，对麦盖提县20余户广告经营单位开展清理整治含有“软色情”等低俗庸俗媚俗广告行政告诫会；开展虚假违法农资广告检查；开展移动端物联网广告监管；监测网店40余家次、互联网站100余家次，对5家汽车销售公司进行检查，指出存在的典型不公平、不合理条款3条，立案查处夸大宣传案件1起；开展知识产权宣传3场次，组织经营者开展知识产权培训1场次，检查酒类批发商11户次、专营店2户次、酒类销售网点60家次。已查办商标侵权案件6起。

价格监管 对3家燃气企业销售价格执行统一下调10%，阶段性降低水费、转供电环节电政策均落实。开展农资价格监管，开展主销饲料的价格监测，开展建材市场价格监管，确保全县辖区各类商品价格稳定；重点对疫情防控期间生活物资、医用物资等防疫用品进行价格监管，稳控物价。特别是加强对肉、菜、蛋、奶等产品价格监管，严肃查处哄抬价格、串通涨价、价外收费等行为；全力确保冬季民生用煤，严

2月14日，县市监局开展超市价格监管（吴明丽摄）

查哄抬物价、囤积居奇、以次充好等扰乱经济秩序的违法行为。对水电气暖、旅游、殡葬等民生领域价费和节日市场价格专项治理。

反垄断和反不正当竞争执法 加大流通领域混淆仿冒侵权、虚假宣传、商业贿赂、不正当有奖销售的打击力度，出动执法人员 20 人次，检查市场主体 32 家次，召开 2020 年公平竞争审查工作部门联席会议，组织协调各部门对 2019 年 12 月 31 日前制定的规章、规范性文件和其他政策措施进行清理。打击市场销售长江流域非法捕捞渔获物，检查农贸市场 6 家次、超市 9 家次、餐饮店 105 家次，暂未发现销售长江流域非法捕捞渔获物违法行为。

农资专项检查 检查化肥生产企业 2 家，地膜生产企业 4 家，抽送样 9 批次，合格 8 批次；滴灌带生产企业 8 家，监督抽样 8 批次全部合格；检查农资销售店 37 家，对检查出不合格的农资进行了查处。

法律法规宣传活动 开展“3·15”国际消费者权益日宣传 4 场次，覆盖个体户 500 余户，积极推进“满意消费在新疆”活动，16 户经营主体愿意承诺七日无理由退货。

知识产权监管 开展知识产权宣传 3 场次，接待群众咨询 500 余人次；组织经营者开展知识产权培训 1 场次，检查酒类批发商 11 户次、专营店 2 户次、酒类销售网点 60 家次。查办商标侵权案件 6 起。

4 月 26 日，麦盖提县市场监督管理局开展“4·26”保护知识产权宣传活动（吴明丽摄）

网络商品交易监管 监测网店 40 余户次、互联网站 100 余户次，对 5 家汽车销售公司进行检查，指出存在的典型不公平、不合理条款 3 条。

6 月 7 日，县市监局在农贸市场开展“世界食品安全日”宣传活动（吴明丽摄）

四化市场监管 检查市场主体 800 余户，累计发现问题 38 条，责令退市下架产品 4 类 58 种，批评教育 38 人。对自查中发现的 58 种涉四化产品展开溯源，引导广大个体工商户引以为戒。

招商引资

【成立领导机构】 2020 年，麦盖提县成立以县主要领导为组长、分管领导为副组长、各单位各部门主要负责人为成员的招商引资工作领导小组，组建招商小分队奔赴全国各地开展招商引资工作。

【招商引资成果】 截至 11 月 26 日，麦盖提县共洽谈项目 100 个，协议资金 29.31 亿元，落地项目 47 个，到位总资金 12.61 亿元，固定资产到位 11.47 亿元，解决就业 5424 人。

应急管理

综　述

【落实四项机制】 2020年，麦盖提县应急管理局进一步完善每日安全生产分析报告、周隐患清单销号、应急值守工作、每月安全生产1次调度4项机制，狠抓落实，加强应急管理，为各项事业顺利推进提供保障。

【实施绩效考核】 2020年，麦盖提县应急管理局立足“1+3”重点工作，在各乡镇、安委会重点成员单位开展月绩效考核，通过实施每月安全应急工作绩效考核，使各乡镇、各单位普遍对安全应急工作的意识、程度有所增强。截至年底，依据每月考核结果，对评出的安全生产工作先进乡镇、部门、企业19个进行表彰，给予一定的奖励；全县共发生生产经营性安全事故115起，比2019年下降46.76%。

【疫情防控应急检查】 2020年，麦盖提县应急管理局在疫情防控期间，严把复工复产关口，助力企业安全有序恢复生产，保障全县经济社会平稳健康发展；组织相关部门强化开学复课和涉疫场所安全监管，确保全县学校开学复课安全和定点医院、留观场所等涉疫重点场所安全。累计检查企业、学校、涉疫场所130余家，对发现的问题及时督促指导整改。

安全生产管理

【检查督查】 2020年，麦盖提县设立常态化安全生产综合督查组1个、专业委员会检查组12个，对全县各单位开展安全生产检查、督查8次，对各单位安全生产存在的问题及时抓整改，降低事故发生率和重大安全生产事故率。

【专项整治】 2020年，麦盖提县落实《麦盖提县安全生产专项整治三年行动实施方案》，县应急管理局累计检查各类场所1148家，查处安全隐患1720余处，整改完毕。

【“安全生产月”活动】 2020年，麦盖提县通过电子显示屏等媒介播发公益广告400多条、“安全生产月”信息30余篇。县应急管理局组织安委会成员单位、企业集中开展安全生产月宣传咨询日活动，共发放各类宣传资料3万余份，展板展出20余块，推送麦盖提县零距离安全常识56篇，印制、编制宣传单（册）免费发放到各乡（镇）、各村（社区）。加强“10·13”国际减灾日等防灾减灾宣传，增强各单位及各族干部、职工、群众、学生灾害风险防范意识，防灾减灾知识和技能得到普及。

消防管理

【消防检查】 2020 年，麦盖提县应急管理局组织开展消防监督检查、企业消防设施设备拉网式检查 831 次，发现火灾隐患 266 处，督促整改 243 处。

【消防宣传】 2020 年，麦盖提县应急管理局组织开展消防安全宣传、全县加油站安全现场培训工作 113 次，参加培训 2.49 万人。

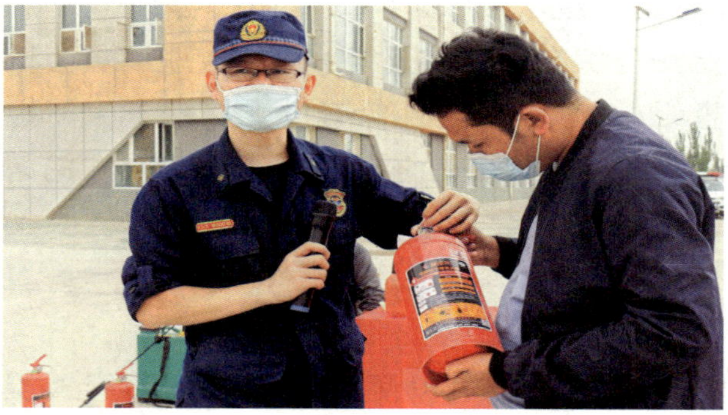

9 月 6 日，县消防救援大队人员讲解灭火器检查和使用方法（艾山·木沙摄）

10 月 11 日，县应急管理局组织企业消防演练（县应急管理局供稿）

【消防演练】 2020 年，麦盖提县应急管理局组织企业、加油站开展消防应急演练，覆盖率 100%，各企业、加油站消防应急意识和能力得到提高。

12 月 13 日，县应急管理局组织开展加油站安全应急演练（县应急管理局供稿）

减灾救灾

【救助资金发放】 2020 年，麦盖提县制定下发《麦盖提县 2019—2020 年冬春救助工作实施方案》，所有救助资金通过“一卡通”打卡的形式发放到救助户，发放 3.87 万人，发放资金 734 万元。

【措施保障】 2020 年，麦盖提县修订完善全县安全生产总体预案 1 个、专项预案 18 个，组织开展各行业各领域应急演练 110 场（次）；健全和完善县、乡防汛抗旱工作指挥机构，进一步修订和完善《2020 年麦盖提县防洪抢险应急预案》；全县各小型水库、叶尔羌河重点河段都安排有值守人员，实行零汇报制度，执行汛期 24 小时领导带班值班制度，做到提前预防预警和问题隐患早发现、早报告、早处理；地震防范应急工作人员通信保持 24 小时畅通。

应急救援

【应急物资储备】 2020年，麦盖提县人民政府按照3000人的标准储备口粮、棉被、帐篷等基本应急物资，投入70万元采购应急救援装备器材。

【消防救援】 2020年，麦盖提县消防救援大队共接警出动198起，出动消防车辆288辆，抢救被困人员12人、疏散被困人员1人、抢救财产价值811.3万元。

6月2日，县消防救援大队对居民家中火灾进行救援（刘音摄）

农业农村工作

综　述

【耕地面积】 2020年，麦盖提县总耕地面积102.92万亩。

【播种面积】 2020年，麦盖提县总播种面积147.76万亩，主要农作物播种面积42.67万亩。

【农作物产量】 2020年，麦盖提县主要农作物产量16.5万吨。

【农林牧渔业产值】 2020年，麦盖提县全县农牧业总产值59.34亿元，其中种植业51.5亿元、牧业4.16亿元、林业2492.98万元、渔业495.97万元、农林牧渔服务业3.38亿元。

【经济改革】 2020年，麦盖提县土地承包经营权确权登记涉及2.51万户14.12万人，发放农村土地承包经营权证书2.51万本；在希依提墩乡、克孜勒阿瓦提乡召开农村产权制度改革工作现场推进会，推动全县农村产权制度改革工作开展；对全县9个乡镇140个行政村集体资产清产核资8.2亿元，其中经营性资产1.83亿元，资源性资产集体土地总面积118.49万亩；核查登记140个村5.54万户19.2万人，界定村集体经济组织成员身份5.14万户、18.14万人。全县140个村股权量化资产1.83亿元，确认股东18.14万个，印制股权证2000件。全县成立村集体股份经济合作社140个，通过民主选举，推选出理事会、监事会成员1406人，其中村干部兼任458人，申请颁发村集体经济组织登记证书140件。

【服务群众】 2020年，麦盖提县农业农村局在疫情防控期间，成立种植、管理、销售等农业生产工作专班9个和服务指导组3个，抓农产品产、供、销工作，为居家城镇居民多方筹集货源，储备蔬菜4883.16吨、肉1830.54吨、蛋352吨，保证群众正常生活。

【农业技术推广】 2020年，麦盖提县农业农村局组织山东技术员7人、“乡土”技术员22人，深入田间地头指导推广拱棚蔬菜放风、栽培技术管理、水肥管理、病虫害监测与防治等技术，促进农户增产增收；全县农作物病、虫、草、鼠害属中度发生面积260.6万亩次，农业技术人员指导农户开展科学防治，防治面积120.5万亩次，其中病虫害发生面积162.6万亩次，防治面积90.5万亩次，草鼠害发生面积98万亩，防治30万亩次；农业技术人员运用科学方法对农作物进行测产。全年，小麦平均单产380千克以上、棉花平均单产（皮棉）122千克、复播玉米平均单产550千克；开展拱棚蔬菜管理、农业技术现场培训等各类培训17期，培训农牧民3000人次。

【行政执法】 2020年，麦盖提县农业农村局落实行政处罚28.8万元、查处劣质种子7吨、跨区域销售种子8吨、劣质农药3654.4千克、销毁过期农药44.5千克、返厂处理农药3609.9千克、查处问题肥料1198.39千克、立案27起（结案15起，未结案6起，移送司法机关1起，停业整顿5起）；落地监管调入畜15.14万头（只）；对4家动物门诊2起活畜无证交易等进行立案处罚。强化农机监理，纠正475台拖拉机和大型工程机械违章行为，简易程序查处270个，一般案件查处5个。

【质量检测】 2020年，麦盖提县农业农村局落实农产品质量月巡查抽检制度，重点加强春节、中秋节、国庆节等重大节日期间农产品基地、农贸市场、超市例行监测和监督，全年共抽检蔬菜、水果等农产品458批次，合格率99.12%。

【项目建设】 2020年，麦盖提县实施扶贫项目16个，支付资金1.76亿元，支付率100%。实施中央预算内资金、增减挂、债券行业项目共8个，总投资1.11亿元，全部实施完毕。实施支援项目2个，总投资500万元，实施完毕。实施农业专项项目共18个，总投资2.36亿元，实施完毕。

【惠农惠民补贴发放】 2020年，麦盖提县发放耕地地力保护补贴3557.2万元、发放棉花价格补贴5.34亿元、发放草畜平衡补贴2625户550.2万元、发放农机购置补贴1123.05万元，补贴572台（套）机具、受益农户422户。

【合作社管理】 2020年，全县有农民专业合作社430家，其中新注册专业合作社70家，清理注销空壳社51家、吊销41家。

【种子管理】 2020年，麦盖提县旺顺种业有限责任公司销售各类种子1235.2吨（棉花270吨、小麦690吨、玉米155吨、茴香23.7吨、油菜96.5吨），销售额1.06亿元。完成2020年供种工作，满足全县棉花、玉米、小麦三大作物的用种需求，保障全县农业生产用种安全。为提高种子纯度做好提纯复壮工作，组织良繁技术人员赴莎车、泽普就小麦“三圃田”种植、去杂去劣、单株选取进行参观学习交流经验。全年，种植1500亩小麦“三圃田”产量588.4吨。选取单穗4万珠，室内拷种穗行4万珠、穗系5000个，经地区农业农村局考核验收纯度达到99.9%。在尕孜库勒乡3个村及良种繁

6月中旬，麦盖提县开展小麦“三圃田”选单株工作（县种子公司供稿）

育场，扩繁5500亩新路中67号高产高抗棉花，降低成本，完成供种任务。

【农机安全】 2020年，麦盖提县农业农村局开展农机安全培训170场次，发放宣传资料3700余份、宣传册1258份，现场为1643名农机手解答有关问题，宣传教育7000余人次。

脱贫攻坚

【组织保障】 2020年，麦盖提县委、县人民政府聚焦重点难点，强化挂牌督战，克服疫情影响，精准巩固、对标提升，把脱贫攻坚作为最大的政治任务和第一民生工程来抓。县委开展脱贫攻坚专题学习7次，召开常委会13次、扶贫开发领导小组会23次、现场推进会7次；政府召开相关常务会、党组会议17次；由一名县委副书记牵头统筹脱贫攻坚工作，县扶贫办具体协调25个专项组开展工作。通过全县上下共同努力，剩余25户91名贫困人口于9月底全部脱贫，实现全县贫困人口清零目标。

【培训提高】 2020年，麦盖提县扶贫办采取以会代训、集中培训、视频授课、现场观摩等方式，提升全县扶贫领域干部政策水平。

【挂牌督战】 2020年，麦盖提县委坚持县乡村三级联动，设立乡村包联督战指挥部和督战专班，帮助制定9个乡级巩固提升方案和121个村的“一村一方案、一户一策、一人一岗”；调整加强25户未脱贫户、600户监测户和1821户边缘户的包联力量，实现所有行政村、贫困户结对帮扶全覆盖。对发展相对滞后的7个村实行挂牌督战，14名县领导、21个县直单位定点结对包联，深入一线作战，实现“两不愁三保障”户户达标、“五通七有”村村提升。

【项目实施】 2020年，麦盖提县到位各类扶贫资金6.24亿元，实施项目84个。其中，产业扶贫项目40个，安排资金3.17亿元；就业扶贫项目21个，安排资金5855.23万元；住房安全保障项目1个，安排资金263.15万元；人居环境整治项目9个，安排资金4480.64万元；基础设施建设及配套项目10个，安排资金1.91亿元；扶智扶志类项目1个，安排资金778.95万元；金融扶贫项目1个，安排资金80万元；其他项目1个，安排资金127.33万元。

【促进稳岗就业】 2020年，麦盖提县建立健全就业服务机制，抓好岗位匹配，促进全员就业。全县实现就业1.27万户2.39万人，形成每个劳动力有一个主业和两三个副业的复合型就业格局，基本实现“家家有门路、人人有活干、月月有收入”的目标。

【搬迁后期扶持】 2020年，麦盖提县加快搬迁后续产业发展，引导搬迁户通过转移就业、自主开店、发展庭院经济稳定增收。在5个搬迁安置点配套建设651套第三产业发展用房，开展就业技能培训，推进安置点“跳蚤”及购物、饮食、娱乐为一体的夜市一条街，激发群众创业积极性，带动周边民宿、特色农产品销售，鼓励支持171户219名搬迁群众依托安置点小广场、小夜市自主创业增收。全年实现769户1541名搬迁群众就业增收。

【脱贫攻坚普查】 2020年，麦盖提县坚持把脱贫攻坚普查作为全面检验脱贫攻坚成效的一项重要的基础性工作，县委、县政府主要领导主持召开常委会3次、常委（扩大）会2次、书记专题会3次、扶贫专题会议7次，研究脱贫攻坚普查工作。组织34个行业部门进行4次横向到边、纵向到底的数据核实比对，完成131个行政村1.37万户贫困户的脱贫攻坚普查工作，做到脱贫攻坚普查过程扎实、结果可靠，为实现全面脱贫与乡村振兴有效衔接奠定基础。

【返贫致贫监测】 2020年，麦盖提县研究制定《麦盖提县防止返贫致贫监测预警和动态帮扶方案》，建立完善数据实时比对监测机制，配齐配强县乡村信息数据监测专干343人。持续加强贫困户和边缘户人均纯收入监测，将建档立卡贫困户和边缘户就业增收、产业发展、低保兜底等情况录入系统，有针对性采取帮扶措施，做到早发现、早预警、早帮扶、早阻断。

【激发内生动力】 2020年，麦盖提县依托9个爱心美德公益超市，推进“表现换积分、积分换物品”扶贫模式，为4300户农户兑换价值15.05万元的物品，推动精准扶贫与扶志扶智深度结合。

农业产业化

【五大产业】 2020年，麦盖提县农业农村局按照“稳粮、优棉、增菜、促经、兴果、强畜”的发展思路，紧盯“粮棉、瓜菜、红枣、肉牛、家禽”五大产业，实现参加效益分配的农业总产值20.43亿元，其中种植业5.63亿元，林果业10.41亿元，畜牧业2.24亿元，劳务创收1.56亿元，农村第三产业5924万元，人均纯收入1.39万元，同比2019年增加889元。全年，农业产业增加值31.93亿元，增长9.1%。

【红枣业】 2020年，麦盖提县发展以红枣为主的特色林果业，跟踪管理到位，促进提质增效，年红枣总产26.24万吨，农民人均红枣收入达6000元以上。

【林下经济】 2020年，麦盖提县持续推进生态扶贫，依托百万亩防风固沙生态林，发展以4.5万亩肉苁蓉为重点的林下经济，1.35万户贫困户户均分红超过千元。

水　利

【计划供水】 2020年，麦盖提县“以水定地”、“以水定产”、“五定六不配水”、一亩一畦、一亩两畦供水机制及计划供水、定额灌溉、超定额用水累进加价制度有效执行，地表水控制指标5.82亿立方米、地下水指标2.77亿立方米目标任务如期完成，全县192.4万亩农业灌溉任务按作物用水需求和时间节点完成。

【饮水安全】 2020年，麦盖提县水利局有关部门对全县水厂出厂水和管网末梢水水质每10天监测9项指标，每季度喀什水文勘测局取样检测16项指标；落实农村饮水便民服务卡入户5.56万张、村委会门口均悬挂“农村饮水安全用水户明白卡”140个。

【重点水利项目】 2020年，麦盖提县实施完成重点水利项目14项，批复总投资1.71亿元。其中，扶贫项目7项，防渗渠道16.44千米，疏浚清淤排碱渠49.75千米，铺设庭院供水管网 39.05 千米，搭建防汛视频会商系统，建设监测预警平台，配备安装自动监测站及预警设施等，批复总投资 3631.94 万元；大中型灌区骨干工程 4 项，改建支渠 42.82 千米，批复总投资 5730.21 万元；提孜那甫河防洪项目 2 项，加固防洪堤 8 千米，批复总投资 6419 万元；农村饮水安全工程配套项目 1 项，更新水表井 5957 眼，更换水表 1.45 万块，新增闸阀井 187 眼，配套收费系统设备 2 套，批复总投资 1337 万元。

【防洪抗旱】 2020 年，麦盖提县修订完善《麦盖提县 2020 年防洪预案》《水库大坝安全（防汛）应急预案》等；完成全县防洪险工险段汛前维修加固任务 19 处，维修加固堤防 7.16 千米；储备防洪用编织袋 12 万条、无纺布 300 平方米、铅丝笼 5 万个、铁丝 16 吨、卵石 10 万立方米。投入农业抗旱机电井维修维护资金 254.38 万元为乡镇水利服务站配发周转用水泵、泵管、变压器等；完成农业灌溉机电井维修 615 眼次，协调供电公司解决高压线路更换和维修 26 处，全县机电井完好率达 98% 以上。

3 月 19 日，麦盖提县吐曼塔勒乡饮水管道安装现场（县水利局供稿）

【落实三级河长制】 2020 年，麦盖提县有县乡村三级河长 46 人，累计完成巡河频次 4889 人次，督促清理叶尔羌河流域昂格特勒克乡段乱堆问题 2 处，清扫闸口垃圾 162 处，干、支、斗渠清淤及排碱渠疏浚 1176.8 千米。

【维修服务】 2020 年，麦盖提县自来水管网维护经费及时到位，各水厂分配资金 5 万～8 万元购置备用电源、部分管网配件，落实抢修队伍，设备和管道损坏当日修复、当日恢复供水。

6 月 6 日，麦盖提县贝勒克其渠防渗改建工程通水（县水利局供稿）

10 月 10 日，麦盖提县提河防洪工程格宾石笼安装（县水利局供稿）

【水行政执法】 2020 年，麦盖提县投入资金 5000 余元购买执法记录仪等设施设备，推行水行政执法“三项制度”落实，查处违法取水1起、违法打井2起、破坏水利基础设施5起，均已结案。

种植业

【粮食生产】 2020年，麦盖提县粮食种植面积42.67万亩，比2019年增长68.12%。其中，小麦种植面积21.47万亩，增长39.69%；玉米种植面积20.76万亩，增长107.81%；豆类2400亩、薯类2000亩。全年粮食产量（含豆、薯类）16.5万吨，比上年增加5.62万吨，增产51.65%。谷物产量中，小麦产量7.31万吨，单产385.17千克/亩，较2019年增加40.47千克/亩，增产17.39%；玉米产量8.96万吨，平均亩产538.5千克/亩，增产92.91%。在希依提墩乡、央塔克乡、吐曼塔勒乡、尕孜库勒乡、克孜勒阿瓦提乡示范种植藜麦1000亩，亩产200千克。

【棉花产业】 2020年，麦盖提县棉花种植面积54.28万亩，较2019年调减14万亩，下降23.98%；全年棉花产量6.76万吨，比2019年减产19.11%；推广机采棉10万亩，高效节水28万亩；落实棉花新陆中67号为主，新陆中66号为辅“一主一辅”品种要求，杜绝品种杂乱，提高棉花品质；贯彻落实“水、肥、调、虫”等关键技术措施，棉花单产122千克/亩。落实棉花目标价格补贴政策，全县种植户、生产经营单位录入1.57万户54.48万亩。

【特色经济作物】 2020年，麦盖提县落实特色经济作物种植面积17.17万亩，其中小茴香4.71万亩（平播2.16万亩，套播2.55万亩）、甜菜4228.95亩（增长100%）、西瓜1030亩、刀郎土瓜1.95万亩、油菜5.63万亩（增长87.7%）、胡萝卜6140亩、万寿菊730亩、色素辣椒1777亩、加工豇豆732亩、沙漠大芸3.5万亩、其他950亩。通过强化管理，提升产量，茴香总产量8025.2吨，甜菜总产量1.27万吨（增产100%），油料总产量9425吨（增产109.43%），色素辣椒总产量5400吨，胡萝卜总产量4956.25吨，加工豇豆总产量1830吨，沙漠大芸总产量2300吨，为群众持续增收奠定基础。

【蔬菜产业】 2020年，麦盖提县蔬菜种植面积4.62万亩，产量18.35万吨。按照一村一品要求，育苗西红柿、茄子、辣子等蔬菜苗578.26万株，其中春提早443.26万株，秋延迟135万株；种植温室大棚1052座，大拱棚1371座，小拱棚2.62万座；种植露地蔬菜2.09万亩，农户房前屋后空闲地种植蔬菜3348亩。聘请山东蔬菜技术员7人，带动麦盖提县25名蔬菜技术员和282名产业指导员加强全县的设施蔬菜、陆地蔬菜技术服务指导，提升蔬菜的品质和产出率。在巴扎结米镇、希依提墩乡、央塔克乡、吐曼塔勒乡、尕孜库勒乡、克孜勒阿瓦提乡、昂格特勒克乡、库尔玛乡8个乡镇建设净菜中心，对蔬菜进行清洗、包装、销售，提高蔬菜的商品率；健全“村收购、乡中转、县配送”农产品促销体系及农产品销售，按照“优中选优”的原则，将高品质蔬菜通过净菜中心分拣、包装后，优先供应喀什地区以外市场，中档蔬菜依托麦盖提县昆仑农副产品营销服务有限责任公司、商超在本县内销售，全年销售蔬菜5.17万吨。实施麦盖提县蔬菜产业融合示范园（一期）建设项目，新建温室大棚394座，其中巴扎结米镇亚胡木丹村新建蔬菜温室大棚96座、库木库萨尔乡库木库都克村新建蔬菜温室大棚298座。

2020年，麦盖提县发展蔬菜产业
（农业农村局供稿）

【庭院经济】 2020年，麦盖提县利用扶贫资金139万元对278户贫困户庭院进行整治，对庭院一座拱棚、一片果园、一架葡萄进行填平补齐，在此基础上进行矮化墙、庭院硬化等。利用扶贫资金43.2万元新建拱棚144座，其中巴扎结米镇13座、希依提墩乡4座、吐曼塔勒乡51座、尕孜库勒乡75座、库木库萨尔乡1座。

畜牧业

【存栏出栏】 2020年，麦盖提县家畜存栏37.23万头（只），增长6.63%，出栏24.18万头（只），增长5.21%；家禽存栏133.02万只（羽），出栏267.6万羽；肉类产量6424吨，比上年下降3.4%；禽蛋产量2241吨，增长5.41%；牛奶产量5163吨，增长92.01%。全县流转饲草料地15万亩，保留苜蓿3万亩；青贮饲料加工32.63万吨。

【肉牛发展模式】 2020年，麦盖提县推行“龙头企业+党支部+基地（合作社）+农户”的肉牛发展模式，落实“四良一规范”技术养殖要求，为养殖户提供饲喂技术服务和疫病防疫保障。全县“安格斯”肉牛存栏2.3万头，其中农户养殖438户2947头，企业、合作社存栏2万头。

【育雏点改造】 2020年，麦盖提县改造育雏点3栋1650平方米，购置孵化、育雏设备，为全县家禽养殖提供充足的鸡苗，引导农户每户养殖家禽50～100只。

【牲畜托养】 2020年，麦盖提县良繁中心和38个托养合作社存栏牲畜1.8万头（只），涉及贫困户4872户，常态化开展技术指导和监督管理，兑现托养分红资金672.82万元。

【畜禽疫情防控】 2020年，麦盖提县农业农村局有关部门开展畜禽重大动物疫病免疫602.17万头（只），无纸化录入农户2.28万户，畜禽588.95万头（只）；检测口蹄疫2990份，合格率82.4%；禽流感检测2290份，合格率79%；两病检疫牛结核病480头，均为阴性；布病检测牛羊4030头（只），16只羊阳性，按要求进行无害化处理。

2020年，麦盖提县发展家禽养殖业
（农业农村局供稿）

林果业

【规模产量】 2020年，麦盖提县造林1.57万亩，育苗2700亩，生产木材4107立方米。林果面积70.95万亩，实有面积54.06万亩，产量29.92万吨，比2019年增产2.88%。其中，园林水果产量27.85万吨，增产2.49%；核桃产量2.07万吨，增产8.46%。

【提质增效】 2020年，麦盖提县自然资源局在8个乡1个镇实施以红枣、核桃为主的特色林果业提质增效12.98万亩，总投资5993.25万元，主要用于肥料投入、整形修剪、有害生物防治、嫁接改优、保花保果、果实病害防治、林果业技术服务队技术服务费等方面，实现林果提质增效、农民增收目标。其中，实施以贫困户为主的特色林果提质增效项目4.98万亩，投入资金2493.25万元；实施以一般户为主的特色林果提质增效面积8万亩，投入资金3500万元。

【密植园疏密】 2020年，麦盖提县自然资源局制订疏密改造计划和疏密模式，对株行距过小、通风透光不良、果品产量和品质下降的红枣等密植园，采取疏株、疏行、疏枝、控高、扩冠措施进行疏密改造，改善果园通风透光条件，完成红枣疏密12.01万亩，累计完成红枣疏密46.36万亩。

【核桃嫁接改优】 2020年，麦盖提县自然资源局针对品种混杂、果品产量和质量较低的果园，组织人员进行摸底调查，摸清需要嫁接面积、株数、品种，其中对品种混杂园、低产低效园分阶段、分年度制订嫁接改优、改造实施计划及改造方案，完成核桃嫁接改优14.77万株。

【示范园建设】 2020年，麦盖提县自然资源局建立各级各类提质增效示范园110个、2.25万亩，其中地州级1个、508亩；县市级6个、2138.8亩；乡镇级103个、1.99万亩。

【实用技术培训】 2020年，麦盖提县自然资源局开展林果技术培训、技术指导服务，累计开展各级各类培训221场次，培训果农2.37万人次，促进群众红枣科学管护水平提高。

【有害生物防治】 2020年，麦盖提县自然资源局引导各乡镇做好夏季果树有害生物防治工作。全县完成以枣瘿蚊、大球蚧、红蜘蛛等有害生物防治20.42万亩，无人机防治病虫害面积13.92万亩。

渔　业

【水产品产量】 2020年，麦盖提县水产品产量347吨，增长0.58%。其中，养殖水产品产量302吨，下降12.56%；捕捞水产品产量45吨，增长100%。

【渔业项目】 10月21日，麦盖提县农业农村局使用中央财政专项资金在尕孜库勒乡汉克尔水库放流草鱼2.6万尾、鲢鱼7万尾、鳙鱼4.6万尾、鲤鱼6000万尾、鲫鱼1.2万尾。通过项目的实施，维护生态平衡。

【渔业执法】 2020年，麦盖提县农业农村局宣传水产养殖用药减量法规政策，加强对水库、鱼塘执法检查，遏制违法用药和违法使用其他投入品等行为。对全县 1 家水库、9 家鱼池进行不定期检查，了解鱼池饲养鱼的种类及饲喂的鱼料情况，监督检查渔药使用情况，对鱼池基本信息进行登记。

农业机械化

【机构改革】 2020 年 4 月，麦盖提县农牧机械局实行机构改革，更名为农业农村机械化发展中心，属县农业农村局二级单位（正科级）。核定行政编制 8 人，实有 8 人。

【农机普及】 2020 年，麦盖提县新增拖拉机 313 台、联合收获机 9 台（采棉机 4 台、青贮机 5 台），各类农具 572 台（架），拖拉机无人驾驶系统 38 套，享受农机购置补贴户 422 户。全县农机总动力达 39.24 万千瓦，比 2019 年增长 8%。各类拖拉机保有量 1.34 万台（联合收割机 88 台），拥有大型工程机械设备 781 台，各类农具保有量 2.29 万台（架），农业机械总作业量 941.01 万亩。农作物耕种收综合机械化率 65.5%，机耕率 100%，机播率 99%，机收率 39.8%。

【农机购置补贴】 2020 年，中央拨付麦盖提县的农机购置补贴资金 1200 万元（含深松作业补贴资金 90 万元），县农业农村机械化发展中心按照公开、公正、公平、透明的原则，广泛宣传补贴政策，以“先购后补”操作模式兑付五批，共 1123.04 万元，受益户 422 户、机具 572 台（套）；完成深松作业面积 2.95 万亩，受益 243 户，发放深松作业补贴资金 88.57 万元。两项补贴不足部分由县财政先行垫付。针对享受农机购置补贴的农户，按照 10% 的比例开展抽查，未发现虚购报补、重复多补、以小抵大等违规手段骗取套取农机购置补贴行为，在农机购置补贴申报、机具核验过程中未发现滥用职权、失职渎职，权钱交易、贪污侵占等问题。

【农机技术培训】 2020 年，麦盖提县农业农村机械化开展农机专业合作社人员、农机大户、拖拉机驾驶操作人员等技术培训 1.17 万人次，其中培训农机操作人员 1.12 万人次、农机技术人员 200 人次、管理维护人员 80 人次、新拖拉机驾驶员 217 人、大型工程机械操作手 68 人。

4 月 23 日，县农业农村机械化发展中心举办相关技术和政策培训班（李智伟摄）

【农机服务组织】 2020 年，麦盖提县发展农机合作社 14 家，共有社员 1600 多人，合作社机具有 800 多台（套），服务农户 1.2 万户，经营收入 3200 万元以上，服务体系运转正常。

工　业

综　述

【工业门类】 2020 年，麦盖提县工业门类有电力 1 家（供电公司）、建材 6 家（包括春晖建材制品有限公司、平安建材制品公司、鸿昇建材厂、恒升保温建材厂、强盛建材有限责任公司、新疆大漠丰源农业科技有限公司聚氨酯板材制造厂）、纺织服装 2 家（包括麦盖提县利泰丝路纺织有限公司、金轮服装有限公司）、食品加工（包括馕产业园打馕屋 54 家、乡镇馕房 193 家）、农副产品加工 6 家（包括红日乐友果业有限公司、新疆枣都现代农业股份有限公司、新疆棉花产业集团麦盖提棉业有限责任公司、新疆奕飞生态农业科技发展有限公司、新疆沣浓农业科技开发有限公司、新疆大漠丰源农业科技有限公司果蔬冻干加工厂）、电子信息 2 家（包括新疆比通达电子科技有限公司、新疆三森电子科技有限公司）、建筑 2 家（包括县第一建筑公司、第二建筑公司）。

【工业产值】 2020 年，麦盖提县供电公司完成售电量 4.96 亿千瓦时，同比增长 18.66%；电费回收率 100%。县利泰丝路纺织有限公司实现产值 2400 余万元，县金轮服装有限公司产值 8000 万元。县刀馕巴扎馕产业园通过公司化运作管理，商铺日销售额平均达 1200 元以上，年产值 5400 万元，销售纯收入 2200 万元。县新疆比通达电子科技有限公司、新疆三森电子科技有限公司合计年产值在 4000 万元以上。县棉业自营 6 个厂累计销售棉籽 2.75 万吨、平均单价 2522 元 / 吨；对伽师联营厂进行棉花收购，累计销售棉籽 2.52 万吨、平均单价 2387 元 / 吨；县禾丰合作社累计销售棉籽 20.5 吨，实现销售额 50 万元。全年，工业产值 7.98 亿元，工业增加值 1.96 亿元，比 2019 年下降 2.4%。其中，规模以上工业增加值增长 0.1%。在规模以上工业中，分工业门类看，制造业增长 5.7%，电力、热力、燃气及水的生产和供应业下降 24.6%。分轻重工业看，轻工业增长 31.1%，重工业下降 24.2%。

电力工业

【电力规模】 2020 年，麦盖提县国网新疆电力有限公司麦盖提县供电公司，下设 5 个供电所，分别为吐曼塔勒乡供电所、昂格特勒克乡供电所、克孜勒阿瓦提乡供电所、希依提墩乡供电所、城区供电所。辖区内共有220千伏变电站一座，容量360兆伏安；110千伏变电站4座，容量241.5兆伏安；35千伏变电站7座，总容量86.15兆伏安；所辖10千伏配电线路48条，其中用户专线2条，公用线路46条（停运线路5条），全长1334.2千米，公用配电变压器1232台，总容量192.19兆伏安。担负着全县8个乡2个镇2个农林场140个行政村，所辖用户10.2万户，供电面积1.1万平方千米。全年完成煤改电通电任务8509户。

【电网建设】 2020年，麦盖提县电网建设项目共4项，总投资1.62亿元；加强与乡政府及县直各业务部门沟通，提前完成110千伏吐曼塔勒输变电工程麦盖提段及喀什藏疆光伏升压汇集站110千伏送出工程的前期协调工作。开展以乡村为单元的"一所一册"配电网规划，完成所辖5个供电所的"一所一册"配电网规划报告编制工作。

【电力服务】 2020年，麦盖提县供电公司落实《持续优化营商环境提升供电服务水平两年行动计划》，共受理低压新装业务1.06万户、高压新装业务117户、高压增容22户；完成10千伏产权分界点建设项目26户，节约客户用电成本193.5万元，超额完成电能替代项目年电量2300万千瓦时任务，业务扩展流程规范率100%；完成35千伏及110千伏用户用能普查任务；完成县红枣加工、幸福大院、馕产业园、高效节水、各乡牛场等重点扶贫项目电力设施建设报装接电任务。加强配网设备运维消缺，开展线路巡视112次，发现一般缺陷786条，缺陷消缺率76.6%，发现严重缺陷38条，消缺率100%。开展带电作业571项，减少停电5.2万时户数，减少电量损失34万千瓦时。城网供电可靠率99.95%，同比提升0.14%；农网供电可靠率99.68%，同比提升0.21%。

8月13日，县供电公司党员服务队在乡村推广"网上国网"APP，为居民讲解"网上国网"APP使用方法（毕文勋摄）

【安全生产】 2020年，麦盖提县供电公司执行国家电网公司作业现场"十不干"要求，以安全生产二十条禁令为红线底线，层层签订安全生产责任书175份，细化安全生产指标，压实各级人员的安全生产职责。组织开展春秋季安全大检查及安全专项巡查，发现各类问题138条，整改131条，其余7项已列入长期整改计划，整改率94.9%。排查各类安全隐患共602条，治理隐患515条，治理率为85.54%。集中月度安全培训9次，专题安全教育培训4次，参加人员118人次。开展"敬畏设备、珍爱生命、从我做起"和"三同三千"安全活动，公司领导参加班组安全日活动47人次，解决班组提出的各类问题。以"身边事教育身边人"的方式制作违章小视频14期，以提升一线员工安全自我防范意识。全年，发现火灾隐患33处、已整改33处，整改率100%，开展各类应急演练14次、364人，防暴处突、消防、火灾等各类应急演练13次；开展煤改电电价政策及用电安全知识宣传 28 次，发放供电服务卡 5100 份、宣传单 8400 份，解决客户用电诉求 3909 项。

1 月 27 日，县供电公司组织党员服务队开展应急演练（毕文勋摄）

9 月 2 日，县供电公司党员服务队在进行作业前的安全带冲击试验（毕文勋摄）

建材工业

【建材企业】 2020 年，麦盖提县建筑企业有春晖建材制品有限公司、平安建材制品公司、鸿昇建材厂、恒升保温建材厂、强盛建材有限责任公司、新疆大漠丰源农业科技有限公司聚氨酯板材制造厂，经济效益一般。建材交易市场在建设中。

【主要产品】 2020 年，麦盖提县建材企业主要生产砖、彩钢板、耐火板、塑钢窗、保温板、水泥、混凝土、预制板、钢筋、玻璃、地板砖（木地板）、防盗门等。

纺织服装工业

【纺织公司】 麦盖提县利泰丝路纺织有限公司是由金昇集团旗下利泰丝路纺织板块投资建设，是麦盖提历史上投资规模最大的扶贫项目。项目总投资 12.3 亿元，占地 450 余亩，配备世界上最先进的全套高端智能纺纱设备及 24 万锭的高档精梳紧密纺纱生产线。2020 年 7 月，开始设备安装调试，到年底，公司完成投资 11.5 亿元，建成 2 个 6.5 万平方米标准化厂房及办公、生活及其他附属设备。12 月 10 日，一分厂 6 万锭开始生产，用工 600 人，人均平均月工资 2600 元，生产纯棉紧密纺纱线 960 吨。

【服装公司】 麦盖提县金轮服装有限公司 2014 年落户麦盖提县城南工业园区，公司占地 15 亩，主要生产经营校服、工装、劳保服、民族服饰等，企业先后吸纳富余劳动力 180 人，工资实行计件制，多劳多得。2020 年，员工有 113 人，其中有贫困户 66 人，已全部脱贫。年产量 90 万套。

食品加工业（馕产业）

【产业规模】 麦盖提县刀馕巴扎馕产业园位于城南工业园区，是以传承新疆传统美食和文化旅游融合发展、助力脱贫攻坚为目标，集文化、旅游、观光、餐饮、购物、婚庆、民宿、休闲娱乐、歌舞演艺、民俗体验为一体的综合型特色旅游产业园。该园项目分两期实施，总投资约 6000 万元，占地面积 150 亩。其中，一期工程建筑面积 9000 平方米，共有商铺 79 套，水、电、暖、天然气等公共服务配套设施齐全，现已建设完成并投入使用；二期工程建筑面积 5200 平方米，建有民宿、歌舞演艺中心、农产品展览中心、物流中心、大型停车场等，为提升馕产业园功能多样性，打造以馕文化展示为主的综合型旅游景区奠定坚实的基础。2020 年，麦盖提县刀馕巴扎馕产业园招商入驻运营的打馕屋、咖啡厅、蛋糕坊、粮油店、茶馆、超市等商户 69 家，其中打馕屋 54 家，25 家商铺销售馕 3.5 万个，吸纳就业 316 人，从业人员人均月收入稳定在 2000 元以上；乡镇标准化馕房由 161 家增加到 193 家，全县馕坑由 245 个增加到 266 个。

【品牌打造】 2020 年，麦盖提县重点打造以“喀什味道”为引领的疆内名优馕产业“刀馕”品牌，培育馕产业龙头企业 1 家，完成全县“一核、十社、百屋”馕产业战略布局。以县“刀馕巴扎”为核心带动 10 个乡镇馕合作社联合发展，辐射全县村级馕加工屋 100 多家，研发芝麻馕、玫瑰花馕、核桃馕、肉馕等各类特色鲜果馕、营养馕等系列馕产品 20 余种，为满足当地消费市场和开拓外地馕产品市场提供保障，带动面粉加工业、包装制造业、电商和物流业有序发展。同时创建以馕文化为主题的国家 AAA 级旅游景区，实现馕产业、旅游业发展与巩固脱贫攻坚成果、乡村振兴的有效衔接，真正让馕产业成为麦盖提县各族群众增收致富的支柱产业。

电子信息产业

【手机配件生产】 新疆比通达电子科技有限公司 2019 年 1 月入驻园区，厂房 7700 平方米，注册资金 1000 万元，主要生产手机耳机、数据线及耳机喇叭等系列产品，产品销往印度等国家及非洲地区。2020 年，累计从业人员 570 人次。

【传感导电稳压降噪产品生产】 新疆三森电子科技有限公司 2019 年 1 月入驻园区，厂房 6000 平方米，注册资金 500 万元，主要生产传感导电稳压降噪的共模电感、滤波器等系列产品，国内销往广东、江苏、山东等地，国外销往韩国。2020 年，累计从业人员 363 人次。

园区建设

【园区介绍】 2020 年，麦盖提县有工业园区 3 个，分别是城西工业园区、城南特色农副产品产业园区、喀什经济开发区麦盖提产业园区。

城西工业园区 为自治区级工业园区，规划面积 25 平方千米，是山东省日照市产业援建重点项目。园区基础设施和公共服务设施完善，有 28 千米“三纵九横”道路网，有 26 千米 10 千伏电网、28 千米供水网、12.3 千米排水网，有日处理能力 4000 立方米污水处理厂 1 座。

城南特色农副产品产业园区 为自治区级农业产业化园区，规划面积 7.32 平方千米，其中纺织园区规划用地 2.84 平方千米、棉纺园区规划用地 1.95 平方千米、农副产品加工区规划用地 1.21 平方千米、农机产品生产及加工区规划用地 1.32 平方千米，2020 年已建成 4.3 平方千米。园区道路总里程 13.5 千米，形成“三纵四横”道路网；供水管网 6.2 千米、排水管网 8 千米；绿化 4.8 万平方米。涉及棉纺、纺织、果蔬加工、油脂、供热、新型建材、农资（生物肥、地膜、管材、滴灌带）加工，及轻工产业。

喀什经济开发区麦盖提产业园区　位于喀什经济开发区城北转化加工区，占地501亩，处在山东路与上海路的交会处，北接疏勒产业园，南邻岳普湖产业园，西邻城东大道，东临城北加工区储备用地，园区地理位置优越，距高速公路入口5千米，距经济开发区飞地园区综合服务区3千米。园区总投资7.28亿元，2020年10月开工建设，建成29.6万平方米的厂房。

【经济运行】　2020年，麦盖提县工业园区企业完成总产值5.41亿元，同比增长9.3%；园区企业127家，其中规模以上企业7家，从业人员4823人；新签约星联科技、峰顺椒业、思普澜服饰、爱林诺医疗等25个项目，签约总额6.9亿元，其中计划投资亿元以上项目1个（星联科技）；纳入统计的园区基础设施投资项目10个，完成固定资产投资7.49亿元，其中利泰丝路投资6.23亿元，已试生产，产值2000万元，新增就业800人。

【项目推进】　2020年，麦盖提县工业园区成立项目推进小组，完成电子产业园4000万元债券资金申报、招标及资金支付工作；推进1200万元红枣产业园6000平方米标准厂房建设；重点实施投资1亿元喀什经济开发区麦盖提产业园区建设，完成支出3000万元；完成投资6000万元工业园区3万平方米标准厂房招投标工作；使用1920万元援疆资金，招标实施8个园区基础设施建设项目，补齐园区基础设施建设上的短板。

【项目编制】　2020年，麦盖提县工业园区编制完成园区"十四五"重点规划项目工作，编制项目41个，计划总投资37.19亿元。

农副产品加工业

【红枣加工】　2020年，麦盖提县红日乐友果业有限公司拥有日产25吨红枣全自动智能环保生产线1条、25吨红枣成品自动包装生产线1条，风选、除尘、清洗、烘干、化验等设施齐全，年加工生产红枣约5000吨。麦盖提县新疆枣都现代农业股份有限公司年加工红枣4万吨，以红枣期货交割仓库为依托，推动"现货＋期货"业务，利用公司自身销售渠道的优势与期货公司云财富、豫新投资公司、河南都盛供应链管理有限公司、河南智睿农业科技公司等签订长期战略合作协议，为农户解决红枣销售难等问题。

【棉花加工】　2020年，新疆棉花产业（集团）麦盖提棉业有限责任公司下设收购加工厂7个，拥有各类工程技术人员113人；拥有MY–96型轧花机手摘棉生产线4条、MY–126型轧花机机采棉生产线1条、MY–139型轧花机手摘棉生产线1条，MY–128型轧花机机采棉生产线1条；具备年生产加工皮棉3.5万吨的能力。

麦盖提县棉业自营6个厂累计收购籽棉4.92万吨，折合皮棉2.02万吨，平均衣分41.15%，平均单价7.19元/千克，其中手摘棉收购籽棉3.78万吨，折合皮棉1.59万吨，平均衣分42.23%，平均单价7.34元/千克，收购机采棉1.13万吨，折合皮棉4271.87吨，平均衣分37.58%，平均单价6.7元/千克；比2019年5.51元/千克，增长1.19元/千克；6个厂完成本年度收购任务的101%。全年累计加工皮棉净重2万吨；机采棉占比21.1%。

对伽师联营厂进行棉花收购，于9月

24日开称，全年累计收购籽棉4.98万吨，折合皮棉1.98万吨，平均衣分39.84%，平均单价7.07元/千克；其中手摘棉收购籽棉2.36万吨，折合皮棉9993.73吨，平均衣分42.29%，平均单价7.42元/千克；收购机采棉2.61万吨，折合皮棉9847.57吨，平均衣分37.62%，平均单价6.75元/千克。完成本年度收购任务1.6万吨的124%。全年累计加工皮棉净重1.99万吨。

通过公司创建的麦盖提禾丰合作社开展为农服务工作。全年度累计销售棉花种子20.5吨；联系多家种业公司及中化技术人员多次下田间地头进行技术现场指导，累计辐射棉花种植面积10万亩，签订棉花种植订单310户，涉及8万亩。

【食用油加工】 2020年，麦盖提县新疆奕飞生态农业科技发展有限公司拥有高标准核桃油加工厂房970平方米、10万级食品净化厂房510平方米、核桃保鲜库250平方米、收购、加工核桃油生产线1条，年产优质核桃油300多吨。新疆沣浓农业科技开发有限公司年加工棉籽10万吨，年产食用棉籽油1.28万吨，延伸下游产业链，如小包装棉籽油及调和油的生产、发酵饲料的加工和生产、棉蛋白的提纯等。从原料采购、产品加工生产到产品销售均已形成一套完备的体系和供应链，不存在原料采购及销路问题。

【果蔬冻干加工】 2020年，麦盖提县新疆大漠丰源农业科技有限公司拥有高标准食品加工厂房1336平方米，其中10万级净化厂房1293.9平方米，果蔬保鲜库2000立方米、冷冻库1000立方米、速冻库500立方米。每年可生产加工农产品500多吨。

【项目建设】 截至2020年6月30日，麦盖提县商工局监管的农副产品加工4个项目全部实施完毕。其中，设备购置项目涉及8个乡镇，主要购置红枣核桃加工设备8套，每套180万元，共投资1440万元，中标价1094.3万元；保鲜库（冷冻库）建设项目涉及3个乡镇，建设4座保鲜库，每座110万元，共投资440万元，安装变压器附属项目253.97万元，结余资金上交扶贫办；乡村车间建设项目涉及2个乡镇建设乡村车间及附属，共投资370万元，中标价329.2万元，冻库制冷设备采购18万元，结余资金上交扶贫办；乡村车间配套设施设备项目投资200万元，中标价172.88万元，审核价160.94万元，结余资金上交扶贫开发领导小组。

建筑业·房地产业

建筑业

【经营效益】 2020年，麦盖提县有第一建筑公司、第二建筑公司2家，竞争能力不强，受到外来建筑企业冲击，效益不景气。本县建筑业市场主要被外来企业占领。全年建筑业生产总值12.14亿元，增加值3.34万元（比2019年增长3.7%）；建筑企业施工房屋建筑面积109.6万平方米，竣工面积82.2万平方米。

【行业监管】 2020年，麦盖提县住房和城乡建设局履行建设行业监管职责，严把招投标、施工许可证办理、竣工验收备案各个环节关口，全年依法监督建筑工程领域招投标项目48个，监督覆盖率100%；全面推进工程建设项目审批制度改革工作，线上依法审核办理建筑工程施工许可证85个；监督各施工单位开展农民工实名制录入工作，共录入项目78个，农民工2293人；根据喀什地区建筑领域技术工种3年3万人职业技能培训方案，精准摸排，结合实际，制定完善《麦盖提县建筑领域技术工种3年1760人职业技能培训就业行动方案（2020—2022年）》，完成培训并合格1130人，当地劳动力就业上岗510人。

【消防设计审验】 2020年，麦盖提县住房和城乡建设局根据《中华人民共和国消防法》完善消防设计审查验收流程，按照自治区人民政府的安排，在全县范围内开展建筑工程消防设计审查验收问题专项排查整治工作，对麦盖提县2012年11月1日以来未履行建筑工程消防设计审查、验收、备案法定程序，擅自施工投入使用的新建、改（扩）建建筑消防工程进行全面排查，摸清底数实情，通过与相关部门协调联动，建立日汇报机制，推进问题排查整治，排查隐患问题572个，全部整改完毕。全年共受理消防设计审查项目90个，准予受理29个，出具消防设计审查凭证和意见书29份。

【工程监督】 2020年，麦盖提县住房和城乡建设局落实国家和自治区关于质量安全工作决策部署，对全县建筑工程进行安全隐患大排查、工程质量大检查，针对节假日等重要节点，开展安全生产执法大检查。全年，依法监督工程建设项目155个，监督覆盖率100%；开展建筑施工起重机械登记备案工作，累计登记备案塔吊20台；排查安全隐患问题1908处，下发建设工程质量安全整改通知书236份、停工通知书61份，累计约谈建筑企业负责人8人，累计处罚8万元；组织召开全县建筑施工企业、监理公司安全生产专题会议16次，监理例会17次，正面现场会7次，反面现场会1次，进行质量安全生产综合执法大检查11次；对27个建设项目开展消防验收，整改完毕20个。

【监理企业专项治理】 2020年，麦盖提县住房和城乡建设局根据自治区统一部署，开展建设工程监理企业专项治理，召开监理例会9次，对4家监理公司日常履职不到位进行通报批评，清退监理人员1人，劝退监理人员2人。

【招投标专项整治】 2020年，麦盖提县住房和城乡建设局开展工程招投标领域突出问题专项整治，查处招标人规避招标、虚假招标，投标人弄虚作假围标串标，中标人转包和违法分包，中介代理机构市场混乱、领导干部和主管部门违规插手干预招投标活动等违法违规行为。根据行署办公室《关于印发〈喀什地区工程建设项目招投标专项整治实施方案〉的通知》文件要求，制定建设工程招投标领域专项整治实施方案，并成立领导小组加强组织领导，扩宽线索收集渠道，通过网络宣传设立举报专线，加大举报查处力度，规范建设工程招标代理机构及招标代理从业人员的职业行为，促进招标代理机构自觉履行守法、诚信社会责任，落实代理行业项目负责人、经办人制度，严格前期资料准备工作，主动将招投标流程告知各业主单位，明确挂网资料清单，提前服务业主，避免造成因前期手续滞后影响项目招投标工作正常开展。

房地产业

【房地产开发投资】 2020年，麦盖提县房地产开发投资2.42亿元，比2019年增长100%，其中住宅投资1.88亿元，商业营业用房投资5400万元。

【房地产开发项目】 2020年，麦盖提县住房和城乡建设局年初制定完善《2020年麦盖提县住房和城乡建设局招商引资工作实施方案》，引进房地产开发项目13个，其中实际施工建设项目8个、进场备工备料5个。

【商品房销售】 2020年，麦盖提县商品房销售561套（6.98万平方米），销售额2.08亿元，分别较2019年同期增长62%和86%。商品房销售价格略有上涨，住宅销售均价为每平方米2988元，较2019年同期上涨10%。

【商业销售】 2020年，麦盖提县商业销售2229.52平方米，销售额1607.5万元，分别较2019年同期减少66%和27%。

【预售监管】 2020年，麦盖提县住房和城乡建设局加强商品房预售监管，执行商品房预售管理规定，全年核发商品房预售许可证16件，预售面积19.72万平方米，其中住宅17.1万平方米、1411套，商业2.62万平方米。

民营经济

综　述

【企业引进】“十二五”规划以来，麦盖提县委、县人民政府重视民营经济发展，通过招商引资引进建材、建筑、纺织、服装、食品加工、电子信息、农副产品加工、电子商务服务以及乡镇卫星工厂和乡村车间等民营工业企业，共有127家，其中规模以上企业7家，各乡镇共有卫星工厂54家，使民营经济在麦盖提县经济总量中所占的份额不断增加。

【企业效益】2020年，麦盖提县金轮服装有限公司年产量90万套；7月，麦盖提利泰丝路纺织有限公司开始设备安装调试。到年底，一分厂6万锭开始生产，生产纯棉紧密纺纱线960吨。麦盖提县刀馕巴扎馕产业园通过公司化运作管理，带动25家商铺销售馕3.5万个。麦盖提县新疆比通达电子科技有限公司年产值达2000万元以上，新疆三森电子科技有限公司产值达2000万元以上。麦盖提县新疆枣都现代农业股份有限公司年加工红枣4万吨，麦盖提县红日乐友果业有限公司年加工生产红枣约5000吨。新疆奕飞生态农业科技发展有限公司年产优质核桃油300多吨；新疆沣浓农业科技开发有限公司年加工棉籽10万吨，年产食用棉籽油1.28万吨。新疆大漠丰源农业科技有限公司每年可生产加工农产品500多吨。麦盖提县电子商务公共服务中心采用“中心＋服务站＋农户”的模式，收购销售农民灰枣1400吨、核桃139吨，助力400余户农民，户增收近千元。通过设置的疆外前置仓线上销售“刀郎土瓜”240多吨，促进农民直接增收近40万元。

重点民营企业介绍

【麦盖提县星联科技农膜有限公司】成立于2020年6月，位于城西工业园区大漠路1号，由广东星联科技有限公司控股，是广东星联科技农膜有限公司的全资子公司，拥有一条“高堡膜”生产、使用、回收、再利用循环产业链，将“白色塑料污染”变成“绿色再生资源”。华南理工大学瞿金平院士团队作为星联科技的股东单位成员，是麦盖提县星联科技的核心技术依托；院士团队所在机构也为星联科技生产、研发提供全方位的支持。公司拥有中国工程院院士瞿金平发明的“基于拉伸流变的高分子材料塑化输送方法及设备”专利技术，并研制出具有自主知识产权的“拉伸流变塑化挤出设备”（简称ERE）。

【麦盖提县电子商务公共服务中心】 麦盖提县电子商务公共服务中心位于县民俗一条街内，占地面积1500平方米，建设有农特产品展厅、众创空间、入驻企业办公区、会议室、培训室、直播摄影室、洽谈室等，由伍创电商负责运营，为当地企业、合作社、创客提供办公场所、运营培训、创业指导、技术支持、品牌培育等一系列服务。同时，中心立足县域特色、资源禀赋和市场需求，成功孵化“刀郎臻品”区域公共品牌，培育“沙洲维密”甜瓜、“麦买提大叔”蜂蜜、“西域刀郎香”、“刀馕”馕产品、“麦盖提杏”、“麦盖提灰枣”、“壹品刀郎”手工艺品等7个产品品牌。2020年，全县建成乡级服务站10个、村级服务点84个，覆盖率分别为100%、65.6%；中心入驻孵化企业、合作社、大学生创业团队8个，累计开展各类电商培训75期、共5501人次，其中贫困户2990人次，孵化当地网红主播3人、微商555人；通过淘宝、京东、拼多多、微商等线上渠道搭建“中国特产·麦盖提馆”“喀什优选”“深山食客”“麦盖提商场”等网上销售平台，上架销售各类特色产品80余种，与拼多多、江苏卫视以及千万粉丝网红主播合作，先后开展特色农产品线上大型直播推介活动5场，推进农产品上行销售促增收。

【新疆大漠丰源农业科技有限公司】 成立于2018年，投资1000余万元，位于麦盖提县五一林场，占地21亩，拥有高标准食品加工厂房1336平方米，其中10万级净化厂房1293.9平方米，果蔬保鲜库2000立方米、冷冻库1000立方米、速冻库500立方米。现由（FD）真空冻干食品加工部分及聚氨酯保温板材生产部分组成。公司于2019年10月开始生产，常年稳定用工在50人左右。

【麦盖提县红日乐友果业有限公司】 2014年注册成立，注册资金1000万元，主要从事红枣、核桃、水果等农副产品收购、加工、销售。注册“枣乐友”“果乐友”商标，企业销售的产品都冠名麦盖提县“刀郎品牌”。厂区占地面积1.7万平方米，标准化车间1500平方米，库房900平方米，硬化晾晒货场1.1万平方米，办公和宿舍600平方米。企业拥有日产25吨红枣全自动智能环保生产线1条、25吨红枣成品自动包装线生产线1条，风选、除尘、清洗、烘干、化验等设施齐全，检测手段完善，年加工生产红枣约5千吨。公司现有固定员工86人，其中管理人员5人、科技人员10人、工人71人（收购加工高峰期使用农民工160多人），人均月工资2600元。企业自有红枣种植示范基地1260亩，公司+农户签约种植基地2000亩，积极带动产业科学种植，稳产增收，帮助签约农户脱贫致富，解决农村贫困人口就业脱贫。

【麦盖提县新疆枣都现代农业股份有限公司】 成立于2009年8月，位于城南工业园区，注册资金3200万元。主要生产、加工、销售红枣制品类、坚果类、蜂蜜类以及红枣品种的改良种植和红枣、瓜果、接穗的保鲜储存。建成1万吨气调保鲜库。2020年，以红枣期货交割仓库为依托，推动“现货+期货”业务，根据期货现货的基差变化，锁定利润空间，发挥农民增收致富的桥梁作用，还利用公司自身销售渠道的优势与期货公司云财富、豫新投资公司、河南都盛供应链管理有限公司、河南智睿农业科技公司等签订长期战略合作协议，为农户解决红枣销售难等问题。

【新疆奕飞生态农业科技发展有限公司】 位于新疆喀什地区麦盖提县库木库萨尔乡托万库木库萨尔村，是一家集科研、种植、加工、销售核桃油系列放心食用植物油的现代化民营企业。2020年4月，公司成立，注册资金1000万元，建设一条收购、加工核桃油生产线。公司占地面积9.8亩，有高标准核桃油加工厂房970平方米，10万级食品净化厂房510平方米，核桃保鲜库250平方米。食用油生产过程采用冷榨工艺，全部流程不超过60℃，在冷榨过程中，能够保证原有营养成分不被破坏，最大限度保留营养成分，为大众消费者提供安全、健康、营养的绿色产品。

【新疆沣浓农业科技开发有限公司】 注册成立于2020年9月3日，公司位于麦盖提县城西工业园区，注册资本1000万元。公司加工棉副产品，初始投入资金3000万元，厂区现有员工300余人，其中技术骨干60人，当地少数民族职工150余人，大专以上学历50余人。可加工棉籽，生产食用棉籽油、棉短绒等，同时延伸下游产业链，如小包装棉籽油及调和油的生产、发酵饲料的加工和生产、棉蛋白的提纯等。从原料采购、产品加工生产到产品销售均形成一套完备的体系和供应链。

交通运输

公路建设与养护、路政

【公路建设】 2020年，麦盖提县新建农村公路59.6千米（包括1座小桥），总投资5401.74万元，公路等级为四级，其中建设村组道路44.3千米，总投资1993.78万元；建设胡杨林场、五一林场道路15.3千米，总投资649万元；实施麦盖提县克孜勒阿瓦提乡沙漠固沙生态通达公路27.84千米建设，投资696万元；农村道路维修工程约30万平方米，总投资2758.96万元。

【公路养护】 2020年，麦盖提县公路分局有养护机械设备及车辆46辆，其中生产

5月1日，县公路管理分局开展劳动竞赛（县公路管理分局供稿）

7月24，县公路管理分局养路工人维修高速公路护栏（县公路管理分局供稿）

指挥车3辆、道班交通车2辆、生产作业车15辆、机械9台、小型养护设备11台、依维柯2辆，共管理养护4条线路，分别为国道217线、省道215线、省道234线、省道310线，养护里程全长192.57千米，路面均为沥青混凝土路面，桥梁56座/1936.47延米，涵洞301道/4154.16延米。公路养护完成优等路102千米、良等路61.345千米、中等路21.04千米、次等路7.189千米、差等路3千米，平均MQI值85.37，优良率84.82%。全年小修保养总费用为221.38万元，完成199.96万元，完成总费用的90.32%。全面推动自治区交通运输厅党委“大干60天”劳动竞赛安排部署，组织机关业务干部、一线养护职工50余人，

开展公路养护与养护机械设备管理劳动竞赛活动。麦盖提县省道310线、215线部分路段路肩、边坡被雨水冲毁，县公路分局立即组织人员、机械设备赶赴现场进行抢修，回填路基缺口（机械土方）2980立方米、整修路肩及边坡4.31万立方米，投入143.66工日，投入挖掘装载机（履带式）5台班、轮胎式装载机4台班、依维柯12辆班、自卸车10辆班、生产指挥车4辆班。

【路政工作】 2020年，麦盖提县路政执法大队主要担负省道麦喀高速公路S16线（K0–K50）50千米、省道215线（K96–K186）90千米、省道310线（K0–K62）62千米（S215线和S310线4千米重复里程）、省道234线（K0–K40）40千米管理。4条省道横穿麦盖提县、莎车县、岳普湖县、巴楚县，沿途乡镇、居民区众多，交通情况复杂，人口密集，畜力车占道较严重。履行公路管理职责，依法保护路产、维护路权，投入公路管理人员628人次（含巡查、治超）、225车次（含巡查、治超），巡查里程累计2.94万千米。依法办理、查处路政案件35起、延续许可案件3起（涉路续办行政许可3起，收缴补偿费6.61万元），共收缴公路赔（补）偿费20.19万元、收取行政处罚金额4700元，两项费用合计20.66万元，同比下降22.42%。向公路养护部门送达公路、公路附属设施修复及隐患排查告知单21份（其中公路、公路附属设施修复告知单16份、安全隐患排查告知单5份），有效维护路产路权，保障公路畅通完好。组织召开“十三五”迎国评专题工作会议2次，全面安排部署大队迎国评工作；做好自治区迎国评路域环境“八个无”预检检查组检查内容整改落实工作，上报非公路设施印证材料52份。安排部署人员、车辆，配合相关部门完成10月23日迎国评路况检测工作。依托路政巡查工开展“宪法法律宣传月”“路政宣传月”“信用交通宣传月”等宣传活动共5次，发放宣传单1500余份。做好案件评查及典型案例上报工作，每月对路政处罚、赔补偿案卷进行评查，评查率98%。根据《新疆维吾尔自治区交通运输综合行政执法案例指导制度》，上报行政执法指导案例2例。

10月23日，县路政执法大队加强路域环境整治工作（路政执法大队供稿）

运　输

【民用汽车保有量】 2020年，麦盖提县民用汽车保有量1.74万辆（包括三轮汽车和低速货车），比2019年末增长0.9%，其中私人汽车保有量1.72万辆，增长0.9%。

【货 运】 2020年，麦盖提县货物运输量2.1万吨。货物运输周转量142.6万吨千米，比2019年下降24.5%。

【客 运】 2020年，麦盖提县旅客运输总量108.84万人次，下降22%；旅客运输周转量1798.74万人千米，下降30%。

【综合服务】 2020年，麦盖提县交通运输局及时办理客运车辆报废更新、过户业务，受理并依法协调解决关于出租车的举报投诉案件113起，依法维护驾驶员和乘客的利益。协调驾驶员完成上岗证考试。落实自治区29项疫情防控优惠政策，减免运输企业6个月车辆管理费，引导运输企业、驾培企业落实好自治区阶段性减免税收、“五险一金”等财税金融优惠政策。县路政执法大队核查大件运输许可车辆8辆，高速公路共投入护送大件运输车辆人员累计21人次、8车次，护送里程累计1950千米。

【招商引资】 2020年，麦盖提县交通运输局按照县委招商引资工作安排，引进运输企业3家，其中麦盖提县路安汽车有限公司4月正式营业。

【安全生产】 年初，麦盖提县交通运输局与系统各单位签订安全生产目标责任书，全年召开安全生产工作例会16次，帮助企业解决安全生产中的问题和困难。对全县货运企业进行摸排，建立台账，不定期对客运站、运输企业、驾培企业、物流企业、维修企业等开展安全大检查，排查治理一般隐患345处，其中消防安全隐患25处，停业整顿3家，对2家超限超载的货运车给予停运1个月的行政处罚。协调交通执法相关部门组成联合执法组，开展路检路查，共检查客货运输车辆1.4万余辆（客运车辆5000余辆，货运车辆9000余辆），处理各类违法违章行为60起。督促物流企业（托运部）严格落实收寄验视、实名登记、过机安检3个100%制度，对落实不到位的责令停业整改，防范违禁品通过物流渠道流入。

麦盖提县路政执法大队与全体干部职工签订安全生产目标管理责任书、组织召开安全生产专题会议10次，做到年度有计划，平时有检查；召开安全生产知识专题讲座2次，观看警示教育片2次，制作安全生产月宣传横幅4条，发放宣传册150份，发放安全生产宣传单1200余份；开展春季消防安全教育培训1次；开展安全生产宣传“五进”活动，制作宣传板幅1块、宣传横幅1条、发放消防安全宣传手册30份；开展自查自纠安全检查5次、车辆安全检查10次、安全隐患排查15次，发现安全隐患21处，整改21处。开展路警联合超限超载治理共投入执法人员997人次，执法车次290车次，检测车辆1712辆，没有超限超载运输现象。通过交通运输综合行政执法系统共办理各类路政案件35起，录入率100%，破案件35起，结案35起，结案率100%，路政巡查记录每日全部录入，共录入路政巡查记录232条。更换配发全新执法记录仪4部、执法记录仪终端1台、手持执法终端4部、手持执法平板1部、云端录像机1部等信息化装备，增强路政执法信息化技术运行。

9月17日，县公路管理分局技术人员进行岗前安全排查（县公路管理分局供稿）

邮政管理

【隶属关系及管理范围】 2020年，中国邮政集团有限公司新疆维吾尔自治区麦盖提县分公司受喀什分公司领导，对麦盖提县16个邮政服务网点进行管理，其中金融网点有县局营业室（代办邮储银行个人储蓄业务）、兵团第三师四十五团邮政所、兵团第三师四十三团邮政所、兵团第三师四十五团六场邮政所、库尔玛村邮政所5个，普服网点有英尔曼邮政所、牌楼邮政所、巴扎结米镇邮政所、希依提墩乡邮政所、央塔克乡邮政所、吐曼塔勒乡邮政所、尕孜库勒乡邮政所、克孜勒阿瓦提乡邮政所、库木库萨尔乡邮政所、昂格特勒克乡邮政所、库尔玛乡邮政所11个。

【邮件管理】 2020年，麦盖提县邮政分公司落实国家、自治区、集团公司各项邮件安全工作保障措施，落实“三个确保”（确保寄递渠道安全畅通、确保邮政行业平稳运行、确保重要时期安全顺利），执行收寄邮件安全验视制度，重点抓好营业揽收、分拣封发、运输投递等重点环节安全工作，层层签订寄递渠道安全服务保障承诺书，落实邮件寄递各个环节的安全职责。

【远程管理】 2020年，喀什地区分公司建成营业网点运行远程监控系统平台，其中麦盖提县分公司5个金融网点完成远程监控系统平台设备安装、调测上线运行工作；按照喀什邮政普遍服务全面达标工程要求，全县11个普服网点安装监控设备与地区平台联网。

【资金管理】 2020年，麦盖提县邮政分公司定期不定期开展各部门、邮政所金融资金“三个规定”合规执行情况自查与检查工作，确保邮政金融资金安全。

邮政经营

【预算收入完成情况】 2020年，地区邮政分公司下达年预算收入1321万元，麦盖提县实际完成预算1254.78万元，完成预算的95%；欠收66.22万元，同比增幅5.9%。

【各项业务收入】 2020年，麦盖提县邮政分公司主要经营业务有6项，除寄递翼、函件业务营业额有所下降外，其他5项业务都呈现增幅。代理金融业务完成626.18万元，同比增幅17.68%，完成计划进度（计划目标585万元）的107%，超预算进度41.18万元。寄递业务完成356.07万元，同比下降11.57%，完成计划进度的77.74%，欠预算进度101.93万元。增值业务完成12.73万元，同比增幅0.31%，完成计划进度的29.6%，欠预算进度30.27万元。报刊业务完成142.77万元，同比增幅13.79%，超预算进度17.77万元；函件业务完成7.53万元，同比下降57.95%，完成计划进度的50.2%。预定2021年新邮套票108套、小版2套、大版3套、首日封1套。集邮品鉴会1次，销售邮品3.4万元，全年销售各类函件集邮产品12.94万元。销售分销产品90.21万元，其中销售农资43.48万元，销售酒水16.8万元，销售月饼粽子食品类11万元，销售粮油类产品15万元，销售其他日用品3.93万元。

5月1日，麦盖提县邮政社区会员超市开业（陈艳琴摄）

12月1日，县邮政分公司投递分发人员连夜装邮件（陈艳琴摄）

通信服务

【电信分公司】 2020年，麦盖提县电信分公司在基础电信业务；增值电信业务；经营与通信及信息业务相关的系统集成、技术服务、技术培训、技术咨询、信息咨询、设备及计算机软硬件的销售、安装和设计与施工等经营上接受喀什分公司管理。县电信分公司同时对辖区内各营业点进行业务管理。

2020年，麦盖提县电信固定电话用户2.34万户，下降18%；移动电话用户15.76万户，增长6.2%，其中移动业务年度净增预算目标9677户，完成累计预算的58.28%；互联网宽带用户4.86万户，增长2.4%，其中宽带业务年度净增预算目标2881户，完成累计预算的89.55%，新增宽带融合占比85.26%；天翼高清年度净增预算目标3106户，完成累计预算的90.66%。县电信分公司全年互联网和相关服务业营业收入1.16亿元，比2019年增长14.7%。麦盖提县电信分公司通过后端精心策划和反复论证并制定方案，在全地区第一个完成城域网FTTB割接到专网专项工作改造任务，并开通以下各类大客户业务电路：专线电路72条，互联网电路28条。政企客户业务开通履约率指标完成100%，政企客户业务保障履约率指标完成100%。疫情防控期间，为确保用户网络能够正常使用，麦盖提县电信分公司成立应急通信保障处突小分队，24小时维护全县网络，确保疫情防控期间全县网络运营畅通；为解决大量学生停课不停学，组织专人保障移动网络障碍日清日结、移动网络障碍率降到最低。麦盖提到岳普湖、莎车、巴楚3条48芯干线光缆建成后，开通100G波分业务，网络带宽大幅度提升，为大视频、云通信、5G发展提供保障。通过网络部多次沟通、论证建设方案，完成24个村288光交建设，城区两个288主干光交扩容为576大光交，实现全县所有乡镇村、团场连光缆全覆盖，为后期户户通、政企业务开通夯实基础。麦盖提县电信分公司坚持每月开展员工业务知识、操作技术、实名制管理等岗位培训1次，促进服务水平提升。建立投诉处理绿色通道机制和用户服务跟踪服务机制。

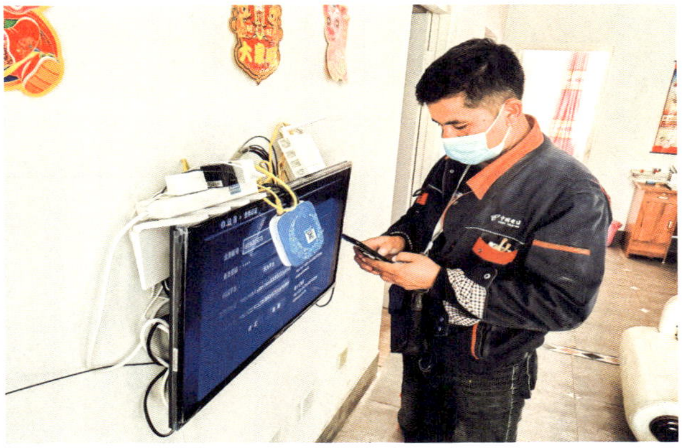

11月2日，县电信分公司疫情防控期间开展网络维护（县电信分公司供稿）

6月11日，县联通公司组织业务学习（县联通公司供稿）

【联通分公司】 2020年，麦盖提县联通分公司在固定、移动等所有的电信类业务上接受喀什分公司管理。县联通分公司同时对辖区内各营业点进行业务管理。

截至2020年12月31日，麦盖提县联通分公司累计完成主营收入3478.2万元，同比增长30.5%、累计预算完成（基础目标）117.1%、累计预算完成（挑战目标）116.29%，较2019年同期增长32.65%。全业务累计发展3.37万户，累计发展同比增长8.79%，累计净增全业务出账用户1.16万户，发展有效率34.5%；固网出账用户净增1010户，发展有效率62.6%，毛利率完成100.97%。政企全业务收入累计完成293.1万元，同比增幅51.67%。有社会渠道51家，共发展2.62万户，同比增幅11%，累计完成收入2141.62万元，同比增幅13%。自有营业厅累计发展移网4377户，出账收入630.06万元，同比增幅22.4%，人均产能182户，累计发展固网141户，同比增幅17.5%。存量经营，本年累计移动业务出账新增收入同比增长14.79%，增存合计同比增长26.92%，本年累计移动业务出账收入移网占收比：存量收入78.85%，新增收入21.15%。固网业务收入本年累计实际完成161.9万元，同比增幅134.38%。本年累计发展1613户，净增用户1010户，同比增幅114.13%。

2020 年麦盖提县联通公司基站建设一览表

表 1

序号	行政区域	站　名	开通网络
1	麦盖提县	KSMG1 尕孜库勒乡四村 M 单 U1-1A	3G/4G
2	麦盖提县	KSMG1 库尔玛乡七村 M 单 U1-1A	3G/4G
3	麦盖提县	KSMG1 希依提墩乡派出所 M 单 U1-1A	3G/4G
4	麦盖提县	KSMG1 高速公路收费站 M 单 U1-1A	3G/4G
5	麦盖提县	KSMGT 克孜勒阿瓦提乡塔勒克村第二小学旁村 M 单 U1-1A	3G/4G
6	麦盖提县	KSMGT 吐曼塔勒乡二农场 M 单 U1-1A	3G/4G
7	麦盖提县	麦盖提县公安局家属楼	4G/5G
8	麦盖提县	麦盖提县人民路邮政局家属院内	4G/5G
9	麦盖提县	麦盖提县电信局营业厅内	4G/5G

【移动分公司】 2020 年，麦盖提县移动分公司在移动语音通话业务，移动数据业务以及上述机关的信息服务、技术开发服务、设备销售等方面接受喀什分公司管理。县移动分公司同时对辖区内各营业点进行业务管理。

2020 年，麦盖提县移动公司业务总量 4183.99 万元、同比 2019 年增长 7.37%；固定电话用户 148 户（新增 46 户）、移动电话用户 5.81 万户（新增 2.28 万户）、互联网宽带接入用户 1.37 万户（新增 6198 户）；基站 493 个，其中 2G162 个、4G327 个、新建 5G 基站 4 个；农村 4G 信号有效覆盖率 70%。

12 月 16 日，县移动公司业务大厅工作人员在办理业务（尹敏摄）

金融业

银 行

【概况】 2020年，麦盖提县金融机构人民币各项存款余额71.91亿元（含外资），比2019年下降1.2%。其中，非金融企业存款余额10.38亿元，增长0.3%；住户存款余额43.36亿元，增长15.1%。年末，金融机构人民币各项贷款余额44.7亿元（含外资），比2019年增长3.1%。住户贷款10.21亿元，增长0.4%；非金融企业及机关团体贷款34.49亿元，增长3.9%。

【人民银行麦盖提县支行】 2020年，人民银行麦盖提县支行开展“六稳”工作，落实“六保”任务，推进防范化解重大金融风险攻坚战如期收官。截至年末，各金融机构人民币各项存款余额71.91亿元，同比下降1.17%；各项贷款余额44.7亿元，同比增长3.05%。在全国经济受新冠肺炎疫情影响下，加大信贷规模支持，金融运行保持平稳，保障县域发展各项资金需求。

疫情防控期间，发放上级划拨直达资金6笔，金额1.38亿元，麦盖提县支行开通绿色通道，将专项资金及时划拨至各相关部门；利用电话、网络等方式与企业沟通，以“不见面”办贷模式，向蔬菜供应和粮油供应企业投放贷款2448万元，为春耕生产投放贷款6128万元；指导商业银行主动作为，对疫情物资采购和民生相关单位的大额现金需求，特事特办，及时满足；支行共投放9000万元原封新券，对内收入的现钞及时杀菌消毒再进行单独存放，确保群众用上“卫生钱、安全钱”。向麦盖提县农信社发放一年期支农再贷款3275.56万元，利率为2.5%。此笔再贷款全部用于发放农户贷款，惠及830户农户。在中征应收账款服务平台中完成融资7笔，金额2.38亿元。指导金融机构开放绿色通道，对复工复产企业提供全力信贷支持。截至年末，各金融机构累计发放复工复产企业贷款187户、11.02亿元，投放粮食收购贷款6000万元、棉花收购贷款13.9亿元。落实支持纺织服装、口罩生产企业政策，走访相关企业9家，在指导金融机构提供信贷资金2.5亿元银团贷款基础上，新增发放贷款4490万元。组织辖内金融机构开展个体工商户小额贴息贷款政策宣传2次，制作微视频2个宣传支持复工复产金融知识，召开个体工商户贷款发放推进工作会4次。带领金融机构通过电话回访工商户3450户、进社区宣传工商户3000户、结合县委升国旗向500名公职人员宣讲等方式，主动对接，发掘客户。截至年末，共发放工商户贴息贷款1177户、2529万元。对申请延期还本付息的企业和个人100%受理。免除2家企业罚息和复利24.48万元，办理企业贷款展期2笔、1275万元；办理个人贷款展期4494笔、1.02亿元。推进移动支付与县馕产业文化衔接。创建“馕产业+旅游+文化+移动支付”发展模式，发展“农信银聚合支付”馕产业商户222户，总业务量2.96万笔，总金额90.58万元。推动“移动支付+商户”模式便捷购物，各金融机构在增加传统POS机布放基础上，推广云闪付、银行业标准二维码扫码支付，共完成二维码商户2292户，方便群众支付。联合县实验中学开展高一年级金融知识进课堂活动；组织金融宣讲团赴尕孜库勒乡博孜库木村开展金融文化“百团进千村”活动，围绕人民币反假、反电信金融诈骗与存款保险知识普及三方面开展宣传；联合邮储银行进入社区开展针对老人、留守人员等低净值人群理性消费和科学理财方面的宣传；联合县公安局、检察院、法院、市场监督管理局、5家银行业金融机构、4家保险公司开展“守住钱袋子，护好幸福家”宣传活动，惠及各族群众2万余人。

6月8日，县人行组织开展金融知识进校园活动（县人行供稿）

【中国农业发展银行麦盖提县支行】 2020年，中国农业发展银行麦盖提县支行全面贯彻落实党中央、国务院及总行决策部署，坚持稳中求进工作总基调，做好“六稳”工作，落实“六保”任务，推进防范化解重大金融风险攻坚战如期收官。投放疫情应急贷款和扶贫贷款，保障了粮棉企业发展的各项收购资金需求，为夺取疫情防控和实现经济社会发展目标双胜利提供金融支撑。受疫情影响，截至年末，各项存款余额4.37亿元，同比下降13.4%；各项贷款余额17.33亿元，同比减少8.31%。

在疫情防控期间，利用电话、网络等方式与企业沟通，以“不见面”办贷模式，向上级申请备足紧急防疫资金，第一时间投放6笔共3848万元，确保应急物资需要。提前做好市场调研，与粮棉企业提前沟通，提前筹划准备，6月底夏粮收购前，备足粮食收购扶贫贷款资金1亿元，以3.05%低于同业利息投放扶贫资金给粮食收购企业，做到钱等粮；开通速汇通新网银结算业务，及时将售粮款打入农户卡中，做到粮出手钱到手，保护农民利益不受损失，提前1个月超额完成粮食收储任务。保障复工复产现金供应，开放绿色通道，全力对复工复产企业提供信贷支持。截至年末，累计发放复工复产企业贷款15户、19.28亿元；投放粮食收购贷款6691.5万元、棉花收购贷款16.5亿元，利率为3.05%，粮棉扶贫资金贷款全部用于发放农户贷款，惠及1.47万户农户；对疫情物资采购和民生相关单位的大额现金需求，特事特办，及时满足。组成资金专班，为企业办理网银转账，避免现金交流中疫情传播风险，对内收入的现金及时杀菌消毒再进行单独存放，确保让群众用上“卫生钱、安全钱”。开展个体工商户小额贴息贷款政策宣传2次，制作2

个微视频宣传支持复工复产金融知识，进社区结合社区升国旗向广大群众宣讲，主动对接，发掘客户，惠及工商户 89 户。对麦盖提县引进的大型纺织企业提供信贷资金支持 2.5 亿元。贯彻落实金融支持纺织服装、出口生产企业政策，为 6 家相关企业新增发放贷款 2 亿元。为开户企业提供“移动支付 + 企业”模式便捷金融服务，开通速汇通支付的推广运用，满足企业和广大群众的支付需求。以多种方式在乡村和社区推进金融文化“百团进千村”活动，围绕人民币反假、反电信金融诈骗与存款保险知识普及开展宣传；针对老人、留守人员等低净值人群开展理性消费和科学理财方面的宣传；参加麦盖提县人行组织的“守住钱袋子，护好幸福家”宣传活动，惠及各族群众 2 万余人。

【中国工商银行股份有限公司麦盖提支行】
2020 年，工商银行麦盖提支行各项存款余额 10.06 亿元，较 2019 年负增长 7384 万元；储蓄存款余额 7.51 亿万元，较 2019 年增长 8953 万元；对公存款余额 2551 万元，较 2019 年负增长 1638 万元；各项贷款余额 1503 万元，较 2019 年增加 184 万元；利润 1652 万元；全年累计对小微企业和个体工商户发放各类贷款 144 万元。

疫情防控期间，根据小微企业和工商户的实际需求，发放“开工贷”“税务贷”“烟草贷”“经营快贷”等优惠贷款，简化手续，提升流程，降低贷款利率。全年共发放复工复产“开工贷”109 笔，贷款金额 563 万元；对经销香烟的个体工商户发放“烟草贷”38 笔，贷款金额 98 万元；对小微企业开展电话一对一对接，询问需求，对有需求的客户上门现场收集资料，全年为 16 个小微企业发放“税务贷”和“经营快贷”，金额共 780 万元，支持部分小微企业和个体工商户复工复产，助力地方经济发展。在对公开户柜台开通小微企业开户绿色通道，提高小微企业开户率，实现一日便完成开户及启用手续，方便小微企业主资金使用。全年共开立对公账户 142 户；为方便企业主和个体工商户及时了解账户变动信息，实时推出“到账伴侣”业务，实现一个账户最多可同时让 10 个手机号码接收消息，短信息、微信、电子邮件可同时接收。开立“安心账户”，个人客户较同期净增 2.67 万人。在麦盖提县劳动监察大队支持下独家办理农民工工资监管“安心账户”，全年共开立“安心账户”128 户，新增代发工资个人客户 1.67 万户，累计代发农民工工资 4.02 亿元，其中代发工资客户数净增 1.35 万人，代发工资额较同期净增 8984 万元，减少农民工工资发放纠纷。截至 12 月 31 日，新发个人卡 2.68 万张，新发社保卡及补换卡 5026 张，为城乡居民提供存取款及结算便利。推广信用卡分期付款业务，全年共办理普通消费分期、e 分期、专项现金分期业务 2300 万元，解决居民购买家电、住房装修、购车等需求。“3·15”国际消费者权益日，开展反假币、反欺诈、保护消费者权益、保护征信等主题宣传活动，以线上线下多种方式走进更多消费者。在网点开展

12 月 15 日，县工行在中医医院办理医护信用卡（张平摄）

厅堂微沙龙宣传，向客户发放各类宣传折页，开展现场宣传；上门到个体户店铺进行宣传，各族群众反假币、反欺诈相关知识水平得以提高；广泛普及人民币相关知识，提升市民金融知识水平。

【中国农业银行麦盖提县支行】 2020年，中国农业银行麦盖提县支行存款时点余额10.22亿元，较年初增加5122万元，其中储蓄存款6.30亿元，较年初减少529万元，对公存款3.84亿元，较年初增加5651万元。掌上银行个人客户月均动户2352.33户，任务完成率48.01%。发展营销场景6户。其中，麦盖提县税务局智慧党费上线成功，25人成功实现缴费；麦盖提县扶贫商城大漠丰源店铺9个产品上架；麦盖提县迎宾馆智慧食堂、住房和城乡建设局智慧食堂信息已录入，与单位进行对接开立借记卡、掌上银行事宜；开启麦盖提县白云热力、华鹰热能掌银缴纳暖气费优惠活动，实现白云热力交易152笔、华鹰热能交易57笔。扶贫重点县贷款余额1.88亿元，比年初下降1370万元，其中法人贷款1775万元，比年初增长762万元，个贷6844万元，比年初增加1887万元，农户贷款现金余额2732万元，贷款比年初增加1188万元，个人贷款年初余额3413.4万元，比年初增加698.9万元，无不良、无逾期贷款。个人贷款累计投放4113万元，其中个人贷款2368万元，农户贷款1744万元，法人贷款累计投放1090万元。拓展法人贷款业务，以贷引存；城市业务客户经理重点做好城市个贷业务，农户客户经理重点做好农户贷款调查投放，形成法人贷款、城市个贷、农户贷款齐抓共进局面。贷款调查时抓好贷款准入关，贷款发放后做好贷后管理环节工作，贷款到期时落实到期贷款提前预警、提前着手进行电话催收和上门清收工作。把风险实时防控功能嵌入系统流程，利用系统监测手段，提升运营监管检查有效性，突出非现场精准监管，坚持现场常态监管，筑牢风险和案件防线。

【麦盖提县农村信用合作联社】 截至2020年12月末，麦盖提县农村信用合作联社存款总额34.52亿元，比年初减少6899.55万元。其中，对公存款15.02亿元，比年初减少6.51亿元，储蓄存款19.3亿元，比年初增加2.71亿元。全县存款占比48%，各项贷款23.32亿元，全县占比52.17%。疫情防控期间，执行纾困解难各项政策，支持实体经济复工复产。累计投放复工复产贷款2.02万笔、13.87亿元。发放扶贫小额信用社贷款7195笔、2.51亿元，新发放小额扶贫贷款506笔、1650.87万元，存量扶贫贷款余额965笔、2878.39万元。围绕县域产业结构，创新推出畜牧业“金牛贷”专项贷款，获中国农村金融脱贫攻坚社会责任贡献机构奖、中国金融扶贫及创新优秀案例。加强涉农贷款，支持县域经济发展。截至年末，联社各项贷款余额16.38亿元，较2019年末增加3.77亿元，增幅29.91%。加快电子银行业务推广速度、提高市场占比，确保中间业务收入。截至年末，累计发行银行卡36.16万张，存款余额8.57亿元；设立助农服务点211个，交易57万笔，交

3月15日，县农村信用合作联社开展“3·15”金融消费者权益保护宣传活动（县信用社供稿）

易金额10.51亿元；办理聚合支付商户556户，交易14.6万笔，交易金额5247万元。普惠金融基本实现全覆盖。层层签订安全生产责任书171份、安全保卫工作责任书171份，形成一级抓一级、层层抓落实格局。配备专职监督人员，对各网点营业期间业务操作、款箱交接、值班备勤、用水用电等环节进行实时监督，加强员工安全生产、安全保卫规范操作。开展安全生产、安全保卫工作检查，全年对15个网点及机关各部室开展检查17次，实现全年无安全生产和安全保卫事故发生。

6月16日，县农村信用合作联社开展“人民币知识进社区”宣传活动（县信用社供稿）

【邮政储蓄银行麦盖提县支行】 2020年，邮政储蓄银行麦盖提县支行各项存款余额2.86亿元，各类贷款余额6900万元。全年

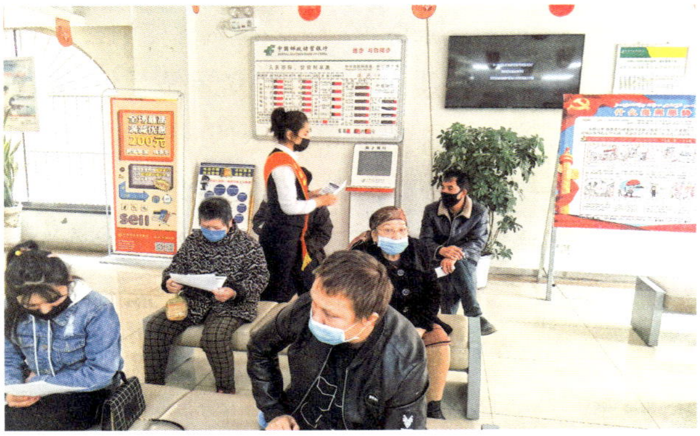

3月15日，县邮储银行对网点客户宣传反洗钱知识（县邮储银行供稿）

安装收单二维码446户，二维码收单结余商户406户；新增发卡372张、新增双投业务（基金定投、黄金定投）461户，信用卡新增发卡1336张。疫情防控期间，支持个体工商户实体经营，发放复工复产贷款669万元。以组建客户经理团队为契机，定期组织开展培训、考核和集中学习，组织营销实战演练，充实员工业务知识，提升营销能力，为客户提供优质金融服务。

开展“3·15”消费者权益保护、远离非法集资、反洗钱及扫黑除恶、电信诈骗等宣传活动，派出员工13人次，发放宣传折页530份，受众1420人，促进消费者风险防范意识和自我保护能力提升。

6月9日，县邮储银行组织员工开展消防灭火演练（县邮储银行供稿）

保　险

【中国人民财产保险股份有限公司麦盖提县支公司】 2020年，麦盖提支公司开办棉花、小麦、玉米、奶牛等政策性种植业和养殖业保险业务，全年政策性种植业保险保单1009份，承签单保费1226.77万元，其中中央财政补贴490.7万元、自治区财政厅补贴306.69万元、县级财政补贴184.02万元、农户自缴245.35万元。政策性养殖业保险单共987份，签单保费56.75万元，承

3月22日，县人保财险分公司下乡勘察小麦灾情（屈银川摄）

保2485头，其中中央财政补贴28.38万元、自治区财政厅补贴17.03万元、农户自缴11.34万元。落实银保监会关于规范财产保险市场有关文件精神，开展“车险报行合一”“财务业务数据真实性检查”“反洗钱”工作。通过开展自查自纠工作，规范自身经营行为，落实后续整改措施，提高自我约束、自我净化能力。在新冠肺炎疫情防控期间，向教育局捐赠口罩20万只。落实24小时查勘值班制度，一旦报案，理赔人员迅速联系客户，安抚客户情绪，并第一时间赶赴现场进行施救和查勘。全年接收有效车险报案3762件，结案1.24万件，累计支付赔款3766万元，同比增长22%。接收

9月19日，商业车险改革，县人保财险分公司成功完成第一单（屈银川摄）

有效农险报案2613件，结案2083件，累计支付赔款2461万元，同比增长42%。

【中国人寿保险股份有限公司麦盖提县支公司】 2020年，中国人寿保险股份有限公司麦盖提县支公司整体考核指标达成及赔付情况：标准保费目标291万元，达成385万元，达成率132.45%，同比增幅89.23%；首年期交保费目标627万元，达成883.64万元，达成率140.93%，同比增幅120.51%；5～9年期保费目标35万元，达成50.5万元，达成率144.29%，同比增幅90.42%；10年期及以上期交保费目标275万元，达成427.14万元，达成率155.44%，同比增幅139.95%；10年期及以上期交保障型保费目标199万元，达成291.65万元，达成率146.71%，同比增幅95.76%；短期险保费目标549.2万元，达成611.16万元，达成率111.28%，同比小额出现负增长；互动业务保费目标128万元，达成195.72万元，达成率152.91%，同比增幅65.67%。一年内短期险综合赔付率33.68%，赔付205.88万元，较2019年同期下降31.82%。个险渠道任务完成及赔付情况：首年标准保费目标291万元，达成372.88万元，达成率128.14%，同比增幅91%；首年期交保费目标497万元，达成644.94万元，达成率129.77%，同比增幅113.56%；10年期及以上期交保费目标275万元，达成427.14万元，达成率155.32%，同比增幅139.97%；10年期及以上期交保障型保费目标199万元，达成291.65万元，达成率146.56%，同比增幅95.75%；短期险保费目标169万元，达成206.67万元，达成率122.29%，同比增幅24.95%；互动业务保费目标115万元，达成157.55万元，达成率137%，同比增幅50.25%。一年内

3 月 15 日，县人寿保险支公司开展反洗钱宣导活动（李燕摄）

短期险综合赔付率 26.86%，赔付 55.51 万元，较 2019 年同期下降 19.23%。银保渠道任务完成及赔付情况：短期险保费目标 380 万元，达成 400.64 万元，达成率 105.43%，同比下降 25.07%。一年内短期险综合赔付率 36.58%，赔付 150.37 万元，较 2019 年同期下降 33.44%，短险赔付金额降低 223.97 万元。团险渠道任务完成情况：首年期交保费目标 130 万元，达成 238.39 万元，达成率 183.38%，同比增幅 173.24%；5 年期目标 35 万元，达成 35.7 万元，达成率 102%，同比增幅 275.77%；短期险保费目标 2 万元，达成 3.85 万元，达成率 192.5%，同比增幅 118.12%。

【中华联合财产保险股份有限公司麦盖提县支公司】 2020 年，中华财险麦盖提县支公司车险承保 4740 笔，保费完成 305.7 万元，同比增长 4%，车险结案 570 笔，车险案件结案处理率 97.4%，车险当年出险案件结案周期为 2.1 天，第一现场查勘率 100%，1 万元以下当日赔款率 91.7%。承保全县林果业红枣、核桃、苹果保险。完成承保林果业保险 780 笔，保费完成 650 万元，报案结案 672 笔，案件结案处理率 100%，当年出险案件结案周期 4.7 天，第一现场查勘率 100%，案件全部处理结案。与中信期货公司、中兴期货公司、山东援疆办、证商所合作，承保全县红枣期货面积 6.08 万亩，总保费 1550 万元，参保农户 6205 户。11 月中旬，红枣价格市场走势低，为全部红枣承保农户 6205 户共理赔 1863.78 万元。开办承保养殖业奶牛保险，全年承保 6421 头，完成保费 114 万元，理赔 413 笔，案件结案处理率 100%，案件结案周期 7 天，第一现场查勘率 100%。

城乡规划

【城市规划】 为促进麦盖提县跨越式发展，推进山东省对口援建工作，统筹安排城市各项建设事业，根据《中华人民共和国城乡规划法》和自治区、喀什地区、麦盖提县有关法律法规和政策要求，2010年，麦盖提县完成《麦盖提县县城总体规划（2010—2030）》的编制。

规划目标 依据麦盖提县城市经济社会发展目标，优化区域城镇体系空间布局，加强城镇建设和促进城镇化水平的提高；明确城市性质与职能，建立良好的城市形态。

用地布局结构合理，功能分区明确，对未来的城市建设能够提供指导作用；强化城市基础设施及公共服务设施规划，合理安排各项设施的规模与布局，提高当地居民物质生活水平和精神文明程度；明显改善城市居住的生态生活环境，建立风貌独特、景致宜人的城市绿地和景观系统，最终打造成富有地域文化特色和现代生活气息的刀郎文化名城。

规划重点 根据麦盖提县地域特点和发展变化，结合新形势下发展目标，确定本次总体规划重点包括麦盖提县在区域发展中的地位和作用；在自治区推进新型城镇化行动计划中的定位；麦盖提县的性质、职能和发展规模；麦盖提县发展目标与策略；县城整体空间格局；县城用地布局规划；县城公共服务设施及基础设施规划与布局。

规划年限 近期为2010—2015年；中期为2015—2020年；远期为2020—2030年；远景为2030年以后。

规划内容 包括总则、社会经济发展目标与发展战略、县域产业布局规划、城乡土地利用与空间管制、生态与环境保护规划、旅游发展规划、社会事业发展与社会公共服务设施规划（包括教育事业发展规划、卫生事业发展规划、文化体育事业发展规划）、重大基础设施规划、城市性质与城市规模、城市总体规划布局、城市居住空间布局与住房保障规划、城市公共服务设施规划、城市绿地和城市景观规划、综合交通规划、工业及仓储用地规划、规划区空间管制与土地使用强度管制区划、城市市政基础设施规划（包括给水规划、排水规划、供热规划、燃气规划、电力工程规划、电信规划、环卫工程规划）、综合防灾工程规划（包括防洪规划、抗震规划、消防规划、人防规划）、近期及中期建设规划、城市旧区改造规划、实施城市总体规划措施、附则。

规划执行 2010—2020年，麦盖提县委、县人民政府在上级党委的正确领导下，在援疆省市的大力支持和帮助下，严格按照本次规划的目标、重点及时限，扎实推进规划落实，截至2020年，麦盖提县城市规划完成中期目标，城市建设取得大发展、社会经济取得长足进步、人民生活水平显著改善。

【乡镇规划】 2013年，麦盖提县各乡镇完成《麦盖提县各乡总体规划（2013—2030）》的编制。各乡镇总体规划由乡域镇村体系规划和镇区总体规划两大板块组成。

乡域镇村体系规划 包括总则、战略定位与发展战略、人口规模预测、产业发展与统筹布局规划、乡域镇村体系规划、乡域空间利用分区与空间管制规划、乡域综合交通系统规划、乡域公共设施规划、乡域公用工程设施规划、乡域环境卫生治理与环境保护规划、乡域综合防灾减灾规划、乡域近期建设规划。其中，央塔克乡、库木库萨尔乡增加乡域旅游发展规划。

镇区总体规划 包括镇区性质与职能、镇区人口及用地规模、镇区空间结构与用地布局规划、住区与住房建设规划、公共设施规划、道路交通规划、公用工程设施规划、防灾减灾规划、环境保护规划、近期建设规划、政策建议与实施保障、附则。

规划执行 2013—2020年，各乡镇在县委、县人民政府的正确领导下，在有关部门的指导下，紧紧围绕规划目标、时限，因地制宜，大力推进。截至2020年，麦盖提县乡镇规划完成中期目标，乡镇布局、住房、公共设施、道路交通、环保等取得大发展。

城镇基础设施建设

【住房建设及小区改造】 2020年，麦盖提县住房和城乡建设局推进公共租赁住房建设1300套任务，其中沙漠花园二期1000套、喀什飞地园区300套，年内全部开工建设。争取政策性金融支持和国家、自治区和援疆资金补助，推进城市棚户区改造，经摸排计划征迁5037户，审核通过协议4173份，已搬迁4921户，拆除房屋3220户；11月26日，棚户区改造项目（一期）获批贷款4.5亿元，到位5000万元。对上争取项目资金，推进老旧小区改造，完成对县工行、建筑公司家属院等16个小区39栋楼891户外立面保温、上下水、暖气等配套基础设施全面提升改造，改造面积5.4万平方米；新建安居房179套，全部竣工搬迁入住，实现农村户籍安全住房全覆盖；持续开展4轮历年建设安居房裂缝、漏雨、住房安全认定不精准等大排查工作，发现漏雨、裂缝、住房安全认定不精准等问题1133个，下发整改通知书333份，全部整改完毕。

疫情防控期间，完成县城1个疫情监测中心的建设任务和4个隔离点2806套公租房改造工作。

4月23日，县城住房一角（郑三喜摄）

【供排水设施建设】 2020年，麦盖提县投资5377.21万元完成城北污水处理厂二期提标扩容工程建设项目，实现污水处理一级A达标排放；投资1525万元，完成城南城北排水连接管道工程建设项目；投资1600万元完成中水回用项目；投资5000万元，实施城北污水处理厂（三期）及中水回用建设项目，年内施工建设；投资1500万元完成供水管网提升改造项目；配备丢失及缺损井盖166个、更换下水井盖22套，更换存在安全隐患井盖674个；新铺设供水管道5800米；为绿化带、城南园区、帕米尔房地产、刀郎阳光农牧科技发展有限公司、镶产业区、扶贫项目24万锭纺纱厂、城西园区肉制品加工分割有限公司棚户区改造等地共安装 ф100 并联水表108块，为各社区小区安装 ф15 水表92块，更换维修322块。新疆额河建筑安装有限责任公司承建的城南提升泵房至城北污水处理厂总长10千米污水管道、2座泵房、1座清水池按期完成；新增的临时积水池、临时格栅池筏板及墙壁、中水池、集水池、配电室建设按期完工；日照新港市政工程有限公司实施的城区供水管网改造项目，开挖管沟13.6千米，铺设管道13.6千米，已完工进入审计阶段。

11月19日，地区环保部门检查组一行在污水厂视察二期提标扩容运行情况（肖鹏摄）

【宾馆建设】 2020年，麦盖提县现有县委宾馆、刀郎世纪宾馆、刀郎国际宾馆、宝宏酒店、尚客优宾馆、华美主题酒店、交通大厦宾馆、西域主题酒店、川缘聚宾馆、华龙宾馆、晶都酒店、帝豪宾馆、瑞豪宾馆等规模以上宾馆、酒店13家；正在建设的规模以上酒店、宾馆有沙漠大酒店、速8精选酒店、7天酒店3家。

【其他设施建设】 2020年，麦盖提县计划新建旅游公厕4座，完工主体1座，进入装饰装修阶段，其余3座完成地勘、设计，待施工图审查完成后组织实施。维修护栏754米，维修路灯321盏，更换路灯灯具132套。

公用事业

【供排水】 2020年，麦盖提县供排水公司固定资产3100万元，销售收入950万元。县城供水直径500～直径150供水管道管89千米，用户1.34万户，新增安装供水用户267户，供水普及率98%，水质综合合格率98%，管网压力合格率98%；排水直径300以上排水主管道129.3千米，排水普及率95%以上。全年，县城供水总量736万立方米，比2019年同期增长4个百分点；排水量269万立方米，比2019年同期增加6%；售水量445万立方米，与2019年同期基本持平。完成工业产值976.1万元，比2019年同期增加9%；上缴税金22万元；亏损11.32万元。配合棚户区改造，完成10个社区所有水表拆卸工作；开展供排水设备管理、维护，确保夏季高峰期正常供水。根据各种用户的用水需求，合理调节供水量，对供水管网进行动态监测，科学供水。对水厂、污水处理厂进行安全大检查，发现隐患及时处理，确保县城安全供水。疏通排水管道17处共4760米，清理化粪池550立方米，清理下水井129口，确保各处排水畅通；采购实验室设备，对人员进行培训，水厂具备水质常规检12项、污水处理厂常规检6项能力。

【燃气】 2020年，麦盖提县有燃气企业3家，即麦盖提县火炬燃气有限公司（以下简称火炬燃气）、麦盖提县民生燃气有限责任公司（以下简称民生燃气）和华强加气站。全年，商用汽车加气站天然气销售量903万立方米，民用液化气销售150.89吨，民用天然气销售511.69万立方米；新增天然气入户安装487户、壁挂炉安装132户、燃气管道15.5千米；完成城南扶贫产业园6栋保障性住房气化工程，完成城西区保障性住房燃气锅炉安装工程；结合棚户区配套附属设施建设项目，新铺设燃气管网24千米，主要服务于沿街自拆自建居民生活和取暖及地块区域后期用气保障；依法审核办理燃气经营许可证3件，开展天然气管线巡检16次，检查调压箱464个、阀井155座，排查隐患调压箱15台、隐患阀井12座；完成城区居民及商业用户燃气安全检查4830户，处理隐患256户；定期开展加气站设备设施的检修维护，发现隐患132处，均整改完毕。

火炬燃气公司 经营范围为加气站和民用天然气，民用服务范围包括麦盖提县城区、巴扎结米镇5个村、希依提墩乡2个村、库木库萨尔乡城南、城西工业园区，天然气用户1.81万户，加气站城区1个、希依提墩乡1个。

民生燃气公司 经济范围为加气站和液化气，辐射全县，液化气家庭用户9913户。

华强加气站 位于希依提墩乡，全年天然气销售总量为1388.3万立方米（民用天然气812.8万立方米）。

【供热】 2020年，麦盖提县有供热公司2家，即麦盖提县白云热力有限责任公司（以下简称白云热力）和麦盖提县华鹰热能有限责任公司（以下简称华鹰热力）。供热总面积326.73万平方米，集中供热覆盖率85%，其中白云热力供热面积120万平方米、华鹰热力供热面积165.05万平方米，火炬燃气壁挂炉供热面积41.68万平方米。白云热力供热范围主要辐射老城区，供暖用户6689户；华鹰热力供热范围主要辐射城南新区及城西区，供暖用户1.41万户。全年新增热力一网管道500米，二网管道5.6千米。

【公交】 2020年，麦盖提县道路客运共有客运车辆555辆，全县有客运站11个，其中县城3个、乡镇8个。有城市出租车411辆，有新能源公交车47辆。城乡新能源公交车运营线路5条：第一条巴扎结米镇博孜村—叶河驾校，途经26个站点，总里程10千米，用时45分钟；第二条巴扎结米镇博孜村—英巴扎，途经23个站点，总里程13千米，用时40分钟；第三条县城工商银行—巴扎结米镇库台克勒克村，途经10个站点，总里程25千米，用时60分钟；第四条县城电视台—库木库萨尔乡托万哈迪勒克村，途经6个站点，总里程15千米，用时45分钟；第五条英巴扎—央塔克乡结然墩村，途经8个站点，总里程17千米，用时35分钟。

【环卫】 2020年，麦盖提县有垃圾处理站1个。县住房和城乡建设局推进城市环境卫生综合治理工作，开展县城生活垃圾日产日清、对山东康洁环卫公司监督考核指导、213万平方米环卫保洁等工作。全年，县环卫大队累计出动洒水车、洗扫车进行保洁压尘380余次，清运生活垃圾3.25万吨，向莎车生活垃圾焚烧发电厂运送生活垃圾2350余吨。落实河（湖、库）长制，强化河岸污染源监管，加强水源地保护。

9月25日，县环卫工人在开展保洁工作
（县住房和城乡建设局供稿）

【物业】 2020年，麦盖提县住房和城乡建设局按照自治区纪委监委《关于深化整治损害群众利益问题的实施方案》、自治区住建厅等五部门《自治区物业服务专项整治工作方案》要求，结合麦盖提县物业管理工作实际，制定《麦盖提县物业服务行业专项整治工作方案》，并同步推出《麦盖提县物业服务企业监督考核方案》，进一步完善物业管理机制，通过考核建立物业企业信用管理，增强企业竞争意识，促进物业服务健康有序发展。通过组织相关部门召开推进会、利用网络媒体广泛宣传、设立投诉服务电话等有效措施，推进物业服务行业专项整治。同时做到紧抓日常监督，建立物业小区联络督查机制，按照物业服务社区化管理的要求，由各社区居委会负责辖区物业小区日常服务管理的指导，麦盖提镇、住房和城乡建设局供稿局指定专人作为联络员适时深入小区现场，监督物业企业开展住宅小区各项服务落实到位。对相关职能部门有关工作打折扣、不落实，监督指导态度恶劣等问题，会同麦盖提镇、县爱卫会等相关部门进行监督检查，责令限期整改。

园林绿化

【城市绿化】 2020年，麦盖提县住房和城乡建设局推进城市绿化建设工作，按照年初县委确定绿化目标任务，实施绿化提升改造项目，按照“能绿就绿、见缝插绿”原则，在县城各主要路段、城乡接合部、绿化带、老旧小区等区域开展补植增绿工作，共补植补栽各类法桐、白蜡等乔木2.25万株，种植月季花、绿篱等灌木51.86万余株。在县文化广场、南网大道十字路口等地段制作仿真绿化立体花雕13组。城区绿化覆盖率37.5%。

7月21日，县工业路绿化（郑三喜摄）

8月17日，县南网小区小游园
（县住房和城乡建设局供稿）

【绿化养护修剪】 2020年，麦盖提县住房和城乡建设局常态化对刀郎文化广场、叶尔羌河生态文化园、刀郎公园、和平公园、胡杨公园等开展绿化养护修剪工作，促进园林绿化品质不断提升，城市生态环境不断改善。

9月19日，县城市道路绿化（郑三喜摄）

市容市政管理

【整治门头牌匾】 2020年，麦盖提县住房和城乡建设局整治更换门头牌匾398个、审批新挂牌匾288个，规范门头牌匾率98%。

【拆除违章建筑】 2020年，麦盖提县住房和城乡建设局下发违章建筑停工通知37份、违规建房通知16份，引导居民拆除违章建筑12处。

【车辆停放治理】 2020年，麦盖提县住房和城乡建设局开展县城道路两旁车辆停放治理工作，全年涉及乱停乱放车辆3500余辆，处罚294起。经过治理，县城道路两旁车辆停放实现专人管理、整齐有序。

【清理“乱吊挂”】 2020年，麦盖提县住房和城乡建设局清理“乱吊挂”231起，比2019年减少50%。

【规范流动摊贩】 2020年，麦盖提县住房和城乡建设局教育引导流动摊贩有序摆摊设点1300余起。

美丽乡村建设

【改善村容村貌】 2020年，麦盖提县在各乡镇场推进庭院改造、农村垃圾处理、污水治理和村容村貌整治。开展清园、清路、清卫生死角、拆旧房住新房、翻新更新公共设施、优秀文化上墙、道路硬化、庭院整治、房前屋后田边地头见缝插绿等活动，全县村容村貌、人居环境得以改善。

2020年，麦盖提县的乡村干净整洁
（县住房和城乡建设局供稿）

【倡导文明生活】 2020年，麦盖提县开展“倡导新风尚、树立新气象、建立新秩序”活动，完成现代家具入户3.84万户、改厨

2020年，麦盖提县乡村风景如画
（县住房和城乡建设局供稿）

2.7 万户、改厕 4.97 万户，建设公厕 163 个；倡导文明健康生活方式，引导各族群众养成勤洗衣、勤洗被、勤扫除等好习惯；通过文艺表演、宣讲、广播电视宣传等开展文明礼貌、遵纪守法教育。群众的幸福感、获得感显著提升。

【落实扶贫项目】 2020 年，麦盖提县投入项目资金 3233 万元，实施全县 7 个乡镇 40 个行政村 8509 户“煤改电”居民供暖设施改造工程，2.55 万台电采暖设备全部安装完毕并投入使用；投入项目资金 820.56 万元，完成农村贫困户改厕项目 1.36 万户，每户补助 600 元。

商贸服务

商贸流通

【外贸出口】 2020年，喀什地区下达麦盖提县外贸出口任务200万美元，麦盖提县实际完成外贸出口250万美元，超额完成50万美元。

【社会消费品零售】 2020年，麦盖提县服务行业增加值26.04亿元，比2019年增长2.9%。社会消费品零售总额5.79亿元，减少2.4%。按经营地统计，城镇消费品零售额3.94亿元，减少0.9%；乡村消费品零售额1.85亿元，减少5.6%。按消费类型统计，商品零售额4.8亿元，下降4.8%；餐饮收入额9841.9万元，增长11.2%。

供销合作社

【组织协调】 2020年，麦盖提县供销合作社组织协调农资储备供应工作，各经营网点实行价格自律，统一全县各个乡镇农资销售价格，全年销售农资7896.5吨。

【有机认证工作】 2020年，麦盖提县供销合作社支持龙头企业开展无公害农产品、绿色食品、有机食品认证工作，继续向上申报无公害农产品、绿色食品、有机食品，并完成有机食品认证的再次认证工作。

【基层收购点建设】 2020年，麦盖提县供销合作社根据县委部署，在乡镇建立基层蔬菜收购点7个，通过“村级收购网点+乡级净菜中心+县级购销中心”三级蔬菜购销网格体，优先收购贫困户种植庭院经济蔬菜；配合昆仑公司对菜农的辣椒、茄子、西红柿、土豆做到应收尽收，全年共收购销售各类蔬菜6574吨。

3月2日，县供销社在各乡设立农资储备供应点（县供销社供稿）

【民生块煤直供直销】 2020年，麦盖提县供销合作社贯彻落实地区今冬明春民生块煤直供直销工作专题会议要求，在希依提墩乡、央塔克乡、尕孜库勒乡、克孜勒阿瓦提乡、吐曼塔勒乡、库尔玛乡共设块煤销售点9个、村级销售点18个，每个站点安排工作人员2人，共销售7652.4吨。

烟草管理

【执法检查】 2020年，麦盖提县烟草专卖局采取多种监管方式，对经营大户、无证经营和涉烟物流寄递采取日常查、错时查、交叉查等方式，打击违法违规行为。开展中小学周边卷烟销售网点整顿宣传2次，出动人员12人次；检查宣传无证户7户，无证户同比2019年下降22%，未发现经营卷烟行为；在辖区全部卷烟零售户及中小学周边无证户范围签订“禁止向未成年人销售卷烟承诺书”657份，同比2019年上浮72%，未发现向未成年人销售卷烟案件。根据上级市场监管规范要求，计划随机抽查卷烟零售户177户，截至11月20日，完成随机抽查监管卷烟零售户177户。检查中发现真烟非法流入问题1起、许可证使用问题2起，按照程序要求做相应处理。联合市场监督管理局开展辖区电子烟销售清理整顿专项行动1次，收集反馈网络销售电子烟线索26套、违法电子烟广告4条，劝导下架电子烟销售链接2条；根据反馈信息对辖区1户电子烟销售网点开展全面监管，完成委托授权书、营业执照、电子烟合格证明等材料收集，进购明细、实际库存、电子烟销售实名登记台账完备，经营人员签订“禁止向未成年人销售电子烟承诺书”；共张贴禁止向未成年销售电子烟通告662份。电子烟销售市场进一步规范。全年共查办涉烟行政案件14起，其中一般行政处罚案件7起、未在当地烟草专卖批发企业进货案件5起、无证运输案件1起、销售非法生产的烟草专卖品案件1起，查获卷烟409条（案值63.57万元），其中假烟88条、真烟321条，查获非法生产的烟草专卖品（莫合烟）1.29万千克，对以上违法行为做出相应行政处罚，罚款1.27万元。按照行政执法全过程记录工作要求，对每次市场检查、案件查处、涉案物品抽样、询问等情况开展全过程记录，查处的7个案件视频资料齐全无缺损，按照要求长期保存。

【随机抽查】 2020年，麦盖提县烟草专卖局根据市场监管工作要求，制定随机抽查事项清单，并对随机抽查事项清单在政府服务网及县局公示栏公示，随机抽查对象名录库已按照要求每月在县局公示栏进行公示。全年更新随机抽查对象名录库11次，按照程序要求剔除抽查对象40个，新增抽查对象81个，维护新增抽查对象基本信息81次，并完善抽查对象经营地址、经营人员、周边商圈环境、主要消费人员等信息。

【行政公示】 2020年，麦盖提县烟草专卖局开展行政许可类公示130次，其中新办81次、变更3次、延续3次、停业3次、歇业31次、审批注销9次，在国办网站及县局公示栏同时公示；开展行政处罚类公示5次，其中行政处罚公示4次、责令停业整顿1次，在国办网站及县局公示栏同时公示；开展市场监管类公示12次，其中随机抽查人员名录库1次、检查对象名录库10次、检查事项清单1次、检查结果公示1次，分别在政务服务网、县局公示栏及国办网站完成公示。

石油经营

【业务开展】 2020年，中石油新疆销售有限公司喀什分公司麦盖提营业部有运营加油站6座，其中县城站3座、乡村站3座。年成品油销售任务2.7万吨，加油站便利店销售528万元。实际销售成品油2.71万吨，计划完成率101%，便利店销售528万元。

【安全管理】 2020年，中石油麦盖提营业部坚持每日安全巡检2次，开展能力达标月月考核工作，通过掌握率85%，全年无安全事故发生。

【环保防渗改造】 2020年，中石油麦盖提营业部按照环保防渗改造要求，对所属6座加油站完成防渗改造，油罐结构为内钢外玻璃纤维增强塑料油罐（SF双层罐），符合环保及规范要求。

电子商务

【网络销售】 2020年，麦盖提县商务和工业信息化局推进电子商务农产品网络销售，累计帮助贫困户销售灰枣1400吨、核桃139吨、瓜菜215吨，助农直接增收400余万元；发挥示范县项目运营企业人才、技术优势，通过淘宝、京东、拼多多、天猫、社群电商等线上渠道搭建"中国特产·麦盖提馆""喀什优选""深山食客""麦盖提商场"等网上销售平台，上架销售各类特色产品80余种；与拼多多、江苏卫视以及千万粉丝网红主播合作，先后开展特色农产品线上大型直播推介活动5场，收看超过270万人次，特别是策划开展县长直播带货活动3场，销售金额120万元。

【下行销售】 2020年，麦盖提县商务和工业信息化局丰富工业品下行销售内容，将代买代卖、快递代取代发、话费充值、水电费代缴、农资下乡等纳入服务范围，实现销售额580万元。

【对外销售】 2020年，麦盖提县商务和工业信息化局利用山东援疆资源优势，对接麦盖提特色农产品入驻山东"喀什好味道新疆特产旗舰店"35家，常年销售。通过新疆维吾尔自治区厅局驻村工作队帮助，协调"刀郎土瓜"在永辉超市全国门店上架，累计销售量2100多吨。先后组织示范县项目实施企业参加疆内外大型扶贫展销对接会8次，签订销售订单金额300万元，不断拓宽农产品外销渠道。

物流业

【物流公司】 2020年，麦盖提县有日照港物流园、大动脉物流、喀客快运、平翔仓储物流园、德邦物流、中铁物流、安能物流等。受疫情影响，各物流公司业务量较2019年有所下降。

【快递公司】 2020年，麦盖提县有快递企业9家，快递从业人员58人。韵达进港7万件，出港3500件；圆通进港件6万件，出港4000件；百世进港5万件，出港500件；邮政便民服务站进港5万件，出港3000件；申通进港7万件，出港3000件；中通进港10万件，出港600件；京东进港3.4万件，出港1200件；顺丰进港8万件，出港2万件；天天出港2400件；受疫情影响，

9 家快递公司平均经济效益同 2019 年相比下降 36.6%。9—12 月，各快递企业外环境检测采样 43 次，检测结果均为阴性，从业人员核酸检测 44 次，检测结果均为阴性。

鲜肉食盐供应

【鲜肉供应】 2020 年，麦盖提县民健食品有限责任公司屠宰生猪 5770 头，提供鲜猪肉 559 吨；屠宰牛 2193 头，提供鲜牛肉 657 吨；屠宰羊 12.57 万只，提供鲜羊肉 3772 吨；屠宰家禽 14.35 万只，提供鲜禽肉 287 吨。

【食盐购销】 2020 年，麦盖提县众康盐业有限责任公司购进食盐 874.32 吨，其中销售食盐 722.24 吨、库存 152.08 吨；销售工业盐 42 吨。利用“3·15”消费者权益日、“5·15”碘缺乏病防治日开展碘盐宣教活动，悬挂横幅 2 条，发放盐业知识宣传单 1 万份、宣传册 4000 份，咨询服务 600 人次，免费发放合格碘盐 200 千克。

综　述

【旅游收入】 2020年，麦盖提县受疫情影响，接待游客40.31万人次，比2019年下降16.36%；旅游收入2.01亿元，比2019年下降19.36%。

【文化旅游资源】 麦盖提县历史文化悠久，是“刀郎文化”的发祥地和“维吾尔乐舞之母”阿曼尼沙罕的故乡，是国内外知名的原生态文化区，有“中国民间艺术之乡”“中国刀郎羊之乡”“中国刀郎木卡姆之乡”“中国刀郎麦西莱甫之乡”“中国刀郎农民画之乡”称号。被列入县级非物质文化遗产名录7个、地区级5个、自治区级5个、国家级3个，拥有县级传承人33人、地区级传承人22人、自治区级传承人5人、国家级传承人3人。以“刀郎木卡姆”“刀郎麦西莱甫”和“刀郎农民画”为代表的“刀郎文化”，作为中华优秀文化的一朵奇葩，在国内影响深远，屡次走出国门，享誉中外。

【自然旅游资源】 麦盖提县拥有塔克拉玛干大沙漠1.4万平方千米、原始胡杨林25.82万亩、东河滩湿地2万余亩，以及布满无数大大小小岛屿的刀郎湖等自然旅游资源。

【旅游活动】 9月初起，麦盖提县文化体育广播电视和旅游局先后开展“2020中国新疆喀什（麦盖提）丝路文化胡杨节活动”“麦盖提县2020年秋冬季旅游业发展系列活动”，举办“刀郎人游刀郎”“N39°沙漠篝火晚会”“刀郎木卡姆、刀郎舞王（舞娘）比赛”“献礼国庆唱赞歌，浓情中秋庆丰收”文艺晚会、农民画比赛等文化旅游和体育活动30余场（次），为各族干部和广大群众搭建众多活动平台，扩大文化润疆工程覆盖面，传播正能量凝聚人心，推进文化润疆工程全面实施。

旅游行业管理

【落实疫情防控措施】 2020年，麦盖提县文化体育广播电视和旅游局组建文化旅游娱乐市场检查专班，常态化坚持对各景区景点落实疫情防控措施情况进行检查，签订疫情防控、安全生产等责任书240余份，确保“防疫不冒泡、文旅市场不添乱”。

【常态化监督检查】 2020年，麦盖提县文化体育广播电视和旅游局重点开展安全生产监督检查，出动检查人员152人次，检查景区、景点、农家乐、音乐餐厅、网吧、台球厅、书店、印刷厂等364家次。

旅游项目建设

【民俗旅游项目】 2020年，麦盖提县文化体育广播电视和旅游局实施五一林场乡村旅游建设提升项目，五一林场党委积极配合，并自筹资金不断完善项目短板，被自治区评为“民俗旅游重点示范村”。

【景区提升改造项目】 2020年，麦盖提县文化体育广播电视和旅游局实施“刀郎画乡”旅游景区提升改造项目，N39° 沙漠旅游景区提升改造项目，年内全部完成。

【基础设施建设项目】 2020年，麦盖提县文化体育广播电视和旅游局实施叶尔羌河生态文化园旅游景区基础设施建设项目，年内全部完成。

景区景点

【景点打造】 2020年，麦盖提县打造完成的景区景点有国家A级以上旅游景区4个，其中AAA级3个、AAAA级1个；自治区民俗旅游重点村1个，正常运营的4星级农家乐1个、3星级农家乐3个；主要景点有6个。

2020年麦盖提县旅游景区景点情况表

表2

序号	景区景点名称	所在地	级别
1	刀郎画乡景区	麦盖提县库木库萨尔乡	AAAA
2	N39° 沙漠旅游景区	麦盖提县城东南面	AAA
3	刀郎乡里景区	麦盖提县央塔克乡	AAA
4	叶尔羌河生态文化园景区	麦盖提县叶尔羌河东岸湿地	AAA
5	五一林场景点（农家乐）	麦盖提县五一林场	☆☆☆☆
6	刀郎湖景点	麦盖提县吐曼塔勒乡	无
7	胡杨林景点	麦盖提县胡杨林场	无
8	星期天大巴扎景点	麦盖提县昂格特勒克乡	无
9	民俗一条街景点	麦盖提县城英买里路	无
10	刀郎文化广场景点	麦盖提县城内	无

【刀郎画乡景区】 位于库木库萨尔乡，占地200余亩。1996年，被文化部授予“中国民间艺术之乡”称号。2005年，被中国特产之乡推荐委员会命名为“中国刀郎农民画之乡”。刀郎画乡按照“一街（刀郎特色文化旅游一条街）、两区（刀郎农民画展

览、创作、游客绘画体验区，刀郎歌舞表演、特色餐饮等民俗文化感受区）、一新村（刀郎画家新村）”总体规划布局进行建设，内部的重点区域主要有塔克拉玛干沙漠探险纪念馆、农民画展厅、葫芦画手工艺品展厅、民族乐器展厅、“帕普子”（类似于曲棍球）、“萨哈迪”（高空秋千）及歌舞表演广场，将刀郎文化的魅力展现于世人。2013年，被评为国家AAA级旅游景区。2015年通过提升改造被评为国家AAAA级旅游景区。刀郎画乡旅游景区有知名画师200余人，绘画爱好者1000多人。年创作各类作品5000多幅，先后有2800余幅作品多次在国内外展出，并在各类报刊上发表，深受国内外藏友的喜爱，其中《歌唱比赛》《农家乐》《刀郎木卡姆》《勤劳致富》等作品在法国巴黎国际画展上获得金奖，现珍藏于巴黎卢浮宫。此外先后有1000余幅作品被国内外知名展馆收藏，深受国内外藏友的喜爱。打造集刀郎农民画、葫芦画、烙铁画、刀郎乐器等旅游商品的创作、加工、装裱、销售为一体的产业链，促使旅游产品商业化、多样化，走向新疆，走向全国。

【刀郎乡里景区】 位于央塔克乡克亚克勒克乌依村，全村177户764人，距县城6千米。该村总占地面积4500亩，总面积约42万平方米。刀郎乡里是刀郎文化的发源地，具有丰富的文化旅游资源，现有国家级刀郎艺人2人，自治区、地区级刀郎艺人8人，每年都吸引大量的国内外游客前往观光旅游。2005年，被中国特产之乡推荐委员会命名为“中国刀郎麦西莱甫之乡”。整个景区分为刀郎民俗文化展示区、刀郎文化展示长廊、刀郎民俗表演区、刀郎原生态居住区、公共服务区、果园古院落区、餐饮住宿区和商贸区八个功能区。2013年，被评为国家AAA级旅游景区。

【叶尔羌河生态文化园景区】 以胡杨林、湿地与叶尔羌河为依托，倡导“和谐生活、和谐共处、世界和平”理念，是一个集文化创意、展示、传承弘扬刀郎文化、生态保护、沙漠及湿地科研科普教育基地为一体的生态文化园、旅游休闲聚散地。生态文化园占地1830亩，布局为一河、一堤、两渠、五区。一河：叶尔羌河；一堤：一道以叶尔羌河防洪坝形成的胡杨林滨河风光带；两渠：吾依布袋渠、五零渠；五区：生态湿地区、院士论坛区、世界和平公园区、各国植物园区、旅游功能配套区。有刀郎展览馆、游客集散中心、刀郎影视中心、刀郎麦西莱甫传承中心、院士论坛中心、国际象棋休闲区、和平广场等景点。2015年，被评为国家AAA级旅游景区。

【N39°沙漠旅游景区】 塔克拉玛干沙漠位于麦盖提县城东南面，距县城仅25千米，具有奇异、独特、秀丽的沙漠自然景观。N39°探险线路指沿北纬39度线横穿塔克拉玛干沙漠的“生命之路”，麦盖提县以此打造沙漠旅游景区，投资3.5亿元建设景区大门（带值班室和售票房）、景区停车场、景区接待服务中心、景区内骆驼驿站接待处和圈舍、景区内迷宫、景区内低空飞行基地、N39°塔漠高端特色旅游精品线路、沙漠卡丁车赛道、沙漠极限越野体验线路、CS对抗拓展训练基地、沙漠越野拉力赛线路、场地赛赛道、沙漠游泳池、民间斗鸡场、斗狗场以及水电路等基础设施。为探险者提供驼队、沙漠生存培训、导航设备、当地导游、沙漠救援队、活动策划组织等服务，并根据不同的等级提供不同的服务。

2020年，被评为国家AAA级旅游景区。

【五一林场景点】 位于麦盖提县五一林场，距县城3千米。依托80亩桃园，修建一条中华传统文化气息浓厚的葡萄长廊、百年核桃树长廊、古香古色的亭子、木质的宴会厅、桃园观景台、松木游园小道、采摘体验园等，打造桃花源农家乐、具有传统文化特色的民宿。三届桃花节在此举办。2020年，被自治区评为“民俗旅游重点村”，桃花源农家乐被评为四星级农家乐。

【刀郎湖景点】 位于麦盖提县吐曼塔勒乡境内，距县城25千米。水面达2.3万亩，蓄水量3000万立方米，湖中布满了无数大大小小的岛屿，奇花、异草，候鸟随处可见，湖面宽阔洁净，碧波荡漾。水上娱乐设施规划主要包括水上红地毯婚纱拍摄基地、水上婚庆广场、水上婚礼宴会游船、水上浮动蜜月别墅小屋。湖岸上有极富新疆民族建筑风格的婚庆宾馆和旅游服务中心。

【胡杨林景点】 位于麦盖提县胡杨林场，距县城90千米，连片25.82万亩。布局为原生态胡杨观光区、胡杨风光影视基地、公园接待区，建设游客接待服务中心、附属设施、道路及沙漠探险等。

【星期天大巴扎景点】 麦盖提县星期天大巴扎占地200余亩，设2000多个摊位，商品种类齐全，品种繁多，分区售卖。每逢礼拜天这里车水马龙、人山人海，各种土特产、手工艺品、日用百货、瓜果蔬菜、生产资料及大小牲畜、餐饮等应有尽有，是体现民俗风情、民族特色最集中、最浓郁的地方。每逢巴扎，人流量都在万人以上，夏季最高峰时可达2.8万人，早上8点进入，晚上10点散尽。

【民俗一条街景点】 位于麦盖提县城英买里路，刀郎文化特色突出。街道两旁有刀郎茶馆、刀郎农民画商店、刀郎文化产品商店、刀郎木卡姆培训场所等，街道中央搭建舞台供刀郎歌舞表演使用，夜市摆设在街道两旁，每日人气爆满。

【刀郎文化广场景点】 地处县城中心，南北长340米，东西宽200米，占地102亩，于2003年4月16日始建，同年10月1日落成。广场以历史、文化、艺术雕塑为主题，配以中西合璧的廊柱、亭廊建筑小品，庄严肃穆的汉白玉国旗台、华表和栏杆，

9月3日，县旅游执法人员在旅游景区检查安全生产、疫情防控等工作（克丽比努尔·阿力木摄）

12月10日，叶尔羌河生态文化园旅游景区游客服务中心建成（鲁新敏摄）

椭圆形水池与典雅的拱桥等建筑，通过对称布置的草坪花卉、园林植物，各色图案的花岗岩和广场砖地面，现代科技的变频同步音乐喷泉，形状别致的灯具及其他景观的烘托，展现了中华民族悠久的历史文化和博大的人文精神，以及新疆独特的民俗风情。刀郎文化广场布局分为政治活动区、历史文化艺术观瞻区、廊柱舞池娱乐区、亭廊休闲游乐区、鱼池拱桥喷泉景观区和绿地花卉园林植物生态区。刀郎文化广场是全县各族群众政治、文化、娱乐、休闲、健身活动场所，也是游客参观了解当地风土人情、刀郎文化的一个最具代表性的场所，还是全县各族群众精神文化生活的主阵地、爱国主义教育基地。

综　述

【植树造林】 2020年，麦盖提县完成造林面积6333.3公顷（9.5万亩），其中百万亩防风固沙生态林建设完成造林1.56万亩，累计36万亩。退耕还林面积1.76公顷（26.4亩）。森林覆盖率11.11%。

【环保宣传】 2020年，麦盖提县生态环境局开展生态环境宣传进集市、进企业、进学校、进乡村、进社区“五进”活动。利用“4·22”世界地球日、“6·5”世界环境日等，向社区、学校、乡村共发放《中华人民共和国环境保护法》《中华人民共和国大气污染防治法》《农村生态环境保护手册》《污染源普查手册》，以及宣传单等5000余套；通过县电视台、短信、微信公众号、文化广场宣传大屏幕等方式及时发布最新《中华人民共和国环境保护法》相关内容和播放宣传片。

【环评审批】 2020年，麦盖提县生态环境局坚持生态环境保护红线，推进落实建设项目环评登记表网上备案制，简化环评审批程序，缩短环评审批时间。对涉及重大基础设施、重大产业布局项目及扶贫项目，开辟绿色通道，审批时限压缩至法定的一半，备案登记项目当天网上确认备案，实现全县所有建设项目环评审批率100%。全年办理建设项目环评审批手续310个（建设项目环境影响登记表24个，建设项目环境影响报告表286个）。

环境质量

【主要指标】 2020年，麦盖提县年平均气温13.1℃，最高气温38.7℃，最低气温-12.9℃；年降水量66.1毫米；年平均日照2484.6小时；年最大风速8米每秒；年极大风速15.9米每秒。工业二氧化硫排放量168.03吨，氮氧化物排放量161.1吨，烟（尘）排放量323吨。

【空气质量】 2020年，麦盖提县城区空气质量优良以上17天。

环境保护

【环境监察执法】 2020年，麦盖提县生态环境局开展重点工业企业、医疗行业、三产服务业、规模化畜禽养殖行业环境监察执法，规范经营行为，提高管理水平。推进环保监测监察机构垂直改革工作，整合环保执法力量，增强基层环保执法队伍执行力。用好限期治理、查封扣押、限产停产、涉刑移送等刚性手段，建强环保行政执法与刑事司法联动合作，对环境违法行为依法处理。

【环境监测】 2020年，麦盖提县生态环境局对相关行业规定的环境保护指标进行监测，对相关资料进行收集、整理、分析、审核、论证、汇总，上报自治区。开展农村环境质量检测，为国家县域生态功能区域考核工作提供科学、真实、准确的技术资料。发挥建成的空气质量自动监测站作用，确保监测设备24小时正常运转，将真实、准确的监测数据上传自治区、国家，确保中央拨付生态转移支付资金6800万元足额到位。

【核与辐射安全】 2020年，麦盖提县放射性同位素与射线装置的核技术利用单位主要是医疗机构，正在使用射线装置的有18家。经县生态环境局核查，持证的18家医疗机构还存在相关管理制度不完善、辅助设置使用不规范、场所设置不规范、未报备年度评估报告等问题，在县生态环境局的监督下，上述问题得到整改。

节能减排

【推行排污许可证制度】 2020年，麦盖提县生态环境局推行排污许可证制度，对排污企业环境实行定量化管理，促进环境质量改善。

【排污许可证核发】 2020年，麦盖提县生态环境局完成屠宰场1家、污水处理厂2家、热力公司2家、砖厂9家的排污许可证申报及核发工作，通过总量控制、合法排放减小自然承载力，杜绝地下水污染，保障地下水环境安全。

污染防治

【全国第二次污染源普查】 2020年，麦盖提县生态环境局制定《麦盖提县第二次全国污染源普查工作实施方案》，对县域内确定纳入清查普查范围的进行普查清查，共普查工业源114家、集中式2家、加油站13座、生活源锅炉（1蒸吨以上）23家、行政村140个，对各类源进行填表录入。全年，各类源核算率100%，核算通过率100%。

【大气污染治理】 2020年，麦盖提县生态环境局重点对工矿、集中供热等企业废气污染进行监督治理，取缔县城城区及生产加工企业使用燃煤的锅炉，引导、鼓励具备条件的乡、村逐步推行煤改气、煤改电工程，促进空气质量改善。结合《麦盖提县淘汰黄标车实施方案》，由交警大队对全县的黄标车进行全面梳理，通过梳理出的信息采取顺藤摸瓜、下达报废通知、随机设卡检查等方式完成黄标车整治工作。全年，累计出动执法人员450人次，检查车辆1万余辆。

【水污染治理】 2020年，麦盖提县拥有污水处理厂2座。县生态环境局建立常态化监察执法机制，确保全县集中式饮用水水源地水质达标率100%。落实河（湖、库）长制工作职责，加强河岸污染源监管，确保地表水水质达到Ⅲ类或Ⅲ类以上，加强城北污水处理厂运营监管，确保治污设施正常运行。

【土壤污染治理】 2020年，麦盖提县生态环境局开展农用地土壤污染状况详查，建立污染地块名录及其开发利用负面清单。推进农业面源污染防治和废弃物资源化利用，引导农民科学施肥，鼓励使用生物农药或高效、低毒、低残留农药。实施全县土壤污染防治修复规划，有效管控农用地和城市建设用地土壤环境风险。

自然保护区

【自然保护区数量】 2020年，麦盖提县有自治区级以上自然保护区3个，其中国家级自然保护区1个，自治区级自然保护区2个。

【自然保护区面积】 2020年，麦盖提县自然保护区总面积为2.73万公顷（40.98万亩）。

3月15日，县生态环境局工作人员检测汽车排污情况（县生态环境局供稿）

科学技术

科技工作

【科技项目】 2020年，麦盖提县科技局申报自治区科技特派员项目4个，立项4个，项目资金8万元；申报科技小院29个，自治区科协审核中；争取2021年自治区乡村振兴项目1个，拨付项目资金50万元；争取2021年自治区创新创业项目3个，拨付项目资金6万元。

【发明专利】 2020年，麦盖提县专利授权4件，其中发明专利授权1件。累计有效专利35件，其中有效发明专利2件。

3月19日，县科技特派员对小拱棚西红柿栽培进行技术指导（县科技局供稿）

【“科技之冬”培训】 2020年，麦盖提县科技局牵头组织农口各单位深入乡村开展“科技之冬”活动。以推进农业标准化生产为切入点，紧贴农业发展需要，以提升农牧民实用技术水平和增收致富能力为主要培训内容，累计举办培训班101场，培训3.6万人次，培训对象为林果业、种植、养殖农牧民。

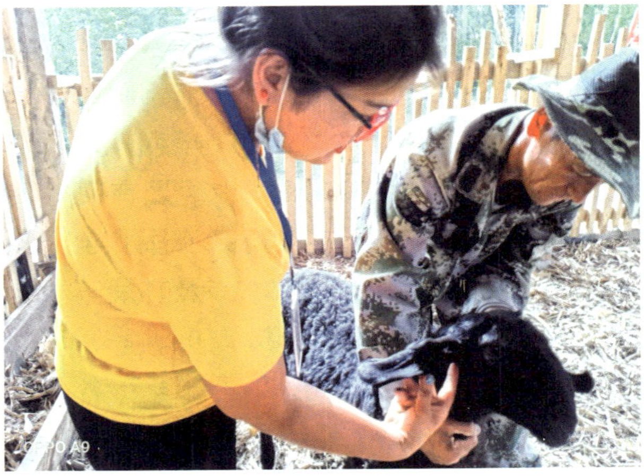

6月1日，县科技局科技特派员开展一对一刀郎羊防疫培训（县科技局供稿）

【“十四五”科技规划编制】 2020年，麦盖提县科技局编制完成“十四五”科技规划中“加快创新平台建设与共享，增强创新驱动能力”和“全面提升县域科技创新能力”规划编制，配合农业农村局完成“实施乡村振兴战略，带动农业农村发展”规划编制工作。

6月4日，县科技局科技特派员开展红枣修剪技术培训（县科技局供稿）

气　象

【气象业务】 2020年，麦盖提县气象局全年发布农业气象旬报34期、春耕春播气象服务专报10期、春运气象服务专报44期、夏收夏种气象服务专报9期、特色林果气象服务专报15期、秋收秋种气象服务专报12期、气候影响评价11期、短期气候预测12期、森林火险等级预报107期、高考专项预报5期。以上材料通过纸质版和电子版发布3000余份；在县电视台制作播出汉语、维吾尔语天气预报视频共230期；通过新疆突发事件预警信息发布平台发布各类气象预报和预警短信9.9万余条。全力做好疫情防控、两会、高考等重要时期的气象服务保障工作。

【气象服务】 2020年，麦盖提县气象局严密监视天气变化。全年发布天气过程专题预报13期，报送重要气象情报9期，发布各类预警信号81条，为驻地提供气象服务。争取县财政资金44万元，购置人影设备2套（人影车、发射装置、车载弹药箱）。

【气象科研】 2020年，麦盖提县气象局在专业期刊发表论文2篇，申报喀什气象局科研项目《麦盖提县金银花生育期气象指标及主要气象灾害监测指标研究》1项。

【人影作业】 2020年，麦盖提县气象局围绕地方防灾减灾助力脱贫攻坚、污染防治和生态文明建设，转变人影（人工影响天气防雹增雨作业）发展思路，加大人影作业力度。全年应对14次，作业14次，发射火箭弹145枚，有效减轻冰雹灾害损失。

【气候品质评审】 2020年10月14日，由麦盖提县气象局邀请自治区气象局农业气象台、喀什地区气象局、喀什地区林业和草原局专家，对麦盖提县央塔克乡——麦盖提县红日乐友果业有限公司基地＋农户12.2万亩枣园所产红枣等级进行气候品质评审，评定结果为特优级。

10月14日，麦盖提县气象局举办麦盖提灰枣气候品质认证评审会议（县气象局供稿）

教 育

综 述

【各级各类学校】 2020年，麦盖提县有高中1所、职业中专1所、初中4所、小学66所（县直小学6所，乡村小学60所）、幼儿园71所（县直幼儿园9所、乡村幼儿园62所）。

【师资队伍】 2020年，麦盖提县有教职工5174人。其中，高中教职工387人、职专教职工159人、初中教职工1046人、小学教职工2358人、幼儿园教职工1224人；汉族1524人、少数民族3650人；高级职称225人、中级职称862人、初级职称1650人。

【在校（园）学生】 2020年，麦盖提县有在校学生6.81万人。其中，高中生4352人，职专生3135人，初中生1.16万人，小学生3.53万人，园幼儿1.37万人；汉族2711人、少数民族6.54万人。

【教育投入】 2020年，麦盖提县教育总投资8.96亿元，增长5.1%，其中投入168万元完成14所幼儿园园舍维修改造，投入4800万元改造学校消防项目，投入公用经费144.41万元为各学校配备课桌椅4590套、高低床700套，投入项目资金309万元为克孜勒阿瓦提乡小学配备变压器、厨具等设施设备，投入中国扶贫基金会捐赠资金108.66万元配备20套爱心厨房厨具设备，投入中央专项资金475万元为职专配备职业教育提升设施设备。

【国信园丁教育基金】 2020年，麦盖提县委、县人民政府举行教师节庆祝大会，利用国信园丁教育基金，表彰先进教育工作者、优秀教师和疫情防控先进个人260人，发放奖励资金140万元。使用申万宏源助学金帮助优秀学生150人，发放助学金15万元；使用山东援疆奖学金表彰优秀教师39人、优秀学生952人，发放奖励资金103万元。

【教育工程项目】 2020年，麦盖提县新建昂格特勒克乡小学水冲式厕1座150平方米，缓解学生蹲位紧张问题；新建五一林场学校、吐曼塔勒乡第一小学、尕孜库勒乡中心小学、库尔玛乡中心小学4所学生食堂，总建筑面积6400平方米，缓解学生就餐紧张问题。

【校园安全】 2020年，麦盖提县各学校、幼儿园实行领导24小时带班、教师值班制度。各学校累计配备专职保安476人，组建护校队137支，并建立巡逻制度，对学校200米重要路口开展护学；落实每周1次突发事件应急演练，提高师生应急自救和处置突发事件能力。联合公安、消防、市场监管等部门对校内外安全环境进行综合治理，共检查场所685家，发现隐患121处，当场整改109处，下发限期整改通知书12份。组织防灾减灾救灾宣传活动140余次、防灾减灾知识讲座32场次、地震应急演练210场次、发放宣传材料4500份、设置校园宣传展板85张，参加活动7.19万人次。全年创建平安校园3个、优秀平安校园15个，创建率100%。利用开学第一课、每周三生命安全教育课、首课五分钟向学生宣传普及安全知识，覆盖学生6万人次，促进师生安全防范意识和能力提高。

【思政课建设】 2020年，麦盖提县各级各类学校组织教职工深入学习习近平总书记给中国石油大学（北京）克拉玛依校区毕业生的回信、思政课是落实立德树人根本任务的关键课程4场次。按照国家课程设置要求，在72所中小学1633个班级开设思政

10月4日，教育局组织开展“民族团结一家亲融情营”活动（迪力亚尔摄）

课程。配齐配强专兼职思政教师队伍，校领导带头走进思政课堂。在小学740个班级开设可爱的中国课程。开展为期7天的集中封闭式强化培训，24名中学思想政治教师参加培训。

【新疆地方史进课堂】 2020年，麦盖提县各级各类中学340个班级开设简明新疆地方史读本课，职专44个班级开设简明新疆地方史教程课，覆盖率100%。

10月9日，申万宏源援建麦盖提县教师培训中心揭牌仪式举行（彭江群摄）

【法治进校园】 2020年，麦盖提县聘任法治副校长143人，定期进校园开展宣讲活动，推进普法进校园工作，累计受教育师生4.68万人次。

【控辍保学】 2020年，麦盖提县落实县长、局长、乡长、村主任、校长、家长、师长“7长”责任制，依法保障义务教育阶段少年儿童接受义务教育。全县学前三年入学率100%、小学入学率99.94%、初中入学率99.56%，九年义务教育巩固率97.89%、辍学率0。全县0~18周岁残疾少年儿童769人、义务教育阶段适龄残疾少年儿童482人，全部得到妥善安置。5月28日，在自治区控辍保学工作视频调度会上，麦盖提县进行典型交流发言。

【党组织建设】 2020年，麦盖提县新配备

党建副书记 15 人，建强党务干部队伍；党支部书记岗位能力提升培训 78 人、组织党建副书记培训 3 场次、党员培训 301 人次。各级各类学校落实“三会一课”制度，党组织书记上党课 508 场次，每月开展党员活动日系列活动 1 次。

10 月 11 日，幼儿园小朋友开展课间活动
（长世鹏摄）

基础教育

【改善办学条件】 2020 年，麦盖提县投入捐赠资金 244 万元，为县第七小学配备课桌椅 1000 套、高低床 500 套以及电脑机房教学设施设备。

【教育资助】 2020 年，麦盖提县采取“乡镇摸底、联合审核、打卡发放”的方式，把支援资助金 292.2 万元发放到疆内外 621 名大学生手中，把临时救助金 122.7 万元发放到 409 名家庭经济困难大学生手中。对 2411 名中、高职学子实施雨露计划，发放资金 586.35 万元，惠及 2194 户建档立卡贫困家庭。

【升学情况】 2020 年，麦盖提县高考考生 1837 人，普通高校录取 1401 人、高职专科录取 1227 人，录取率 67.79%。初中学业水平考试考生 3378 人，其他省（市）高中班录取 233 人（当地生录取 44 人）。区内初中班考试考生 1362 人，录取 314 人。

【教师培训】 2020 年，麦盖提县争取上海申万宏源证券有限公司捐赠资金 155 万元改建教师培训中心，于 10 月 9 日举行挂牌仪式。全年组织教师培训 4788 人次。

【集团管理】 2020 年，麦盖提县教育局重新划分组建学前教育集团 9 个，组建小学教育集团 5 个，以集团化办学模式推动城乡优质教育资源共享，缩小校际差距，促进全县教育管理水平和教育教学质量提升。

【教育教学管理】 2020 年，麦盖提县教育局加大教育教学常规管理力度，设置责任区督学 10 个，对各学校教学常规进行督导，不断规范学校教育教学常规管理。通过努力，在地区质量监测测试中，小学综合成绩排名全地区第三、初中综合平均分明显提升；获自治区级荣誉 10 人、地区级 2 人、县级 110 人。

【学校、幼儿园工作】 2020 年，麦盖提县各学校、幼儿园在疫情防控期间，坚持开展线上教育教学工作。复课后，各学校抢抓时间，保证教育教学计划正常实施。

实验中学　2020 年，麦盖提县实验中学在疫情防控期间组织教师有序开展线上教育教学工作。复课后，更新图书资源，为师生提供健康有益书籍，培养读书习惯；更新校园文化长廊内容，发挥环境育人作用。争取支援资金 40 万元兴建爱国主义教育馆，组织师生参观，培育爱国主义民族精神；每周定期检查班级文化、主题班会活动，促进良好班风建设；以教师节为契机，举行

“立德树人奋进担当，教育脱贫托举希望”主题教师节庆祝活动，增强全体教师光荣感和责任感。每月组织教学常规检查1次，开展老教师观摩课35次、骨干教师示范课22次、青年教师展示课26节，促进课堂教学优化；通过主题班会、宣传栏、黑板报和校园广播等持续宣传安全知识，对师生进行安全教育；组织后勤人员每月进行全面安全生产检查1次，做到早发现问题早解决；每月组织消防、地震应急演练1次，提高师生应急、自救实战能力；投入10万元安装钢网纱窗近2000扇，上级资金支持100万元完成校园消防改造。学校高考普通类本科上线率19.75%、专科上线率79.88%，单列类本科上线率36.3%、专科上线率76%，双语类本科上线率34.09%、专科上线率79.76%，民语类本科上线率27.65%、专科上线率87.24%。各类上线率较2019年均有提高。

5月4日，实验中学举行“五四”青年节表彰大会（于海摄）

第一中学　2020年，麦盖提县第一中学疫情防控期间，组织教师有序开展线上教育教学工作。复课后，发挥党史馆、法治教育基地作用，弘扬社会主义核心价值观，培育师生爱国主义民族精神，不断增强师生国家意识、中华民族共同体意识；推进以思想道德、民族团结、法治、国学、文明健康、读书等为内容的校园文化建设，弘扬红色文化，传承中华优秀传统文化，开展国旗下“经典诵读”、课前“同唱一首歌”等活动，促进良好校风学风形成。开展“自主、合作、有效”课堂教学、“同课异构”教学研究等活动，探索课堂教学新模式；推进“一课一名师，一师一优课”活动，采取青蓝结对、内培外训、跟踪听课的方式，加强对青年教师校本培养，帮助青年教师成长。注重学法指导，帮助学生改进学习方法，养成良好学习习惯，促进学生会学、乐学。夯实“双基”，落实“底子工程”，提高学生合格率。

9月10日，第一中学召开教师节表彰大会（王泽蒲摄）

第二中学　2020年，麦盖提县第二中学受疫情影响开展线上教学，学生线上教学参与率91.2%；开展线上“疫情下的爱国主义教育”等主题班会活动24次，安全教育主题班会每周1次、法治教育每月1次、青春期心理生理讲座8次。复课后，定期组织教研、新教师过关课、优秀教师示范课、月考成绩分析会议、教学挑战赛等活动，促进教师整体教学能力提升；开展学生行为养成教育20次、学生班级建设建言献策活动10次；开展文明班级、民族团结班级创建，累计评选民族团结班级20个、文明之星及团结之星200人，增强班级凝聚力；创建舞蹈、绘画等 8 个兴趣社团，吸引全校学生参与；发挥校园广播、胡杨月刊等媒介宣传作用，使学生在潜移默化中受到熏陶与感染。区内高中班录取 7 人、喀什二中录取 12 人、喀什六中录取 10 人、县实验中学录取 376 人。

5 月 4 日，县第二中学开展“弘扬五四精神，展现青春风采”主题团日活动（李文东摄）

9 月 10 日，县第二中学举行第 36 个教师节暨优秀教职工表彰大会（李文东摄）

第三中学　2020 年，麦盖提县第三中学在疫情防控期间停课不停学，组织各学科教师网上授课。复课后，开展主题班会活动 1280 次、各类安全教育 15 次；开展安全、节约粮食、民族团结、爱国爱疆等主题手抄报比赛 4 次，获奖 42 人；上心理疏导课 58 节、传统文化礼仪课 52 节、邀请法治副校长讲法治课 5 节；为家庭困难学生解决生活、学习用品价值 2000 元，组织民汉教师结对子活动 3 次；常规教学检查 16 次，整改问题 20 个。毕业生升入其他省（市）高中班 6 人、喀什二中 5 人、喀什六中 6 人、县实验中学 305 人、兵团（师）中学 5 人、喀什市地直职业学校 27 人、县职业中专 211 人、县技工学校 36 人、疆内喀什地区外职业学校 42 人、疆外职业学校 1 人。

11 月，学校领导在爱国主义教育馆对学生进行爱国主义教育（孙庆田摄）

11 月，县三中组织学生参观该校爱国主义教育馆（孙庆田摄）

第四中学　2020 年，麦盖提县第四中学在疫情防控期间组织教师开展线上授课，基本保证教学进度不受影响。复课后，累计开展主题班会 1520 次、安全教育 1520 次；开展心理疏导累计 180 人次；组织线上家长会8次；德育处、教务处、校团委联合成立学生社团8个，有专业指导教师，绘画、书法、摄影、手工艺术等作品在全校展览室陈展，累计3600人次观展；组织师生参观学校红色爱国教育基地累计4500人次；各班级设立“图书角”，培养学生读书习惯。5月底，聘请县检察院干部任法治副校长，举办法治教育讲座7次；组织公开示范课共20节，促进教师相互学习、共同进步；援疆教师与当地教师结对，实施“青蓝结对工程”，发挥“传帮带”作用，帮助新教师快速成长。初中毕业学生689人，其中被其他省（市）高中班录取8人，地县高中录取303人，各类职专录取367人。

9月15日，第四中学举办考入“内初班”“内高班”学子欢送仪式（努力亚·希尔艾力摄）

5月，第四中学师生爱国教育基地正式投入使用（杨永强摄）

10月，第四中学开展少先队建队日活动（阿地拉·吐松摄）

9月10日，第四中学举办教师节感恩系列活动（努力亚·希尔艾力摄）

第一小学 2020年，麦盖提县第一小学在疫情防控期间师生居家上网课，网上教育教学活动以钉钉网课和空中课堂相结合的形式开展。以新学期语文、数学教材内容为主，按课时进行教学。利用钉钉中的家校本打卡，及时批改作业，对要求背诵的内容发语音检查，针对练习中出现的问题，老师做辅导，并组织学生订正错题。每学完一课内容后各班老师组织练习课，当场要求学生现场答题且拍照上传图片（习题答案），老师对错误之处进行讲解、纠正，做到“放假不放松，离校不离教，停课不停学”。

复课后，开展班主任培训4次，参培44人，评选出“优秀班主任”14人；开展师德师风讲座3次，参培101人，评选“优秀教师”8人；培训少先大队、中队干部、小志愿者10次，参培100余人；召开疫情防控主题班会8次，办黑板报35块、手抄报180份；开展文明礼貌、卫生习惯检查评比、“雏鹰争章”评比25次，评选“优秀班集体”10个；发挥小干部、红领巾监督岗作用，加强学生一日常规管理，评选“三好学生”120人、“优秀班干部”44人、“文明小标兵”44人、“民族团结小标兵”44人，促进学生良好行为习惯的养成；按照每月德育主题，围绕主题开展针对性的教育活动6次；每周利用早读课时间宣传有关心理健康方面的知识1次，开放心理咨询20余次；开展地震、消防应急演练20余次，举办“生命与安全”讲座20余次，参加2100人次，邀请法治副校长开展法治教育4次。实行先周备课制度，强化对教师上课、备课、作业批改、听课等方面检查落实情况，对教师上课每周抽查2次；实行校领导推门听课制度，每人听课40余节；抓好学生晨读、

5月29日，县第一小学举行少代会活动（刘宏泉摄）

午练。开展常规教研活动5次，内容以业务学习、说课、公开课、示范课、校级推门课、校级课程改革教学理论学习等为主；教研组开展教研活动8次，内容以示范课、集体备课、集体理论学习、说课等为主；开展“一师一优课”活动，打造优质高效课堂。开展“青蓝结对”结队活动，由有经验的教师及山东支教教师帮助青年教师提高业务能力。在自治区组织的“微课制作”比赛中，获小学数学组二等奖1人；在自治区组织的“教学论文、教学设计、教学案例及说课稿”评比活动中，获小学英语三等奖1人；在自治区“中小学教师信息技术应用能力”评比活动中，获小学美术组三等奖1人；在自治区组织的小学青年教师优质课评比活动中，获小学数学二等奖1人。在国家级“骨干团队信息素养指导能力提高培训第

10月22日，县第一小学举办教师听评课活动（李济汀摄）

二期微课制作”的评比活动中，获优秀微课奖1人；在由全国教育科学院“十三五”教育部规划总课题组组织的生态语文教师培训中，获一等奖2人。派出2名教师前往乌鲁木齐市新疆师范大学参加国培项目培训，全校教师参加网培率100%。12月，

10月12日，县第一小学开展教育教学常规检查（陈荟摄）

被自治区精神文明指导委员会评为“自治区文明校园”。

第二小学 2020年，麦盖提县第二小学受疫情影响，开展“停课不停学”线上教学活动。语文、数学老师提前备课、准备资料、搜集整合线上教学资源，开展线上新课教学、作业辅导和批阅、学习评价反馈等工作。班主任以电话、微信、QQ、钉钉等方式与家长沟通，保证线上教学顺利进行，同时确保不能够参加线上教学的学生能够按时收看由教育频道推出的精品课程。教师全员参加教育局组织的线上教材教法培训。复课后，坚持抓常规教学和常规管理；每周组织集体备课、听课、评课等教研活动1次，校级领导每人听课40节以上，教师每人听课30节以上，教师外派学习培训96人次，促进教师业务水平进一步提高；开展消防、地震应急演练26次，安全教育主题班会活动8次，法治副校长开展《中华人民共和国未成年人保护法》、禁毒、校园防欺凌等教育8次，促进师生安全意识增强。

4月23，县二小开展“讲英雄故事”比赛
（张建梅摄）

9月22日，县二小举办师徒结对活动
（张静静摄）

10月10日，县二小开展公开课送教下乡活动
（张静静摄）

10月10日，县二小开展评课活动（张静静摄）

第三小学 2020年，受疫情影响，麦盖提县第三小学停课不停学，组织网上授课3次。复课后，坚持抓教学常规管理，对教师备课情况、作业布置与批改、教师个人业务学习、听评课等进行全面检查，及时反馈问题进行整改；每周组织以年级组、学科为单位的集体备课等教研活动1次；每周组织公开课、示范课8节；校级领导学年听课38节以上，教师32节以上；开展“同课异构”、业务学习、写教学反思、互相听课评课、跨年级跨学科听课等教学教研活动，促进教师共同提高；坚持书记、校长兼课、巡课、推门听课制度，帮助教师改进

提高；督促教师参加各类网络培训，网络教育，采取青老教师结对、跟踪听课的方式，帮助青年教师尽快成长；开展班主任培训、班主任工作交流、主题班队会、国旗下讲话、少先队文明岗、红领巾广播站、文明班级评比、板报宣传、爱国主义教育、法治教育、安全教育、思想品德教育等德育工作，推进校风建设；利用重大节日、纪念日开展“小手拉大手每日三句话”、“民族团结先进评选”、红歌比赛、手指操比赛、跳绳比赛、文艺会演、“迎中秋，庆国庆暨石榴采摘仪式”、“少年传承中华传统美德”系列教育、经典诵读、演讲比赛、模拟法庭、班级图书角等文体活动，培育民族精神，弘扬中华文化；开展消防、地震等应急演练活动 29 次；开展“护校安园”行动期间，重点对教室及功能用室、设施设备器材、用电和周边水域环境等不安全因素进行大排查，查找出安全隐患 297 条，问题全部得到整改，确保校园安全。

9 月 30 日，县第三小学举办“迎中秋，庆国庆”活动（王德琨摄）

9 月 30 日，县第三小学举行民族团结石榴采摘仪式（王德琨摄）

第四小学　2020 年，麦盖提县第四小学在疫情防控期间停课不停学，开展线上教育教学工作，学生参学率 98.5%。

复课后，学校按课程计划开设课程，贯穿常规教育教学管理工作；对教师进行现代教育技术应用培训，提高教师运用多媒体、网络等现代化教学设施设备进行辅助教学的能力；坚持听课制度，领导听课 40 节、教师 30 节；利用主题班会、展板、小广播等方式开展爱国主义、民族团结、五个认同、遵纪守法、行为规范等主题教育；开展消防、地震应急演练 42 次、邀请法治副校长开展法治知识讲座 2 次、邀请消防大队警官开展消防知识讲座 2 次、组织师生代表走进县消防大队学习消防知识 1 次、开展高年级学生心理健康知识讲座 2 次。

10 月 11 日，县第四小学举办“青蓝结对 共促成长”活动（焦文摄）

第五小学　2020 年，麦盖提县第五小学在疫情防控期间，停课不停学，开展线上教育教学工作，学生参学率 97%。复课后，在落实疫情防控各项措施及校园安全措施基础上，开齐开足课程，有序开展常规教育、教学、教研、教师培训工作，完成各项工作任务。

10 月 19 日，县第五小学举办“青蓝结对、共促成长”活动（付全军摄）

第六小学 2020 年，麦盖提县第六小学在疫情防控期间采取网络授课形式落实教育教学工作，通过网上教学平台，创建学习共同体，组织家长和学生，学会线上学习互动，任务推送、线上答疑，作业提交等工作。对学生出现的作业问题，线上及时沟通；对学生提出的疑问，及时作答；对不上网课的学生每日进行追踪，询问原因。复课后，以爱国主义教育为核心，开展理想、集体主义、法治、思想品德教育，德育处、少先大队组织全体班主任进行集体学习和经验交流等活动，提高班主任工作水平和业务能力；班主任利用班会课开展丰富多彩的主题教育，组织学生学习《小学生守则》《小学生一日行为规范》，每周进行 1 次文明班级、卫生班级及文明标兵、“四好少年”和“星级好少年”评比活动，将评比结果纳入班主任量化考核；结合重大节日对在校学生进行保护环境、爱护公物、珍惜粮食、尊师爱长、校园安全等教育；以“强化管理，落实常规，深入课堂，提高质量”为目标，先后修订完善《第六小学教师校本培训规划》《第六小学骨干教师认定评选实施办法》，对教师业务发展提出新要求；制定教学管理实施细则，规范教师的教学行为，教务处做到随机抽查，促进教学质量整体提高；对教师进行现代教育技术应用培训，提高多媒体、网络等现代化教学设施设备使用率；坚持听课制度，领导每周不少于 4 节，教师每周不少于 2 节；组织课堂技能大赛及优质课评选活动 2 次；以老带新和师徒结对形式为新教师搭建学习平台，促进新教师快速成长；利用国旗下讲话、班队会、广播站、宣传栏、黑板报、法治教育课、致家长一封信等形式，对学生进行防火、防地震、防溺水、交通安全、防食物中毒、防雷电、防踩踏等安全宣传教育，开展地震演练 3 次、消防演练 3 次，设有专人负责学生营养餐管理工作，确保学生吃上安全的营养餐；坚持每周进行校园安全隐患大排查 1 次；邀请学校法治副校长开展法治知识讲座 2 次。

9 月 16 日，第六小学举行“青蓝工程”结对仪式（吴东梅摄）

4 月 8 日，县第六小学开展“爱国卫生月”主题班会（申文月摄）

第一幼儿园　2020 年，麦盖提县第一幼儿园受疫情影响，开展线上教学工作，推送本学期大主题及子主题知识及口语内容 64 次，发布线上教学视频 919 个。开园复课后，坚持开展每日课前 3 分钟安全教育、爱国主义教育和民族团结教育活动，坚持落实“在园一日生活”错峰错时措施；开展听课、评课、议课教研活动，送课下乡 3 次；教师业务学习内容有《幼儿园教师专业标准》《3～6 岁儿童学习与发展指南》

4 月 1 日，第一幼儿园开展教师技能培训（马艳丽摄）

《新时代幼儿园教师执业行为十项准则》等，培训内容有幼儿园五大领域内容教研、专业技能弹唱、跳律动舞蹈、绘画、普通话学习、计算机操作等，全园 60 名教师参加山东网络培训，13 名教师参加国家行政学

10 月 20 日，第一幼儿园开展教师基本功大赛（马艳丽摄）

9 月 22 日，第一幼儿园开展青年教师公开课（马艳丽摄）

院网络培训；制定地震、消防、食物中毒等应急预案，每月排查安全隐患 4 次，发现的安全隐患得到整改。

第二幼儿园　2020 年，麦盖提县第二幼儿园受疫情影响，开展网上教育教学活动，教师每天利用班级微信群，发语音、图片以及短视频等向家长推送书本上学习内容，通过开展抢答比赛，提升幼儿口语表达能力及反应能力，巩固教学成果；对

12 月 29 日，第二幼儿园开展“文化润童心·展教师风采”活动（王丽摄）

表现好、积极参与互动的幼儿进行表扬、积分，增强孩子自信心，提高孩子参与率；对没有视频学习条件的幼儿，用电话形式进行教学；为提高幼儿学习兴趣，教师利用抖音、快手、喜马拉雅等软件制作与学

10 月 23 日，第二幼儿园开展“我的中国梦”演讲比赛（王丽摄）

习内容相关的趣味性视频，提升幼儿学习兴趣，对学习情况在群里进行评价、鼓励、总结；教师利用家长群坚持对家长和幼儿开展网上安全教育，宣传七步洗手法、交通、消防、防溺水等，提高幼儿及家长安全意识；为丰富幼儿居家生活，教师在网上组织开展亲子阅读、亲子游戏、科学活动、健康活动、体育活动、力所能及的家务劳动，指导幼儿制作手工作品、绘画、舞蹈等，提高幼儿动手操作能力；组织教师网络专业技能培训 4 次，促进教师专业水平提高。复课后，开展普通话推广、“大手拉小手”、幼儿演讲比赛等活动；把课前 3 分钟安全、正确佩戴口罩、保持距离、爱国主义、民族团结等教育，落实到幼儿在园“一日生活”中，促进幼儿健康快乐成长；举办教师节表彰、“庆国庆·迎中秋”、“我的中国梦”幼儿演讲比赛、冬至包饺子、“文化润童心·展教师风采”讲故事比赛等活动；派出 2 名教师前往乌鲁木齐参加国培项目培训，全园教师参加网培率 100%。

第三幼儿园　2020 年，麦盖提县第三幼儿园因疫情组织开展线上推送教学内容活动 215 次。对没有线上设备条件的幼儿走访 50 余次，对他们进行面对面教学，为他们送去幼儿用书。开园复课后，坚持开展每日课前 3 分钟安全教育、爱国主义教育和民族团结教育活动，坚持每周三进行安全演练、每周五对幼儿进行离园前安全教育，共开展 12 次；国庆、中秋期间，开展中华优秀传统文化活动；合理安排和组织幼儿一日活动，动静结合，室内外结合，每天保持户外活动时间和游戏时间 2 小时；举行教师走廊环创大赛，对室内外装饰、墙面设计、吊饰等都进行改装，体现生活化、情趣化、儿童化；利用早送晚放时间、家长微信群等方式和家长交流，把孩子们点滴进步、成长、特长、优点及时反馈给家长，取得家长的信任和对幼儿园工作的支持；开展幼儿园教师专业标准、3～6 岁儿童学习与发展、新时代幼儿园教师执业行为十项准则、幼儿园五大领域内容教研、专业技

9 月 21 日，第三幼儿园组织开展“语言领域——公开课比赛”活动（郑小金摄）

能弹唱、跳律动舞蹈、绘画、普通话、计算机操作等教师业务培训，22 人参加山东网络培训、7 人参加国家行政学院网络培训，教师业务有一定提高；对幼儿园周边商铺进行食品安全排查 20 次，督促整改完毕问题 25 条；坚持安全隐患排查 28 次，立查立改问题 35 条；食堂整改问题 4 条；开展安全应急演练 15 次，其中安全疏散演练 7 次、食物中毒演练 1 次、消防、地震演练 4 次；

每周三坚持开展生命安全主题教育课活动，节假日向家长发放《致家长的一封信》，与家长签订安全责任书，保障节假日安全事故零发生。

9 月 23 日，第三幼儿园组织幼儿开展“我是攀爬小能手”活动（李欣摄）

9 月 29 日，第三幼儿园组织幼儿开展“做月饼”活动（李欣摄）

第四幼儿园　2020 年，麦盖提县第四幼儿园受疫情影响，开展“离园不离学”钉钉线上教学活动 2 次，通过线上向家长推送古诗、口语、故事、字、词等学习内容供幼儿学习，并在线上开展防触电、防火、疫情小知识、七步洗手法、防溺水等安全教育。

复课期间，落实在园一日生活制度，为幼儿提供安全、健康、舒适的学习成长环境；坚持开展课前 3 分钟安全、爱国主义和

3 月 18 日，第四幼儿园开展环境创设活动（单瑞丽摄）

12 月 11 日，第四幼儿园开展教师业务培训（单会琴摄）

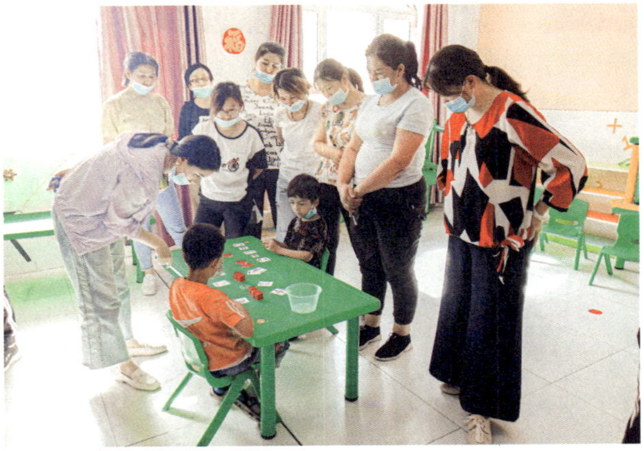

6 月 19 日，第四幼儿园开展区角玩教具教研活动（单瑞丽摄）

民族团结教育活动，坚持举办升旗仪式；坚持开展区角玩教具教研活动；开展“迎国

庆·庆中秋，相撞撞满怀”活动，向孩子讲述关于国旗、国徽、中秋节等知识，激发幼儿爱国热情；开展“送教下乡”活动，教学能手、学科带头人、骨干教师送教3节，促进城乡幼教均衡发展；组织教师开展业务能力提升培训，主要培训电子琴弹唱、舞蹈、绘画、计算机实际操作、普通话。

第五幼儿园 2020年，麦盖提县第五幼儿园在疫情防控期间坚持开展线上教育教学活动，向幼儿推送儿歌和口语内容，组织线上亲子阅读、亲子游戏、手工制作、绘画、舞蹈等活动。复课后，每日开展课前3分钟安全、民族团结、爱国主义等教育，正确佩戴口罩、保持距离、课堂教学等内容，落实到幼儿在园“一日生活”中；做好普通话推广、幼儿演讲比赛、认识国旗，制作国旗、冬至包饺子活动；开展优质课评课6节、送教下乡1节；组织教师线上、集中专业技能培训12次。

9月29日，县第五幼儿园开展“给祖国庆生”手工制作活动（程亚丽摄）

12月12日，县第五幼儿园教师开展教研活动（程亚丽摄）

第六幼儿园 2020年，麦盖提县第六幼儿园在疫情防控期间开展线上教育，利用微信、钉钉的视频、语音、会议功能，采用线上讨论、展示等方式组织幼儿开展线上课程，与幼儿及家长展开互动。教师在班级群分享电子图书供小朋友阅读、邀请家长线上讲故事，开展线上防触电、防溺水、防火、防陌生人、疫情防控教育。复课后，坚持开展一日在园、区角等活动，开展优质课评课3节、送教下乡1节。对幼儿进行安全教育8次，组织消防、地震、食物中毒等多种形式的演练活动共8次，整改安全隐患15处；开展教师业务培训，参培55人，促进教师业务水平提高。

12月28日，县第六幼儿园举办保育员技能大赛（袁微摄）

第七幼儿园 2020年，麦盖提县第七幼儿园在疫情防控期间每周开展线上教研2次，共24次，组织教师集中业务学习10次；9人参加国家行政学院网培，2人参加新疆教师培训网培训，全园教师参加山东网培。开园复课后，每周二开展教研活动，周三、周四进行公开课展示，共举行公开

9 月 24 日，县第七幼儿园组织“石榴籽计划第 23 届全国推广普通话宣传周”活动

（县第七幼儿园供稿）

9 月 16 日，县第七幼儿园开展幼儿“艺术领域创意沙画”活动（张秋夏摄）

课 11 节；中一班、大二班各组织 1 次区域活动观摩；举办“迎中秋、庆国庆”、“石榴籽计划第 23 届全国推广普通话宣传周”、教师节表彰、教师演讲、教师情景剧表演、教师基本功比赛等活动，促进教师业务水平提高；开展安全应急演练 22 次，其中食物中毒演练 2 次、防空演练 5 次、消防地震疏散演练 5 次，护园队每天对园内设施、场地、设备进行检查和维修，保证校园安全。

第八幼儿园　2020 年，麦盖提县第八幼儿园因疫情原因，停课不停学，开展线上教育教学活动。活动内容包括教学视频和语音、邀请家长试着讲故事、庆六一、安全教育等。复课后，为提升教师专业水平，开展园本培训 20 次、优质课评课 10 节，举办为教师节亮灯、“颂我中华情、共筑中国梦”教师诗朗诵比赛、讲故事比赛各 1 场次，开展经典诵读比赛 2 次、小小故事会 1 次。开展交通安全教育 12 次、消防安全检查 22 次、各项安全应急演练 21 次，师生安全意识进一步增强。暑假期间，幼儿园通过钉钉视频开展教研活动，各年级组每周通过钉钉视频、年级组微信群等开展教学研讨活动 1 次、线上教师专业知识培训 1 次、公开课评比 1 次、手工制作 1 次，促进教师专业知识和技能提升。

12 月 28 日，第八幼儿园教师基本功比赛作品展示（白锐瑞摄）

第九幼儿园　2020 年，麦盖提县第九幼儿园在疫情防控期间，组织教师通过钉钉、微信平台，以视频、图片、语音等多种形式推送教育教学内容，确保线上教学有效开展。复课后，开展国家通用语言特色活动 + 户外体育民间游戏、安全演练、文艺会演、亲子游戏、半日活动等活动，促进幼儿身心健康；开展备案、上课、课间操、课间活动等常规管理，促进教学质量提高；开展公开课听课、评课活动，组织教师参加学前中心举办业务骨干培训、国培项目培训等，促进教师业务水平提高；开展消防、食品、自我保护等安全教育，做到疾病防控制度化、食堂餐饮卫生健康化、保安 24 小时带班值班规范化，保障师生人身安全。

职业教育

【专业设置】 2020年，麦盖提县职业中等专业学校设置农机运用与维护、中餐烹饪与营养膳食、服装制作与生产管理、社会艺术、汽修运用与维护、美容美发与形象设计、装修7个专业。

【毕业生就业】 2020年，麦盖提县职业中等专业学校通过校企合作，实现在外顶岗实习945人，其中疆外实习187人、疆内实习758人（北疆291人、喀什地区467人），其中专业对口就业率10%，一产、三产就业率90%。

【校企合作】 2020年，麦盖提县职业中等专业学校对接疆外企业，就师资培训、毕业生实习、专业学科建设等与武汉武邦电子科技、武汉众益新塑胶有限公司、荆门友宏电子科技有限公司、武汉顺威电子科技有限公司、武汉华磁东江电子科技有限公司、黄冈燕沙建材科技有限公司、江苏南通餐饮行业、江苏镇江浩融电子科技有限公司、奎屯天虹针织公司等16家企业建立合作关系。成功与喀什摩登瑞蕾服饰有限公司、山东荣信水产集团有限公司、新疆五征绿色农业发展有限公司等3家企业签订校企合作协议，助力职专“骨干专业”打造。申请自治区职业教育质量提升专项项目建设资金475万元，完成中餐烹饪与营养膳食（投资75万元）、农机运用与维修（投资200万元）、服装制作与生产管理（投资200万元）3个专业建设，所需实训设备采购到位。争取组团式援疆项目资金30万元用于汽车运用与维修专业学科建设。12月24日，与日照市周一汽车服务有限责任公司签订“汽车运用与维修专业教育培训实训基地”产教融合建设项目协议。

【中职资助】 2020年，麦盖提县职业中等专业学校发放春季助学金212.5万元，受助学生2093人；秋季助学金39.96万元，受助学生400人。上级下拨免学费补助金397.31万元、住宿费教材费补助184.02万元、中职院校生均公用经费379.2万元。是年，职专4名学生共获国家奖学金2.4万元。

【教师培训】 2020年，麦盖提县职业中等专业学校选派10名教师前往山东日照市参加“双师型”教师培训，促进职业教育现代化发展。

文化·体育

文化活动

【举办胡杨节】 2020年10月23—26日，麦盖提县在叶尔羌河生态文化园举办“2020中国新疆喀什丝路文化胡杨节”活动。其间，开幕式举办文艺演出、颁奖和游园活动，展示各乡镇农副产品和各色美食；开幕式之后，举办塔克拉玛干N39°沙漠篝火“麦西莱甫”、农民画创作比赛、“刀郎木卡姆、刀郎麦西莱甫”展演以及叼羊、斗鸡、“网红桥”游乐等文化活动。参与活动1500余人次，受众3万人次。

【基层骨干培训】 2020年，麦盖提县文化体育广播电视和旅游局举办各乡镇文化站站长、业务骨干“学理论、强素质、学业务、强能力”大学习、大培训活动，共25人参加，开展业务培训23场（12场一对一培训），累计培训182人次。

1月14日，县文化部门组织基层文艺骨干开展培训活动（李巧萍摄）

【文艺会演】 2020年，麦盖提县文化体育广播电视和旅游局举办彰显中华文化优秀传统文化、革命文化、社会主义先进文化和中国特色社会主义文化为主题的“和谐共赢·圆梦小康”元旦音乐会、“圆梦小康·祝福2020”主题春节晚会、“献礼国庆唱赞歌，浓情中秋庆丰收”文艺晚会等，新编创各类艺术形式的节目45个，总演出136场次，观看群众15万人次以上。

【农民画创作】 2020年，麦盖提县文化体育广播电视和旅游局组织农民画家创作长13米、宽1.6米巨幅刀郎农民画，主题为“小康路上颂党恩——脱贫攻坚看家乡变化”，农民画以实景长图展现叶尔羌人家幸福生活；创作以“疫情防控，我们在一起”为主题的农民画72幅；组织5名农民画家在央塔克乡央塔克村、开蒙村、托万阿克提坎村、科克提坎村、克亚克勒克乌衣村、刀郎乡里景区，库木库萨尔乡库木库萨尔村、刀郎画乡景区、N39° 沙漠探险旅游景区进行墙体农民画创作，用时 25 天，共完成 420 幅、面积为 3030 平方米的墙体农民画。

【文化进村】 2020 年，麦盖提县文化体育广播电视和旅游局为央塔克村制作安装路灯杆文化牌 60 个、社会主义核心价值观文化牌 8 个，指导完成全村道路两旁特色护栏提质美化亮化等工作，营造了浓厚的文化宣传氛围。

【文物保护】 2020 年，麦盖提县文化体育广播电视和旅游局组织专班 54 人、大型机械 3 台、小型运输车 21 辆，对央塔克乡（原红旗公社）总分水闸、毛主席语录塔周边 720 余平方米的杂草、垃圾等进行清理，并在周边布设金属防护网 125 米，新设警示教育牌 6 块，改善文物周界防护水平。此外，对依法保护文物古迹进行现场讲学，督促相关部门主动依法履职。

【图书推广】 2020 年，麦盖提县人民图书馆组织开展“4·23 全面战‘疫’数字阅读”“国庆节图书荐读”“党风廉政建设月阅读”等各类推广活动 130 场次，服务群众 7.32 万人次，免费发放各类宣传单 4.39 万份、党报党刊 5.38 万份。

【图书发行与销售】 2020 年，麦盖提县新华书店发行中小学教材期间，克服疫情影响，及时组织人力，明确工作流程及人员分工，落实专人负责，制定合理的配送路线，完成全年中小学教材发行工作。12 月中旬，东风工程图书按时配送到各乡镇，确保乡镇村图书室定期对外免费开放。本年度重点图书、一般图书、非免费教辅等销售 6.8 万册，274 万元。

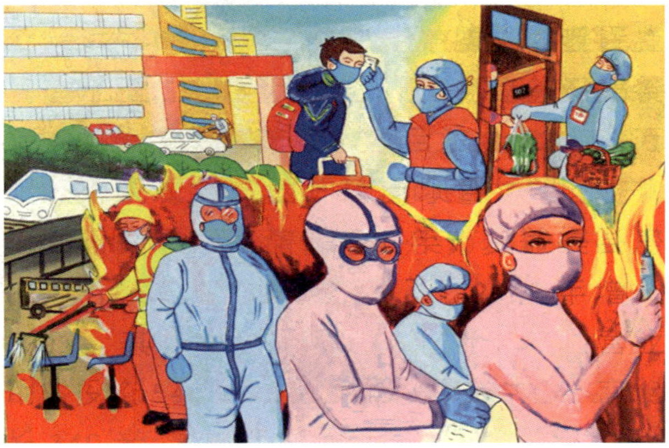

2 月 6—9 日，县文化部门组织农民画家创作疫情防控农民画（米娜瓦尔·木台力甫摄）

【非遗宣传】 2020 年 6 月 11—14 日，麦盖提县文化体育广播电视和旅游局举办以“非遗传承 健康生活”为主题系列宣传展示活动，发放非遗保护相关条例和法律知识宣传单 3000 余份。

【非遗研讨】 2020 年，麦盖提县文化体育广播电视和旅游局召开非遗研讨会，全县国家级、自治区级、地区级和县级非遗文化传承人代表 30 多人参加，并举办非遗项目麦西莱甫、十二木卡姆展示比赛。

【非遗培训】 2020 年，麦盖提县文化体育广播电视和旅游局邀请新疆艺术研究所（自

9 月 15—24 日，县文旅局邀请自治区非遗中心专家开展三区人才非遗手工技艺培训（米日姑·塔西摄）

治区非遗中心）以“传承中华文化，助力脱贫攻坚”为主题，于9月15—24日，在央塔克乡玉奇于孜莫村、乌依鲁克村和希依提墩乡英阿瓦提村实地开展毛线编织和柳条编织等非遗传承培训活动，共培训180人次。组织举办“文化和自然遗产日”非物质文化遗产手工艺品展示会。

新闻出版（融媒体）

【出版物审读】 2020年11月底，麦盖提县地方志编纂委员会办公室完成《麦盖提县志（1991—2010）》《麦盖提年鉴（2020）》送审稿，提交麦盖提县审读工作领导小组审读。县审读工作领导小组于12月初召开专门审读会议，从政治观点、涉密、框架结构、史料、文风、语言等方面进行严格审读，对提出的修改建议进行复核无误后，出具审读意见，同意提交出版社。

【媒体融合】 2020年，麦盖提县按照习近平总书记提出的“加快推动媒体融合发展 构建全媒体传播格局”要求，在媒体融合方面，将县广播电视、“麦盖提零距离”微信公众号、官方抖音和微博、户外大屏监控、大喇叭、政府网站新闻板块等功能纳入融合内容；在模块融合方面，按照“新闻＋政务＋服务”的模式，与新疆报业集团签订合作协议，定制全网报道、传播榜单、专题分析等3个模块；在提升影响力方面，发挥县级融媒体中心的功能作用，丰富产品内容，提高产品质量，扩大受众面，增强宣传效果。全年，抖音短视频、微博、快手累计发布作品169部，抖音短视频点赞35.3万次、粉丝6.8万人，快手粉丝33.4万人。

【重大主题宣传】 2020年，麦盖提县融媒体中心以习近平新时代中国特色社会主义思想为引领，围绕第三次中央新疆工作座谈会、脱贫攻坚、“访惠聚”驻村工作、“民族团结一家亲”、疫情防控、安全生产等重大主题进行宣传报道，全年共编发新闻216期、670条，其中地区台采用156条、新疆电视台采用58条、中央台采用1条。优化和完善《脱贫攻坚在行动》《脱贫先锋》《脱贫攻坚乡村行》等3个栏目，解读党的扶贫政策，宣传各乡镇脱贫攻坚好经验、好做法、基层组织、脱贫致富以及扶志扶智等方面的典型。全年3个栏目共播出102期，播出内容220条。加大公益广告播放频率，从权威媒体下载疫情防控公益广告20余条，在电视台上每天播出8次。安排录制疫情防控通告和告市民书、倡议书等维汉语音频20余条，下发至各乡（镇）、村（社区），利用车载高音喇叭、农村高音喇叭进行广泛宣传。相继推出《警察不退》《中华万岁》等短视频和原创MV。

【公众号宣传】 2020年，麦盖提县融媒体中心在原有两微一端的基础上，还注册申请“麦盖提县壹号传媒有限责任公司”为主体的“壹号麦盖提”抖音号和微信，用汉语、维吾尔语发布政策类短视频受粉丝关注，粉丝量4.9万人。“麦盖提零距离”微信公众号开设“众志成城”等专栏，发布相关信息500余条，其中《新疆维吾尔自治区启动重大突发基本公共卫生事件一级响应》《麦盖提硬核喇叭》单条阅读量分别为54.6万人次和42.7万人次；注重收集整理民生项目、民族团结、驻村工作、脱贫攻坚、疫情防控等方面内容开设专栏，共推送文章2136条，用户关注量3.71万人，月平均阅读9.2万次。

广播电影电视

【农村广播电视建设】 2020年，麦盖提县推进无线数字电视和农村大喇叭工程建设，继续加大广播电视扶持力度，投入90万元支援资金用于库尔玛乡库尔玛村中继站建设。9月竣工，解决县偏远乡村地面无线数字信号差的问题，提高了广播电视信号覆盖率。安全升级改造农村大喇叭627套，每套终端加装应急控制设备，确保大喇叭的安全播出。

【电视服务】 2020年，麦盖提县维护维修有线数字电视1800余次，确保有线数字电视用户能够看到清晰优质的电视节目。新安装有线数字电视300余户，完成年初既定的目标任务。

5月15日，融媒体中心技术人员维修大喇叭故障（赵永强摄）

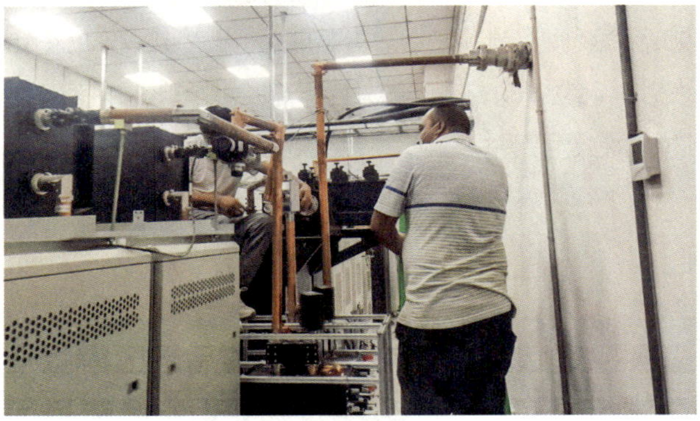

7月20日，融媒体中心技术人员维护设备（王海峰摄）

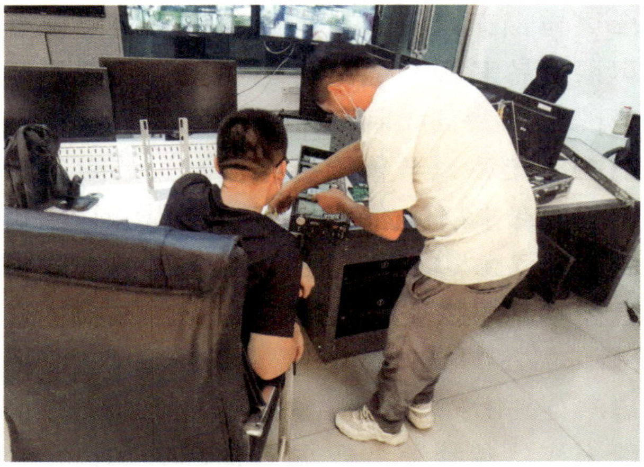

9月15日，融媒体中心技术人员处理设备故障（王海峰摄）

【电影放映】 2020年，麦盖提县委宣传部挑选《建国大业》《中国机长》《八月一日》《狼兵吼》《科学种田巧施肥》《家庭小药箱》《会传染的胃病》等一批优秀电影，督促电影公司深入放映，做到“一村一月一场电影”。全年共放映电影1618场次，观众达32.3万余人次。

体 育

【项目建设】 2020年，麦盖提县文化体育广播电视和旅游局先后完成克孜勒阿瓦提乡11人制、7人制足球场项目建设。

【体育赛事】 2020年10月3日，麦盖提县总工会为丰富职工精神文化生活，在县叶尔羌河生态文化园举办庆国庆、中秋职工徒步走、短跑比赛，全县各单位500余人参加。10月23日，麦盖提县举办丝路文化胡杨节环刀郎胡杨林骑行赛、沙漠越野汽车拉力赛、帕普孜、萨哈迪、叼羊等体育赛事。

9月14日，克孜勒阿瓦提乡11人制、7人制足球场建成（鲁新敏摄）

卫生健康

综　述

【医疗卫生机构】 2020年，麦盖提县有医疗、卫生机构54个。其中，医院9个、乡镇卫生院11个、门诊部3个、诊所28个、疾病控制中心1个、妇幼保健院1个，计划生育技术服务机构1个。全县11所乡镇卫生院、140个村级卫生室标准化率100%。10月6日，经麦盖提县委编制委员会会议研究，设县突发基本公共卫生事件应急机构，隶属于县卫生健康委员会管理，为公益一类事业单位。

【专业人员】 2020年，麦盖提县有卫生专业技术人员1711人（含聘用人员）。其中，注册执业（助理）医师348人，注册护士579人；疾病预防控制中心卫生技术人员43人，计划生育技术服务机构卫生服务人员18人；乡镇卫生技术人员532人。

【床位设置】 2020年，麦盖提县医疗机构有病床1027张，其中乡镇卫生院拥有床位370张。床位使用率107.27%，其中县人民医院117.8%、县中医医院124%、乡镇卫生院80%。

【资金投入】 2020年，麦盖提县卫生健康投入资金3.43亿元，比2019年增长22.8%，用于卫生健康事业发展。

【医药改革】 2020年，麦盖提县卫生健康委员会在县人民医院、各乡镇卫生院安装远程DR设备，实现乡镇卫生院直接连接县人民医院、县人民医院直接连接地区第一人民医院，通过医共体、医联体导向作用，采用网络会诊等方式连接打通自治区、地、县、乡四级远程会诊服务，提高配合度。由县人民医院牵头与11个乡镇卫生院签约，对乡镇卫生人员进行业务、院感培训，推进县域内医共体建设，推行分级诊疗，缓解看病难、看病贵问题。开通“双向转诊”业务，患者在乡卫生院不能诊治时，无需通过门诊和挂号即可通过绿色通道直接转诊到县级医院的相关科室得到治疗，全年上转1453人，下转765人，实现首诊在基层，大病去医院，康复回基层。县人民医院通过医共体远程会诊专线，与自治区胸科医院、地区第一人民医院、乡镇卫生院会诊患者病症221例，为群众就近提供质优、价廉、便捷的医疗服务。在控制药占比、百元医疗收入消耗的卫生材料、医疗服务收入占业务收入比重方面加大管控，年内县人民医院基本药物使用率57.26%，达到自治区对基本药物评定相关标准。

【健康扶贫】 2020年，麦盖提县卫生健康委员会落实上级关于健康扶贫各项要求，定点医疗机构实现“先诊疗、后付费”和一站式联合结算，县城内全面取消转院手续；实施大病专项救治，将救治病种逐步扩大至37种，贫困大病救治率100%，建档立卡贫困人口慢性病签约100%，全民健康体检完成率93.05%。

【服务基层】 2020年，麦盖提县卫生健康委员会选派医疗骨干7批累计372人，下沉到全县所有村和乡镇寄宿制学校卫生室开展医疗服务工作，下沉人员累计接诊3.28万人次，为群众解决病痛。举办培训356场次，促进基层医务人员综合业务水平提升。

【安全管理】 2020年，麦盖提县卫生健康委员会加强各医疗机构消防、医疗安全、医疗设备等安全管理。定期对本部门消防安全状况进行摸底排查，建立工作台账，列出隐患清单、明确整改责任人，做到底数清、情况明；开展对特种设备、供电设施、易燃易爆危险品及危险化学药品、毒麻精药品使用管理、建筑施工安全等方面的隐患排查治理工作；定期开展安全生产大检查，抓住重点场所、重点部位做好隐患排查，及时堵塞漏洞、排除隐患；加强以病历质量为重点的医疗质量监督管理，规范执行医疗护理技术常规，落实医疗风险防范措施，确保医疗卫生质量和医疗安全。

【民营医疗机构管理】 2020年，麦盖提县卫生健康委员会继续加强民营医疗机构执业行为管理，严格审核医疗机构的诊疗科目、诊疗条件及其从业人员资格，严把医师、护士准入关，依法严厉打击非法行医违法犯罪。

【医疗卫生项目建设】 2020年，麦盖提县卫生健康委员会建立健全项目推进监督管理方案、专项资金监督管理制度，制定时间表，倒排工期，每旬召开1次医疗卫生项目推进会，了解项目建设进度及项目推进中存在的问题，及时协调解决，确保如期完工投入使用。截至年底，中央预算内投资感染性疾病防控中心总投资1575万元在疫情中投入使用；中央预算内投资麦盖提县医疗废物收转运能力建设总投资800万元，正在办理挂网招标手续；拨付资金1933.98万元（基本公共卫生1425.28万元，基本药物补助358.7万元，全民健康体检150万元），拨付率100%。

【爱国卫生】 2020年，麦盖提县爱国卫生委员会办公室开展第32个爱国卫生月活动，围绕“灭蚊防病、健康你我”主题，在全县范围内开展清洁活动，巩固环境卫生成果，提升城乡环境质量，印发主题海报2万份，在社区、单位、村委会张贴，营造浓厚的宣传氛围。爱国卫生委员会办公室牵头、多部门配合，对城乡接合部及外来人员居住地环境卫生进行综合整治，清理各类垃圾、废弃物1.5万多吨。加大城市环卫行政执法力度，查处沿街“六乱”现象，整治规范早、夜市、大巴扎农贸市场及雅安居菜市场经营秩序。督促道路清扫和门前三包责任落实，规范垃圾收集、清运和处理，清除城区白色污染及张贴物、悬挂物和污染物，共清理各类垃圾7000多吨、卫生死角95处、清除各类违法广告张贴物28

处、喷涂物 280 处。加强与物业管理部门协作，对居民区内的建筑、装潢垃圾及其他堆放物进行清理，并对小区管理的公厕、垃圾房墙体、地面卫生及环卫设施不定时进行刷洗和保洁。县爱国卫生委员会办公室牵头，从住建、环保、市场监督管理等部门抽调人员，成立农村人居环境整治情况督促检查小组，对全县 10 个乡镇、140 个村、21 个社区环境卫生整治情况进行督促检查，督促及时整改，要求各乡镇落实长效管理机制，建立考核评价机制，将“农村居住环境整治行动”纳入目标考核体系，考核结果作为年终各村（社区）评先评优的重要依据，实现环境卫生管理工作规范化、标准化、制度化、常态化，促进乡村卫生面貌不断好转。为改善农村居住环境，减少病媒传染病发生和流行，县爱国卫生委员会办公室、农业农村局、疾控中心利用爱国卫生月，开展除“四害”、灭蚤行动。按照地区爱卫办统一安排，在规定时间内，集中开展大扫除和灭蚤工作，为全县 141 个村补充发放灭蚤药 50 袋，消杀面积 5 万平方米，收到一定效果。

【卫生健康监督】 2020 年，麦盖提县卫生健康服务站监督检查 39 家医疗卫生机构，出动监督员 80 余人次，执法车辆 30 车次，保障人民群众健康。县卫生健康服务站严格许可程序，在卫生行政许可方面实行一次性告知，公开卫生许可审批程序、审批期限、审批条件和收费项目。在开展卫生许可审查时，坚持以国家相关行业卫生标准为依据，并结合实际情况，做到严格审查、严格发证。全年，发放公共场所卫生许可证 30 户，从业人员体检 2000 余人，办理从业人员健康证 2000 余张。县卫生健康服务站对各类公共场所开展卫生执法检查工作，共检查 60 家，其中美容美发 50 家、住宿业 10 家，督促从业人员体检 500 人；面向全县所有宾馆业主举办公共场所培训班，参加培训 38 人。录入被监督公共场所信息 30 家，完成公共场所、传染病、医疗卫生、学校卫生等相关基本信息录入 40 家。县卫生健康服务站针对医护人员执业资格、诊疗科目开展情况、传染病防控、医疗废物处置、消毒隔离制度与措施、是否有雇佣医托的情况，临床用血管理、医疗广告投放情况等进行重点检查，查处无证行医 6 家，全部取缔，立案查处 3 起，其中超范围执业 1 家，违反地、县疫情指挥部相关规定销售禁止销售的“四类药品”1 家，罚款人民币 3 万元。县卫生健康服务站抽检全县被监督单位 31 户（其中公共场所 13 户、生活饮用水 7 户、学校卫生 10 户、医疗卫生 3 户、传染病卫生 3 户、餐饮具 1 户），完结率 100%、完成率 97.36%；对检查中发现问题的 5 家单位均下达《卫生监督意见书》，督促其整改落实；在监督工作结束按照要求实时将检查信息录入国家卫生监督信息平台，并将生活饮用水 7 户监测记录录入系统内。县卫生健康服务站对大型超市、企业、学校、水厂、医疗机构进行监督检查，下达卫生监督意见书 70 余份。县卫生健康服务站利用 3 天时间对全县 7 个水厂进行二次供水监督检查，下达意见书 7 份；利用 2 天时间对全县高层生活饮用水进行检查，共出动执法人员 8 人次，车辆 4 台次，排查物业公司 5 家，下达卫生监督意见书 2 份。

【医疗工作】 2020 年，麦盖提县有 2 所公立医院（县人民医院、县中医医院）加强内部管理和新技术引进及培训，在援疆省市的帮助下，发挥技术优势，成为麦盖提县医疗、疫情防控的主力军。

麦盖提县人民医院 2020年内设普外科、骨科、心脑血管肾病科、血透室、消化内分泌科、呼吸科、高血压神经内科、妇科、产科、儿科（儿科重症监护室）、急诊科、ICU、感染性疾病科、五官眼科、中医康复科、手麻科、放射科、功能科、检验科、门诊部、药剂科、供应科等32个临床医技行政科室。病床按编制床位240张统计，使用率为196.4%，按实际开放床位400张统计，使用率为117.8%；门诊诊疗16.1万人次、住院治疗2万人次、出院1.9万人次；平均住院7.68天，药占比23.46%，手术3189人次。完成全民健康体检7087人次、B超3.1万人次、心电图2.5万人次、X光1.8万人次、CT 2.2万人次、核磁1350人次、各类检验标本39.8万份。山东省日照市人民医院、新疆医科大学第五附属医院、解放军969医院、五家渠人民医院等20余名专家先后帮助县人民医院建胃肠外科、骨科、妇科、心血管科、肛肠科、呼吸科、五官科、皮肤科等10多个专业科室，通过开展查房、疑难病例讨论、学术讲座、手术示范、医疗管理指导等各种临床带教形式，拓宽诊疗项目，提升县人民医院服务功能和医护人员专业能力。利用服务能力提升项目资金和山东援疆资金411万元购置腹腔镜配套系统、神经外科显微镜、肌电图、超声手术刀等设备，自筹资金637万元购置64排CT，引进新技术，提升医院整体医疗水平，为群众提供较高质量的医疗服务。县人民医院胸痛、卒中、创伤、危重孕产妇救治、危重儿童和新生儿救治、心衰“六大”救治中心相继通过国家级基层胸痛中心、心衰中心认证，为患者提供医疗救治绿色通道和一体化综合救治服务。完成新上岗医疗人员岗前培训，委派5人赴自治区人民医院等三甲医院进修学习3个月以上；参加上级医院组织的各类学术活动、会议160人次；继续教育审核合格率100%；举办自治区和地区级适宜技术项目推广医学教育培训班12期1008人次。“三基”培训，组织医护业务学习41次4325人次，医护基本技能操作培训20次2787人次。持续促进医疗资源下沉，建立“分级诊疗、双向转诊”制。乡镇卫生院上转诊1806人次，县人民医院下转至乡镇卫生院289人次，向上级医院转送1532人次，提高县域医疗资源配置和使用效率；完成远程会诊县地级279例、乡县级19例，

5月4日，县人民医院入村开展巡回义诊和保健知识宣传活动（县人民医院供稿）

5月28日，县人民医院体检小组为高考学子体检（县人民医院供稿）

远程病理会诊 261 例、远程液基细胞会诊 90 例。通过人才、技术下基层，逐级帮扶带动，选派医师驻希依提墩乡、吐曼塔勒

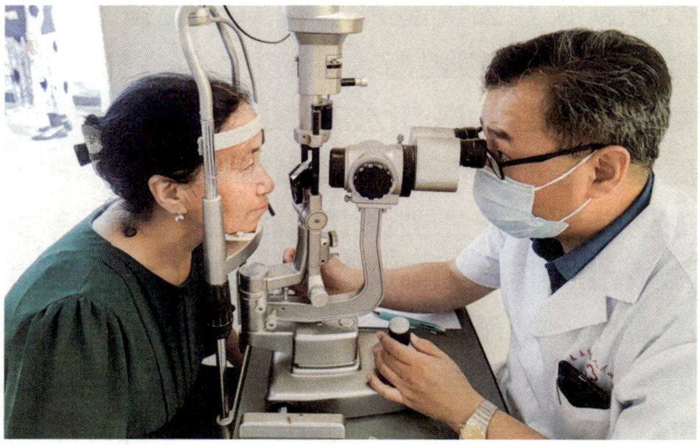

6 月 4 日，县人民医院开展第 25 个全国“爱眼日”白内障患者筛查活动（县人民医院供稿）

乡、库尔玛乡卫生院开展“千名医师下千村”活动；先后组织 5 批次 94 名医生下沉常驻县 7 个乡 41 个村卫生室，以“师带徒”“1+1 结对帮扶”等方式，针对基本公共卫生服务管理、常见病诊治、基本药物规范使用、健康教育宣传等开展帮扶工作，提升“最后一千米”医疗服务水平。疫情防控期间，开展院科全员培训、知识培训、实战演练等 105 场；进行理论考核 31 场 1.48 万人次，技能操作培训、考核 38 场 5263 人次。截至 12 月 30 日，核酸检测 69.8 万人次、双抗检测 1.53 万人次。

麦盖提县中医医院 2020 年住院 3241 人次，编制病床使用率 124%，患者平均住院 10.2 天；门诊接诊 2.6 万人次；全民健康体检 4531 人。康复理疗科拥有床位 37 床、设备 23 种，开展特色诊疗技术 41 种（适宜技术推广 16 种、新开展项目 4 种），主要有红光、激光、黑光，火针、火疗、阿比赞治疗、孜马地疗法、帕雪雅疗法、拔火罐、肢体气压治疗、科马特疗法（局部）、灯火灸疗法、雾化吸入、气压治疗、熏洗疗法、龙卡技术、泥疗治疗、熏蒸疗法（局部）、局部科马特疗法、阴道臭氧灌洗等。按照县疫情防控工作要求，县中医医院供应全县医务人员、隔离人员、一线工作者服用中药汤剂共 211.09 万袋（疏附县 34.04 万袋、英吉沙县 8 万袋）；新建中草药库房 200 平方米，储备疫情所需中草药 401.93 万袋、45.32 吨、煎药包装袋 500 件（包装 150 万袋汤剂）；培训采样检测队伍，建设标准 PCR 实验室 100 平方米，配备核酸检验设备，确保日检测量 3000 单管。9 月 10 日，新建标准医疗废物贮存点（带救护车消毒室）136 平方米，配置专职人员、防护用品、消毒用品及相关设施，按照规范流程对医疗废物进行处置，无医院感染病例，无漏报病例。院感办开展院内感染、医疗废物知识培训 12 次、测试 10 次，培训合格率 95%。医疗废物分类收集，院内及运送中无医疗废物流失、泄漏、买卖等情况，全年共收集转运医疗废物 5098.48 千克、损伤性医疗废物 336.45 千克。规范预检分诊点设置，落实发热病人规范化接诊工作流程，落实“四早”措施，对就诊人员进行初筛，合理引导就医，规避传染病风险。完善处突应急预案，保障绿色通道畅通，开展应急演练，提升应急反应能力。

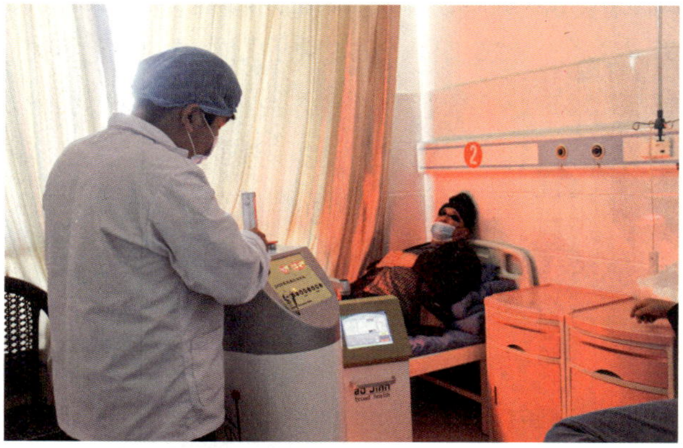

12 月 18 日，县中医医院皮肤科医生在给病人进行红光治疗（吐尔逊阿衣摄）

【妇幼保健工作】 2020年，麦盖提县妇幼保健院开设孕产群体保健、婚前保健、孕前保健、孕期保健、孕期营养保健、产前初筛、产科、产后保健、儿童群体保健、新生儿疾病筛查、儿童生长发育、儿童营养与喂养、儿童心理卫生、儿童眼保健、儿童口腔保健、儿童耳鼻喉保健、高危儿管理、儿童康复、儿科常见病诊疗、妇女群体保健、青春期保健、更老年期保健、乳腺保健、妇女病普查普治等临床、保健及医技等科室，有床位40张。拥有大型四维彩色B超、宫颈液基细胞制片机、电子阴道镜、妇科治疗仪、全自动生化检测仪、全自动血球计数仪、产后康复仪、骨密度测量仪、黄疸检测仪、儿童视力筛查仪婴儿培养箱、麻醉剂、多功能产床、盆底康复治疗仪、中药熏蒸治疗仪、LEEP刀、可视人流机、血凝计数仪等医疗设备。山东日照市选派院长1人、医务和护理管理2人、临床科室带头人7人，对县保健院实施“管理+专业技术”立体式全面托管。在援疆专家带动和引领下，开展产前筛查（包括NT、唐氏筛查、大排畸等）、心脏诊断、乳腺筛查、产后康复、可视人流、儿童洗浴、视力筛查、黄疸检测及治疗、骨密度检测、氟化泡沫护齿等新技术，填补技术空白，培养产科、儿科、超声科学科带头人，具备独立开展相应技术服务的能力。通过支援项目扶持，引进全数字化高端彩色多普勒超声诊断仪、盆底筛查仪、盆底治疗仪、妇科利普刀、艾灸仪、高能红光治疗仪、生物刺激反馈仪、微波治疗仪、熏蒸治疗仪、全自动凝血分析仪等先进医疗设备，改善就诊条件，提高服务质量，社会效益显著。与民政部门婚前体检机构联合，扩大婚前保健服务覆盖面，通过咨询引导，了解是否为近亲结婚、有遗传病、精神病、传染病等不利于结婚生育情况，加强婚检咨询指导力度，对暂缓结婚或者不建议结婚的对象做好婚后跟踪随访服务，实施农村孕前和孕早期妇女增补叶酸预防神经管缺陷项目，推进出生缺陷一级预防。全年婚检1446对，其中暂缓结婚7人。全年发放出生医学证明1488份。其中，机构内签发1411份、换发30份、补发24份，机构外签发14份、换发3份、补发2份、废证4份。

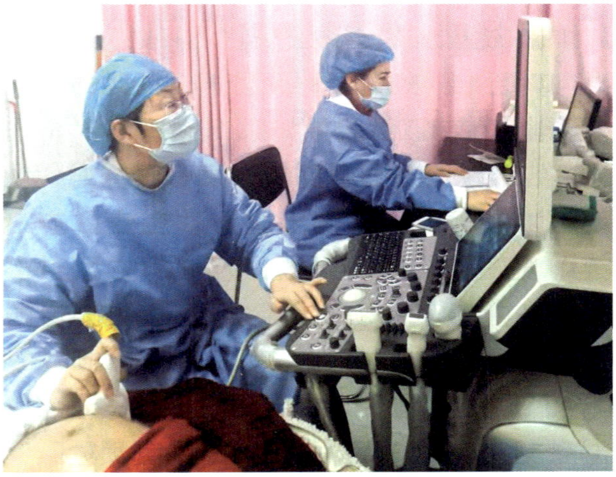

4月22日，县妇幼保健院产科医生在对孕妇做孕期检查（易双宝摄）

公共卫生服务

【健康档案管理】 2020年，麦盖提县辖区城乡居民健康档案管理建档23.21万人，建档率98%。

【健康教育】 2020年，麦盖提县爱委会办公室以村卫生室、社区卫生服务中心为主体，对辖区居民开展健康讲座、义诊和疾病预防工作；结合“世界无烟日”开展吸烟危害健康知识宣传活动；指导社区机关和客运北站、污水处理厂等单位利用宣传栏、悬挂横幅、电子屏滚动播放等媒介宣传健康知识。县疾控中心举办艾滋病防治健康知识讲座4场次，普及艾滋病防治知识，开展宣传活动6场次，受教4.23万人；实施全民健康生活方式行动，针对不同季节、不同人群传染病防治工作，开展健康教育与促进，利用“3·24”结核病宣传日活动开展结核病防治知识传播行动，印制发放各种题材的宣传品和宣传材料6万余份，在全国肿瘤防治宣传周、“4·20”世界卫生日、“4·24”全国疟疾日、“4·30”职业病宣传周、“5·15”碘缺乏病宣传日、“5·20”中国学生营养日及全民营养周、“5·30”世界控烟日、“科技宣传日”、“6·6”全国爱眼日策划组织大型宣传咨询活动10次，编印重点传染病防治知识宣传册3.33万余册，制作宣传品1.07万余件，发放学校、基层医疗单位、农民群众，普及传染病防治知识，受益3.56万余人，各乡镇制作宣传展板共70余块，更换宣传栏信息207次，提高群众健康知识知晓率，增强预防保健意识。

【预防接种】 2020年，麦盖提县疾病控制中心加强AFP病例监测管理，继续保持无脊灰状态；以乡镇为单位，乙肝疫苗、卡介苗疫苗、脊灰疫苗、百白破疫苗、白破疫苗、麻风疫苗、麻腮风疫苗、A群流脑疫苗、A+C群流脑第一剂疫苗、甲肝疫苗报告接种率均为90%以上，无疫苗失效、损毁情况发生，无接种事故发生。免疫规划信息化建设工作有序推进，乡级预防接种单位基本信息上传自治区平台100%，各乡镇疫苗管理平台均能正常使用，儿童个案信息上传1321人；完成春秋季新入学、入托儿童预防接种证查验工作，覆盖全县小学及幼儿园137所，查验覆盖率100%，查验儿童完成率100%，补种完成率95%以上；5—6月，完成2轮脊髓灰质炎补充免疫活动，0～4岁儿童脊髓灰质炎疫苗补充免疫接种率分别为99.6%和98.04%，通过地区及自治区联合督导组评估验收。

【0～6岁儿童健康管理】 2020年，麦盖提县妇幼保健院通过运用超声筛查新技术，扩大产前筛查人群覆盖面，全年筛查出畸形胎儿14例。开展新生儿遗传疾病筛查和听力筛查，对筛查出阳性病人召回、管理和随访等工作，同时对筛查出缺陷儿及时转至自治区妇幼保健院加强治疗干预和管理，全年完成新生儿疾病筛查1370人，其中可疑阳性患儿8人，无确诊阳性病例；完成听力筛查1075人，复筛未通过3人。规范儿童保健系统管理、体弱儿管理，5岁以下儿童死亡率10.51‰，婴儿死亡率7.28‰，较2019年均有所下降；7岁以下儿童保健管理2.04万人，3岁以下系统管理4247人。

【孕产妇健康管理】 2020年，麦盖提县妇幼保健院执行孕产期系统管理、高危孕产妇筛查技术，提高妇幼健康服务质量，无孕产妇死亡。开展农村妇女宫颈癌检查项目工作，重点规范宫颈癌检查服务流程，为宫颈癌患者提供转诊和治疗通道，为育龄妇女提供免费筛查服务4547人。启动农村妇女乳腺癌检查项目，结合实际制定实施方案，明确检查目标人群范围、操作流程及各医疗保健机构职责任务，完成乳腺癌筛查任务2112人。落实预防艾滋病、梅毒、乙肝母婴传播项目管理措施，重点对艾滋病、梅毒等感染孕妇规范治疗、追踪与随访，全年产妇1332人，活产1333人，产检1320人，早检1294人，产妇产后访视

1332人，产妇系统管理1230人。启动孕产妇“五色卡”管理，全年评估绿色孕妇767人次、黄色孕妇746人次、橙色孕妇208人次、红色孕妇26人次，切实降低孕产妇死亡风险。继续推进农村孕前和孕早期妇女增补叶酸预防神经管缺陷项目，全年服用叶酸3204人，完成3204人，服用率100%。

【老年人健康管理】 2020年，麦盖提县纳入管理的65岁及以上老年人1.37万人，管理率64.57%。

【慢性病患者健康管理】 2020年，麦盖提县登记管理高血压患者1.51万人，规范管理率73.9%，管理人群血压控制率34.6%。全县登记管理2型糖尿病患者3391人，规范管理率69.9%，管理人群血糖控制率22%。

【重性精神疾病患者健康管理】 2020年，麦盖提县开展严重精神障碍疾病管理、筛查、随访工作，确诊并纳入健康档案随访管理1235人，全县累计管理患者1233人，其中3～5级精神病患者筛查人数24人。

【结核病患者健康管理】 2020年，麦盖提县疾病控制中心按照喀什地区结核病专项行动方案要求，5月5日已完成重点人群筛查5.59万人，筛查率100%。截至12月22日，共登记治疗肺结核病患者477例，其中菌阳225例、菌阴218例、结核性胸膜炎34例，病原学阳性率为50.8%。全县运行集中隔离收治点1个、“集中服药＋营养早餐”点109个，对发现的病原学阳性患者当天进行集中隔离治疗，在各乡镇卫生院“集中服药＋营养早餐”点进行村医督促下服药。15岁及以上人群结核病筛查应筛查人数13.06万人，截至12月22日，筛查11.55万人，筛查率88.5%。采用走出去或请进来的方式组织县、乡、村结核病防治人员专业技术培训7次。肺结核患者门诊就医检查费用实际报销100%、住院费用实际报销90%，保障结核病防治工作顺利开展。

6月25日，自治区专家指导麦盖提县结核病“集中服药＋营养早餐”工作（县疾控中心供稿）

【传染病及突发公共卫生事件报告和处理服务】 2020年，麦盖提县共报告传染病16种972例，发生传染病自动预警36起（均排除疑似事件）；县疾控中心推进食源性疾病监测，对符合监测病例定义的门诊和住院病例进行监测，审核上报病例281份，控制传染病的发生和蔓延。

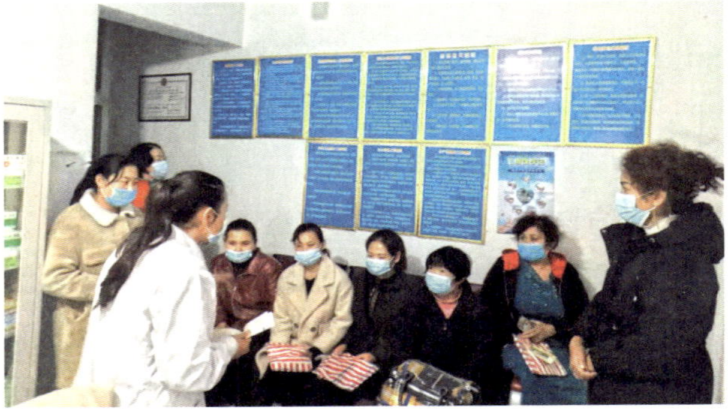

5月13日，县疾控中心人员到社区宣传艾滋病防治知识（县疾控中心供稿）

【中医药健康管理】 2020年，麦盖提县部分乡镇开展中医药健康管理工作。其中，麦盖提镇辖区内65岁及以上常住居民3062人，接受中医药健康管理服务3062人、管理率100%；辖区内应管理的0～36个月儿童1545人，按照月龄接受中医药健康管理服务1545人、管理服务率100%；县巴扎结米镇开展3岁以下儿童中医院健康管理476人次、65岁以上老年人1360人次；县尕孜库勒乡改善医疗服务，将健康救治、健康理疗、健康帮扶结合起来，推进中医药管理、中医治疗建设；县克孜勒阿瓦提乡开展推拿、针灸、拔罐、热疗、中药熏蒸等康复治疗项目，初步形成中医药康复治疗机制。

【卫生计生监督协管服务】 2020年，麦盖提县卫生健康服务站抽检计划生育户1户，按照要求实时将检查信息录入国家卫生监督信息平台。

【免费提供避孕药具】 2020年，按照国家免费提供避孕药具相关要求，麦盖提县计划生育技术服务指导站在全县各乡镇计生办、村（社区）和县城人员密集场所设置免费避孕药具宣传发放点236个（自动发放箱3个）。

疾病预防控制

【疫情防控】 2020年，麦盖提县疾病控制中心按照《麦盖提县新冠肺炎疫情防控工作方案》《麦盖提县秋冬季新型冠状病毒肺炎疫情防控工作方案》《麦盖提县贯彻落实自治区党委新冠肺炎疫情常态化防控八项预警监测机制实施方案》要求，成立专项应对新冠肺炎疫情防控工作领导小组，下设专家组、流调组、检验检测组、消杀组、环境监测组、后勤保障组，明确分工，压实责任。开展新冠肺炎疫情应急模拟演练102次、督促全县所有单位开展消杀680次、指导隔离点开展流调1.08万人次，坚持梳理问题，查找漏洞，补齐短板，确保各项防控措施有效落实。对各乡镇卫生院、隔离点、乡村（社区）开展消杀、流调队员培训，反复对应急处置预案、防控方案、流调、消毒技术、核酸采样、核酸检测、个人防护、实验室检测方案、实验室安全知识等内容开展培训166场、8334人次；配合自治区、地区专家对县疾控中心、人民医院、中医医院、各乡镇卫生院骨干进行以“消毒杀灭理论知识、防护服穿脱规范和模拟场所消杀规范、流调等实际技能操作演示”等为主要内容的培训19场次、1294人次；对环境监测采样队员开展培训46场、1926人次；对本级及乡镇核酸检测实验室人员分批分次进行培训，通过师带徒培训检验师23人，均取得PCR核酸实验室上岗证。超标准储备核酸检测试剂、全自动提取试剂、病毒采样管、一次性外科口罩、一次性医用口罩、隔离衣、外用防护服、防护面罩、一次性乳胶手套、医用护目镜、医用防护帽、医用鞋套，配备喷雾器、空气消毒机、84消毒液、含氯泡腾片、免洗手凝胶、75%酒精等，满足疫情防控物资

11月20日，县疾控中心在党校举办村支书记、社区负责人疫情防控培训班（县疾控中心供稿）

需要。抽调8名业务骨干分片负责，深入全县10所中小学指导疫情防控，宣传科学防疫知识，规范防范技术措施，推动学校疫情防控工作有序开展。县卫健委抽调县疾病控制中心2人和其他医疗机构医务人员分组对全县疫情防控工作进行督促指导，重点对学校、园区企业、养老院、福利院、监所、技工学校等场所量体温、戴口罩、消毒、通风、错峰就餐等防护措施落实情况检查指导，推动全县疫情防控工作有序开展。根据地区统筹安排，于5月15日完成面积为70平方米的PCR核酸实验室改造，

10月15日，县疾控中心在校园筛查常见病（县疾控中心供稿）

通过自治区疾控中心消感中心验收，取得自治区第一批新冠病毒核酸检测服务医疗机构（疾控机构）资质。9月28日，完成面积为170平方米PCR实验室改扩建任务，通过自治区第三方验收，提升PCR实验室核酸检测能力，达到上级“战时达到8000单管检测能力”的要求。截至年底，完成指挥部推送的新冠病毒双抗和核酸标本采样并检测合计68.22万人次，检测结果均为阴性，其中完成指挥部推送的新冠病毒双抗标本采样并检测1.66万人次，完成指挥部推送的新冠病毒核酸标本采样并检测66.56万人次。

【传染病控制】 2020年，麦盖提县传染病16种972例，发病率344.68/10万，比2019年同期下降47.17%。其中，肺结核病例501例，同比下降57.65%；乙肝病例121例，同比下降42.11%；布病病例39例，同比下降17.02%；丙肝病例35例，同比下降58.33%。死亡病例3例，死亡率为1.06/10万，比2019年同期下降66.67%。扩大艾滋病抗体检测规模，达到14.97万人次，全年新发艾滋病病毒感染者和艾滋病病人36例；免费抗病毒治疗艾滋病病毒感染者和艾滋病病人421人，治疗率93.56%；村级以上医务人员进行艾滋病防治知识培训320人，促进工作人员艾滋病防治知识业务水平能力提高。

12月2日，县疾控中心人员到社区发放艾滋病宣传品（县疾控中心供稿）

【地方病防治】 2020年，麦盖提县疾病控制中心在全县5个乡开展盐碘、尿碘监测和甲状腺B超监测工作，涉及8～10岁儿童200人、孕妇100人，共采集盐样300份（均合格）、尿样300份，碘盐覆盖率100%，合格碘盐食用率为99.5%，按时将地区尿碘、盐碘反馈检测结果数据录入系统。5月、12月对全县四类目标人群开展一轮口服碘化油工作，全县应服药1.12万人次，实服药1.118万人次，服药率99.8%（新婚育龄

5月15日，县疾控中心人员开展碘缺乏病监测活动（县疾控中心供稿）

妇女613人、怀孕小于3个月妇女149人、领取生育指标妇女6692人、哺乳期妇女3729人），在碘化油投服期间未发生副反应。开展农村和城市饮用水水质卫生监测工作，全县水厂7个，监测点27个，枯水期和丰水期共采集水样81份，其中纯净水厂出厂水采集21份、学校末梢水采集9份、农户家庭末梢水采集51份，经检测无异常，结果上报自治区疾控中心。开展布鲁氏杆菌病防治监测工作，对全县8个乡、2个镇、2个林场所有与畜产品有密切接触的兽医、饲养员、放牧员、接羔员、育羔员和牲畜交易、屠宰、皮毛、乳肉加工人员等职业人群均作为重点监测对象，共筛查高危人群1377人、采血检测1377人，检测阳性病例69例，其中新发阳性28例、复查病例41例，发病率11.6/10万。

【职业病随访】 2020年，麦盖提县卫生健康部门开展职业病患者随访工作，对64例尘肺病患者走访2轮，开展回顾性调查信息完善及随访上报工作；对295家企业进行职业病危险性现状调查情况，通过现场调查核实后，停业85家。开展肿瘤随访登记工作，对辖区内医疗机构登记人员进行培训，各乡镇负责肿瘤登记信息的收集、核实、上报，对辖区内所有存活病例进行随访。

新冠疫情防控

【统一领导】 2020年，麦盖提县委、县人民政府坚持疫情防控领导体制、战时机制、指挥体系不变，坚决落实“八项预警监测机制”，推动常态化防控和局部应急处置紧密结合。及时成立由县委主要领导任组长的县疫情防控工作领导小组和疫情防控工作指挥部，分管政法、卫健、公安、财政、交通的领导具体负责，其他领导各司其职、密切配合。党政主要领导坚持把疫情防控作为当前最重要、最紧迫的工作来抓，研究部署、督促落实，确保疫情防控工作有序开展。指挥部下设11个工作专班，明确工作任务、细化职责分工，在疫情防控工作指挥部统一领导下开展工作。

【医疗保障】 2020年，麦盖提县委、县人民政府严格按照地区卫健委统一规范的发热门诊建设标准，将县人民医院原妇科楼打造成县级发热门诊，规范设置“三区两通道”，改造标准化留观病房49间、设置2间负压病房，配备CT等检测室；按照可同时容纳不少于20人候诊的要求，科学规范设置患者通道、等候区，原则上预检分诊、就诊、检验等诊疗活动全部在发热门诊内完成。在县中医院、各乡镇卫生院规范设置预检分诊点12个，做到第一时间发现、登记、报告，并严格落实发热病人接诊、流调、筛查、转运工作，确保就诊患者诊疗流程规范科学有序。

【流行病学调查队伍建设】 2020年，麦盖提县委、县人民政府坚持线上线下相结合，运用侦查思维，借鉴侦查方法，合理运用本地数据分中心、视频智能应用平台等智能化手段查询轨迹，采取询问调查、社会调查等形式精准识别确诊病例和无症状感染者的密切接触人群，科学采取防控措施。在县级层面，抽调专业力量12人，组建流调小组3个，指导各乡镇开展流调、审核流调报告，参与或主导聚集性疫情和跨区域的流行病学调查；在乡镇、村（社区）层面，按照“1+1+1”的模式（1名乡村干部、1名乡卫生院医务人员、1名派出所民警），抽调专业力量723人，组建流调小组190个，具体负责辖区新冠肺炎流行病学调查工作。

【隔离场所建设】 2020年，麦盖提县委、县人民政府坚持“因地制宜、平战结合、科学达标”标准，将县体育馆设置成来客集散中心，规范设置等候区、采样区、生活服务区、生活及医疗垃圾处理区等功能区域，配套必要的设施设备。按照“不宜过大、小规模”原则和“单人单间单卫，能洗澡、有网络、通暖气”要求，对城南扶贫产业园公租房、旭日园区公租房、城西工业园区公租房、幸福小区公租房、库木库萨尔乡技工学校、实验中学公寓楼6个拟定集中隔离场所进行改造，确保在应急情况下集中隔离医学观察点准备充足。按照高、中、低风险人员，对应设置一类、二类、三类隔离场所，规范设置“三区两通道”，改造隔离房间1491间，配备有防疫经验的医护、民警和管理干部437人，严格落实闭环式管理措施，做到健康巡查到位、服务保障到位、消杀清洁到位、心理疏导到位。

【核酸检测】 2020年，麦盖提县委、县人民政府按照日检测能力1.2万单管、6万人的标准，新建中医医院PCR实验室1个，日检测能力达到2000管1万人份；对县人民医院、疾控中心PCR实验室进行升级改造，将检测能力从1660管8300人份提升到10万管5万人份。从县乡医疗单位抽调医务人员286人，组建核酸采样队伍80组240人、核酸检测队伍46人，总结前期核酸检测工作经验，采取理论授课、现场操作等方式，加强核酸采样队伍和核酸检测队伍的业务能力和自身防范知识培训，确保常态化下或应急响应时能够按照既定工作方案高质量完成核酸采样、筛查和检测工作。坚持“必检尽检”“应检尽检”原则，县乡设置核酸采样“窗口”13个，定期组织卫健、公安、交通、市监、民政等行业主管部门，对新冠病毒感染者密切接触者及其活动区域的人员、境外入境人员、外地来麦返麦人员、隔离人员、发热门诊患者、新住院患者及陪护人员，监所、养老院、福利院等重点场所人员进行梳理摸排，建立定期核酸检测机制。全年，累计开展核酸检测49.76万人次。

【环境监测】 2020年，麦盖提县委、县人民政府落实“四早”防控策略，梳理医疗机构、监管场所、商场超市、农贸市场、农产品及冷冻食品批发市场等重点监测场所104个，强化卫健、交通、商工、农业农村、市场监管等部门的协同联动，统筹开展各类环境常态化监测工作。

【到麦盖提人员服务管理】 2020年，麦盖提县委、县人民政府从全县各单位抽调工作人员50人，配齐配强工作专班力量，压实工作责任，加强思想教育，强化个人防护意识，做好到麦盖提人员登记工作，确保不积压、不漏一人。对境外到疆返疆人员、中高风险疫情地区人员、有发热症状人员、国家卫健委推送的重点人员，严格落实“四早”措施，实行分类乘车，严防交叉感染。坚持每日进行车辆检修维护，合理调配车辆接返频次。全年，疆内外累计到麦盖提、返麦盖提 4.39 万人，均已落实相应防疫措施。利用大数据信息，对每日到麦盖提、返麦盖提人员的境外及重点地区旅居史进行筛查，确保外防输入不漏一人。同时，发挥基层组织群防群治作用，每日对辖区宾馆、出租房屋等外来人员进行摸排统计，落实市监、商工、住建等行业主管部门责任，对复工企业、建筑企业、个体工商户等到麦盖提人员建立信息台账，准确掌握新增到麦盖提人员。

【隔离观察点服务管理】 2020 年，麦盖提县委、县人民政府坚持“早期全面干预、分类服务管理、中医药全程覆盖”，做实做细隔离人员服务管理工作。集中隔离医学观察点落实封闭式管理，所有人员吃住一律在场所，并由专业医护人员采取现场示范培训等方式，指导管理、医疗、安保等相关人员，规范穿戴防护设备、场所消杀、垃圾粪便清运等各项操作流程，防止二次感染。落实分类分区管理要求，每日 2 次全方位消杀、3 次体温测量、询问健康状况，建立集中观察人员健康监测卡，对发热和身体不适及有其他症状人员，第一时间严格按照程序进行报告、送诊，确保不出问题。坚持以服务换管理，落实吃好、睡好、上中药“三大件”工作要求，解决困难诉求。全年，累计集中医学观察 2.08 万人。

【冷链物流监测】 2020 年，麦盖提县委、县人民政府对 14 家冷链食品经营商、13 家冷库及 11 辆冷链食品运输车进行监管，落实“先申报后采购”原则，由进购主体提供详细的进购计划，明确冷链食品来源、产地、品名、数量、运输工具、驾驶员信息、预计到达时间，确保发生异常情况时有源可溯。对入麦的冷链食品，由县疾控中心对食品的包装内外、食品本体、运输车辆、人员进行现场采样、核酸检测。定期开展冷链食品经营场所、从业人员、运输车辆、储存设施的采样、监测工作，防止疫情发生、传播。申请登记购进冷冻禽类（鸡、鸭）及肉制品 41 车 650 吨，均落实核酸检测。

【发热病人接诊】 2020 年，麦盖提县委、县人民政府坚持发热人员全部在县人民医院发热门诊就诊的原则，加强县域内 9 家民营医院、25 家私人诊所、3 家私人门诊管理，严禁民营医疗机构、乡镇卫生院接诊发热病人，一经发现全部按规范程序转运至发热门诊。全年，累计接诊发热病人 3515 人，核酸检测结果均为阴性。

【药店监管】 2020 年，麦盖提县委、县人民政府对 54 家药店实施监管，督促落实实名购买登记和发热预警平台录入工作，及时掌握退烧、止咳、消炎、止泻类药品销售信息，确保发热患者第一时间预警，落实闭环式接收救治。

【培训和演练】 2020 年，麦盖提县医疗机

11 月 23 日，县疾控中心举办教育系统环境监测队伍专题培训（县疾控中心供稿）

构按照视频培训或现场指导培训不少于 2 次、每周演练不少于 1 次的原则，常态化组织相关工作人员开展业务知识培训和实战演练，促进医护人员院感防控水平提升。全年，共开展培训和实战演练 189 场。

【常态化消杀】 2020 年，麦盖提县委、县人民政府选派 6 名干部充实调整到爱卫会办公室，配备主任 1 人、工作人员 5 人。从各医疗单位抽调工作人员 12 人，与县爱卫会干部混编组建专业消杀队伍 5 支，结合爱国卫生运动，把预防性消杀与卫生清洁同步推进、同步实施，重点对商场超市、农贸市场、老旧小区、建筑工地等人群聚集公共场所、重点部位进行日常消杀，推进环境卫生专项整治，防止各类细菌病毒滋生传播。组建 8 人消杀指导队，采取理论学习和现场带教相结合的方式，定期对全县 29 支环境消杀队开展培训。全年，共组织开展消杀业务培训 30 场次，受训人员 500 余人；完成学校、商超、冷冻食品批发市场、农贸市场、屠宰场、客运站等 45 个重点场所环境消杀工作，累计消杀面积约 105.4 万平方米。

【场所防控】 2020 年，麦盖提县疫情防控重点场所共 17 家，全部实行封闭式管理，工作人员吃住在单位，生活物资由物资保障组点对点配送，落实“一月一轮休、一次休两天”工作要求。压实单位、村（社区）等主体责任，在机关企事业单位、景区景点、商场超市、农贸市场等公共场所，安排专人开展健康码查验工作，查验为绿码人员正常通行，查验为黄色和红色标识的人员，第一时间控制限制流动，并上报县疫情防控工作指挥部，查清黄、红码情况，落实相应管控措施。

【督导检查】 2020 年，麦盖提县坚持每日对人员流动性较大的车站、银行、服务大厅等场所进行检查，落实敬老院、学校等重点场所封闭式管理措施，督促落实人员进出扫码、佩戴口罩、体温检测、日常消毒通风等防疫措施，对存在问题的责任单位及时下发整改通知。全年，累计下发督办整改通知书 215 期，整改问题 1307 条。

基层卫生

【基层医疗卫生机构】 2020 年，麦盖提县 8 个乡 2 个镇设有卫生院 11 个，有卫生技术人员 532 人、床位 370 张。全县 140 个村设置卫生室，均按照科室独立设置、室内布局合理、陈设摆放整齐、保证药品质量、实施国家基本药物标准建设，全部达标。

【乡镇卫生院工作】 2020 年，麦盖提县各乡镇卫生院在做好疫情防控工作的前提下，坚持开展基本公共卫生服务、优质服务，满足乡村群众对医疗卫生的需求，做到小病不出村、常见病不出乡。

麦盖提镇卫生院 2020 年，下设门诊部、住院部、体检中心、康复科、防疫科、妇幼保健科、财务室等科室。医院设置床位 37 张，开放病床 30 张，使用率 80%。门诊接诊 2.87 万人次、日平均 79 人；住院 1011 人，出院 1011 人；全民免费健康体检应检 1.78 万人，实际完成体检 2.05 万人，完成率 115.17 %；处方、病历书写率 100%。成立药事委员会，规范推进药品、医疗器械、医用耗材、试剂的招标采购，实行国家基本药物目录管理制度，统一网上集中采购，杜绝过期、失效及假劣药品卫生院，保障药品质量管理；严格执行国家物价部门收费标准。

基本公共卫生服务方面，辖区内常住居民5.7万人，建立电子健康档案5.58万人，建档率97%；档案中有动态记录档案2486份，使用率97%。发放健康教育印刷资料19种、7320份，播放健康教育音像62次、280小时，健康教育宣传栏内容更新64次，举办健康教育讲座26次、参加8700人，举办健康教育咨询活动8次、咨询服务4230人。辖区内15岁以上人群肺结核应筛查1.36万人，完成1.36万人，筛查出肺结核患者472人，纳入规范化治疗187人，肺结核管理率100%。严重精神障碍患者在册登记240人，其中规范化管理203人，管理率84.58%。辖区内0~6岁应建立预防接种证6678人，已建立预防接种证6678人，建证率100%。发现、登记、报告传染病2例，其中水痘2例，无腮腺炎、流感病例，传染病疫情报告及时率100%。辖区内65岁及以上常住居民3062人，接受慢病健康管理3062人、管理率75.86%、建档率100%，参加健康体检2050人。辖区内高血压患者应管理3050人，按照规范要求进行健康管理3050人、规范管理率100%。在管高血压患者家庭医生签约3050人、签约率100%。辖区内2型糖尿病患者应管理1270人，按照规范要求进行2型糖尿病患者健康管理1270人、规范管理率100%。全年，新生儿活产555人、访视555人，访视率100%；产妇555人、访视555人、访视率100%；孕产妇系统管理512人、管理率92.25%；高危孕产妇361人、管理率100%；0~6岁儿童5100人、管理率98.63%；5岁以下儿童2940人，其中3岁以下儿童1545人、管理率99.03%；实发叶酸3626瓶，神经管缺陷儿2人，发生率0.36%。

实行免押金“先诊疗、后付费”“一站式”结算政策，解决患者因住院押金过高得不到及时诊疗及个别患者看不起病的问题。落实城乡居民大病保险制度，对农村贫困人口在起付线以上部分、报销比例和封顶线等方面给予重点倾斜。建立救治台账，其中大病79人、慢病2769人、传染病113人、地方病11人，实施分类救治。全镇21个社区卫生室均建立大病、重病、慢病、传染病、地方病患者一户一档、一人一档，定期派下沉医生、村医入户走访，清理小药箱药品，发现问题，及时整改。

巴扎结米镇卫生院 2020年，开放床位50张，设置门诊部、住院部、体检中心、预检分诊点，下设17个村标准化卫生室，成立17个家庭医生签约服务团队；主要医疗设备有500AmX光机1台、十二道心电图机4台、彩超3台、多普勒超声仪3台、胎心监护仪2个、新生儿抢救台1个、全自动生化分析仪1台、血球分析仪1台、尿液分析仪4台、DR诊断仪一台等，开展内科、外科、妇科、儿科等常见病诊断与治疗，实现小病不出村、常见病不出乡。

疫情防控期间，成立疫情防控8个预警机制领导小组，由村党总支书记、村“两委”、村医组成，发热为主的八大症状筛查领导小组。卫生院设立预检分诊点，配备医护人员6人，全镇17个村共设立体温监测点21个，安排医护人员20人，确保做到进出人员扫码、测体温、戴口罩三件事，将筛查出的以发热为主的八大症状患者第一时间转至县医院发热门诊，且对其跟踪随访，全年共筛查出发热患者256人，其中镇卫生院治疗157人、转县医院99人，均为上呼吸道感染引起，无其他异常。设立核酸采样组、环境消杀组、外环境检测组，按人群分类，定期开展核酸检测；对人群密集场所定期进行环境检测、消杀工作。通过以会代训对医务人员进行培训，实地演练工作常态化开展，促进医务人员疫情防控能力、自我防护及预警处置意识提高，全年开展培训89次、演练48次。

基本公共卫生服务方面，建立居民健康档案2.32万人，其中贫困户5934人、未脱贫监测户166人、边缘户759人，0～6岁儿童1452人、0～3岁儿童437人。高血压2236人、糖尿病442人、精神障碍124人，家庭医生签约1.06万人，开展健康教育宣传6.4万人次。辖区大病、重病、慢性病、传染病、地方病等患者进行摸排，纳入救治台账，并办理“慢病卡”“两病卡”，全年纳入救治台账共3113人，其中贫困户976人、非贫困户2137人，大病379人、救治371人，慢病3604人、救治3600人，传染病10人、救治10人，地方病20人、救治20人。结核病防治。对15岁以上人群胸部拍片全覆盖，筛查出的结核病阳性患者转送县医院集中隔离治疗，阴性患者采取“集中服药+营养早餐”结核病管理模式，在镇辖区8个营养早餐点就近治疗；对50岁以上、历年纳入台账的结核病患者及其密切接触者、疑似肺结核、免疫力低下、糖尿病人进行摸排，逐一进行X光检查，筛查出疑似肺结核529人，经县医院确诊纳入治疗53人，年末结束治疗46人，正在治疗7人。配备专兼职计划免疫人员35人，分片包干0～6岁儿童1955人实施免疫规划工作，确保20次以上冷链运转，保质、保量、安全有效为全镇适龄儿童接种相关疫苗。全年，糖丸应种785人，实种745人，接种率95%；卡介苗应种112人，实种111人，接种率98%；乙肝应种238人，实种229人，接种率96%；三联应种448人，实种439人，接种率98%；麻疹（麻风和麻腮风疫苗）应种320人，实种290人，接种率91%；流脑应种965人，实种847人，接种率88%；甲肝应种162，实种149，接种率92%。全年产妇建卡128人、产检128人，其中剖宫产50人、死产1人、死胎数2人、双胎1人，产后访视128人；7岁以下儿童保健覆盖2408人次、5岁以下儿童1331人，5岁以下儿童死亡1人，3岁以下儿童系统管理1244人次；对适宜补充叶酸的孕前、孕早期孕妇，在其怀孕前后各3个月内，每日免费补充叶酸0.4毫克，做到叶酸片按时发放、定期随访，全年共发放叶酸片1151瓶、依从人数250人；全年向出生满6个月到24个月龄婴幼儿免费发放营养包、指导正确服用和存储2627人3060包，做到定期随访服用率；落实孕产妇“三病监测”工作，做到“早发现、早诊断、早治疗”，全年监测艾滋病、乙肝、梅毒119人，诊断出乙肝阳性1人，未发现艾滋病、梅毒患者。执行住院患者免押金“先诊疗、后付费”一站式结算服务要求，村卫生室药品品种在88种以上。全年住院病人1158人次，开具门诊处方5.75万张。开展全民免费健康体检，年初，召开全民健康体检动员大会，培训医护人员，开展摸排工作。

12月9日，巴扎结米镇卫生院对出生满6至24月龄婴幼儿免费发放营养包

（巴扎结米镇卫生院供稿）

全年 0～6 岁儿童 2232 人、15 岁以上人群 1.34 万人、学生 4377 人完成体检，对阳性患者以实地走访、电话随访等多种形式随访，给予按时服药、定期检查、调整心态、合理饮食等指导建议。

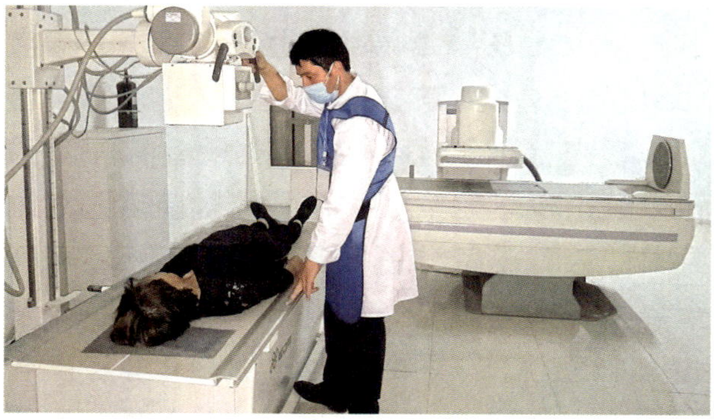

5 月 6 日，巴扎结米镇卫生院医生利用科学仪器开展体检（巴扎结米镇卫生院供稿）

希依提墩乡卫生院 2020 年，设置床位 30 张，住院病人 810 人，其中治愈 510 人、好转 280 人、转院 20 人；门诊就诊 2.27 万人，村卫生室就诊 3.29 万人。设住院部、门诊部、基本公共卫生科、功能科、康复科，有 DR 机、彩色 B 超、全自动生化仪、全自动血球分析仪、心电图机、尿液分析仪、疫苗冷藏设备等医疗设备，可以开展各种辅助检查。全乡 15 个行政村均有标准化卫生室，乡村医生共 33 人，实行乡村一体化管理，承担全乡基本公共卫生服务和基本医疗工作。

疫情防控期间，按要求在预检分诊点里面分开设立清洁区、缓冲区、污染区及医务人员通道、病人通道、三区两通道并张贴绿、黄、红色进行标识清楚。为防止交叉感染，发热门诊设立分诊室、留观室、治疗室、更衣室、医务人员值班室，医护人员 24 小时轮流值班，做好发热病人专人转运发热门诊就诊、对发热患者进行核酸检测及流调工作；全年，发现发热病人 371 人，其中有接触史的病人 17 人、普通病人 354 人，转院病人 102 人、在卫生院接受治疗 269 人。卫生院大门口设立体温监测点、预检点，规范就诊流程，分设发热病人和普通病人通道，对进出卫生院人员要求戴口罩、测量体温、扫码。疫情防控工作开始以来，开展演练 34 场、举办培训 55 次。组建 3 个组开展核酸检测工作，检验室工作人员按不超过 2 个小时原则把样本送到定点机构。开展心脑血管、高血压、糖尿病、严重精神障碍、艾滋病、肺结核、孕产妇、急危重症患者正常医疗救治服务，总共转运病人 74 人次，其中送县医院检查孕妇 15 人、产妇 3 人，村卫生室到家庭送药 1009 人次、乡卫生院到家庭送药 22 人次、从县医院到家庭送药 78 人次、隔离点慢性病送药 21 人次。举办消杀培训 14 次、参培 356 人。隔离场所垃圾处理按照楼层暂存不超过 1 小时原则、防疫二级防护转运处理要求，每天专人专车转到乡卫生院进行处理，确保垃圾处理始终规范有序。

基本公共卫生服务方面，建立居民健康档案 1.61 万人、产妇管理 43 人、老年人保健管理 949 人、高血压管理 878 人、糖尿病管理 165 人、重性精神病管理 76 人。组建 15 个家庭医生团队，每个团队由 1 名临床医生、1 名护士、1 名保健人员和乡村医生组成，与患者签约 7912 人，其中贫困人员签约 7002 人、签约率 100%，高血压患者签约 743 人、糖尿病患者 167 人。计划免疫。全乡有 0～6 岁儿童 1517 人、新生儿 41 人，全部纳入计划免疫管理，建卡、建证率 100%，卡符合率 100%；乙肝疫苗应接种 89 人次，实际接种 86 人次，接种率 96.6%；卡介苗疫苗应接种 41 人次，实际接种 40 人次，接种率 97.5%；脊髓灰质炎疫苗应接种 1846 人次，实际接种 1720

人次，接种率93.17%；百白破疫苗应接种210人次，实际接种206人次，接种率98%；白破疫苗应接种508人次，实际接种500人次，接种率98.4%；麻风疫苗应接种人22人次，实际接种21人次，接种率95.4%；麻腮风疫苗应接种80人次，实际接种78人次，接种率97.5%；A群流脑疫苗应接种82人次，实际接种81人次，接种率98.7%；A+C群流脑疫苗应接种710人次，实际接种675人次，接种率95%；甲肝疫苗应接种120人次，实际接种110人次，接种率91.6%；常规疫苗应接种3708人次，实际接种3517人次，接种率94.8%；脊髓灰质炎强化疫苗应接种1513人次，实际接种1452人次，接种率95.9%；疫苗接种做到一人一针一管，达到安全接种的要求。开展健康教育知识宣传209次（乡级宣传5次、村级宣传204次），更换宣传栏内容74次，张贴标语130条、宣传图74幅，发放宣传材料9758张，接受宣传7.59万人次。配合县疾控中心开展地方病防治、监测、管理工作，第一次应发碘化油385人，实发382人，发放率99.2%；第二次应发碘化油丸360人，实发353人，发放率98%。为扶贫服务对象建立健康档案1371人，其中大病196人、慢病1197人、传染病52人、地方病9人，开展定期随访3646人次，享受顶梁柱项目补助金81人。产妇46人，建卡46人，产前检查46人，孕产妇系统管理43人，产后访视46人，访视率100%；7岁以下儿童1517人，5岁以下儿童665人，5岁以下儿童死亡1人；宫颈癌筛查980人、阳性80人；乳腺癌筛查800人、阳性12人；新满6个月58人、满24个月111人，应领取1402人，实际领取1400人，发放率99.86%；育龄妇女6634人，实际发放叶酸片1088瓶。

开展全民免费健康体检，1月，启动全民健康体检工作，开展全民体检专门培训3次、常规培训8次。全乡应体检1.26万人，实际体检1.22万人，完成率98.63%；0～6岁儿童1457人，实际体检1516人；7～14岁儿童2452人，实际体检2452人；15～64岁人群7815人，实际体检7470人（包括各单位公职人员和流动人口）；65～79岁人群782人，实际体检761人；80岁以上人群108人，实际体检99人。

全年有住院患者810人，共免去住院押金16.2万元；深度贫困人口171人，医疗总费用26.52万元，其中医保报销18万元、深度贫困补充医疗保险8.24万元、患者个人自付2888.51元，贫困人员国家报销98.99%、个人自费1.01%，减轻患者负担，缩短办理时限，增强报销时效，达到按时治疗目标。

央塔克乡卫生院 2020年，开设床位60张，有自动洗片机、彩色B超、尿十项、全自动生化分析仪、心电图机、新生儿暖箱、血球分析仪、离子分析仪、阴道镜、微波治疗仪、急救箱、疫苗冷藏设备、急救车等医疗设备，可以开展肝功、肾功、血糖、血脂、离子分析等检验项目，开展康复理疗等新项目。25个行政村均有标准化卫生室，乡村医生37人，全部实行乡村一体化管理。全年门诊接诊2.97万人次，产生总费用203.92万元，个人支付11.89万元；住院治疗2641人次，产生总费用268.64万元，个人支付32.08万元。

基本公共卫生服务方面结合建立居民健康档案，对65岁及以上老年人进行登记管理，并对所有登记管理的老年人免费进行1次健康危险因素调查和一般体格检查及空腹血糖测试，提供自我保健及伤害预防、自救等健康指导；把高血压、2型糖尿病患者纳入管理，进行康复指导；对存在危险因素且未纳入其他疾病管理的老年居民进行定期随访，掌握其健康情况；建立高血压、2型糖尿病等慢性病健康档案。对精神障碍患者进行定期随访和康复指导。采取发放宣传材料、开展健康宣教、设置宣传栏等方式，针对重点人群、重点疾病和主要卫生问题、危险因素开展健康教育和健康促进活动。全年，辖区内健康教育宣传板报内容更换4次，举办健康知识讲座乡级20次村级30次，开展咨询宣传活动4次，发放健康教育宣传资料8574份。举办脊髓灰质炎、麻疹、碘缺乏病、急性弛缓性麻痹等相关知识培训，参培乡村医生25人。锁定贫困人口5827人，重点通过调整医疗保险及大病保险报销政策，缓解因病致贫、因病返贫问题；确定大病患者237人、慢病2076人、重病1人，其中贫困户大病56人、慢病429人、地方病5人、传染病2人，非贫困户大病181人、慢病1647人、重病9人、传染病29人、地方病12人，将贫困人口全部纳入重特大疾病救助范围，对贫困人口大病实行分类救治和先诊疗后付费的结算机制。开展家庭医生签约服务，定期随访检查，开展健康教育宣传，免费发放每户1个药箱（含日常用药品）。实施贫困乡儿童营养改善、新生儿疾病免费筛查、妇女“两癌”免费筛查、孕前优生健康免费检查等重大基本公共卫生项目。年初召开妇幼工作培训会2次；广泛宣传住院分娩、新法接生；为孕产妇及0～36个月儿童建立保健手册，进行系统管理，开展新生儿访视及儿童保健系统管理；开展新生儿访视4次、儿童保健1岁以内访视4次，进行体格检查、生长发育监测及评价和心理行为、母乳喂养、辅食添加、意外伤害预防、常见疾病防治等健康指导；开展5次孕期保健服务和3次产后随访，进行一般体格检查及孕期营养、心理行为、产后常见问题健康指导。

开展全民免费健康体检，全乡应检2.32万人，体检2.32万人，其中0～6岁2706人、15～64岁1.25万人、65～79岁1405人、80岁以上210人，完成率100%。

吐曼塔勒乡卫生院 2020年，有床位50张，内设6个临床科室（综合科、内科、妇科、儿科、中医科、基本公共卫生科），6个辅助科室（B超、心电图、检验、放射科、药房）。现拥有X光机、全自动生化分析仪、尿常规仪、心电监护仪、彩色B超机、心电图机、全自动洗胃机、制氧机、救护车等常规的医疗、办公设备。可开展内科、外科、妇科、儿科等常见病、多发病的诊疗并承担辖区基本公共卫生任务，基本能满足辖区居民的卫生服务需求。

辖区总人口2.53万人。全乡辖区有行政村15个，建标准化村卫生室14个；乡卫生院有医护人员75人，其中持证上岗专业技术人员26人；村医35人，其中持证村医21人。

疫情防控期间，开展监测体温、登记核查、卡点筛查、清洁消毒、宣传科普、便民服务、心理疏导等疫情工作。全乡累计登记发热患者125人，建立各类统计数字和信息日报制，组织疫情相关培训100余次。

根据上级下发《重大疾病地方病传染病医疗救治全覆盖实施方案》，开展摸底、建立实名制台账等工作，贫困人口大病专项救治政策享受先心病4人、白内障5人、终末期肾病1人、恶性肿瘤2人。家庭医生签约服务。开展农村贫困人口、高血压、糖尿病、精神病、肺结核人群家庭医生签约服务。由临床医生、护士、基本公共卫生人员组成家庭医生团队，签约1.1万人，发放家庭医生团队联系卡、家庭医生服务手册、

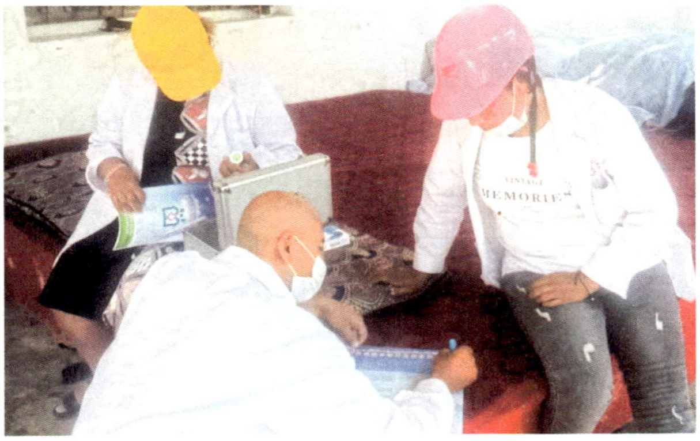

4月6日，吐曼塔勒乡卫生院人员入户摸排登记健康扶贫对象信息（吐曼塔勒乡卫生院供稿）

健康扶贫工作手册、医保政策宣传册、两病、慢病告知卡等，按时开展履约服务。开展15岁以上人群结核病筛查工作，总筛查摸底1.41万人，已筛查1.15万人，发现疑似肺结核391人，其中新纳入治疗肺结核42人（初治36人、复治4人、结核性胸膜炎2人），有4人在县人民医院集中隔离点治疗，38人在辖区各村服药点服用免费药物、营养早餐；全乡设有11个营养早餐点，为每一个肺结核患者储备了新鲜的牛奶、面包和鸡蛋。建卡儿童101人，建卡率100%；脊灰疫苗应种289人次，实种289人次，接种率100%；百白破应种412人次，实种412人次，接种率100%；含麻类疫苗应种255人次，实种255人次，接种率100%；乙肝疫苗应种289人次，实种289人次，接种率100 %；甲肝疫苗应种180人次，实种180人次，接种率100%；流脑疫苗应种1335人次，实种1335人次，接种率100%；脊灰疫苗应种2363人次，实种2363人次，接种率100%；白破疫苗应种867人次，实种867人次，接种率100%。精神病应管患者163人，在管162人（1人失联），管理率99.38%，享受免费服药政策人员2人，每月定期开展随访、录入工作。结合全民健康体检工程，将新发现HIV患者及时纳入治疗，开展规范管理，对村医进行业务技术指导与培训，进一步降低艾滋病母婴传播率，广泛宣传艾滋病防治知识，增强群众自防意识。开展布病检测，累计筛查72人，发现阳性患者5人。截至年底，总确诊布病病患20人，在治8人、治疗结束1人、无临床症状3人、治愈8人。给育龄妇女增补叶酸，降低新生儿出生缺陷，并做好每月随访；建立母子保健手册，定期督促产前检查；定期对五色管理卡的孕妇督促产前检查和面对面健康教育宣传。全年，产妇建卡151人，早孕检测125人，早孕建卡率93.22%；活产109人，新生儿访视109人，新生儿访视率100%；5岁以下儿童1458人，死亡1人，死亡率0.68‰；为6～24月龄儿童免费发放营养包285人。

全年，收治住院1656人次，总费用171.85万元，其中统筹报销152.86万元、患者自付18.99万元，医保报销90%以上、个人自付10%。各村卫生室都已开通门诊一卡通结算服务，就诊2万人次。

开展全民免费健康体检，目标体检2.06万人，其中0～6岁2331人、7～14岁4224人、15～64岁1.2万人、65～79岁1347人、80岁以上263人，公职人员、事业单位人员（退休人员）、企业职工445人。实际完成体检19.5万人，体检完成率95%；已录入19.48万人，录入率98%。

卫生协管。到水库进行检测5次，各小学进行食品安全、消毒及传染病防治工作督导16次，反馈问题，督促整改，留存相关档案。

村医培训。第一批选派喀什脱产培训3人，结业返回工作岗位；32名村医培训分4批次在县人事局培训点进行脱产培训，每期培训10天；卫生院自行组织培训每周1次，完成13场次。

尕孜库勒乡卫生院 2020年，有床位50张；设有全科医疗科、康复理疗科、妇产科、检验科、放射科、药剂科、B超室、心电图室、预防接种室、妇幼保健科、基本公共卫生服务科、发热门诊、防保科等科室，主要设备有救护车、X光机、心电图机、彩色B超、五分类全自动血球分析仪、全自动生化仪，尿分析仪、牙科综合治疗椅、心电监护仪、除颤仪，洗胃机、呼吸器、腰颈椎牵引床、玉石按摩床、豪华按摩椅、自动体温测量仪等医疗设备。有行政村21个，均建标准化卫生室，至少拥有1名有资格证的乡村医生，实行乡村一体化管理，承担全乡预防保健，基本医疗，健康教育等工作。门诊接诊病人2.48万人次，收治住院病人2231余人次，村卫生室接诊病人11.06万人次；总费用937.65万元，其中统筹854.25万元、自付62.56万元、医疗救助18.88万元、个人账户（在职工门诊治疗）1.84万元。全院总面积2.64万平方米，其中建设面积4700平方米（业务用房3740平方米），地坪面积6800平方米、绿化面积1.39万平方米。2009年建成1697平方米住院楼，2012年通过“一够三化”建成1900平方米门诊楼。全乡医疗保险参加率99%以上。落实国家医药卫生体制改革，实行国家基本药物制度药品零差率销售。

疫情防控期间，开展疫情防控培训50次，培训800多人次。设置预检分诊点1个，位置醒目，标识清楚，通道、位置相对独立，通风良好，配齐配足防疫物资；设置患者专用出入口、医务人员专用通道以及清洁物品和污染物品出入口，各区和通道出入口设置醒目标识；预检分诊点工作人员配备经过严格培训的负责人1人、医生2人、护士2人，承担以发热为主的干咳、乏力、流涕、咽痛、结膜炎、肌痛、腹泻等八大症状患者筛查、报告、处置工作；预检分诊点每周演练1次、培训2次，提升医护人员防控水平，做到早发现、早报告、早隔离、早阻断；落实退烧、止咳、消炎、止泻等四大类药物购买实名登记制度，及时掌握药品销售信息，录入预警平台。成立核酸采样组2个，按照重点人群3天做1次、7天做1次、14天做1次核酸检测要求开展核酸检测工作，确保重点人群核酸检测全覆盖。

基本公共卫生服务。成立由院长任组长的居民健康档案工作领导小组，制定实施方案；发放各类宣传材料，居民了解健康档案，主动配合完成建档工作；为确保居民健康档案保质保量完成，对参与建档工作的人员进行多次业务培训，熟练掌握建档程序。全年，辖区2.54万人按要求统一健康档案格式进行建档；对高血压、糖尿病、孕产妇、0～6岁儿童、65岁以上老年人、重性精神病等重点人群进行随访和档案更新管理；共登记管理65岁及以上老年人1868人，并按要求录入居民电子健康档案系统，提供自我保健及伤害预防、自救等健康指导；对高血压、2型糖尿病等慢性病患者建立健康档案，开展高血压、2型糖尿病等慢性病的随访管理、康复指导工作，掌握高血压、2型糖尿病等慢性病发病、死亡和现患情况；共登记管理并提供随访高血压患者1852人，按要求录入居民电子健康档案系统，共登记管理并提供随访的糖尿病患者242人，按要求录入居民电子健康档案系统，对登记管理的高血压、2型糖尿病患者各进行1次免费健康体检。采取发放宣传材料、健康宣教、设置宣传栏等方式，针对重点人群、重点疾病和主要卫生问题、危险因素开展健康教育和健康促进活动。

全年，辖区内健康教育宣传板报更换10次、卫生院举办健康知识讲座3次、各村卫生室举办健康知识讲座12次、咨询宣传活动4次、发放健康教育宣传资料5500余份。发放宣传资料5000余份，对各村乡村医生共40人进行麻疹、碘缺乏病、急性弛缓性麻痹等传染病相关知识培训。全年，报告水痘1例，及时进行个案调查，并对传染病监护人进行宣教，开展物品等消毒技术指导。规范免疫接种。基础免疫接种乙肝疫苗248人次、脊髓灰质炎疫苗190人次、麻风疫苗30人次、麻腮风疫苗281人次、甲肝疫苗299人次、A群流脑疫苗166人次、A+C群流脑疫苗1494人次；强化免疫第一轮脊髓灰炎疫苗接种1063人次、第二轮脊髓灰质炎疫苗接种1091人次，百白破606人次，白破772人次。对辖区内因病致贫、返贫人口进行调查、摸底、核实，为每个因病致贫家庭和患者建立健康档案，开通健康扶贫动态信息平台，健全因病致贫家庭数据库，实现建档立卡因病致贫家庭患者数据信息全覆盖；成立小分队21个，开展挨家挨户走访、上门看病、发放小药箱（药品）、掌握患病人员住院信息、政策宣传等活动，印制“健康扶贫政策手册”1万份发放广大群众；建立“贫困户+乡村医生+医疗团队+定点医院”组合签约服务模式，对全乡贫困人口，开展家庭医生签约服务，进行个性化健康管理，落实签约协议、服务手册、职责任务，进行“八个一”健康管理；对重大疾病贫困户每月一随访，对有慢病患者的贫困户三个月一随访，对患有慢病控制不满意患者的家庭半个月2次随访；完成新建（改扩建）村卫生室2所，配套基本医疗卫生设备630台（套）；开展健康知识、进村入户，弘扬“大卫生、大健康”主题；落实“先诊疗、后付费”和“一站式即时结算”服务制度，为贫困群众开展免费健康体检，重点传染病专防专治、地方病和慢性病综合防治得到加强，妇女“两癌”检查、新生儿筛查及计划生育特殊家庭扶助政策全面落实。大病患者115人（贫困户43人）、慢病患者2276人（贫困户675人）、地方病25人（贫困户8人）、其他大病患者24人（贫困户7人）、其他慢病患者148人（贫困户59人）、传染病33人（贫困户5人），实现救治全覆盖。由妇幼人员负责牵头召开妇幼工作培训会4次；开展孕产妇、新生儿摸底工作，宣传住院分娩、新法接生，为孕产妇及0～36个月儿童建立保健手册，进行系统管理；开展新生儿访视及儿童保健系统管理，对其进行体格检查和生长发育监测及评价；开展心理行为、母乳喂养、辅食添加、意外伤害预防，常见疾病防治等方面健康指导，为孕产妇建立保健手册，进行5次孕期保健服务和3次产后随访，进行一般体格检查及孕期营养等健康指导，了解产后恢复情况并对产后常见问题进行指导。全年，总育龄期妇女6782人，其中孕妇48人（全部纳入系统管理）、住院分娩94人、高危孕产妇58人（全部纳入系统管理，其中住院分娩57人）、产妇产后访视96人、新生儿访视96人、活产96人；7岁以下儿童2431人（系统管理2407人），3岁以下儿童456人（全部纳入系统管理）。

全民免费健康体检。完成体检1.96万人，其中0～6岁2447人、7～14岁学生3701人、15～64岁1.14万人、65～79岁1589人、80岁以上225人、企业退休8人、公职人员240人，贫困户体检4160人。

克孜勒阿瓦提乡卫生院 2020年，门诊就诊4.8万人，住院2891人。可以诊治内科、妇科、儿科、五官科等常见病，一些患者通过远程会诊不用去上级医院也可以就诊。全乡各村均建有标准卫生室。

疫情防控措施。向村民公开预检点负责人及联系电话，落实24小时值班制度，共发现转送县人民医院发热患者76人。严格按要求开展消杀，对乡卫生院、机关单位、企业、商铺每天消杀3次、其他单位每3天消杀1次。严格按要求开展环境采样，卫生院每天1次、其他单位7天1次。严格按要求开展核酸检测，保安、护理员、核酸检测处医护人员、居家隔离人员每3天进行1次核酸检测，在预检点专门设立核酸检测处。带班领导保障单位无人员聚集、负责进出人员健康码查验工作，杜绝黄码、红码人员入内。开展消杀、采样、穿脱防护服、核酸检测等培训76次，给居家隔离家庭发放移动紫外线消毒灯36个，为群众提供服务227人次。

医改工作。只用国家基本药物目录确定的药品，实行网上统一采购，使老百姓得实惠。推行业务骨干分批到上级医院进修措施，全年派业务骨干到上级医院进修42人。与上级医院建立远程会诊系统，全年远程会诊53人，实现患者不出乡能得到上级医院高质量救治。

全年，开展老年人体检检查1341人，进行中医药管理1480人；对高血压，糖尿病人开展4次随访监测血压、血糖，进行健康指导；对重性精神疾病患者每月随访1次。针对健康素养基本知识和技能及村重点健康问题等内容，通过进村宣传、为居民提供健康教育宣传信息和健康教育咨询服务、设置健康教育宣传栏并定期更新内容、开展健康知识讲座等活动，开展健康教育。全年发放各种宣传资料5.06万份、设置健康教育专栏24面（更新12次）、开展公众健康咨询活动9次、举办健康知识讲座6次，促进群众卫生习惯形成。全年，接种免费疫苗4062人次，2次脊髓灰质炎强化补种2421人次。全乡7岁以下儿童2576人（保健管理2576人），3岁以下儿童系统管理465人；对5岁以下儿童1320人进行营养评价，实查60人。全乡孕产妇170人，活产111人、产前检查111人、住院分娩109人，其中高危孕产妇25人；全年免费发放叶酸片4933瓶。每个月安排医务人员走访，对居民饮用碘化盐情况进行了解，发放宣传材料。全年对4类重点人群发放碘化油丸2次、总发放1336人次。对15岁以上人群拍摄胸片，对有肺结核病家族史以及密切接触者优先安排健康体检筛查，全乡筛查1.43万人，可疑肺结核789人，全年纳入治疗管理的肺结核患者84例（34例纳入定点医院隔离治疗点接受治疗，50例在服药点接受“集中服药+营养早餐”）。全乡共设服药点18个，累计纳入治疗管理的肺结核患者559例，在每个服药点派人负责患者服药、提供营养早餐，保证每个患者按要求服药，全程督促服药治疗。全乡开展以结核病防治为主宣讲12场次、学校宣讲5场次，发放宣传手册8000册，促进群众自觉防治结核病。全乡有住院治疗病史需要救治的人员65人、救治台账登记需要救治2627人（贫困户患者749人、一般户患者1878人）、大病患者347人、慢病患者2388人、传染病22人、地方病10人，全部享受健康扶贫政策。家庭医生签约服务。卫生院下村医务人员69人开展家庭医生签约服务，签约1.01万名患者，发放抢救箱57个。全乡应体检2.22万人，累计体检2.06万人，完成率92.88%。全年“先诊疗、后付费”住院患者2880人次。

库木库萨尔乡卫生院 2020年，有床位25张，卫生院、各村卫生室组建12个贫困村乡村签约服务团队，每个团队配备3～4人，包干负责1个贫困村，上门提供面对面基本公共卫生服务，教会群众自我保健、自我预防的方法，确保贫困人口少得病。对白血病、终末期肾病、糖尿病、高血压、高脂血症等5种大病进行干预，防范重大疾病发生、发展，减少贫困群众发病率，减少因病致贫、因病返贫人口数量。动态管理居民健康档案，随时更新数据、按时随访；开展传染病健康教育宣教工作；开展结核病筛查及免费治疗、孕产妇保健、0～7岁儿童保健、65岁以上老年人保健、妇女孕前和孕早期补服叶酸工作，及时管理糖尿病、高血压、重性精神病等病患；重点开展疾病防控及突发基本公共卫生事件处置和救灾防病工作，降低传染病发病率，控制传染病暴发流行。1岁以内儿童卡介疫苗、百白破疫苗、麻疹疫苗、脊灰疫苗、乙肝疫苗（以下简称“五苗”）接种率90%以上，流脑、乙脑疫苗（以下简称“两脑”）接种率85%；各村建卡率95%以上、发证率90%以上，当年出生儿童健卡率95%以上，按程序接种各种疫苗；对1.5～2周岁、4周岁、6～7周岁儿童加强百白破疫苗、麻疹疫苗、脊灰疫苗、白破疫苗接种，加强率95%以上。1岁以内的儿童乙肝全程免疫达95%以上，对2015年以后出生儿童进行查漏补种工作；3月、9月，对各小学新生入学儿童进行查证，完成率100%，并进行补发接种证和补种疫苗工作，按计划免疫管理规程要求，收集、整理归类相关资料存档。全年，婴儿死亡率20‰、早建卡率95%、高危孕妇住院分娩率100%、产妇住院分娩率96%、孕产妇早建率90%、孕产妇产前检查率95%、产后访视率95%、高危孕产妇管理率100%。对全乡准备怀孕的妇女免费增补叶酸，目标人群增补叶酸知识知晓率95%，叶酸服用率95%，叶酸服用依次率95 %。通过宣传教育，增强人群预防艾滋病、乙肝和梅毒母婴传播意识；开展预防艾滋病母婴传播健康教育，孕产妇预防艾滋病母婴传播知识知晓率达85%以上，孕产妇、婚前保健人群艾滋病病毒抗体检测率达90%以上，艾滋病病毒感染孕产妇所生婴儿人工喂养率100%以上，最大限度减少艾滋病母婴传播，降低艾滋病对妇女儿童的影响。开展新生儿疾病筛查工作，实施新生儿疾病筛查专项检查、早期诊断和治疗的母婴保健技术，到年底，新生儿遗传代谢病筛查率90%。全乡新生儿听力初筛率≥70%以上、听力初筛未通过者42天内复筛率≥80%以上、复筛未通过者3个月龄内转诊诊断率≥80%以上、确诊为听力障碍的儿童6个月龄内干预率≥80%以上。根据临床需求安排医务人员到上级医院进修，培养急需的业务人才，全年选派1名医务人员参加全科医生培训、1名医务人员在县级医院进行进修3个月以上学习。

昂格特勒克乡卫生院 2020年，有床位16张，设住院部、门诊部、基本公共卫生科、功能科、康复科，有DR机、彩色B超、全自动生化仪、全自动血球分析仪、心电图机、尿液分析仪、疫苗冷藏设备等医疗设备，可以开展各种辅助检查。全乡有乡村医生13人、村标准化卫生室3个。全年，住院病人489人，好转350人，转院病人16人；门诊就诊1.02万人；村卫生室就诊4939人。

疫情防控期间，发热门诊设立分诊室、留观室、治疗室、更衣室、医务人员值班室，发现发热病人84人，转院病人84人；开展演练32场、举办培训41次；建立核酸检测小组3个；开展心脑血管、高血压、糖尿病、严重精神障碍、艾滋病、肺结核、孕产妇、急危重症患者医疗救治服务，向县医院转运病人 35 人、孕妇 6 人、产妇 3 人，医务人员为居民送药服务 569 人次；举办消杀培训 9 次、参培 23 人；严格把控屋内向楼层转运、楼层向暂存点转运、暂存点向集中处理点转运，按照楼层垃圾暂存不超过 1 小时的原则，每天专人专车转到乡卫生院按防疫要求做二级防护转运处理，确保隔离场所垃圾处理规范有序。

全乡建立居民健康档案 5732 人，产妇管理 12 人、老年人保健管理 407 人、高血压管理 629 人、糖尿病管理 67 人、重性精神病管理 32 人。全乡有 0～6 岁儿童 664 人、新出生婴儿 28 人，全部纳入计划免疫管理，建卡、建证率达 100%，卡符合率 100%。全年，乙肝疫苗应接种 69 人次，实际接种 68 人次，接种率 98.6%；脊髓灰质炎疫苗应接种 681 人次，实际接种 670 人次，接种率 98.4%；百白破疫苗应接种 134 人次，实际接种 130 人次，接种率 97%；白破疫苗应接种 165 人次，实际接种 158 人次，接种率 95.8%；麻风疫苗应接种 19 人次，实际接种 18 人次，接种率 94.7%；麻腮风疫苗应接种 85 人次，实际接种 83 人次，接种率 97.6%；A 群流脑疫苗应接种 60 人次，实际接种 59 人次，接种率 98.3%；A+C 群流脑疫苗应接种 203 人次，实际接种 197 人次，接种率 97%；甲肝疫苗应接种 68 人次，实际接种 65 人次，接种率 95.6%；常规疫苗应接种 155 人次，实际接种人 155 人次，接种率 100%；脊髓灰质炎强化疫苗应接种 140 人次，实际接种 136 人次，接种率 97.1%。疫苗接种做到一人一针一管，达到安全接种要求。进行健康教育知识宣传 21 次、更换宣传栏内容 74 次、张贴标语 29 张、发放宣传材料 3512 份、贴宣传图 18 幅，总接受宣传 3589 人次。配合县疾控中心做好地方病防治、监测、管理工作，第一次应发碘化油丸 389 人，实发 388 人，发放率 99.7%；第二次应发碘化油丸 352 人，实发 350 人，发放率 99%。开展家庭医生签约服务宣传、发放家庭医生联系卡，让居民了解家庭医生签约服务工作；成立 4 个家庭医生签约服务团队，每个团队由 1 名临床医生、1 名护士、1 名保健人员和村医组成，总签约患者 4256 人，贫困人员签约率 100%，大病、慢病、地方病、其他疾病患者签约率 100%。为贫困户建立健康档案 2925 人，其中大病 117 人、慢病 385 人、传染病 5 人、地方病 1 人，开展定期随访 982 人，享受顶梁柱项目补助金 62 人。产妇 30 人，建卡率、产前检查率、系统管理率、活产率、产后访视率均为 100%；5 岁以下儿童 284 人，死亡 1 人；乳腺癌筛查 813 人，无阳性；营养包收到 840 盒，其中发放 670 盒、库存 170 盒，应领取 802 人，实际领取 802 人，发放率 100%；育龄妇女 2202 人，实发叶酸片 601 瓶。

1 月，正式启动全民健康体检工作，开展医务人员专门培训 2 次、常规培训 5 次，利用每周一升旗日群众集中期间发放全民健康体检宣传单和反馈单，对行动不便高龄老人、残疾人等特殊群体，上门开展体检。应体检 5048 人，实际体检 4986 人，完成率 98.77%。

库尔玛乡卫生院 2020 年，开放床位 15 张，主要设备有全自动血液分析仪、B 超、心电监护仪、全自动洗胃机、心电图机、制氧机、吸痰器等。各村均建有标准卫生室。完善和落实医院各项规章制度，开展医务人员职业道德教育，举办业务培训，健全医院、科室质量控制网络，提升医疗水平和服务质量。加强新型冠状病毒核酸检测工作，做到早发现、早隔离、早诊断、早治疗；通过宣讲、发宣传单、播放录音、张贴宣传图片等方式不间断宣传疫情防控知识。为贫困户及高血压、糖尿病、其他慢病患者、老年人建立健康档案，开展访视、家庭医生签约服务工作；把孕产妇、新生儿、儿童纳入系统管理，落实计划免疫工作。

4月3日，乡卫生院在库尔玛村宣传免费体检政策和传染病预防知识

（库尔玛乡第二卫生院供稿）

药品保障监管

【药品安全培训】 2020年，麦盖提县市场监督管理局组织药品安全培训会12次，悬挂横幅84条，发放宣传手册1800余份，解答群众咨询1300余人次；组织化妆品经营和使用单位培训5次，参加170人次。

【规范用药目录】 2020年，麦盖提县卫生健康委员会对全县各医疗机构药品使用加强监测，定期分析辖区内医疗机构药品使用配备情况，指导督促公立医疗机构（含乡镇卫生院）不断优化用药目录，形成科学合理的用药结构。

【药品采购监督】 2020年，麦盖提县卫生健康委员会对全县医疗机构药品采购加强监督，保证其按照集体决策、程序公开、阳光采购的要求，根据自治区药品集中采购结果，确定药品生产企业或药品上市许可持有人，由生产企业或药品上市许可持有人确定配送企业；监督全县医疗机构严格执行药品购入检查、验收等制度；监督全县医疗机构依托自治区药品集中采购平台，积极参与建设全国统一开放的药品公共采购市场。通过监督的落实，确保进入麦盖提县的药品质量优良、价格合理，让群众吃上放心药、低价药，满足人民群众各种需求。

【药品安全管理】 2020年，麦盖提县卫生健康委员会督促指导医疗机构建立覆盖药品采购、贮存、发放、调配、使用等全过程的监测系统；加强药品使用情况动态监测分析，对药品使用数量进行科学预估，并实现药品来源、去向可追溯；定期对药品库存场所及库存药品进行养护与质量检查；督促落实近效期先出原则，避免出现过期药品；严格规范特殊管理药品和高警示药品的管理，防止流入非法渠道。

【合理用药考核】 2020年，麦盖提县卫生健康委员会将医疗机构药物合理使用等相关指标纳入医疗机构及医务人员绩效考核体系，并细化实化基本药物采购和使用等相关考核指标及内容。

【药学服务】 2020年，麦盖提县卫生健康委员会指导督促公立医疗机构在家庭医生签约服务等基层医疗卫生服务中，开展用药咨询、药物治疗管理、重点人群用药监护、家庭药箱管理、合理用药科普等服务。

【合理用药培训】 2020年，麦盖提县卫生健康委员会开展全科医生、社区护士的合理用药知识培训，采取进修学习、对口支援、远程教育等方式，帮助基层提高药学服务水平。

【药品使用监测及综合评价】 2020年，麦盖提县卫生健康委员会推进建立县级覆盖公立医疗卫生机构药品使用监测信息网络，推广应用统一的药品编码；督促全县医疗机构充分利用药品使用监测数据，对药品临床使用的安全性、有效性、经济性等开展综合评价，加强评价结果的分析应用，作为医疗机构用药目录遴选、药品临床合理使用、提供药学服务、控制不合理药品费用支出等重要依据。

【监督检查】 2020年，麦盖提县市场监督管理局履行药品市场监管职责，对全县药品经营市场进行常态化、专项管理，保证辖区内药品经营市场规范有序。全年，县市场监督管理局检查药品经营企业39家，下达整改通知书3份，立案2起；开展执业药师"挂证"回头看，下发责令整改书4份，提交自查报告45份；开展国家集中采购中选药品专项检查29家次，提交自查报告14份；检查疫苗使用单位26家；检查中药饮片经营使用单位21家次；检查肺结核药品发放医疗机构11家次；完成药品抽检任务8批次；检查药品经营、使用企业16家次，医疗机构14家次；检查化妆品经营、使用单位44家次；上报药品不良反应126例、化妆品不良反应13例。

人口与家庭健康

【新出生婴儿】 2020年，麦盖提县出生婴儿1242人，出生率5.09‰，自然增长率1.09‰。

【计划生育】 2020年，麦盖提县符合政策生育率100%，未发生行政违法案件，无计划生育技术服务事故。

【妇幼系统管理】 2020年，麦盖提县计划生育指导站规范孕产妇、高危孕产妇、新生儿、儿童等人群系统管理，提高妇幼健康服务质量。是年，全县孕产妇未出现死亡，5岁以下儿童死亡率10.51‰、婴儿死亡率7.28‰、新生儿死亡率5.66‰。

【宣传教育】 2020年，麦盖提县计划生育指导站利用周一"升国旗"、大宣讲、新时代文明实践所（站）等契机宣传计划生育政策法规和计划生育免费技术服务相关知识，提高群众计划生育知识知晓率。重点普及"男女平等""生男生女都一样""计划生育奖励扶助帮养老、促脱贫"等知识，鼓励少生、优生。利用每季度免费体检的机会，对已婚育龄妇女进行宣讲，做到计划生育宣传教育进单位、进机关、进农村、进校园。全年，开展计划生育专题宣讲23场次，发放各类宣传品1万余份，宣传单1.2万余份，

4月30日，县计生指导站召开国免优和免费避孕药具现场宣传培训会
（买地那木·阿布都卡热摄）

专项专题知识竞赛20场次，受益群众3万人次。

【免费孕前优生健康检查】 2020年，麦盖提县计划生育指导站完成免费检查1331对，完成自治区下达的目标任务数的116%，查出暂缓怀孕和不宜怀孕的高风险人员80人，及时给予医学建议和提出干预措施，实现出生缺陷零突破。

12月12日，县计生指导站组织全体职工业务学习（买地那木·阿布都卡热摄）

居民生活

【居民收支】 2020 年，麦盖提县城乡居民收支水平进一步提高。其中，城镇居民人均可支配收入接近 3 万元，农村居民人均可支配收入突破 1 万元，比 2019 年增长 8.4%；农牧民人均纯收入比 2019 年增长 6.8%；在职职工年均货币工资收入 8.99 万元。城镇居民全年人均消费性支出接近 6000 元，农村居民全年人均消费性支出突破 1000 元。

【居民存贷款】 2020 年，麦盖提县居民存款余额 43.37 亿元，增长 15.1%；居民贷款 10.21 亿元，增长 0.4%。

【社会事业】 2020 年，麦盖提县社会事业进一步发展，城乡居民得到更多实惠。学前教育快速发展，普惠性幼儿园覆盖率 100%；控辍保学不断巩固；新建职专、中学、小学各 1 所；初高中未升学未就业毕业生职业教育实现应纳尽纳。各文化旅游景区景点免费向群众开放，广播、电视节日综合人口覆盖率 100%，促进居民生活品质提升。免费健康体检覆盖城乡居民，家庭医生签约服务做到应签尽签，持续推行分级诊疗、“双向转诊”，落实“先诊疗、后付费”和“一站式”结算制，实现首诊在基层、大病去医院、康复回基层，缓解看病难、看病贵问题。城乡基本医疗保险参保率 100%、大病保险参保率 100%。城乡社区服务机构和设施发展至 10 个；城乡低保标准不断提高，城市低保标准、农村低保标准分别从 2015 年的每人每月 343 元、每人每年 2332 元提高至 2020 年的每人每月 500 元、每人每年 4200 元，分别增长 45.77%、80.1%；城镇居民养老保险参保率 99.98%，新农保参保率 99.69%。

【出行改善】 2020 年，麦盖提县城乡居民出行更加便捷。全县有客运车辆 555 辆，县城有客运站 3 个、乡镇 8 个；有城市出租车 411 辆，有新能源公交车 47 辆。私人汽车保有量 1.73 万辆，增长 0.9%。新建农村公路 59.6 千米。

【通信改善】 2020 年，麦盖提县进一步改善通信基础设施，使城乡居民使用通信服务的水平进一步提高。全县固定电话用户 2.35 万户，移动电话用户 21.57 万户，覆盖率 100%；全县基站覆盖城乡，其中城镇 4G 信号有效覆盖率 100%，农村 4G 信号有效覆盖率 70%，5G 网络建设正在加紧推进。

【住房改善】 2020年，麦盖提县城乡居民住房条件进一步改善。城镇公共租赁住房1300套年内全部开工建设，城市棚户区改造完成搬迁4921户，商品住房销售561套；乡村新建富民安居房179套，全部竣工搬迁入住，全县农户新房拥有率100%。

【脱贫摘帽】 2020年，全县1.36万户、4.87万贫困人口稳定脱贫，52个贫困村全部退出，实现贫困县摘帽。贫困群众“两不愁三保障”全面实现，生产生活条件得到大幅改善，麦盖提县绝对贫困问题历史性消除。

【城镇综合服务】 2020年，麦盖提县城镇供水普及率、污水处理率、生活垃圾无害化处理率分别达100%、98%、100%。建成区绿化覆盖率37.5%。全县燃气用户2.8万户，民用液化气销售150.89吨，民用天然气销售511.69万立方米。供热总面积326.73万平方米，集中供热覆盖率85%。

就业创业

【就业情况】 2020年，麦盖提县通过就近就地就业、整建制转移就业等促进就业9.09万人次。城镇新增就业1.2万人，完成地区下达任务的130.54%；城镇困难人员实现就业276人；城镇失业率稳步控制在4%以内，零就业家庭24小时动态清零；富余劳动力转移就业7.87万人次，其中其他省（市）转移就业2357人次，疆内转移就业4505人次，乡村车间就业950人次，园区企业转移就业7501人次，第三产业就业1.41万人次，固定资产投资项目就业3903人次，公益性岗位管理促进就业4896人，就近就地管理土地就业3.42万人次，全年疆内外高校毕业生1308人，就业1250人，就业率95.6%。2020年，被评为“全国农民工工作先进集体”称号。

【就业培训】 2020年，麦盖提县人力资源和社会保障局实施素质就业提升计划，开展各类培训2.13万人次，其中职业技能培训1.04万人（贫困户2194人），基础素质培训1.09万人（贫困户2479人）；累计拨付岗前培训补贴及劳动密集型企业补贴1166.33万元，涉及企业13家；疫情防控期间，为8个劳务派遣站883名培训人员补贴生活费共44.15万元，为疫情防控期间开工企业补助基础素质培训费170.55万元，涉及3411人。

【自主创业】 2020年，麦盖提县自主小微创业就业6310人次。

民　政

【城乡低保】 2020年，麦盖提县为城乡低保对象1.44万户2.72万人累计发放低保金1.05亿元、发放物价补贴23.06万元。其中，农村低保对象1.26万户2.41万人，累计发放低保金8953.65万元、发放物价补贴19.2万元；城市低保对象1811户3174人，累计发放低保金1608.2万元、发放物价补贴3.85万元。城市低保标准由2019年每人每月456元提高到每人每月500元；农村低保标准由2019年每人每年3750元提高到每人每年4200元。分类施保提标后A类补助标准（全额）：城市低保补贴标准统一为每人每月500元，农村低保补贴标准统一为每人每年4200元；B类城市低保补贴标准统一为每人每月400元，农村低保补贴标准统一为每人每年 3600 元；C 类城市低保补贴标准统一为每人每月 340 元，农村低保补贴标准统一为每人每年 2880 元。

【临时救助】 2020 年，麦盖提县民政局通过县乡村协同配合，累计救助困难群众 20.44 万人次，发放物资及现金救助资金达 3405.73 万元，确保困难群众基本生活有保障。通过划转救助资金指标的方式累计下拨临时救助资金 573.74 万元，其中通过乡镇临时救助备用金救助 5999 户次，1.35 万人次，发救助资金 158 户次，499 人次，救助资金 40.26 万元；发物米、面、油、蔬菜等基本生活物资 5841 户次，1.3 万人次，救助物资折合救助资金 533.48 万元。落实一次性临时救助政策，按照未脱贫贫困户每人 500 元，脱贫监测户、边缘户、特困供养对象每人 300 元，城乡低保对象每人 200 元的标准以现金 + 物资的方式进行一次性临时救助，救助资金 760.8 万元，涉及困难群众 2.99 万人。临时救助经济困难家庭大学生 411 人，按照每人 3000 元标准发放救助资金 123.3 万元；临时救助因病、因意外事故致贫 129 人，发放救助资金共 17.3 万元。春节期间，发放羊肉，涉及困难群众 1.55 万户 2.98 万人，折合救助资金 234.4 万元；肉孜节期间，发放消费券 1.44 万张，涉及困难群众 1.43 万户，折合资金 143.72 万元；古尔邦节期间发放鸡肉，涉及困难群众 1.21 万户，折合救助资金 93.02 万元。疫情防控期间，发放临时低保救助资金，涉及困难群众 1852 户 5334 人，共 173.16 万元；发放面粉、大米、食用油、蔬菜等救助物资，涉及困难群众 3.77 万人次，折合资金 258.98 万元。入冬发放取暖煤 8000 吨，涉及困难群众 1.28 万户 2.52 人，折合资金 399 万元，发放取暖补助资金 256.79 万元。按照学期给予一次性临时救助，涉及特殊困难学生 5285 人，救助资金 371.52 万元。

【特殊儿童救助】 2020 年，麦盖提县民政局配合自治区第三人民医院完成“光彩明天”“明天计划”项目筛查工作，对组织全县 504 名患儿通过专家初诊，筛查出符合手术治疗、康复治疗的 118 名患儿，完成第一批手术治疗先心病患儿 11 人。

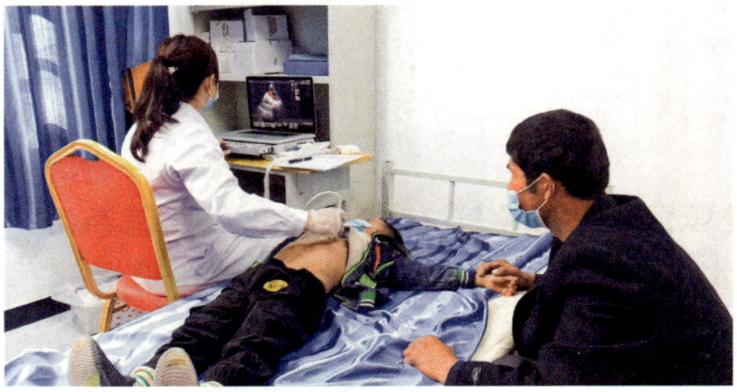

10 月 9 日，自治区第三人民医院医生到麦盖提县开展儿童疾病筛查工作（田丽摄）

【残疾人救助】 2020 年，麦盖提县民政局协调县卫健委、残联、人民医院等部门，对全县未办理残疾证的残疾群众进行全面摸排、登记、等级认定，发放残疾人“两项补贴”3345 人、565.9 万元。

【流浪人员救助】 2020 年，麦盖提县民政局从乌鲁木齐市接回困境家庭儿童 4 人，送回莎车籍流浪乞讨老人 1 人。

【收养工作】 2020 年，麦盖提县民政局依法开展收养工作，办理收养登记 1 人。

【特困人员供养】 2020 年，麦盖提县共有农村特困对象 612 人，其中集中供养 434（含 79 名孤儿）人、分散供养 178 人，集中供养率 70.9%。累计发放分散特困对象生活费 100.8 万元、照料护理费 17.43 万元。

【婚姻登记】 2020年，麦盖提县民政局坚持依法登记，简化办事流程，推行延时服务，配合计生和卫生部门实施免费婚检。截至12月底，婚姻登记总量2644对，其中结婚登记1499对、离婚登记876对、补发结婚登记1611对，办证合格率100%。全年民汉通婚35对。

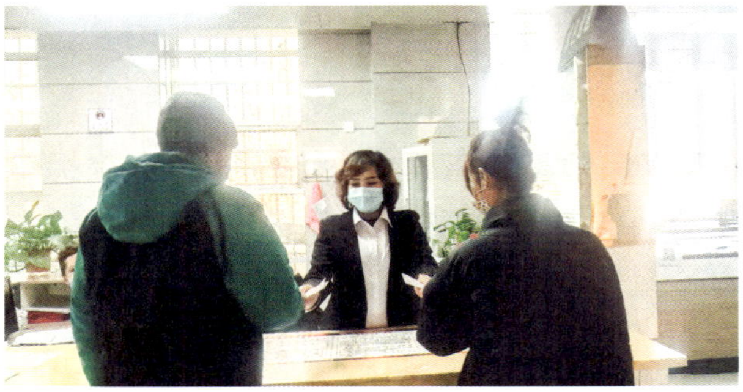

11月2日，民政局婚姻登记中心在为群众办理婚姻登记（帕提古·艾买尔摄）

【地名区划】 2020年，麦盖提县民政局做好县级行政区域界线联检工作，分别与图木舒克市前海镇、永兴镇开展界线界桩（方位物）等检查工作，联检边界线长140千米，界桩5块。全年命名新建建筑物89座，并给出标准门牌地址证明。

社会保障

【社会保险】 2020年，全县参加城镇职工基本养老保险8844人，比2019年增加534人；参加城乡居民基本养老保险9.93万人，增加52人；参加基本医疗保险22.56万人，其中参加职工基本医疗保险1.71万人，参加城乡居民基本医疗保险20.85万人；参加失业保险1.44万人，增加2000人；参加工伤保险1.9万人，增加1000人，其中参加工伤保险的农民工2500人，增加900人。全县享受最低生活保障3174人，享受农村最低生活保障2.41万人。60周岁以上享受待遇1.75万人；城乡居民养老保险费收入1785.89万元，支付60周岁以上待遇2985.69万元；城乡居民养老保险参保率98%。对建档立卡贫困户4.87万人，其中应参加养老保险缴费2.86万人，贫困人员应享受城乡居民养老保险待遇5160人。对年满60岁确实没有缴费能力的贫困人员，实行可以不用交费或缴费未满15年直接享受城乡居民养老保险待遇政策，做到应保尽保。全县城乡居民养老保险缴费共9.92万人，通过对建档立卡贫困户等困难人员代缴情况进行摸底，最终认定城乡居民养老保险特殊群体（贫困户、低保户、特困户、一二级重度残疾人）代缴人员共2.99万人，代缴金额共156.44万元。

【和谐劳动关系】 2020年，麦盖提县人力资源和社会保障局接受劳动者投诉103起，涉及616人，946.99万元，建筑领域76件，其他27件，建筑领域占案件总量的73.79%；县委网信办转办3件，涉及8人、2.48万元，处理完毕；受理劳动仲裁案件11个，结案率100%。推行农民工工资预存制度，实行农民工工资由专户管理，在缴纳农民工工资保证金的基础上，要求建设

1月7日，麦盖提县举办脱贫攻坚就业政策专题干部培训班（县人社局供稿）

单位将农民工工资单独列支，将应付工程款中的 30% 作为工资部分存入在指定银行开设的农民工工资专用账户，由项目主管单位及劳动保障部门监督，专门用来发放农民工工资，从源头解决根治建筑施工企业拖欠农民工工资问题。全县共有 52 家施工企业开设农民工工资发放专户，133 个项目工地对农民工工资进行预存，累计预存农民工工资 1.68 亿元。

住房保障

【公共租赁住房建设】 2020 年，麦盖提县累计建设公共租赁住房 4243 套，其中新建公共租赁住房 1300 套，年内全部开工建设。

【安居房建设】 2020 年，麦盖提县累计建设农村安居房 2.34 万套，其中新建安居房 179 套，全部竣工搬迁入住，实现农村户籍安全住房全覆盖；改造棚户区 4083 户，完成煤改电 8509 户；持续开展 4 轮历年建设安居房裂缝、漏雨、住房安全认定不精准等大排查工作，发现漏雨、裂缝、信息不精准等问题 1133 个，下发整改通知书 333 份，全部整改完毕。

【棚户区改造】 2020 年，麦盖提县累计完成棚户区改造 1.32 万套。11 月 26 日，棚户区改造项目（一期）获批贷款 4.5 亿元，到位 5000 万元。

医疗保障

【局域联网】 2020 年，麦盖提县医疗保障局实现局域联网，电子化记账，通信设施齐全。

【医保政策宣传】 2020 年，麦盖提县医疗保障局先后多次召开医疗脱贫政策宣传及业务培训会议，全面宣传医疗保障脱贫政策。通过各乡镇卫生院统一制作医疗保障政策宣传栏、深入乡村集中宣讲医保政策、答疑解惑、发放医保政策解答宣传单等方式，提高贫困人口对医保政策的知晓率。

【医疗保险基金管理】 2020 年，麦盖提县医疗保障局严格按照社会保险基金财务制度和社会保险基金会计制度各项规定执行，实行“收支两条线”管理办法，规范基金收支业务流程，加强基金财务监督，及时准确核算基金各项收入支出。实施经常性财务自审、自查工作，保障医疗保险基金安全运行，杜绝基金挤占挪用发生。按照自治区要求，结合工作实际，建立社保基金内部控制长效机制，规范业务流程，强化岗位间监督制约作用，提高数据信息质量，从源头上预防和减少违法违纪案件发生，确保医疗保险基金安全完整。

【医疗保障基金监管】 2020 年，麦盖提县医疗保障局采取显示屏滚动播放打击骗保宣传动漫、张贴宣传标语、公布打击欺诈骗保举报电话等方式进行宣传，提高打击欺诈骗保透明度和宣传力度；采取网络监管和现场监管相结合的方式，履行入户随访制度，对协议医疗机构、药店监督检查，协议医疗机构、零售药店检查率 100%，投诉举报查处率 100%；与纪检监察、卫健、公安、市场监督管理等部门密切配合协同，全年通过自查自纠和实地检查，查处违规费用86.07万元，共停网违规医药机构5家，解除协议 1 家，取消协议 1 家，及时下达整改通知书，进一步规范医保基金使用。

【医疗保险稽核】 2020年，麦盖提县医疗保障局按照地区医疗保险稽核工作要求和部署，对全县参保单位申报缴费基数、工资基数、参保人数等数据进行严格核定，确保缴费工资真实准确、基金应收尽收。县医疗保障局联合税务部门，将参保人员明细推送给各乡镇进行核查，通过多次与县扶贫部门加强信息对接，依据扶贫办提供的建档立卡贫困人员名单，逐一核对，确保不落一户、不漏一人，并在信息系统中准确标识。是年，本县建档立卡贫困户人口4.86万人，参保率100%。

【医保资助】 2020年，麦盖提县落实贫困人口医疗保险缴费享受资助政策，对建档立卡贫困户给予240元/年定额补贴，全年资助建档立卡贫困户4.63万人，共补贴发放1111.53万元，减轻贫困人口缴费负担。根据县人民医院专家评审核查筛选，本县“两病”确诊1.37万人，办理慢性病待遇享受资格7409人。落实建档立卡贫困人员大病保险报销比例提高5%医疗报销政策和起付线降低50%倾斜政策，全年建档立卡贫困户住院1.1万人次，基本医疗保险报销2522.81万元。

【医疗救助】 2020年，麦盖提县落实医疗救助政策，全年救助待遇享受5040人次，支付医疗救助资金321.59万元。

【减征医疗保险费】 2020年，为应对新冠肺炎疫情影响，麦盖提县医保局严格贯彻落实自治区扶持性政策，对全县企业、机关事业、个体工商户累计减征医疗保障费460户1590.27万元。

【窗口服务】 2020年，麦盖提县医疗保障局在医保服务大厅推行“一站式”服务，制定行为规范，公开办事流程，简化办事程序；推行微笑服务、上门服务，对大病重病、慢病患者发放医保宣传袋；在医保服务大厅设置指示牌、服务指南、经办业务一次性告知单，报刊摆放栏、饮水机等便民设施，服务环境进一步温馨。

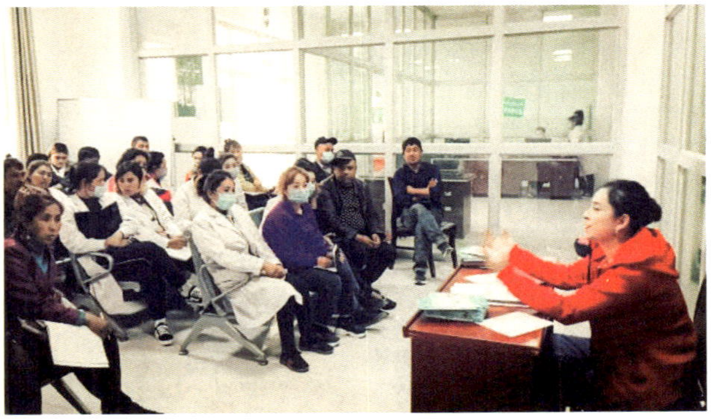

5月5日，县医保局下乡开展医保政策宣传活动（王焙摄）

5月10日，县医保局对乡镇扶贫专干进行医保政策培训（王焙摄）

老龄工作

【集中供养】 2020年，麦盖提县建成县级老年康养中心和10所乡镇幸福大院，入住“五类老人”530人，实现集中供养。

【健康管理】 2020年，麦盖提县纳入健康管理的 65 岁及以上老年人 1.37 万人，管理率 64.57%。

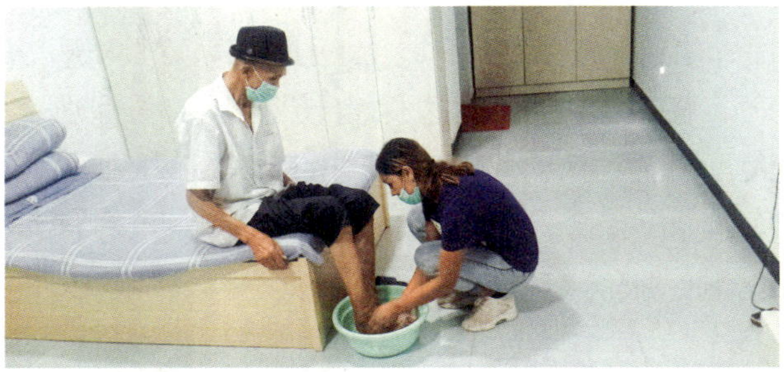

6 月 5 日，幸福大院护理员在为老人洗脚（迪里白·玉素甫摄）

11 月中旬，麦盖提县农村幸福大院配备健身器材（融媒体中心供稿）

退役军人事务

【阵地建设】 2020 年，麦盖提县退役军人服务中心占地 102.5 平方米，分别设退役军人办事大厅（设信访受理窗口、党员服务窗口、就业创业窗口、优抚办理窗口、社保接续窗口）、业务洽谈室、退役军人之家、档案室。

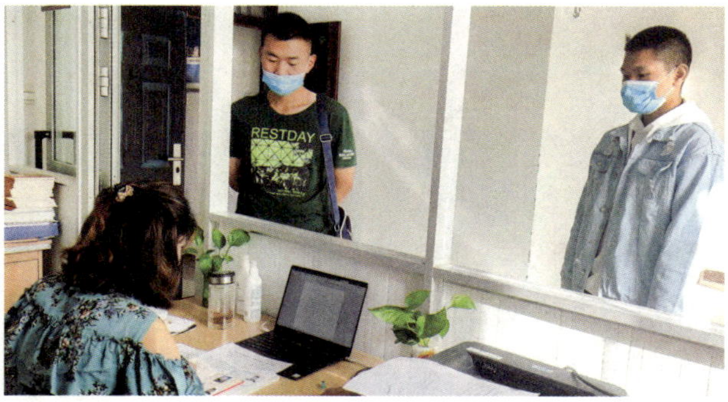

5 月 20 日，县退役军人服务中心为退役军人提供服务（古丽娜·亚森摄）

【关心关爱】 2020 年春节期间，麦盖提县退役军人事务局对企业军转干部、老军人、在脱贫攻坚中涌现出的带头致富最美退役军人、贫困户退役军人等送去节日问候和新年祝福，送去轮椅 1 台。9 月 16 日，启动“欢送退役老兵、迎接麦盖提籍新兵”活动。9 月 30 日烈士纪念日，召集各乡镇退役军人离休干部、退役老军人、烈士子女等举办老战士茶话会，共同庆祝 2020 年国庆、中秋。12 月 25 日，联合县人武部与相关乡镇退役军人服务站人员深入乡镇、村（社区）为立功受奖现役军人家属送喜报，并送去米面表示慰问。开展“退役军人矛盾攻坚化解年”活动，走访退役军人，掌握有生活难、住房难、就业难问题的退役军人情况。12 月，为退役军人发放每人临时生

12 月 25 日，麦盖提县优秀军人家属收到喜报（党蔚琳摄）

活补助1000元。落实《关于解决退役军人社会保险接续的实施意见》，在退役军人服务中心专门设立受理窗口，做到“符合条件的一个不漏”。

【安置就业】 2020年秋，麦盖提县退役军人事务局开展退役军人就业培训1场次，协调解决退役军人就业问题4次。本年度退役回麦盖提县的人员分别安排在职业中专、一中、众合领秀房地产公司、百汇名门房地产公司等就业。

社区建设和社会组织管理

【社区建设】 2020年，麦盖提县根据城镇居民分布情况，建有吾依库勒、古再尔、帕合塔巴扎、巴扎结米、博勒喀吾斯塘博依、英巴扎、英买里、新城、工业园、刀郎、南网、城南、团结、民生、和平、文化路、友好、人民路、幸福、阳光、新时代21个社区。21个社区辖区内共有私营企业832家、个体工商户4991家，从业人员4303人，社区组织支持私营经济发展，为他们提供必要的服务，帮助他们协调解决经营困难；有学校16所，教职工2279人，在校生2.85万人；有文化活动场所15个，电视覆盖率100%；卫生室16所。

【社会组织管理】 2020年，全县在册社会组织12个，从业人员90人，党员49人。建立党组织9个，配备党组织书记10个，覆盖12个社会组织。

精神文明建设

【第二届全国文明创建活动】 2020年，麦盖提县委宣传部组织相关单位及人员参加第二届全国文明创建活动，其中黄英杰家庭被评为第二届全国文明家庭、库尔玛乡库尔玛村保留全国文明村称号。

【文明单位创建】 2020年，麦盖提县创建自治区文明单位17个、自治区文明村镇23个、自治区文明校园5所。

【新时代文明实践场所建设】 2020年，麦盖提县建成新时代文明实践中心1个、新时代文明实践所10个、新时代文明实践站152个。

【志愿队伍建设】 2020年，麦盖提县各族群众在志愿服务网上累计实名注册2.59万人，注册志愿团体144个，申请志愿服务项目2个。

希依提墩乡

【地理区划】 麦盖提县希依提墩乡位于麦盖提县城西北部，距县城 10 千米，东与昂格特勒乡、巴扎结米镇相望，南与莎车县墩巴格克乡、牌楼农场相邻，北与巴楚县阿瓦提镇相接，地理坐标为北纬 38° 55′，东经 77° 32′，行政区域总面积 153.08 平方千米，耕地面积 8.1 万亩。2020 年，希依提墩乡辖行政村 15 个（含新拆分行政村 2 个），即英也尔村、英吾斯塘村、月塘村、琼库尔买里村、英买里村、英阿瓦提村、依格孜艾日克村、喀克夏勒村、尤库日喀帕克阿斯提村、托万喀帕克阿斯提村、苏帕墩村、艾力克坎土曼村、东风村、博斯坦勒克村、英巴扎村。

【人口民族】 2020 年，麦盖提县希依提墩乡有村民小组 44 个，总人口 4561 户 1.64 万人，有汉族、维吾尔族、回族 3 个民族。

【经济发展】 2020 年，麦盖提县希依提墩乡实现经济总收入 3.28 亿元，较上年增长 320 万元，增幅 10.8%，农民人均收入 1.34 万元，较 2019 年增长 240 元，增幅 1.82%。富余劳动力转移就业劳务总收入 1322.8 万元。种植棉花 4.6 万亩，皮棉总产 6308.6 吨，单产 137 千克/亩；种植粮食 2.15 万亩，总产 9264.8 吨，单产 431 千克/亩。种植瓜菜 4700 亩，有大棚 95 座。林果业种植

4 月 20 日，希依提墩乡刀郎土瓜长势良好
（艾克拜尔·赛买提摄）

希依提墩乡灵峰安格斯牛养殖基地（罗维强摄）

面积 2.22 万亩，其中红枣 1.6 万亩，总产 5000 吨；樱桃 510 亩，未挂果；西梅 550 亩，总产 176 吨，总产核桃 4700 亩，总产 180 吨。植树造林 1783.5 亩，完成退耕还林 1692.5 亩。牲畜存栏 1.36 万头（只），出栏 1.64 万头（只）；家禽存栏 6.21 万羽（只），出栏 7.94 万羽（只）。有各类农业机械及农具 660 台（架），农机总动率 30.42 万千瓦，其中拖拉机 477 台，配套农具 183 架。2020 年新增 23 台（架）。

希依提墩乡麦腾湖羊养殖基地（罗维强摄）

【民生保障】 2020 年，麦盖提县希依提墩乡完成农村富余劳动力转移就业 7302 人次，其中县内转移 6114 人次；县外地区内转移 387 人次；地区外疆内转移 454 人次；疆外企业组织转移 308 人次。参加基本养老保险 7276 人，参保率 98.19%；参加基本医疗保险 1.51 万人，参保率 100%，享受最低生活保障政策 2793 人，发放最低生活保障金 1019.98 万元。发放农机补贴 102.3 万元。全年发放各类惠农资金 3830 万元。

8 月 2 日，希依提墩乡农户的住宅
（艾克拜尔 · 赛买提摄）

【社会事业】 2020 年，麦盖提县希依提墩乡有文化活动场所 16 个，农家书屋 9 个，藏书 1.78 万册，借阅图书 1230 人次。电视覆盖率 100%。全年开展各类文体活动 35 场次，受众人数 5 万余人。有学校 11 所，教职工 209 人，在校生 3402 人，其中小学 5 所，教职工 145 人，在校生 2454 人；幼儿园 6 所，教职工 64 人，在校生 948 人。适龄儿童入园率 100%，国家通用语言教育普及率 100%。有医疗卫生机构 1 家，卫生室 15 所，医院定编床位 30 张，配备救护车 1 辆。卫生院编制 22 人，实有医务人员 52 人。当年医院门诊就诊 2.06 万人次，住院 782 人次，总收入 203 万元。为患有高血压、糖尿病、传染病等人群建立健康档案 1096 份，为辖区常住人口建立统一、规范的居民健康档案 1.59 万份。推广“家庭医生”“一对一”签约服务，签约 9155 人。全民免费健康体检 1.24 万人，完成率 99.86%。

央塔克乡

【地理区划】 麦盖提县央塔克乡位于麦盖提县城北部，距县城 10 千米，东临四十五团，西接希依提墩乡，北连吐曼塔勒乡，南依巴扎结米镇，地理坐标为北纬 38° 994′，东经 77° 666′，行政区域总面积 242 平方千米，耕地面积 10.03 万亩。2020 年，央塔克乡辖行政村 25 个，即奥依布格达依（反修）村、阿克艾额孜（试验场）村、央塔克（三八）村、乌依鲁克（金星）村、结然墩（红旗）村、明光村、玉奇于孜莫（东方红）村、阿恰墩（战斗）村、克亚克勒克乌依（跃进）村、包勒喀（光明）村、齐拉尼（星火）村、布隆浪喀（东风）村、尤库日阿克提坎（红星）村、乌尊买里（精干）村、托万阿克提坎（胜利）村、开蒙（前进）村、阿尔浪喀（先锋）村、哈曼阔依地（团结）村、科克提坎（扩提干）村、代尔瓦扎格拉克（愚公）村、阔克阔勒（解放）村、塔立克（一农场）村、东伟立克（二农场）村、阿克库纳克（乡农场）村、刀郎家园村。

【人口民族】 2020年，麦盖提县央塔克乡总人口1万户3.3万人，拥有汉族、维吾尔族、土家族、回族等6个民族。

【经济发展】 2020年，麦盖提县央塔克乡实现经济总收入7.04亿元，较上年增长4600万元，增幅7%，农民人均收入1.59万元，较上年增长1104元，增幅7.5%。富余劳动力转移就业劳务总收入2.91亿元。种植棉花7.79万亩，皮棉总产2.35万吨，单产302千克/亩；种植粮食2.93万亩，总产1.17万吨，单产400千克/亩。种植瓜菜1.92万亩，有大棚334座。林果业种植面积13.3万亩，其中红枣8.91万亩，总产4.31万吨；核桃1.1万亩，总产1760吨。植树造林288亩，完成退耕还林2203亩。牲畜存栏3.76万头（只），出栏1.59万头（只）；家禽存栏7.53万羽（只），出栏5.08万羽（只）。有各类农业机械及农具1.54万台（架），农机总动率5.76万千瓦，其中拖拉机1860台，配套农具1465架。2020年新增96台（架）。

【民生保障】 2020年，麦盖提县央塔克乡完成农村富余劳动力转移就业1.45万人次，其中县内转移1.3万人次，县外地区内转移268人次，地区外疆内转移951人次，疆外企业组织转移314人次。参加基本养老保险1.53万人，参保率100%；参加基本医疗保险3.16万人，参保率100%，享受最低生活保障政策3830人，发放最低生活保障金1683.09万元。发放农机补贴367.18万元。全年发放各类惠农资金1.09亿元。

【社会事业】 2020年，麦盖提县央塔克乡有文化活动场所26个，农家书屋16个，藏书2.49万册，借阅图书1.14万人次。电视覆盖率100%。全年开展各类文体活动36场次，受众15.66万人次。有学校26所，教职工520人，在校生6392人，其中小学14所，教职工303人，在校生4515人；幼儿园12所，教职工217人，在校生1877人。适龄儿童入园率100%，国家通用语言教育普及率100%。有医疗卫生机构1家，卫生室25所，医院定编床位60张，配备救护车3辆。卫生院编制36人，实有医务人员20人。当年医院门诊就诊2.98万人次，住院2641人次，总收入472.57万元。为患有高血压、糖尿病、传染病等人群建立健康档案2810份，为辖区常住人口建立统一、规范的居民健康档案3.2万份。推广“家庭医生”“一对一”签约服务，签约1.04万人。全民免费健康体检2.33万人，完成率100%。

吐曼塔勒乡

【地理区划】 麦盖提县吐曼塔勒乡位于麦盖提县城东北部，距县城40千米，东与农三师四十五团相连，南与央塔克乡相邻，北与库尔玛乡相交，西以叶尔羌河为界与巴楚县英吾斯塘乡隔河相望，行政区域总面积216平方千米，耕地面积15.4万亩。2020年，吐曼塔勒乡辖行政村15个，即库如克鲁克村、温乌塔克村、吐曼塔勒村、皮力特库木希勒克村、阿亚克塔木村、敏乃克村、其盖勒克村、巴格热克村、开外孜力克村、奇热木旦勒克村、托盖墩村、英阿瓦提村、亚库勒村、阿其克塔勒克村、巴扎村。

【人口民族】 2020年，麦盖提县吐曼塔勒乡共有7766户、2.67万人，拥有汉族、维吾尔族、蒙古族等4个民族。

【经济发展】 2020年，麦盖提县吐曼塔勒乡生产总值4.25亿元，较2019年增收2700万元，同比增长6.3%，人均收入1.58万元，较2019年增收898元，同比增长6.1%。富余劳动力转移就业劳务总收入6.47亿元。种植棉花7.16万亩，皮棉总产9489.78吨，单产132.6千克/亩；种植粮食4.4万亩，总产1.51万吨，单产342.85千克/亩。种植瓜菜1689亩，有大棚32座。林果业种植面积3.9万亩，其中红枣3.1万亩，总产9820吨；核桃6600亩，总产1005吨。植树造林3667亩，完成退耕还林2567亩。牲畜存栏3955头牛，山羊4.68万只，出栏牛685头（只），出栏羊7560只；家禽存栏10.58万羽（只），出栏8.02万羽（只）。有各类农业机械及农具5343台（架），其中拖拉机1560台、配套农具3700台（架），新增83台（架）。

9月8日，吐曼塔勒乡林果技术员指导农民分类采收核桃（吐曼塔勒乡供稿）

9月26日，吐曼塔勒乡召开扶贫档案工作现场推进会（吐曼塔勒乡供稿）

【民生保障】 2020年，麦盖提县吐曼塔勒乡参加基本养老保险1.25万人，参保率100%，其中参加养老保险建档立卡贫困户2986人，参加率100%；参加基本医疗保险2.54万人，参保率100%，其中参加医疗保险条件的建档立卡贫困户5920人，参保率100%；享受最低生活保障1856人，发放最低生活保障金1011.45万元。

12月9日，吐曼塔勒乡阿亚克塔木村平整土地为退耕还林做准备（吐曼塔勒乡供稿）

完成农村富余劳动力转移就业 3.24 万人次，其中县内转移 2.6 万人次；县外地区内转移 3872 人次；地区外疆内转移 1770 人次；疆外企业组织转移 731 人次。发放农机补贴 84.48 万元。

全年发放各类惠农资金 5735.49 万元。

【社会事业】 2020 年，麦盖提县吐曼塔勒乡有文化活动场所 15 个、农家书屋 15 个，藏书 2.35 万册，借阅图书 5600 人次。电视覆盖率 100%。全年开展各类文体活动 375 场次，受众 1.8 万人次。

有学校 17 所，教职工 313 人，在校生 5376 人。其中，小学 9 所，教职工 221 人，在校生 3547 人；幼儿园 8 所，教职工 85 人，在校生 1836 人。适龄儿童入园率 100%，国家通用语言教育普及率 100%。

有医疗卫生机构 15 家，其中卫生院 1 个、卫生室 14 所。卫生院床位 50 张，配备救护车 2 辆，编制 31 人，实有医务人员 22 人；门诊就诊 2.54 万人次，住院 1535 人次，总收入 185.77 万元。为患有高血压、糖尿病、传染病等人群建立健康档案 1794 份，为辖区常住人口建立统一、规范的居民健康档案 2.47 万份。推广"家庭医生""一对一"签约服务，签约 1.13 万人。全民免费健康体检 1.95 万人，完成率 95.8%。

12 月 21 日，吐曼塔勒乡开展农牧民农业技术培训（吐曼塔勒乡供稿）

尕孜库勒乡

【地理区划】 麦盖提县尕孜库勒乡位于麦盖提县城南部，距县城 12 千米，东临库木库萨尔乡，西接叶尔羌河，北依麦盖提镇，南连克孜勒阿瓦提乡，地理坐标为北纬 38° 48′，东经 77° 36′，行政区域总面积 187.67 平方千米，耕地面积 15.54 万亩。2020 年，尕孜库勒乡辖行政村 21 个，即喀什博依村、也可先拜巴扎村、英巴扎村、尕孜库勒村、喀玛库勒村、吐普硝村、墩买里村、麦迪尼帕合特勒克村、青格勒奥依玛特勒克村、拉依帕合特勒克村、麦盖提帕合特勒克村、罕库勒村、亚恰克迪村、博孜库木村、塔拉买里村、库木希买里村、先拜巴扎村、巴格艾日克村、喀赞库勒村、巴格阿瓦提村、英阿瓦提村。

【人口民族】 2020 年，麦盖提县尕孜库勒乡总人口 7804 户 2.68 万人，拥有汉族、维吾尔族、哈萨克族 3 个民族。

【经济发展】 2020 年，麦盖提县尕孜库勒乡实现经济总收入 5.16 亿元，较上年增长 5720 万元，增幅 12.42%，农民人均收入 1.57 万元，较上年增长 962 元，增幅 6.53%。富余劳动力转移就业劳务总收入 2.13 亿元。

种植棉花 6.88 万亩，皮棉总产 8947.12 吨，单产 130 千克 / 亩；种植粮食 5.12 万亩，总产 2.11 万吨，单产 412 千克 / 亩。种植瓜菜 5400 亩，有大棚 40 座。林果业种植面积9.4万亩，其中红枣5.3万亩，总产2.55万吨；核桃2.21万亩，总产1857吨。植树造林1.3万亩，完成退耕还林9150亩。牲畜存栏3.23万头（只），出栏2.9万头（只）；家禽存栏17.55万羽（只），出栏15.8万羽（只）。

各类农业机械及农具305台（架），农机总动率7808千瓦，其中拖拉机118台，配套农具187架。2020年新增133台（架）。

【民生保障】 2020年，麦盖提县尕孜库勒乡完成农村富余劳动力转移就业1.18万人次，其中县内转移1.02万人次；县外地区内转移706人次；地区外疆内转移704人次；疆外企业组织转移269人次。

参加基本养老保险1.22万人，参保率99%；参加基本医疗保险2.61万人，参保率100%，享受最低生活保障政策3644人，发放最低生活保障金230.69万元 。发放农机补贴300.6万元。

全年发放各类惠农资金7000万元。

【社会事业】 2020年，麦盖提县尕孜库勒乡有文化活动场所22个（包括文化站），农家书屋20个（12个村没有），藏书2万册，群众借阅各类图书2000多人次。电视覆盖率100%。全年开展各类文体活动59场次，受众17.3万人。

有学校19所，教职工313人，在校生5054人，其中小学8所，教职工236人，在校生3717人；幼儿园11所，教职工77人，在校生1337人。适龄儿童入园率100%，国家通用语言教育普及率100%。

有医疗卫生机构1家，卫生室21所，医院定编床位50张，配备救护车3辆。卫生院编制32人，实有医务人员54人。当年医院门诊就诊2.49万人次，住院2231人次，总收入811.7万元。为患有高血压、糖尿病、传染病等人群建立健康档案1843份，为辖区常住人口建立统一、规范的居民健康案2.5万份。推广“家庭医生”“一对一”签约服务，签约1.01万人。全民免费健康体检1.96万人，完成率95.63%。

克孜勒阿瓦提乡

【地理区划】 麦盖提县克孜勒阿瓦提乡位于县城南部，距县城30千米，北邻尕孜库勒乡，南与莎车县巴格阿瓦提乡相邻，西以提孜那甫河为界，与莎车县阿拉买提乡、阿扎提巴格乡隔河相望，东与新疆生产建设兵团第三师四十六团1连、7连及塔克拉玛干大沙漠相连，地理坐标为北纬38°65′，东经77°64′，行政区域总面积256平方千米，耕地面积14.03万亩。2020年，克孜勒阿瓦提乡辖行政村23个，即阔纳巴扎村、巴格沃依拉村、英巴扎村、奥依巴格村、代尔瓦孜库木村、其克勒克阔坦村、阿都克阿拉迪村、喀赞库勒村、拉依当村、色日克库勒村、喀拉墩村、亚塔库木村、乌库什墩村、塔勒克村、英阿瓦提村、阔什吾斯塘村、塔塔尔吾斯塘村、阿特库都克村、团结村、古麻托卡依村、古再勒阿瓦提村、苏盖提库勒村、古再勒巴格村。

【人口民族】 2020年，麦盖提县克孜勒阿瓦提乡总人口8524户2.93万人，拥有汉族、维吾尔族、蒙古族等5个民族。

【经济发展】 2020年，麦盖提县克孜勒阿瓦提乡实现经济总收入9.56亿元，较上年增加3200万元，同比增长3.3%，农民人均收入 1.39 万元。农村富余劳动力转移就业劳务总收入 2.01 亿元。

种植棉花 6.12 万亩，皮棉总产 7405.2 吨，单产 121 千克 / 亩；粮食 3.05 万亩，总产 1.63 万吨，单产 533.56 千克 / 亩，种植瓜菜 5142.5 亩，林果业种植面积 7.27 万亩，其中红枣 4.41 万亩，总产 2.84 万吨；核桃 2.26 万亩，总产 6121.3 吨。植树造林 150 亩，完成退耕还林 3000 亩。牲畜存栏 2.44 万头（只），出栏 1.27 万头（只）；家禽存栏 7.95 万羽（只），出栏 7.42 万羽（只）。

6 月 4 日，克孜勒阿瓦提乡奥依巴格村西门塔尔牛养殖基地（王亚蒙摄）

有各类农业机械及配套农具 1872 台（架），其中拖拉机 1635 台，配套农具 237 架。2020 年新增各类农业机械及配套农具 119 台（架）。

10 月 10 日，克孜勒阿瓦提乡阔什吾斯塘村莲白基地（王亚蒙摄）

【民生保障】 2020 年，麦盖提县克孜勒阿瓦提乡完成农村富余劳动力转移就业 1.12 万人次，其中县内转移 5435 人次；县外地区内转移 1161 人次；地区外疆内转移 1367 人次；疆外企业组织转移 537 人次。

参加基本养老保险 1.29 万人，参保率 100%；参加基本医疗保险 2.56 万人，参保率 98.7%。享受最低生活保障政策 4032 人，发放最低生活保障金 1469.03 万元。发放农机补贴 197.57 万元。

【社会事业】 2020 年，麦盖提县克孜勒阿瓦提乡有文化活动场所 23 个，农家书屋 14 个，藏书 1849 册，借阅图书 67 人次。电视覆盖率 100%。全年开展各类文体活动 52 场次，受众 1.65 万人。

有学校 21 所，教职工 334 人，在校生 5640 人，其中小学 11 所，教职工 246 人，在校生 4120 人；幼儿园 10 所，教职工 88 人，在校生 1520 人。适龄儿童入园率 100%，国家通用语言教育普及率 100%。

有医疗卫生机构 1 家，卫生室 23 所，医院定编床位 40 张，配备救护车 2 辆。卫生院编制人数 32 人，实有医务人员 20 人。当年医院门诊就诊 5.7 万人次，住院 2891 人次，总收入 559.4 万元。为患有高血压、糖尿病、传染病等人群建立健康档案 1983 份，为辖区常住人口建立统一、规范的居民健康档案 2.6 万份。推广“家庭医生”“一对一”签约服务，签约 1.01 万人。全民免费健康体检 2 万人，完成率 100%。

库木库萨尔乡

【地理区划】 麦盖提县库木库萨尔乡位于麦盖提县城南部，距县城8千米，东临塔克拉玛干沙漠，西接尕孜库勒乡，北连尕孜库勒乡，南依麦盖提县，地理坐标为北纬38° 82′，东经77° 65′，行政区域总面积8.3平方千米，耕地面积5.6万亩。2020年，辖行政村12个，即夏普鲁克村、库木库都克村、铁米热克村、托万塔瓦尔克斯克村、尤库日塔瓦尔克斯克村、库木库萨尔村、尤库日哈迪勒克村、托万库木库萨尔村、胡木丹买里村村、库木博斯坦村、托万哈迪勒克村、吐孜鲁克喀什村。

【人口民族】 2020年，麦盖提县库木库萨尔乡总人口3744户1.29万人，有汉族、维吾尔族、蒙古族3个民族。

【经济发展】 2020年，麦盖提县库木库萨尔乡实现经济总收入1.72亿元，较2019年增长1420万元，增幅11.6%，农民人均收入1.36万元，较2019年增长900元，增幅13.3%。富余劳动力转移就业劳务收入8002.8万元。

种植棉花2.86万亩，皮棉总产889.56吨，单产310.8千克/亩；种植粮食1.24万亩，总产386.36吨，单产311千克/亩。种植瓜菜1500亩，无大棚。林果业种植面积3.58万亩，其中红枣667亩，总产333.5吨；核桃3.2万亩，总产干果6200吨。植树造林2000亩，完成退耕还林2870亩。牲畜存栏1.66万头（只），出栏1.02万头（只）；家禽存栏6.52万羽（只），出栏6.27万羽（只）。

有各类农业机械及配套农具356台（架），农机总动率4984千瓦，其中拖拉机240台，配套农具111架。2020年新增各类农业机械及配套农具41台（架）。

【民生保障】 2020年，麦盖提县库木库萨尔乡完成农村富余劳动力转移就业6669人次，其中县内转移5909人次，县外地区内转移440人次、地区外疆内转移110人次、疆外企业组织转移210人次。

参加基本养老保险5965人，参保率100%；参加基本医疗保险1.29万人，参保率100%。享受最低生活保障政策1640人，发放最低生活保障金551.04万元。发放农机补贴75万元。全年发放各类惠农资金4300万元。

【社会事业】 2020年，麦盖提县库木库萨尔乡有文化活动场所14个，农家书屋12个，藏书1万册，群众借阅各类图书1200人次。电视覆盖率100%。全年开展各类文体活动864场次，受众13万人。

有学校6所，教职工136人，在校生1950人，其中：小学3所，教职工110人，在校生1405人；幼儿园3所，教职工26人，在校生545人。适龄儿童入园率100%，国家通用语言教育普及率100%。

有医疗卫生机构1家，卫生室12所，医院定编床位25张，配备救护车1辆。卫生院编制27人，实有医务人员18人。当年医院门诊就诊1.16万人次，住院1110人次，总收入168.09万元。为患有高血压、糖尿病、传染病等人群建立健康档案938份，为辖区常住人口建立统一、规范的居民健康档案1.24万份。推广“家庭医生”“一对一”签约服务，签约7643人。全民免费健康体检9727人，完成率100%。

昂格特勒克乡

【地理区划】 麦盖提县昂格特勒克乡位于麦盖提县城西部，距县城5千米，东与央塔克乡交界，南与县巴扎接壤，西沿叶尔羌河与希依提墩乡相望，地理坐标为北纬38° 946′，东经77° 607′，行政区域总面积21平方千米，耕地面积2.75万亩。2020年，昂格特勒克乡辖行政村4个，即阿克布鲁买村、昂格特勒克村、喀什博依村、托万昂格特勒克村。

1月23日，昂格特勒克乡召开九届人民代表大会五次会议（张华摄）

【人口民族】 2020年，麦盖提县昂格特勒克乡总人口1841户6143人，拥有汉族、维吾尔族2个民族。

4月17日，昂格特勒克乡举办“脱贫攻坚故事我来讲”演讲比赛（张华摄）

【经济发展】 2020年，麦盖提县昂格特勒克乡实现经济总收入1.09亿元，较2019年增长1239.98万元，增幅8.87%，农民人均收入1.47元，较2019年增长1047元，增幅9.2%。富余劳动力转移就业劳务总收入331.99万元。

7月7日，昂格特勒克乡召开农业现场会（张华摄）

种植棉花1.48亩，皮棉总产1933.11吨，单产130千克/亩；种植粮食1.19亩，总产4.41万吨，单产350千克/亩。种植瓜菜914.4亩，有大棚140座。林果业种植面积1.11万亩。其中，红枣6730亩，总产3688.04吨；核桃1910亩，总产1046.68吨。牲畜存栏7172头（只），出栏21头（只）；家禽存栏1万羽（只），出栏3499羽（只）。

有各类农业机械及农具62台（架），其中拖拉机34台，配套农具28架。2020年，新增8台（架）。

【民生保障】 2020年，麦盖提县昂格特勒克乡完成农村富余劳动力转移就业2455人次，其中县外地区内转移66人次、地区外疆内转移170人次、疆外企业组织转移42人次。参加基本养老保险5745人，参保率99.57%；参加基本医疗保险2954人，参保率97.86%。享受最低生活保障827人，发放最低生活保障金324.43万元。全年发放各类惠农资金1438.94万元。

【社会事业】 2020年，麦盖提县昂格特勒克乡有文化活动场所4个，农家书屋3个，藏书930册，借阅图书115人次。电视覆盖率100%。全年开展各类文体活动40场次，受众2万人。有学校3所，教职工105人，在校生1169人，其中小学1所，教职工63人，在校生777人；幼儿园2所，教职工42人，在校生392人。适龄儿童入园率100%，国家通用语言教育普及率100%。有医疗卫生机构1家，卫生室3所，医院定编床位15张，配备救护车1辆。卫生院编制19人，实有医务人员19人。当年医院门诊就诊1.27万人次，住院484人次，总收入129.21万元。为患有高血压、糖尿病、传染病等人群建立健康档案665份，为辖区常住人口建立统一、规范的居民健康档案5882份。推广“家庭医生”“一对一”签约服务，签约3458人。全民免费健康体检4950人，完成率98%。

7月1日，昂格特勒克乡开展重温入党誓词活动（张华摄）

库尔玛乡

【地理区划】 麦盖提县库尔玛乡地处塔克拉玛干沙漠边缘，位于麦盖提县城以北54千米，东与新疆生产建设兵团农三师四十五团为邻，南与吐曼塔勒乡接壤，西与喀什地区巴楚县色力布亚镇交界，北与胡杨林场相连，占地220平方千米，总耕地面积12.09万亩，林果面积2.69万亩。2020年，库尔玛乡辖行政村9个。即，库尔玛村、恰斯村、铁热木买里斯村、塔木墩村、布喀帕塔村、萨其喀克村、博斯坦村、比尔艾格孜村和巴扎村。

【人口民族】 2020年，麦盖提县库尔玛乡总人口4196户1.44万人，拥有汉族、维吾尔族、回族等8个民族。

【经济发展】 2020年，麦盖提县库尔玛乡实现经济总收入3.13亿元，较2019年增长9407万元，增幅30.01%，农民人均收入1.59万元，较2019年增长1057元，增幅7.09%。富余劳动力转移就业劳务总收入1.46亿元。种植棉花7.35万亩；种植粮食1.76万亩，总产6688吨，单产380千克/亩。种植瓜菜3089.76亩（西瓜1336.6亩、甜瓜1511.56亩、蔬菜241.6亩）。果业种植面积2.64万亩，其中红枣2.29万亩，总产4000吨；核桃2800亩，总产20吨；梨子600亩，总产18吨。路边植树造林37千米，完成退耕还林3502亩。牲畜存栏2.46万头（只），出栏1.65万头（只）；家禽存栏4.56万羽（只），出栏3.56万羽（只）。有各类农业机械及农具1900台（架），农机总动率10万千瓦，其中拖拉机1500台，配套农具400架。

【民生保障】 2020年，麦盖提县库尔玛乡完成农村富余劳动力转移就业6216人次，其中县内转移3667人次；县外地区内转移1723人次；地区外疆内转移454人次；疆外企业组织转移189人次。参加基本养老

8月3日，库尔玛乡博斯坦村喀什味道馕房建成（赵琛摄）

11月15日，库尔玛乡巴扎村新修的安居富民房（穆合塔尔·亚森摄）

保险6598人，参保率96.15%；参加基本医疗保险1.25万人，参保率98.8%，享受最低生活保障政策1478人，发放最低生活保障金589.6万元。发放农机补贴175.63万元。

【社会事业】 2020年，麦盖提县库尔玛乡有文化活动场所9个，农家书屋8个，藏书7800册，借阅图书3500人次。电视覆盖率98%。全年开展各类文体活动20场次，受众15万人。有学校11所，教职工258人，其中专职教师134人，在校生2521人，其中小学6所，教职工181人、其中专职教师96人，1所完全小学、2所低段小学、3所教学点，在校生1881人；幼儿园5所，教职工77人，其中专职教师38人，在校生640人。适龄儿童入园率100%，国家通用语言教育普及率100%。有医疗卫生机构1家，卫生室7所，医院定编床位20张，配备救护车2辆。卫生院编制27人，实有医务人员14人。当年医院门诊就诊2.7万人次，住院1649人次，总收入327.7万元。为患有高血压、糖尿病、传染病等人群建立健康档案1011份，为辖区常住人口建立统一、规范的居民健康档案1.02万份。推广“家庭医生”“一对一”签约服务，签约5781人。全民免费健康体检7978人，完成率93%。

麦盖提镇

【地理区划】 麦盖提镇位于麦盖提县城西南部，为麦盖提县中心城镇，东临巴扎结米镇，西接巴扎结米镇，北连央塔克乡，南依库木库萨尔乡，地理坐标为北纬38°89′，东经77°63′，行政区域总面积15.6平方千米。2020年，麦盖提镇辖社区21个，即吾依库勒社区、古再尔社区、帕合塔巴扎社区、巴扎结米社区、博勒喀吾斯塘博依社区、英巴扎社区、英买里社区、新城社区、工业园社区、刀郎社区、南网社区、城南社区、团结社区、民生社区、和平社区、文化路社区、友好社区、人民路社区、幸福社区、阳光社区、新时代社区。

【人口民族】 2020年，麦盖提镇常住1.9万户4.95万人，拥有汉族、维吾尔族、蒙古族、藏族、回族、苗族、塔吉克族、乌孜别克族、彝族、壮族等19个民族。

【经济发展】 2020年，麦盖提镇有私营企业832家，从业人员4303人，个体工商户

4991 家，从业人员 4303 人。完成社会消费品零售总额 10.29 亿元，同比增长 3.79%。富余劳动力转移就业劳务总收入 116.28 万元。

【民生保障】 2020 年，麦盖提镇完成富余劳动力转移就业 1254 人次，其中县内转移 1050 人次，县外转移 204 人次，疆内转移 142 人次，疆外组织转移 62 人次。参加基本养老保险 1.12 万人，参保率 100%；参加基本医疗保险 4.34 万人，参保率 100%，享受最低生活保障政策 1915 人，发放最低生活保障金 1068.76 万元，残疾人 1213 人，发放残疾人补贴 81.87 万元，享受困境学生临时救助 992 人，共计发放补贴 57.47 万元，困难群体享受临时救助 2717 户 6220 人，发放救助资金 190.46 万元。全年发放各类惠农资金 592.07 万元。

【社会事业】 2020 年，麦盖提镇有文化活动场所 15 个，电视覆盖率 100%。全年开展各类文体活动 600 场次，受众 5.8 万人。有学校 16 所，教职工 2279 人，在校生 2.85 万人，其中小学 5 所，教职工 535 人，在校生 8163 人；幼儿园 6 所，教职工 317 人，在校生 4481 人；中学 5 所，教职工 1427 人，在校生 1.59 万人。适龄儿童入园率 100%，国家通用语言教育普及率 100%。有医疗卫生机构 1 家，卫生室 16 所，医院定编床位 30 张，配备救护车 1 辆。（2020 年为新拆分和平社区、阳光社区配备卫生室，其余新拆分暂无独立办公场地社区与就近社区共用卫生室）卫生院编制 36 人，实有医务人员 31 人。当年医院门诊就诊 2.88 万人次、住院 1011 人次，总收入 395.3 万元。为辖区常住人口建立统一、规范的居民健康档案 5.58 万份，其中 65 岁以上老年人 3062 人、高血压患者 3050 人、糖尿病患者 1270 人、肺结核患者 54 人、精神病患者 203 人。推广“家庭医生”“一对一”签约服务，签约 1.1 万人，全民免费健康体检 2.05 万人，完成率 95%以上。

巴扎结米镇

【地理区划】 麦盖提县巴扎结米镇驻地为尤勒滚鲁克村辖区，距离县城 4 千米，东临喀拉玛水库（前进水库），西接希依提墩乡，北连央塔克乡，南依库木库萨尔乡，地理坐标为北纬 38° 54′ 23″，东经 77° 41′ 22″，行政区域总面积 86 平方千米，耕地面积 5.3 万亩。2020 年，辖古勒巴格、库台克勒克、尤勒滚鲁克、波斯卡木、乌喀、苏帕墩、贝勒克其、尤汉巴什墩、巴扎结米、巴格万、乌尔曼、博孜、亚胡木丹、恰木古鲁克、阔什艾肯、吾斯塘博依 16 个行政村。

【人口民族】 2020 年，麦盖提县巴扎结米镇总人口 7082 户、2.46 万人，其中农业人口 5694 户、2.01 万人；有汉族、维吾尔族、回族、乌孜别克族、藏族、蒙古族、塔吉克族 7 个民族。

【经济发展】 2020 年，麦盖提县巴扎结米镇经济总收入 2.36 亿元，较 2019 年增长 1131 万元，增幅 11.3%，农民人均收入 1.3 万元，较 2019 年增长 420 元，增幅 3.3%。富余劳动力转移就业劳务总收入 2.14 亿元。种植棉花 2.65 万亩，皮棉总产 7164 吨，单产 350 千克 / 亩；种植粮食 1.17 万亩，总产 4110 吨，单产 350 千克 / 亩。种植瓜菜 1500 亩，有大棚 1743 座。林果业种植面积

3.22万亩，其中红枣2900亩，总产1898吨；核桃2.93万亩，总产4396吨。植树造林80亩，完成退耕还林333.8亩。牲畜存栏2.64万头（只），出栏1.83万头（只）；家禽存栏24.36万羽（只），出栏29.35万羽（只）。有各类农业机械1565台，其中农机具268台（棉花地膜机55台，打药机台49，玉米播种机38台，翻转犁42台，整地机30台，扎草机18台）、新买农具70台（53户），其中拖拉机40台、农具30架。

【民生保障】 2020年，麦盖提县巴扎结米镇完成农村富余劳动力转移就业6448人次，其中县内及县外地区内转移6025人次、地区外疆内转移224人次、疆外企业组织转移199人次。参加基本养老保险1万人，参保率94.17%；参加基本医疗保险2.22万人，参保率100%；享受最低生活保障政策3026人，发放最低生活保障金1208.82万元。发放农机补贴129.56万元。全年发放各类惠农资金4572.97万元。通过组织分配、自聘等方式，补充大专及以上毕业生35人到村开展工作；利用现代远程教育设备进行政策、法规、科技等培训11期，受教育5700人次。全年建设完成扶贫项目5大类共22个。其中，产业扶贫项目10个，分别为特色种植1318.26亩、博孜村实施春提早蔬菜育苗、拱棚700座、庭院拱棚13座、林果业提质增效7056.1亩、庭院整治23户、移动药浴池4台、林下养殖1个、渠道防渗建设3.39千米、渠道防渗改建4.74千米；基础设施配套项目3个，分别为村组道路建设9.31千米、道路维修及安全设施工程15万平方米、公路建设2.99千米；就业扶贫项目5个，分别为乡村车间设备购置及附属设施建设、1000立方米保鲜库1座、蔬菜分拣配送中心（设备购置）、就业设备购置；生态环境保护项目1个，为农村环境综合整治；住房安居配套类项目1个，为煤改电入户工程81户。扶贫项目总资金7625.72万元，资金拨付完成100%，到户项目资金打卡完成100%。其中，产业增收项目10个，涉及资金1606.12万元；就业增收项目5个，涉及资金612.42万元；基础设施巩固提升项目5个，涉及资金5004.49万元；住房提升类项目1个，涉及资金7.69万元；人居环境整治类1个，涉及资金395万元。

【社会事业】 2020年，麦盖提县巴扎结米镇有文化活动场所16个、农家书屋16个，藏书共2353册，借阅图书6971人次。电视覆盖率100%。全年开展各类文体活动102场次，受众5.1万人。镇有学校6所，教职工74人，在校生1209人。其中，小学2所，教职工22人，在校生310人；幼儿园4所，教职工52人，在校生899人。适龄儿童入园率100%，国家通用语言教育普及率100%。

9月18日，巴扎结米镇各学校组织学生参观民族团结展览馆（巴扎结米镇供稿）

镇有医疗卫生机构1家，卫生室16所，医院定编床位30张，配备救护车2辆。当年医院门诊就诊5.25万人次，住院人1158次，总收入271.72万元。为患有高血压、糖尿病、传染病等人群建立健康档案2490份，为辖区常住人口建立统一、规范的居民健康档案2.34万份。推广“家庭医生”“一对一”签约服务，签约1.08万人。全民免费健康体检1.87万人，完成率100%。

五一林场

【地理区划】 麦盖提县五一林场位于县城东北部，距县城4.5千米，东与农三师前进水管处接壤，西接巴扎结米镇库克勒克村，北连农三师大渠，南依巴扎结米镇尤勒滚鲁克村，地理坐标为北纬38°55′27″，东经77°41′34″，行政区域总面积24.7平方千米，耕地面积1.73万亩。2020年，五一林场辖五一林场党支部、园艺场党支部，有生产小队4个。

【人口民族】 2020年，麦盖提县五一林场总人口425户1553人，有汉族、维吾尔族、回族、藏族4个民族。

【经济发展】 2020年，麦盖提县五一林场实现经济总收入3420万元，较2019年增长479万元，增幅11%，农民人均收入2万元，较2019年增长3000元，增幅13%。富余劳动力转移就业劳务总收入507.6万元。种植棉花6804亩，皮棉总产1089吨，单产161千克/亩；种植粮食767.7亩，总产217，单产430千克/亩；种植瓜菜105亩；林果业种植面积9380亩，其中：红枣4580亩，总产3389吨；苹果1410亩，总产3525吨；梨子1560亩，总产2100吨；桃子1230亩，总产2460吨；西梅330亩，总产160吨；核桃280亩，总产150吨。牲畜存栏390头（只），出栏380头（只）；家禽存栏1.14万羽（只），出栏1.13万羽（只）。有各类农业机械及农具925台（架），农机总动率1200千瓦，其中拖拉机355台，配套农具570架。

3月15日，五一林场民俗旅游景点（张淑珍摄）

【民生保障】 2020年，麦盖提县五一林场完成农村富余劳动力转移就业141人次，其中县内转移130人次；县外地区内转移1人次；地区外疆内转移1人次；疆外企业组织转移9人次。参加基本养老保险654人，参保率100%；参加基本医疗保险1544人，参保率100%，享受最低生活保障92人，发放最低生活保障金61.2万元。全年发放各类惠农资金530万元。

【社会事业】 2020年，麦盖提县五一林场有文化活动场所4个，藏书1360册，借阅图书2000人次。电视覆盖率99%。全年开展各类文体活动20场次，受众8000人次。有学校2所，教职工106人，在校生1183人，其中小学1所，教职工81人，在校生945人；幼儿园1所，教职工25人，在校生238人。适龄儿童入园率100%，国家通用语言教育普及率100%。有卫生室1所、床位1张、医务人员3人。当年就诊200人次。为患有高血压、糖尿病、传染病等人群建立健康档案192份，为辖区常住人口建立统一、规范的居民健康档案1578份。推广“家

8 月 18 日，五一林场民族团结展馆建成
（张淑珍摄）

10 月 21 日，县五一林场各族群众参观民族团结展馆（张淑珍摄）

庭医生”“一对一”签约服务，签约 207 人。全民免费健康体检 654 人，完成率 100%。

胡杨林场

【地理区划】 麦盖提县胡杨林场位于县东北部与巴楚县交界处——叶尔羌河南岸 1 千米，距县城 98 千米，东邻塔克拉玛干沙漠，南与农三师四十五团相接，西与巴楚县色力布亚隔河相望，北与农三师四十八团相邻，林场的地理位置为北纬 43° 64′，东经 77° 49′，经营面积 27.8 万亩，其中林业用地面积 13.69 万亩、非林业用地面积 14.11 万亩。耕地面积 1.3 万亩。2020 年，下设凹都库都克、左尔汗、刀郎国有林中心、乌孜干库木 4 个管护站。

【人口民族】 2020 年，麦盖提县胡杨林场总人口 64 户、165 人（包括外来种植户 45 户、89 人，林场户籍 19 户、76 人），拥有汉族、维吾尔族 2 个民族。

【经济发展】 2020 年，麦盖提县胡杨林场实现经济总收入 750 万元，（含 45 户种植大户收入），较 2019 年增长 190 万元，增幅 34%。种植棉花 1.05 万亩，皮棉总产 1683.2 吨，单产 420 千克 / 亩；种植粮食 30 亩，总产 9 吨，单产 300 千克 / 亩。种植瓜菜 35 亩。林果业种植面积 2752 亩。其中，红枣 1524 亩，总产 457.2 吨；核桃 357 亩，总产 5 吨。植树造林 2200 亩；牲畜存栏 682 头（只），出栏 424 头（只）；家禽存栏 170 羽（只），出栏 70 羽（只）。有各类农业机械及农具 2 台（架），农机总动率 110.25 千瓦，其中拖拉机 2 台。

【民生保障】 2020 年，麦盖提县胡杨林场参加基本养老保险 35 人，参保率 100%；参加基本医疗保险 76 人，参保率 100%。

【社会事业】 2020 年，麦盖提县胡杨林场有文化活动场所 1 个、农家书屋 1 个、藏书 1430 余册，借阅图书 210 人次。电视覆盖率 100%。全年开展各类文体活动 20 场次，受众 750 人。有卫生室 1 所，无床位，兼职医务人员 1 人。建立统一、规范的居民健康档案 19 份。全民免费健康体检 46 人，完成率 100%。

兵团第三师四十五团

【沿 革】 四十五团成立于1966年，是由前进五场、前进六场、前进八场组成。2005年9月，四十三团正式并入四十五团，四十五团成为中心团场。2019年12月31日，经兵团批准在四十五团设立前海镇。

【地理区划】 新疆生产建设兵团第三师四十五团位于前海镇。前海镇地处塔克拉玛干沙漠南缘，介于叶尔羌河与提孜那甫河之间的冲积平原地带，海拔高度1136～1163米，东西长52千米，南北宽20千米，行政区域面积596.67平方千米，前海镇镇区规划面积10平方千米，有23个农业连队，5个社区，有派出所、司法所、法庭、国土分局、保险、银行、邮局、电力、通信9个驻团单位。

【人 口】 2020年，新疆生产建设兵团第三师四十五团户籍人口3.3万人，常住人口3.07万人，农牧一线职工6590人。

【经济发展】 2020年，新疆生产建设兵团第三师四十五团一、二、三产业比重为55：13：32，其中一产产值9.74亿元、同比增长11.5%，二产产值2.3亿元、同比增长22.1%，三产产值5.52亿元、同比下降5.2%；招商引资在建项目12个，总投资3.66亿元，完成实物量投资1.39亿元；全年完成社会固定资产投资1.09亿元，同比增长3.27%。优化种植业结构，种植棉花17.35万亩，皮棉总产3.14万吨；种植辣椒1.44万亩（增加7000亩），总产4.39万吨；套播小茴香5.91万亩，总产5700吨；果园总面积9.67万亩，总产21.98万吨（其中红枣5.5万亩、总产11.01万吨，苹果2万亩、总产5.93万吨，香梨1.9万亩、总产4.75万吨）。全年牲畜存栏2.98万头（只）、增加1.3万头（只），实现生产总值17.56亿元、同比增长7.2%。引导职工群众发展庭院经济，开办庭院农家乐2家、庭院加工业15家，种植庭院蔬菜242.5亩、果树175.7亩，养殖家禽5.1万只，家畜7000头，职工增收1580.04万元。

【社会事业】 2020年，新疆生产建设兵团第三师四十五团有3所学校（1所完全中学、2所完全小学），3所标准化幼儿园，2所县级二甲医院。投资35万元为医院新建500平方米的发热门诊，新增方舱PCR实验室、方舱CT等医疗设备，检测核酸11.83万人次。四十五团挂牌成立1个新时代文明实践所、28个实践站，成立36支志愿服务队伍（800余名志愿者），开展活动1000余次，放映电影23场，观影4000余人次。

【民生保障】 2020年，新疆生产建设兵团第三师四十五团实施挂牌主战，由团领导分片、科室挂钩到连、干部包户到人实施动态监测。脱贫监测户150户均实现“一户一就业”，其中39户入住楼房，111户入住平房，适龄儿童义务教育入学率和基本医疗参保率均为100%，做到“两不愁 三保障”；落实惠民政策，做好兜底保障，发放低保金155户103.69万元，发放其他社会救助资金222万元，防止因病返贫、因学返贫。把推进连队人居环境整治、开展爱国卫生运动与实施乡村振兴战略相结合，持续推进幸福连队建设。全年召开现场、观摩、推进会7次；共投入资金2689.34万元，成立托畜所25所，建立农机车辆停放点24个，连内道路硬化11.2千米，亮化安装连队公共照明154盏，绿化面积715亩、绿化率28.9%，旧房整合276户，改厕460户，改造垃圾船182个，建设污水处理设施5座。封存、关停机电井86眼，回收残膜17.48万亩、1019吨，建立农业废弃物回收集中堆放点10个，切实保护耕地。投资1.67亿元建设农田水利和高标准农田建设项目，提升农业综合生产能力。组织参与棉花、色素辣椒高产种植等技术培训1.02万人次，以技能提升带动就业。

发展公用事业，城镇日供水能力5000立方米，用水普及率100%，燃气普及率90.45%，污水日处理能力1000立方米；人均绿化面积33.06平方米；镇区生活垃圾处理率98.66%，无害化处理率达90%以上。

落实惠民政策，为职工、个体工商户发放各类贷款1683.8万元，发放补贴1.6万元促进重点群体就业。帮扶就业困难人员实现就业425人。对农业一线职工6236人发放稳岗补贴136万元，发放社保补贴金486人393万元，为291人发放生活费427万元。保障退役军人生产生活，发放慰问金1.8万元，医疗补助资金1392元，发放体检费1.66万元，发放义务兵家庭优待金12万元。发放退休人员独生子女奖励金522人46.3万元，残疾人托养机构费3人9000元。

【兵地共建】 2020年，新疆生产建设兵团第三师四十五团党委坚持开展民族团结进步创建活动，投资250万元与麦盖提县库尔玛乡共建5个项目，投入资金72.98万元为各族职工群众办好事实事1.98万件，投入资金4.1万元解决群众困难诉求1981件；依法加强宗教事务管理，开展关爱活动90起，发放关爱慰问金1.36万元。加强兵地联动，疫情防控期间，多次与麦盖提县合作，协调办理物资保障车辆通行证，互派党员干部指导防控工作，共享疫情信息、联合研判疫情形势、共同制定防控方案，联动核查疫区旅居史人员流动，提高兵地联防联控信息保障。

【向南发展】 2020年，新疆生产建设兵团第三师四十五团坚持把招商引资作为团场向南发展的重要手段，以发展产业带动就业，依托团场特色农副产品资源优势，发展农副产品深加工等密集型产业吸引更多人口聚集；利用闲置酱菜厂厂房，招商引入年产3万吨红枣加工生产线4条，解决就业人员70人；办理居住证及落户手续1039人，完成率为103.9%，超额完成师市下达1000人的目标任务，其中办结落户手续199户、697人，办理居住证150户、342人。安置住房174户、650人，安置土地174户、190人，确保新进人员招得进、留得下、能致富。

【群团工作】 2020年，新疆生产建设兵团第三师四十五团工青妇组织开展各类培训、演讲比赛、“春晚”文化活动等17场次，参与6000余人；发放各类关心关爱资金17.72万元，申请创业扶持资金37.09万元，慰问一线疫情防控工作人员5000余人次39.57万元。

【矛盾纠纷化解】 2020年，新疆生产建设兵团第三师四十五团公检法司发挥专职人民调解员作用，排查一般矛盾纠纷169件，成功调处164件。

兵团第三师四十六团

【沿革】 新疆生产建设兵团第三师四十六团的前身是1966年成立的新疆农业生产建设兵团第三师前进四场和前进七场。1968年，前进四场和前进七场整合成新的前进四场，1969年前进四场搬迁，留下来的四个连队被四十三团接管，定名为四十三团一营。1976年1月1日，四十三团一营被移交给麦盖提县管理，更名为其克里克农场，1979年，其克里克农场划归喀什地区农垦局管理。1981年12月，兵团恢复建制后，其克里克农场复归第三师管理，更名为第三师其克里克农场。1998年11月，经新疆生产建设兵团党委批准，改编为第三师四十六团。2002年9月17日，图木舒克市成立，第三师四十六团隶属第三师图木舒克市管理，简称四十六团。

【地理区划】 新疆生产建设兵团第三师四十六团隶属第三师图木舒克市管理，位于麦盖提县东南部16.5千米处，地理坐标北纬38°40'~38°53'，东经77°38'~77°53'，区划面积29.55万亩。东北部与第三师前进水库及麦盖提县库木库萨尔乡毗邻，西与麦盖提县尕孜库勒乡接壤，南与麦盖提县克孜勒阿瓦提乡相邻，东接塔克拉玛干沙漠。地貌属提孜那甫河下游冲积平原，团场辖区地势平坦，土层深厚，海拔高度1183~1192米。2020年，全团下辖21个单位，其中农业连队8个、社区1个、驻团单位7个（保险、社保所、土管、派出所、信用社、邮局、供电所）。

【经济发展】 2020年，新疆生产建设兵团第三师四十六团完成生产总值4.08亿元，同比增长2.9%，其中第一产业增加值2.35亿元，同比增长12%；第三产业增加值1.73亿元，同比增长3.3%；完成社会消费零售总额5421万元，下降6.5%，完成固定资产投资1.54亿元，同比增长426.8%。实现财政税收收入151.27万元，同比增长637%，招商引资实物量完成1.31亿元。财政税收收入增幅、固定资产投资实物量、招商引资落地实物量3项指标进入师市前三名。推进经营地发包工作，完成3083.53亩经营地租赁费收缴90.7万元。通过发动职工群众发展庭院经济，实现参与户人均增收2000余元。新建农田防护林2000亩，更新过熟林95亩，春季植树22万株，更新防护林1万株，抚育中幼林4000亩。

【社会事业】 2020年，新疆生产建设兵团第三师四十六团有学校、幼儿园、医院等事业单位5个，开展优生节育技术服务，人口出生率6.08‰；九年义务教育入学率、升学率、幼儿入园率100%；全民健康体检完成3926人，体检完成率100%；建设文化墙775平方米。

【民生保障】 2020年，新疆生产建设兵团第三师四十六团发放各项惠民补助资金2016人次1398.8万元。发放农机补贴资金20.5万元，完成一连、二连、七连、八连、九连5个连队5.5千米农村饮水管道建设，实现饮水安全全覆盖。持续巩固脱贫攻坚成果，对脱贫的119户370人收入进行动态监测，无一人返贫。安全生产形势持续好转。投资930万元，完成生态园提升和绿化草坪改造160亩。完成一连、二连水冲式公共厕所2座、户厕改造167户，推进2连整体地下排污管网建设。持续开展人居环境治理，投资320万元，对团锅炉进行脱硫除尘改造，投资 40 万元购置垃圾船 30 个、垃圾箱 652 个，动用机车 2000 余趟（次），人力 1.5 万余人（次），清理垃圾 2700 余吨，清理畜禽养殖粪污等农业生产废弃物 440 余吨、清理非固定垃圾点 3 个、关停非达标生猪养殖区 3 个，清除无功能建筑 184 处、私搭乱建 1010 处，连队沟渠 14.7 千米，拆除危旧房 141 户。巩固农用地确权登记颁证工作，为 106 名新进职工身份地确权 3600 亩。

【疫情防控】 2020 年，新疆生产建设兵团第三师四十六团坚决贯彻落实习近平总书记关于统筹推进疫情防控和经济社会发展重要讲话、重要批示指示精神，坚决贯彻自治区党委、兵师党委的部署要求。坚持“外防输入、内防反弹”，严守“三道门”，严格“八项预警监测机制”，突出抓好重点场所、重点机构、重点人群防控工作，累计投入 145 万余元添置防疫设备、物资等，组织爱心捐款 10.6 万元，加强特殊人群和困难群众救助，切实解决职工群众的操心事、烦心事、揪心事。不误农时抓好农牧业生产，有力推进复学复工复产，保障了疫情防控期间主要农产品供应，全面恢复正常生产生活秩序，实现团场“零疫情”“零感染”，取得疫情防控阶段性胜利。

【矛盾纠纷化解】 2020 年，新疆生产建设兵团第三师四十六团化解矛盾纠纷 126 件（立案化解 39 件），避免和挽回经济损失 83.23 万元。

先进人物

【马晓伟】马晓伟，男，回族，中共党员，麦盖提县库尔玛乡党委委员、组织委员，兼任库尔玛村党总支书记。自担任库尔玛村党总支书记以来，他带领村“两委”始终聚焦新疆工作总目标，履职尽责、不负重托，立足库尔玛村实际，团结党员群众，为村民办好事、办实事，把民族团结作为维护社会稳定、促进经济发展的重要工作来抓，将民族团结列入重要议事日程作为维护和谐稳定的头等大事来抓，促进了民族团结工作蓬勃发展。库尔玛村是一个多民族组成的大家庭，他经常组织各族村干部学习党的民族理论和民族政策，教育干部要维护祖国统一，反对民族分裂，牢固树立“三个离不开”的思想，并组织民族团结知识考试，使全体干部牢固树立马列主义国家观、民族观、宗教观、历史观、文化观，旗帜鲜明地反对民族分裂主义和非法宗教活动。开展各民族互学语言，“每日一句”的互学活动，还在单位开展一个汉族干部帮助一个少数民族干部学习普通话的“一帮一”活动，让各族干部在工作中获益匪浅，更增进了彼此的感情。坚持民族团结教育经常化、常态化，村里从未发生过不团结的现象，各族干部群众形成了团结、平等、友好的社会主义新型民族关系。2020 年 9 月，马晓伟被新疆维吾尔自治区民族事务委员会授予“自治区民族团结进步模范个人”称号。

【吐来克·库完】吐来克·库完，男，维吾尔族，出生于 1967 年 9 月，新疆麦盖提县人，1982 年 12 月至 1984 年 12 月服役于武警新疆总队克州支队，1986 年 2 月参加工作，1991 年 7 月入党，中专学历。1997 年担任克孜勒阿瓦提乡拉依当村党支部书记。现任麦盖提县克孜勒阿瓦提乡塔勒克村党支部书记。他在工作之余，认真学习党的政治理论知识和政策法规，在大是大非问题面前，保持清醒的政治头脑，在思想上、行动上与上级党委保持高度一致；注重维护民族团结，自觉抵制不利于民族团结的言行。他将本村的脱贫攻坚工作与民族团结工作相结合，发挥民族团结进步创建工作凝聚人心的积极作用，促进各族群众共同脱贫。多年来，吐来克·库完带领村“两委”班子成员大力开展民族团结进步模范创建活动，使塔勒克村各族群众在生产、生活中互帮互学，共同提高，相互关心，亲如一家，建立起深厚的民族情谊。在任职期间，他多次被自治区、地区、县、乡评为“民族团结先进个人”“优秀共产党员”等称号。2020 年 9 月，他被新疆维吾尔自治区民族事务委员会授予“自治区民族团结进步模范个人”称号。

先进集体

【人力资源和社会保障局】 2020 年，麦盖提县人力资源和社会保障局在农民工工作方面，始终坚持民生第一、脱贫致富第一，积极为农村富余劳动力创造就业机会，使大量的农村富余劳动力稳定就业，收入增加，生活大有改善；同时依法行政，文明执法，切实维护广大农民工合法权益。通过县人力资源和社会保障局卓有成效的工作，麦盖提县城镇新增就业 1.2 万人；城镇登记失业率在 4% 以内，零就业家庭 24 小时动态清零；富余劳动力转移就业 7.87 万人次，其中有组织转移疆外企业就业 2357 人次，疆内转移就业 4505 人次，乡村车间就业 950 人次，园区企业转移就业 7501 人次，自主小微创业就业 6310 人次，第三产业就业 1.4 万人次，固定资产投资项目就业 3903 人次，公益性岗位管理促进就业 4896 人次，就近就地管理土地就业 3.41 万人次。在 2021 年 1 月 6 日召开的全国优秀农民工和农民工工作先进集体表彰大会上，麦盖提县人力资源和社会保障局获 2020 年度“全国农民工工作先进集体”称号。

【五一林场】 麦盖提县五一林场生活着汉族、维吾尔族、回族、藏族 4 个民族，少数民族占总人口的 52% 、汉族占 48%，形成以维吾尔族、汉族为主，各民族嵌入式居住的特点。长期以来，五一林场依托深厚的民族团结基础，积极探索“到人、管用、有效”的民族团结途径，坚持领导示范引领、坚持推动嵌入式居住、坚持开展“民族团结一家亲”活动、坚持以现代文化为纽带、坚持以宣传教育为抓手、坚持以进步创建为载体、坚持从娃娃抓起，形成相互尊重风俗习惯、相互学习语言、相互帮困解难、相互交往交流、相互参与婚丧嫁娶、相互学习生产技术的良好局面，使民族团结延伸到林场的方方面面，融入干部群众生活的点点滴滴，有力地促进各民族和睦相处、和衷共济、和谐发展，凝聚起共同团结奋斗、共同繁荣发展的强大合力。2020 年，由于五一林场在民族团结进步创建方面取得长足进步，得到上级部门的认可，于 9 月被新疆维吾尔自治区民族事务委员会授予“自治区民族团结进步示范林场”称号。

【麦盖提县第一小学】 近年来，麦盖提县第一小学持续深入学习贯彻习近平新时代中国特色社会主义思想，加强师生思想道德建设，通过政治学习、道德与法治课、主题班（队）会课、大宣讲、主题讲座等形式，将习近平总书记系列讲话精神、党的各项方针政策、创新理论、社会主义核心价值观进教材、进课堂、进师生头脑，强化师生的理想信念教育；通过课堂、课下、社团活动、教学研究等，使各族师生学在一起、玩在一起，促进各族师生交往交流交融。以“感动教育”为平台，以“八做”为载体，加强学生日常规范教育，强化养成教育，提升学生的综合素质；以“中国传统节日”“古诗词”“二十四节气”“二十四孝”“图说社会主义核心价值观”“温良恭俭让 忠孝廉耻勇 仁义礼智信”为主题的文化长廊，营造良好的育人环境，培养爱国、感恩、文明的新时代小学生。开展“厉行勤俭节约，反对铺张浪费”主题教育，培养师生主人翁意识和节约资源的良好风尚。开展“书香班级”“书香家庭”活动，让学生在参与中受到教育。成立雷锋志愿者服务队，到社区清扫卫生、去敬老院帮助孤寡老人。多年来，麦盖提县第一小学先后获得“自治区级德育示范学校和依法治校示范学校”、自治区艺术教育“优秀校区”称号、自治区“巾帼建功示范岗”称号，被评为喀什地区“创先争优先进基层党组织”喀什地区“民族团结进步模范单位”“全国首批作文教研百强学校”“全国最具影响力作文名校”。2020 年 12 月，被新疆维吾尔自治区精神文明建设指导委员会评为“自治区文明校园”。

麦盖提县国民经济和社会发展
第十四个五年规划和二〇三五年远景目标纲要

麦盖提县人民政府

2021年1月

第一章　“十四五”经济社会发展基础

“十三五”时期，麦盖提县委、县政府以习近平新时代中国特色社会主义思想和党的十九大精神为统领，贯彻落实习近平总书记关于新疆工作的重要讲话和重要指示批示精神，贯彻落实党中央治疆方略、特别是社会稳定和长治久安总目标，按照自治区党委“1+3+3+改革开放”部署要求，团结带领全县各族干部群众，众志成城，砥砺奋进，统筹做好稳增长、促改革、调结构、惠民生、防风险各项工作，麦盖提县经济社会呈现平稳健康发展态势，经济总量持续扩大，经济结构不断优化，基础设施条件明显改善，人民生活水平显著提高，与全国同步进入全面建成小康社会，如期实现第一个百年奋斗目标。

第一节　社会稳定持续向好

紧紧围绕社会稳定和长治久安总目标，始终把维护稳定作为压倒一切的政治任务，立足抓早抓小抓快抓好，深入开展“民族团结一家亲”和民族团结联谊活动，使宗教领域保持和谐稳定、各族群众和睦共处，全社会呈现出大局稳定、形势可控、趋势向好的良好态势，人民的安全感明显增强，对社会稳定和长治久安的信心明显增强，为经济社会发展营造了和谐稳定的社会环境。

第二节　经济发展显著增强

坚定不移贯彻新发展理念，促进经济持续健康发展，综合经济实力大幅提升。2020年，全县生产总值达到61.95亿元，全社会固定资产投资达到25.62亿元，一般公共财政预算收入达到2.08亿元，一批支撑经济社会长远发展的重大项目得以实施，补短板、添动能成效显著。消费规模稳中有升，全社会消费品零售总额达 6.02 亿元。

第三节　产业基础不断增强

按照“稳粮、优棉、兴果、强畜、增菜、促经”的产业结构调整思路，2020 年，第一产业产值 30.51 亿元，第二产业产值 5.28 亿元，第三产业产值 26.16 亿元，较“十二五”末年均增速分别为 6.72%、−8.72%、15.14%，三次产业结构稳步优化。农业标准化、规模化发展加快推进，棉花、小麦、玉米等大宗农作物生产形势良好，特色林果业提质增效成效明显，特色种植业面积逐步扩大，丰富了农产品市场，进一步拓宽了农民增收渠道。现代畜牧业快速发展，畜牧业标准化、规范化水平进一步提高。工业化发展持续转型，纺织服装、电子产品组装、农副产品深加工等劳动密集型产业规模不断扩大。旅游业发展势头强劲，旅游基础设施不断完善，以塔克拉玛干 N39° 沙漠探险旅游景区为主、沿线景区景点、乡村农家乐、采摘园为辅的全域旅游初步成型，文化旅游推介会、丝路文化胡杨节等活动逐渐常态化。

第四节　三大攻坚战成效显著

重大风险总体可控。坚持量力而行、尽力而为，实现“零违规举债”目标，规范政府举债融资行为，积极稳妥有序化解 2017 年 7 月 14 日之前产生的政府债务存量。

生态环境持续改善。牢固树立绿水青山就是金山银山的理念，严守“三条红线”，实现“三高”项目零落地。完成约 2.32 万户农村居民“煤改电”入户安装，持续加强机动车污染、建筑工地及道路扬尘污染治理力度。河（湖）长制深入落实，污水处理及中水回用达标率大幅提升，水污染防治能力不断提升。塔克拉玛干沙漠百万亩防风固沙生态林建设工程持续推进，累计完成造林 37 万亩。

脱贫攻坚决战决胜。紧扣“两不愁三保障”，推进“六个精准”“七个一批”“三个加大力度”“十大工程”，众志成城合力攻坚。截至 2020 年，全县所有行政村达到“五通七有”标准、建档立卡贫困人口达到“一超过、两不愁、三保障”脱贫标准，实现 52 个贫困村退出、13561 户 48674 人脱贫，高质量实现贫困县摘帽。

第五节　基础设施不断完善

水利基础设施建设不断完善。实施大型灌区续建配套与节水改造工程，累计建成高效节水灌溉面积 46 万亩，灌溉水利用系数由“十二五”末的 0.42 提高到 2020 年 0.47。农村安全饮水管网实现全覆盖，累计改造完成供水管网 978 千米，入户率达 100%。

能源基础设施建设不断推进。累计架设输电线路 1307 千米，新增和更换配电变压器 675 台，解决线路对地安全距离不够、变压器容量不足等问题，推进 2.32 万户群众“煤改电”配网建设。

交通基础设施建设不断增强。通过建制村通硬化路、农村“组组通”硬化路项目及部分县乡道改建工程的完工，累计铺设四级公路 1022 千米，全县路网进一步优化完善，极大改善了农村居民出行条件，交通基础性、先导性作用更加突显。

城市基础设施建设日趋完善。实施城市综合能力提升改造工程，累计铺装人行道 16.4 万平方米、新建非机动车道 18.7 千米、供水管线 15.57 千米、排水管线 14.1 千米、再生水管线 26.46 千米、通信管网 20 千米，全面改造老城区路灯及景观灯。实施城北污水处理厂二期提标扩容项目、城南城北排水连接管道工程等一批环保达标工程，城市污水处理及资源化利用能力进一步增强。城区绿地率达33%，绿化覆盖率达37.5%，人均公共绿地达15平方米，城市公共绿化率显著提升。建设保障性住房4243套、安居富民房23422套，改造城镇棚户区16049套、老旧小区改造891户，群众住房困难和住房环境得到有效保障与改善。大力推广清洁能源使用，县城天然气普及率达88.38%，农村"煤改电"供暖设施累计改造2.32万户，群众生活质量进一步提升。

第六节 改革开放持续深化

全面深化改革稳步推进，行政体制改革、生态文明建设、经济发展重要领域和关键环节改革取得突破性进展。"多证合一、一照一码""证照分离"制度改革全面推行，减税降费政策全面落实，营商环境不断改善，企业开办、项目建设等审批时限大幅压缩，行政审批效率进一步提高。医药卫生体制改革持续深化，严格落实药品零差率销售政策。水价、低电价等资源型产品价格改革稳步推进。农村土地承包经营权确权登记工作全面完成，农村集体产权制度改革、国有农林场改革进展顺利，农业水价综合改革稳步实施。探索依托红枣交割库，通过套期保值与"保险+期货"模式，帮助枣农规避红枣价格下跌风险，保障枣农利益。依托"安格斯牛"产业，采取"龙头企业+养殖基地+村委会+保险+银行+贫困户"闭环式运营模式，加快推进畜牧业转型升级。

第七节 人民生活明显改善

实施"九大惠民工程"，民生支出占到一般公共预算支出的80%以上，持续办好利民惠民的实事好事。全面落实各项创业就业优惠政策，累计新增城镇就业3.96万余人，农村富余劳动力转移就业25.2万人次，城镇失业率控制在3.72%以内。

教育事业稳步发展。高标准完成13所寄宿制学校、1所职业中专改扩建，实现农村3～6年级学生寄宿就读，义务教育标准化和均衡发展达标工作顺利通过自治区验收。

医疗卫生服务水平明显提高。持续推行分级诊疗、"双向转诊"，落实"先诊疗、后付费"和"一站式"结算制，解决了看病难、看病贵的问题，实现了"小病不出乡、大病不出县"。结核病防控不断加强，全面推广"集中服药＋营养早餐"工程建设。

社会保险覆盖面不断扩大。城镇职工养老、失业、工伤3项社会保险参保完成率均达到100%，机关事业单位养老保险参保实现全覆盖，城乡养老保险参保率达到98%，基本实现应保尽保目标。到2020年底，城镇居民人均可支配收入达到29354元，年均增长7.5%，农村居民人均可支配收入达到11455元，年均增长9%，城乡居民住房、饮水、用电、文化、体育等基本公共服务能力显著提升，城乡居民收入稳步提高。

第八节 对口援疆持续增强

推进援疆向民生倾斜、向基层倾斜，全方位援疆不断深化，有力推动了全县社会经济发展。104余名援疆干部真情奉献，累计到位援疆资金16.56亿元，实施援疆项目147个。中国证监会、深圳证券交易所自觉扛起政治责任，高位推动资金、项目、技术、人才落地麦盖提县，定点帮扶和社会捐助资金累计达8.4亿元，兵团第六师五家渠市累计捐资1300多万元，选派47名专业技术人员支医支教支农，吸纳全县1000余名农村富余劳动力稳定就业。

第九节　应急管理能力有效提升

扎实开展应急管理工作，预警预测和应急响应机制逐步完善，应对突发事件的能力和水平逐步提高。疫情防控、应对突发重大基本公共卫生安全事件的能力进一步提高，疫情防控高效指挥协调体系初步建立，加强排查，做好医学、集中和居家观察，阻断病毒传播途径，疫情防控医疗设施建设和医用物资保障不断强化，成功应对了新型冠状病毒肺炎疫情。疫情防控期间，麦盖提县无确诊病例和疑似病例。

第十节　党的建设全面加强

坚持把党的政治建设摆在首位，增强“四个意识”、坚定“四个自信”，做到“两个维护”，在思想上政治上行动上同以习近平同志为核心的党中央保持高度一致。坚定不移用习近平新时代中国特色社会主义思想武装头脑，深入开展“两学一做”“三严三实”“不忘初心、牢记使命”主题教育，持续开展“访惠聚”驻村工作，推动干部下沉基层、走进群众，党的执政基础不断夯实。深入推进党风廉政建设和反腐败斗争，持之以恒整治“四风”“四气”，营造了风清气正的政治生态，凝聚起共同团结奋斗、共同繁荣发展的磅礴力量。

第二章　“十四五”经济社会发展面临的机遇和挑战

“十四五”时期，是麦盖提县站在新的历史起点上实现高质量发展的重要窗口期，也是挖掘优势潜能、转变发展方式、优化产业结构、转换增长动力、提升综合竞争力的关键时期，外部环境不确定因素增加，机遇与挑战并存，总体形势有利于麦盖提县发展，经济社会发展前景广阔、未来可期。

第一节　发展的机遇与优势

新时代推进西部大开发形成的新格局。《中共中央　国务院关于新时代推进西部大开发形成新格局的指导意见》（下称《意见》），从推动高质量发展、加大西部开放力度、加大美丽西部建设力度、深化重点领域改革等6个方面提出了36条举措，对新时代推进西部大开发形成新格局作出了部署，要强化举措抓重点、补短板、强弱项，形成大保护、大开放、高质量发展的新格局，确保到2025年西部地区生态环境、营商环境、开放环境、创新环境明显改善；到2035年，西部地区基本实现社会主义现代化。《意见》明确阶段性重点任务，推动新一轮西部大开发走深走实，为麦盖提县“十四五”快速持续发展提供了现实机遇。

第三次中央新疆工作座谈会的政策红利与社会稳定红利充分释放。新疆已经实现由“乱”到“治”历史性转变，麦盖提县完整准确贯彻新时代中央治疆方略，始终紧绷反恐维稳这根弦，持续深化反恐斗争，实现了社会大局持续稳定。“十四五”时期将形成全面稳定常态，稳定成效持续显现、稳定红利充分释放，将进一步加大新一轮援疆重大政策、重大改革措施、重大工程、重大项目支持力度，为经济高质量发展、承接东西部产业转移、扩大招商引资赢得更加良好的发展环境。

经济发展进入新阶段。“十四五”时期将迎来城镇化加速期和城市建设布局拓展期，有利于吸纳农村富余劳动力就地转移，有利于统筹安排生产力布局和基础设施，积极融入丝绸之路经济带核心区建设，推动形成开放发展格局。新常态背景下，国家将更加注重定向宏观调控，更加注重基本民生，更加注重乡村振兴，更加注重生态建设，有利于麦盖提县顺势而为、加速推进民生保障、生态建设等方面的工作。

丝绸之路经济带核心区建设持续推进。以“一港”“两区”“五大中心”“口岸经济带”建设为抓手的重点工作、重大项目全面展开，喀什经济特区改革开放持续推进，麦盖提县作为喀什地区中部经济带的重点建设县市，发展空间将进一步开拓。把握核心区建设带来的发展机遇，有助于增强麦盖提县的区位优势，融入核心区建设，推动麦盖提县开放发展。

改革开放深入推进。国家对内深化改革创新，激发市场主体活力，推进市场要素优化配置，对外以共建“一带一路”为引领，加大西部开放力度，强化开放大通道建设、构建内陆多层次开放平台、发展高水平开放型经济，全力构建国内国际双循环相互促进的新发展格局。“三农”制度框架和政策体系完善更加突出，新时代农业农村制度建设加快推进，有助于加快麦盖提县土地、资金、技术等要素和产权制度市场化改革进程，构建有利于激发市场经济主体活力的发展环境，是新时代麦盖提县经济高质量发展的重要保障。

创新驱动上升为国家战略的历史机遇。创新是引领发展的第一动力，抓创新就是抓发展，谋创新就是谋未来。要想实现后发快进、跨越赶超，最为有效的跳板就是科技创新，必须向科技创新、转型升级要驱动力、要爆发力，才能真正形成后发优势。“十四五”时期，我国将把创新摆在国家发展全局的核心位置，大力实施创新驱动战略，积极推进“中国制造 2025”“互联网 +”行动计划，将开启新一轮各地抢占先机的突围战，成为麦盖提县发展的历史机遇。

超大规模市场和市场需求潜力的持续释放。我国正处于需求结构剧烈变动的新时期，居民收入水平提高、消费结构升级、人口结构变化、城镇化加速发展等因素，将会显著改变原有的需求结构，推动相关产业高质量发展。特别是超大规模市场正在成为新的比较优势，人民对个性化、高品质、多样化产品需求增加，将有助于促进相关领域产业高质量发展。人民对于食品安全、绿色健康的要求提高，将会给绿色食品产业发展带来新机遇。

第二节 面临的困难和挑战

一、面临的困难

反恐维稳形势依然严峻复杂。“三期叠加”的基本态势没有根本改变，外部环境尖锐复杂，西方“以疆制华”“以恐遏华”图谋一刻也没有停止，意识形态领域斗争激烈，影响安全稳定的因素不同程度存在，相互叠加交织。

产业发展后劲不足。旧动能转型升级缓慢，新动能培育不足，内需潜力释放不够，消费增长缓慢，产业融合不够紧密。纺织服装、农副产品加工等主导产业处于初加工阶段，产品附加值低。

基础设施建设仍需加强。县域内基础设施相对完善，但外部大通道建设仍需加强，境内无铁路客运、货运站，公路是麦盖提县唯一的运输方式，交通物流成本高且周期长，使麦盖提县经济社会发展受限。

经济发展质量效益不高。三次产业结构优化不足，农业特色主导产业规模化、集约化程度低，战略新兴产业培育不足，旅游产业富民成效不显著，现有物流体系不完善，科技创新能力不足，人力资源丰富但高层次人才短缺。

作风建设仍需加强。个别干部还存在宗旨意识不牢、责任担当不够、能力水平不适等问题。

二、面临的挑战

区域竞争日益激烈。与北疆县市及喀什地区其他县市相比，麦盖提县发展区位不明显、对外开放总体水平不高。“十四五”时期，面对南疆区域协同发展重大机遇和区域竞争日趋激烈的形势，麦盖提县在区域竞争中将面临一定的挑战。

资源环境等要素制约增强。资源环境制约增强，对转变经济发展方式、提高经济增长质量提出了更高要求。人才、土地、资金等关键要素制约长期存在，将在一定程度上影响麦盖提县的发展。

第三节　远景目标

锚定 2035 年与全国同步基本实现社会主义现代化，按照党中央和自治区党委对 2035 年远景目标的战略安排，从麦盖提实际出发，提出与全国同步基本实现社会主义现代化的远景目标。主要目标为：综合实力大幅跃升，经济总量和城乡居民人均收入迈上新台阶，创新能力显著提高；基本实现新型工业化、信息化、城镇化、农业现代化，建成现代化经济体系；文化润疆取得重大成效，中华民族共同体意识深入人心，国民素质和社会文明程度达到新高度，文化软实力显著增强；生态环境持续改善，广泛形成绿色生产生活方式；城乡区域发展差距和居民生活水平差距显著缩小，基本公共服务实现均等化；社会大局持续稳定长期稳定，基本实现社会治理体系和治理能力现代化，长治久安基础更加坚实；人民生活更加美好，人的全面发展、全体人民共同富裕取得更为明显的实质性进展。

第三章　“十四五”时期的指导思想与发展目标

第一节　指导思想

高举中国特色社会主义伟大旗帜，全面贯彻党的十九大和十九届二中、三中、四中、五中全会精神，深入贯彻习近平总书记系列重要讲话精神和第三次中央新疆工作座谈会精神，完整准确贯彻新时代党的治疆方略，牢牢扭住社会稳定和长治久安总目标，依法治疆、团结稳疆、文化润疆、富民兴疆、长期建疆，以推进治理体系和治理能力现代化为保障，统筹推进“五位一体”总体布局，协调推进“四个全面”战略布局，以丝绸之路经济带核心区和喀什经济开发区建设为契机，聚焦新疆工作总目标，紧紧围绕自治区党委“1+3+3+ 改革开放”工作部署，牢固树立“创新、协调、绿色、开放、共享”发展理念，紧紧抓住国家深入实施西部大开发战略的历史性重大机遇，突出“加速发展、加快转型、推动跨越”的主基调，着力加强基础设施建设，坚持高质量发展，强化特色优势产业培育和转型升级，强化新型城镇化和乡村振兴，强化文化和意识形态领域建设，补齐民生和社会领域短板，努力实现喀什地区中部经济带的率先崛起。

第二节　发展思路

坚持习近平新时代中国特色社会主义经济思想，紧紧抓住新时代西部大开发的历史机遇和丝绸之路经济带核心区建设机遇，紧紧抓住国家、自治区重大战略机遇、区域协调发展战略，按照喀什地区构建“1 个龙头”“2 个城镇群”“3 个经济带”“5 大中心”“7 大产业体系”发展格局的要求，构建全方位开放格局。坚持一产上规模、二产上台阶、三产上水平的理念，推进三次产业融合发展，发挥农业资源、交通区位、文化旅游资源优势，实施“1236”发展战略，将麦盖提县打造成特色农产品和畜产品加工生产基地、棉花和纺织品生产基地、电子与体育用品加工生产基地、特色沙漠旅游示范基地和沙漠生态技术改造示范基地等。

“1236”发展战略

实现一个目标：喀什地区中部经济带率先崛起。

两个重点发展区域：麦盖提县工业园区、喀什经济开发区麦盖提产业园。

三大产业体系：农畜产品深加工产业体系；纺织服装和电子组装产业体系；农旅融合产业体系。

六项重点工作：一是打响“麦盖提灰枣”品牌，形成种植、加工、销售全产业链体系；二是壮大安格斯肉牛和刀郎羊、湖羊、肉鸡产业链，形成繁育、屠宰、冷链、深加工、包装销售、有机肥、饲草料加工等综合产业体系；三是打造优质棉基地县，优化面积、提升品质，扩大棉纺织规模，大力发展绿色棉纺织产业；四是围绕 N39° 沙漠探险旅游景区、叶尔羌河生态文化园、五一林场桃花园、刀镶产业园、刀郎画乡、刀郎乡里、刀郎湖、原始胡杨林等旅游资源，打造全域旅游精品旅游线路；五是持续推进完成百万亩防风固沙生态林建设，打造沙漠生态技术改造示范基地；六是推进设施蔬菜产业，培育形成种苗繁育、蔬菜种植、加工销售全产业链体系。

第三节 基本原则

立足全面建成小康社会基础，着眼2035年与全国同步基本实现社会主义现代化，麦盖提县经济社会发展应遵循以下原则：

坚持党的全面领导。坚持和完善党领导的经济社会发展体制机制，坚持和完善中国特色社会主义制度，不断提高贯彻新发展理念、构建新发展格局的能力和水平，为实现高质量发展提供根本保证。

坚持新时代党的治疆方略。坚持从战略上审视和谋划麦盖提县工作，坚持把社会稳定和长治久安作为新疆工作的总目标，坚持以凝聚人心为根本，坚持铸牢中华民族共同体意识，坚持我国宗教中国化方向，坚持弘扬和培育社会主义核心价值观，坚持紧贴民生推动高质量发展，坚持加强党对新疆工作的领导，确保麦盖提县工作始终保持正确政治方向。

坚持以人民为中心。坚持人民主体地位，坚持共同富裕方向，始终做到发展为了人民、发展依靠人民、发展成果由人民共享，维护人民根本利益，激发人民群众积极性、主动性、创造性，促进社会公平，增进民生福祉，不断实现人民对美好生活的向往。

坚持新发展理念。把新发展理念贯穿发展的全过程和各领域，积极融入以国内大循环为主体、国内国际双循环相互促进的新发展格局，切实转变发展方式，加快推进质量变革、效率变革、动力变革，实现更高质量、更有效率、更加公平、更可持续、更为安全的发展。

坚持深化改革开放。坚定不移推进改革，坚定不移扩大开放，加强治理体系和治理能力现代化建设，破除制约高质量发展、高品质生活的体制机制障碍，强化有利于提高资源配置效率、有利于调动全社会积极性的改革开放举措，持续增强发展动力和活力。

坚持系统观念。坚持全国一盘棋，服务国家大局，加强前瞻性思考、全局性谋划、战略性布局、整体性推进，统筹国内国际两个大局，统筹发展安全两件大事，把中央支持与发挥自身优势有机结合起来，着力固根基、补短板、强弱项，注重防范化解重大风险挑战，实现发展质量、结构、规模、速度、效益、安全相统一。

第四节　发展目标

牢固树立“创新、协调、绿色、开放、共享”发展理念，全县经济社会发展的目标是：全县生产总值、城镇居民人均可支配收入和农村居民人均可支配收入与2020年相比分别增长65%、40%、54%，人民获得感和幸福感进一步增强。

社会稳定开创新局面。社会稳定红利巩固深化，反恐维稳法治化常态化，中华民族共同体意识切实增强，新疆伊斯兰教中国化水平更加坚定，社会大局持续稳定长期稳定，实现更有利于长治久安的根本性变化。

经济发展再上新台阶。坚持新发展理念，践行以人民为中心的发展思想，紧贴民生推动高质量发展，基础设施日益完善，增长动力充分释放，经济结构更加优化，创新能力不断提升，现代产业体系加快构建。到2025年，地区生产总值突破100亿元，达到102亿元，年均增长10.5%以上；一般公共预算收入达到3.06亿元，年均增长8%以上；固定资产投资达到69.25亿元，年均增长22%以上；社会消费品零售总额9.06亿元，年均增长8.50%以上；三次产业结构比由2020年的49：9：42调整为46：15：39，产业结构更加合理；外贸进出口总额年均增长9%以上。

社会文明程度得到新提高。文化润疆扎实推进，社会主义核心价值观更加深入人心，正确的国家观、历史观、民族观、文化观、宗教观牢固树立，公共文化服务体系和文化产业体系更加健全，人民群众精神文化生活更加丰富，中华文化主体地位更加牢固，人民群众思想道德素质、科学文化素质和身心健康素质明显提高。

生态文明取得新成效。国土空间开发保护格局得到优化，生产生活方式绿色转型成效显著，能源资源开发利用效率大幅提升，能耗和水资源消耗、建设用地、碳排放总量得到有效控制。生态环境持续改善，生态安全屏障更加牢固，城乡人居环境明显改善。到2025年，县城建成区绿地率达到38%以上；单位GDP能耗控制在自治区下达指标内；大气环境质量达标率84%以上；主要污染物排放量控制在国家控制的目标范围内，城镇生活污水集中处理率、城镇生活垃圾无害化处理率分别达到98%、96%以上。

民生福祉达到新高度。实现更加充分更高质量就业，城镇年均新增就业1.5万人，城镇调查失业率控制在4%以内。居民收入增长和经济增长基本同步，分配结构明显改善。基本公共服务均等化水平明显提高，全民受教育程度不断提升，卫生健康体系更加完善，多层次社会保障体系更加健全，脱贫攻坚成果巩固拓展，乡村振兴战略全面推进，人民生活更加美好。到2025年，城乡居民人均可支配收入分别达到41171元、17625元，年均增长分别为7%、9%，城乡居民人均可支配收入比由2020年的2.56：1缩小到2025年的2.34：1。

治理效能实现新提升。依法治疆深入推进，社会主义民主法治更加健全，法治政府和法治社会建设取得积极进展，社会公平正义进一步彰显，政府作用更好发挥，行政效率和公信力显著提升，社会治理特别是基层治理水平明显提高，防范化解重大风险体制机制不断健全，突发公共事件应急能力显著增强，自然灾害防御水平明显提升，发展安全保障更加有力。

“十四五”期间经济社会发展主要指标

表 3

<table>
<tr><th colspan="2">指标</th><th>2020 年</th><th>2025 年</th><th>年均增长率</th><th>指标属性</th></tr>
<tr><td colspan="6">经济发展（5 项）</td></tr>
<tr><td colspan="2">1. 全县生产总值（亿元）</td><td>61.95</td><td>102.06</td><td>10.5%</td><td>预期性</td></tr>
<tr><td colspan="2">2. 工业增加值比重</td><td>2.05</td><td>6.24</td><td>25%</td><td>预期性</td></tr>
<tr><td colspan="2">3. 服务业增加值比重</td><td>26.15</td><td>39.27</td><td>8.47%</td><td>预期性</td></tr>
<tr><td colspan="2">4. 一般公共预算收入（亿元）</td><td>2.08</td><td>3.06</td><td>8%</td><td>预期性</td></tr>
<tr><td colspan="2">5. 户籍人口城镇化率</td><td>39</td><td>50</td><td></td><td>预期性</td></tr>
<tr><td colspan="6">创新驱动（3 项）</td></tr>
<tr><td colspan="2">6. 科技进步贡献率</td><td>35%</td><td>41%</td><td>1.5%</td><td>预期性</td></tr>
<tr><td colspan="2">7. 研究和试验发展（R&D）经费投入强度</td><td></td><td></td><td></td><td>预期性</td></tr>
<tr><td colspan="2">8. 高新技术产业增加值比重</td><td></td><td></td><td></td><td>预期性</td></tr>
<tr><td colspan="6">民生福祉（5 项）</td></tr>
<tr><td colspan="2">9. 城镇居民人均可支配收入（万元）</td><td>29354</td><td>41171</td><td>7%</td><td>预期性</td></tr>
<tr><td colspan="2">10. 农村居民人均可支配收入（万元）</td><td>11455</td><td>17625</td><td>9%</td><td>预期性</td></tr>
<tr><td colspan="2">11. 劳动年龄人口受教育年限（年）</td><td>8.1</td><td>9.6</td><td>30%</td><td>约束性</td></tr>
<tr><td colspan="2">12. 城镇新增就业人数（万人）</td><td>1.16</td><td>0.3</td><td>1.8%</td><td>预期性</td></tr>
<tr><td colspan="2">13. 人均预期寿命（岁）</td><td>74</td><td>75.85</td><td>1.85（岁）</td><td>预期性</td></tr>
<tr><td colspan="6">生态文明（5 项）</td></tr>
<tr><td colspan="2">14. 新增建设用地规模（万亩）</td><td>1.2</td><td>5.2</td><td>20%</td><td>约束性</td></tr>
<tr><td colspan="2">15. 单位 GDP 能耗降低</td><td colspan="3">控制在自治区下达指标内</td><td>约束性</td></tr>
<tr><td colspan="2">16. 城镇绿化率</td><td>33%</td><td>38%</td><td>2.86%</td><td>预期性</td></tr>
<tr><td colspan="2">17. 绿化覆盖率</td><td>7.32%</td><td>12.58%</td><td>0.75%</td><td>约束性</td></tr>
<tr><td rowspan="4">18. 主要污染物排放总量减少（%）</td><td>化学需氧量</td><td>15%</td><td>20%</td><td>1%</td><td>约束性</td></tr>
<tr><td>氨氮</td><td>13%</td><td>18%</td><td>1%</td><td>约束性</td></tr>
<tr><td>二氧化硫</td><td>4%</td><td>10%</td><td>1%</td><td>约束性</td></tr>
<tr><td>氮氧化物</td><td>3%</td><td>7%</td><td>0.8%</td><td>约束性</td></tr>
</table>

第四章　实施创新驱动发展战略

坚定不移实施创新驱动战略，着力建设创新，把创新作为引领发展的第一动力，全面落实创新发展理念，坚持以供给侧结构性改革为主线，按照高质量发展要求，深入实施创新驱动发展战略，不断优化创新发展布局、建设创新发展平台、实施人才强县战略、进一步优化创新创业环境，提升创业带动就业能力，增强科技创新引领作用，为加快培育发展新动能、实现更充分就业和经济高质量发展提供坚实保障。

第一节　建设创新发展平台

强化科技成果展示平台和科技创新平台建设。依托援疆省市和自治区、地区的科研平台，努力实现政府、高校、科研院所和企业交流合作，技术创新和产业发展有机结合。鼓励五征集团加大科技推广应用力度，为麦盖提县提升自主创新能力、科研能力、服务能力提供基础支撑，打造特色林果产品研发中心，开展红枣、核桃等林果产品全产业链研发。

推进科技示范园和科技成果转化工作。支持企业与疆内外重点高等院校、科研院所等，通过开放实验室、共享技术平台、产业技术创新联盟等多种途径共建研发机构，引导企业创建国家级、自治区级工程技术研究中心、企业技术中心、重点实验室等，利用各级科技项目的实施，依托自治区农科院、林科院、畜科院等单位，引进新品种，继续推行棉花品种“一主一辅”工作，促进粮、棉、林、畜和设施农业的大发展，为农牧民增产增收提供技术支撑。到 2025 年，农业良种全覆盖，畜禽良种覆盖率达到 98% 以上，成为新技术的示范基地、新品种的展示基地、新成果的转化基地、新型农民的培训基地。

加大农业科技园区建设力度。发挥企业在区域创新中的主体作用，带动区域创新水平整体跃升。创建自治区农业科技示范园，开展繁育、模式栽培与养殖、滴灌与节水等试验与示范，重点实施安格斯肉牛新品种繁育，支持自治区农业科技示范园与基地开展成果转化、技术推广、农牧民培训等各类科技活动，努力推动自治区农业科技示范园成为农业创新驱动发展先行区和农业高新技术产业集聚区。通过高新技术引领改造传统产业，推动一二三产融合，积极组织申报高新技术企业，鼓励园区企业在重点产业领域建立实验室、研发中心，提升企业科技创新能力。到 2025 年，建成 1～2 个自治区级科技示范园。

第二节　培育创新发展主体　推进企业技术创新

强化企业在创新中的主体地位。吸引各类创新型企业到麦盖提县设立研发机构，新建一批重点实验室、技术研究中心等科技创新平台。重点支持刀郎阳光、利泰丝路、麦腾牧业、红日乐友等企业与高校、院所共建产业技术研发平台，加快科技成果的研发转化，促进区域优势互补与合作共赢。加强产业技术创新，开展面向产业的关键技术研究，打通科技成果孵化转化的瓶颈，促进技术成果交易。

引导创新型龙头企业建立技术开发平台。鼓励刀郎阳光、利泰丝路、麦腾牧业等企业与科研院所联合建立研发中心、企业技术中心、科技成果转化基地等产业技术创新平台。以麦盖提县众创基地为抓手，加大推动科技企业孵化器、中小微企业创业服务中心、众创空间等建设力度，形成贯穿全产业链的科技创新平台。到2025年，至少申报众创空间1个。

鼓励和支持中小企业开展技术创新。引导中小企业精细化生产、精细化管理、精细化服务，以性价比好、品质优良的产品和服务站稳市场。引导中小企业采用独特工艺、技术、配方或原料，研制生产具有麦盖提地方特色或企业特色的产品。强化中小企业“专精特新”服务支撑，每年认定至少1家自治区“专精特新”示范企业。到2025年，培育至少5家自治区“专精特新”中小企业，不断提高数量比重、整体素质和运行质量。

加大科技开发力度。加快企业技术革新和产品更新换代，消化吸收引进新技术、新设备、新工艺，提高产品质量、经济效益。开展红枣标准化栽培技术研发及精深加工技术的研发、优质棉标准化栽培技术研发、“安格斯牛”和刀郎羊等农畜产品养殖及加工技术研发、生态防护林技术的集成与研发，为促进乡村振兴、实现产业发展、改善县域生态环境提供技术支撑。

第三节　实施人才强县战略

培育集聚创新型人才队伍。坚持引进和培养相结合，积极争取“三区”人才支持计划、自治区人才培养天山计划、自治区人才引进天池计划等人才工程，用好自治区重点支持南疆人才队伍建设项目和各类人才工程单列南疆专项，引进培养创新型人才和技能型人才。充分利用科技援疆平台和自治区、地区的科技平台等，共同实施科技项目，培养围绕麦盖提县红枣、“安格斯牛”等主导产业服务的科技人才，壮大科技特派员队伍，引导各类科技创新创业人才和单位深入农村基层一线开展科技创业和服务。

加强全民科学素质培训工作。建立政府主导、部门协作、社会参与的工作机制，确定县委党校、职业中专为县级素质工程培训基地。完善村级农村党员现代远程教育终端，充分发挥科普e站的作用，立足现有的工作基础，突出重点，认真做好未成年人、农民群众、城镇劳动者、社区居民、领导干部等人群科学素质行动计划，提高各族干部群众的科学素养。

加强农村科技培训和科普宣传。利用“科技之冬”“科技活动周”“科普活动日”等载体，协调组织全县各类科技特派员深入乡村、社区、企业广泛开展主题鲜明、形式多样、内容丰富的科技培训和科普活动。到2025年，培训农牧民达10万人次以上，使每户有一人掌握一门致富技能的明白人，使各项实用技术能在农村全面推广使用。通过开展各式各样的培训，使麦盖提县农牧民的科技素质明显提高，农村经济的科技含量明显提升。

第四节　完善科技创新机制

健全科技投入保障体系。健全科技投入保障体系，强化财政资金扶持，引导社会资本进入创新领域，形成以企业投入为主体、政府投入为引导、社会投入为补充的多元化、多渠道、多层次的科技投入体系。创新科技投融资体制，引导和支持资金、人才、技术等创新要素向企业集聚，初步形成技术创新市场导向机制。积极吸引国内高校、科研单位、各类创新型企业到麦盖提县设立研发机构，新建一批重点实验室、技术研究中心等科技创新平台。

加快推进技术转移和科技成果转化。利用自治区科技成果转化引导基金和科技成果转移转化专项行动，支持和引导麦盖提县科技成果转移转化。完善现代农业产业科技创新、技术支撑、成果转化“三位一体”的科技创新体系，构建农业科技支撑和成果转化工作网络、技术服务网络，协同推广农业重大技术。

推动企业、科研院所协同发展。发挥“走出去”项目带动作用，在新能源装备、农机设备等领域，促进企业协作配套，加快引进整机企业和协作配套企业。鼓励科研院所加入产业技术创新联盟，推进产学研联合共建产业技术研究院。支持红枣加工企业组建产业联盟，开展产品联合研发攻关，促进红枣产品向中高端延伸，不断提高农畜产品加工转化率和附加值。

第五章　巩固脱贫攻坚成果　全面推进实施乡村振兴

实施乡村振兴战略，深化农业供给侧结构性改革，保障粮食和重要农产品有效供给，优化农业生产结构，健全现代农业经营体系，提高农业创新力、竞争力和全要素生产率，加快推动现代农业向绿色化、优质化、特色化、品牌化迈进，实现农业经济高质量发展。到2025年，农业综合生产能力稳步提升，现代农业经营体系和乡村产业布局基本形成，科技服务体系建设和支撑能力迈上新台阶，乡村发展环境有效改善、吸引力显著增强，第一产业实现增加值47.05亿元以上，年均增长不低于9%。

第一节　巩固拓展脱贫攻坚成果

深入贯彻习近平总书记扶贫开发重要论述，建立健全巩固脱贫、防止返贫长效机制。因地制宜发展特色种植、特色养殖、特色林果、特色旅游等产业，大力发展餐饮、零售、物流、文化等服务业，特别是要重视致富带头人的作用，积极引进企业、农民专业合作社、私营个体领办各类经济实体和电商物流企业。加大扶志扶智力度，鼓励脱贫群众积极参与劳动技能、农牧业生产技术、创业就业等培训，提高自身发展能力。发展壮大村集体经济，构建集体经济发展与脱贫户中返贫高风险户、低收入边缘户之间的利益联结机制，共享集体经济发展效益。完善脱贫人口政策保障机制，继续有效落实扶持政策，确保政策的连续性和稳定性，做到脱贫不脱政策。实施对已脱贫收入水平略高于建档立卡贫困户的群众相关扶持政策，预防返贫风险。培育一、二、三产融合的特色产业小镇，增强内生发展动力和活力，确保脱贫后能发展、可持续。提升易地搬迁集中安置区基础设施和公共服务设施功能，促进搬迁人口安居乐业。接续推进脱贫攻坚与乡村振兴有效衔接，巩固拓展脱贫攻坚成果，促进群众生活改善。

第二节　优化农业结构和布局

坚持“稳粮、优棉、增菜、促经、兴果、强畜”发展思路，围绕粮棉生产功能区、特色农产品优势区和规模化畜禽养殖区，不断优化农业生产结构和区域布局。深入推进农业供给侧结构性改革，推动粮经饲统筹、种养加一体、农林牧相结合，建设一批规模较大、设施完善、特色鲜明的区域性农产品生产基地、现代农业产业二三产融合发展示范园、田园综合体、智慧（数字）农业、设施农业、智慧新能源农业示范区。

农业示范园区布局

灰枣现代农业示范园：依托灰枣原材料产出优势，发展集种植、规模化管理、加工、包装、配送、销售、旅游为一体的示范园，发挥麦盖提县的原材料优势，延长灰枣产业链，增加附加值。

一二三产融合示范区：建设两个产业融合示范园。一是生猪一、二、三产业融合示范园。集饲草种植区，生猪养殖区，屠宰分割区，肉、皮、骨精深加工区，食品安全检测区、有机肥加工区、体验区、电商区于一体的全产业链，让生猪养殖过程透明化、科学化，拓宽销售渠道，示范带动本县生猪养殖现代化。二是棉花产业融合发展示范园建设项目。建设秸秆加工区，纺织加工区、产品展示区、观光区，打造本土棉制品品牌，发展艾提莱斯布料、衣、裙、帽及相关制品，宣传古老刀郎文化。

智慧农业（数字农业）示范园：建设 2 万亩智慧农业示范园，包括智能配水和施肥系统，蓄水池，泵房等。配备信息和数据采集设施，物联网硬件设备，采集土壤、湿度、温度、气象等农业种植基础数据，智能数字化控制平台建设，包括农田管理服务平台、PC 显示端、APP、气象卫星数据、卫星遥感信息等。

田园综合体：培育发展 20 万头“安格斯牛”养殖规模，在以希依提墩乡、央塔克乡等乡镇进行大范围整体、综合的规划、开发、运营，形成新的社区与生活方式，实施企业参与、农业 + 文旅 + 地产的综合发展模式，建设刀郎阳光安格斯肉牛田园综合体。

林果高科技示范园：围绕“规范化种植、标准化生产、商品化处理、品牌化销售、产业化经营”，以合作社生产为主体，建设一个 1000 亩的县级高科技示范园、9 个 500 亩的乡级高科技示范园，实施土地整治，引进优良果树品种，配备机耕、修剪、施肥等设备机械，实施园地平整、疏密改造、整形修剪等措施，为林果业发展示范。

优质饲草料基地：建设 15 万亩高水平、集中连片高产稳产优质饲草生产基地，推广种植 1.5 万亩菌草种植。

第三节　提升农业质量效益　促进农业高质高效

推进农业结构优化升级，提高农业整体效益。按照“稳定面积、主攻单产、优化品种、节本增效、增强市场竞争力”的思路，抓实“粮棉、红枣、肉牛、蔬菜、家禽”五大产业，加快优良品种、先进技术和现代农机具的集成和普及推广，努力提高单产、质量和效益。坚持把“绿色、优质、特色”作为农业结构优化升级方向，推进“稳粮、优棉、增菜、促经、兴果、强畜”，持续推动农村经济持续向好发展，实现粮、经、畜三元结构进一步优化。

稳定粮食生产，确保粮食安全。落实“藏粮于地、藏粮于技”战略，严守耕地红线，统筹谋划粮食生产、消费和储备量，着力稳政策、稳面积、稳产量，运用两区划定成果，落实粮食生产区功能区，打造希依提墩乡、央塔克乡、吐曼塔勒乡、尕孜库勒乡、克孜勒阿瓦提乡 5 个粮食主产区，确保粮食面积、总产量分别稳定在 40

万亩以上、18 万吨以上。到 2025 年，小麦种植面积不少于 25 万亩、总产量稳定在 10 万吨，玉米面积 15 万亩、总产量 7.5 万吨。

提升棉花生产优势。引导农户退出风险棉区、压缩次宜棉区、巩固宜棉区，加大棉花重要农产品保护区保护力度，打造希依提墩乡、央塔克乡、吐曼塔勒乡、尕孜库勒乡、库尔玛乡等 4 个棉花主产区，优化棉花种植面积在 50 万亩，实现数量型向效益型转变。坚持“一主一辅”用种模式，建设优质棉基地和示范县，切实提升棉花产业竞争力。开展绿色优质高效行动，加快机采棉种植和推广，到 2025 年机采棉面积达到 40 万亩。结合高标准农田建设，实施规模化、标准化棉田综合整治，补齐棉田基础设施短板，示范推广测土配方施肥、水肥一体化、病虫害绿色防控、全程机械化等技术，增强棉花可持续生产能力。到 2025 年，皮棉单产达到 160 千克 / 亩，总产 9 万吨以上。

粮棉种植业布局

粮食种植区：打造希依提墩乡、央塔克乡、吐曼塔勒乡、尕孜库勒乡、克孜勒阿瓦提乡 5 个粮食主产区，确保粮食面积、总产量分别稳定在 40 万亩以上、18 万吨以上。

棉花种植区：打造希依提墩乡、央塔克乡、吐曼塔勒乡、尕孜库勒乡、库尔玛乡等 4 个棉花主产区，将棉花种植面积稳定在 50 万亩，总产达 9 万吨以上。

做大做强畜牧业。坚持农牧结合、草畜配套，打造全国最大的“安格斯牛”繁育基地，打造以希依提墩乡、央塔克乡、克孜勒阿瓦提乡为主的“安格斯牛”养殖示范区，依托刀郎阳光，打造“安格斯牛”田园综合体项目。巩固发展刀郎羊，打造以希依提墩乡、央塔克乡、吐曼塔勒乡、尕孜库勒乡为主的刀郎羊、湖羊现代养殖示范区，依托五征集团、麦腾牧业、良种繁育中心实施刀郎羊种质资源保护和提纯复壮。实施生猪和家禽增产行动，建设央塔克乡家禽孵化育雏基地，分期分批为全县养殖户提供优质禽苗达 200 万羽，扶持希依提墩乡长顺养殖场和库尔玛乡红光青松生猪养殖场，持续抓好生猪生产恢复，培育发展光伏智慧畜牧融合示范项目。到 2025 年，建成标准化规模场（小区）30 个，牲畜存栏达到 73 万头，其中羊 50 万只、牛 20 万头、生猪 3 万头；牲畜出栏 54 万头（只），其中羊 42 万只、牛 7 万头、猪 5 万头。家禽存栏 197 万羽、出栏 741 万羽。肉奶蛋产量分别达到 1.5 万吨、0.56 万吨、0.67 万吨。

强化饲草料保障体系建设。围绕现代畜牧业发展需要，加快建设现代饲草料产业体系。树立种养结合、以种促养的观念，全面落实农牧民奖补、粮改饲、高产优质苜蓿示范建设等项目政策，扩大优质饲草种植面积，大力发展籽粒玉米、苜蓿、青贮玉米、巨菌草等优质人工饲草料种植，鼓励和引导养殖企业（合作社）开展饲草料订单种植，着力打造 15 万亩集中连片优质饲草生产基地。持续推进全株玉米秸秆青贮制作等技术，实现优质牧草及秸秆加工率 90% 以上；推广应用全价颗粒饲料日粮饲喂技术，提升科学养殖效益。到 2025 年，全县饲草料种植面积达到 30 万亩，至少培育 1～2 家饲草产品加工生产能力超过 6 万吨的饲草业龙头企业，夯实畜牧业发展基础。

畜牧业产业发展

肉牛养殖区：打造以希依提墩乡、央塔克乡、尕孜库勒乡、克孜勒阿瓦提乡、库木库萨尔乡、库尔玛乡为主的6个肉牛养殖区。

肉羊养殖区：依托五征集团、麦腾牧业、县良种繁育中心实施刀郎羊种质资源保护和提纯复壮，湖羊扩繁增产推广养殖，打造以希依提墩乡、央塔克乡、吐曼塔勒乡、尕孜库勒乡、克孜勒阿瓦提乡、库尔玛乡为主的6个肉羊养殖区。

畜禽养殖区：依托央塔克乡家禽孵化育雏基地，分期分批为全县养殖户提供优质禽苗达200万羽，扶持希依提墩乡长顺养殖场和库尔玛乡红光青松生猪养殖场，扩大养殖规模。

推进红枣核桃等特色林果产业提质增效。确立红枣为主、核桃为辅的产业结构，促进林果提质增效、转型升级。按照每年5万亩的进度实施生态经济林提升工程，共计实施25万亩经济林提质增效工程，使特色林果业真正成为麦盖提县农村经济发展的重要支柱产业。持续推进麦盖提灰枣品牌建设，积极实施“区域品牌＋企业品牌”双品牌战略，建设集分类分级、加工保鲜、包装销售于一体的农产品集散基地。

扩大香蕉梨、有机苹果的种植规模。持续扩大香蕉梨、有机苹果的种植规模，在五一林场、央塔克乡、巴扎结米镇、尕孜库勒乡、库木库萨尔乡，建立2万亩香蕉梨和土桃子鲜果生产基地；在尕孜库勒乡、克孜勒阿瓦提乡、库木库萨尔乡，建设沙区有机苹果基地5万亩。到2025年，全县林果面积稳定在85万亩，其中：红枣56万亩、核桃20万亩，力争红枣总产量达30万吨，核桃总产量达3万吨。

发展特色作物。在百万亩防风固沙生态林基地实施林下经济15万亩，发展金银花、大芸、甘草、小茴香等特色作物，其中：大芸10万亩、甘草5万亩。在尕孜库勒乡、克孜勒阿瓦提乡种植金银花、小茴香等特色作物的推广示范。

蔬菜集约化生产。支持巴扎结米镇、库木库萨尔乡、昂格特勒克乡3个设施蔬菜主产区，到2025年，建设日光温室大棚7000座，大拱棚1万座，选育优质蔬菜品种，坚持叶菜类、茄果类、块茎类相结合，按照“一乡一业、一村一品”科学布局，坚持“冬生产、春提早、秋延迟”压茬种植，做到应种尽种，蔬菜供给保障能力逐步提升。到2025年，发展陆地蔬菜4万亩，总产量12万吨以上。重点发展刀郎土瓜、老汉瓜2万亩，打造本地特色瓜果品牌，力争西甜瓜种植面积达到3万亩，产量7.6万吨以上。

高标准农田建设。到2025年，建成高标准农田60万亩，对原有27万亩高效节水实施提质改造。实施耕地质量提升行动，争取将盐渍化耕地改良试点项目列入国家和自治区计划，改良盐碱地20万亩，提高土壤生态水平，培肥地力，实现耕地资源永续利用。

特色林果业发展布局

中药材主产区：发展以大芸和甘草为主的沙区中药材产业，在百万亩防风固沙生态林基地实施林下经济15万亩，分别为林下接种大芸10万亩，林下种植甘草5万亩。

香蕉梨生产区：五一林场、央塔克乡、巴扎结米镇、尕孜库勒乡、库木库萨尔乡等乡镇建立2万亩香蕉梨和土桃子为主的鲜果生产基地。

有机苹果基地：沿尕孜库勒乡、克孜勒阿瓦提乡、库木库萨尔乡等乡镇建设沙区生态经济型林果产业带有机苹果基地5万亩。

第四节　健全现代农业新型经营体系

加快培育适应区域化、专业化、规模化发展要求的农民专业合作组织，培养专业化服务人才。加强基层农业技术推广体系建设，培育农技推广服务组织，加快生物防疫技术、良种培育、丰产栽培、节水增效、有机农产品等领域科技创新和推广应用。

构筑农业技术服务支撑体系。提高农业装备水平，扶持农机合作组织，积极拓展农机服务新领域，加大设施农业、经济作物、牧草生产和畜牧养殖业机械化技术的推广，提高农业装备水平和农机作业水平。到 2025 年，成立农机专业合作社 25 家，建立现代农业科技支撑体系，加快农技推广体系建设，推进农业生产科学化、规模化和现代化的发展。完善县域农技推广站软硬件建设，建设县、乡、村三级技术服务体系，每个村建立 1 个农业技术服务站，配备 1～2 名专业技术人员，加强县、乡农技推广站技术人员和设施设备配置，县级配备技术人员不少于 25 名，乡级配备技术人员 2～5 名，采取包乡、包村、包户的方式，在重要生产节点开展服务指导，提高科技入户率。推进农业标准化生产，健全标准体系，加快制定和完善粮食、棉花、蔬菜以及林果、畜产品的标准化生产技术和操作规程。同时，强化对农户的技术培训，指导种养户使用无公害、低毒、低残留农药、兽药，做到科学用药、合理施肥。

健全农产品新型营销模式，强化市场服务。完善农业市场信息服务体系，实施农产品批发市场升级改造工程，提升市场信息化水平，做好先进实用技术推广。加快建设农产品冷藏保鲜设施，提高优势农产品的市场均衡供应能力。加强现代物流体系建设，发展订单农业、网上销售、直销配送等新型营销模式，完善和落实好鲜活农产品运输绿色通道政策。推进农村信息化示范等工程建设，扩大农产品信息网络覆盖范围。

加强组织创新，完善产业融合机制。深化农村三产融合发展，以农林结合、农牧结合、农林牧渔融合、循环发展为导向，加快推进农业内部各产业之间的交叉型融合。推广“龙头企业 + 合作组织 + 农户”和“农产品行业协会 + 龙头企业 + 合作组织 + 农户”的组织模式，形成专业协作的规模经济，发展产销“订单农业”。实行园区化发展、产业化推进战略，加快资源、市场、人才、科研和服务体系建设，重点培育刀郎阳光、麦腾牧业、五征集团等一批优势明显、发展潜力大的农业产业化龙头企业，推进农副食品加工业快速发展。实施以粮食生产为依托的一、二、三产业融合发展项目，引导和支持以棉花、红枣、瓜菜、畜牧养殖为基础的深加工产业链发展，建立优质绿色生产示范园，加强科技合作与创新。加快以“安格斯牛”“刀郎羊”为重点的现代畜牧业发展，鼓励和扶持加快产业链延伸、推动肉禽加工与冷链物流的有机衔接发展。打造麦盖提灰枣产业融合发展示范园，发展集种植、加工、配送、销售、休闲农业为一体的灰枣全产业链，增加附加值，促进农民增收。

加强高素质农民队伍建设，加快培育新型农业经营主体。培育高素质农民队伍 1 万人以上，使每人掌握 1～2 门农业实用生产技能，加强农民教育培训，健全体制机制，充分利用各类教育培训资源，鼓励新型农业经营主体发挥自身优势参与教育培训，提供良好的政策环境和制度保障，以高素质农民引领现代农业高质量发展。培育家庭经营、集体经营、合作经营和企业经营等多种形式的经营主体，坚持各类补贴资金、支农项目、优惠政策集中倾斜，积极发展家庭农场、专业大户、专业合作社和农业庄园，提高农业生产经营的集约化、专业化、社会化水平，助力乡村全面振兴。

深化农村改革。落实第二轮土地承包到期后再延长30年政策，完善农村承包地“三权分置”制度，坚持依法自愿有偿原则，放活土地经营权，建立健全土地经营权资格审查、项目审核和风险防范制度，引导农民积极参与土地流转、托管。稳定和完善农村基本经营制度，根据“自愿、有偿”的原则，依法流转土地经营权，发展多种形式的农业适度规模经营，提高农民技能水平，促进农村劳动力的内转与外输。到2025年，农村土地流转率达到30%以上。扎实推进宅基地使用权确权登记颁证工作，落实“一户一宅”规定，严格审批监管，探索宅基地“三权分置”实现形式，完善有偿退出管理制度，盘活闲置宅基地和房屋。健全城乡统一的建设用地市场，完善农村土地征收制度，规范征地程序，推动农村集体经营性建设用地入市。深化农业水价综合改革，完善资源水价、阶梯水价和超定额累进加价制度。实施新型经营主体提升工程，支持龙头企业发展产业联盟，引导农民经营合作组织成立联合社，鼓励应届和历届大学毕业生、外出务工农民等各类群体领办合作社，培育多元化农业经营主体，实现小农户和现代农业有机衔接。实施农民专业合作社规范提升行动和家庭农场培育计划，打造一批国家和自治区级示范农业经营主体。到2025年，建成农村集体经济组织运行机制，确保全县140个股份经济合作组织有效运转。

第五节　进一步强化农业科技支撑

围绕全产业链发展，加强技术研发和推广。围绕粮食、特色作物、畜禽、水产养殖及设施农业、疫病防控等领域，实施一批重点科技研发项目，开展农业关键核心技术攻关行动；开发推广畜禽良种繁育（安格斯牛）、杂交多胎肉羊（湖羊）高效养殖、畜禽水产疫病防控等先进技术；研发推广设施蔬菜、瓜果、食用菌等工厂化育苗、栽培、水肥一体化高效生产技术模式；开展示范水肥一体化智能喷灌、远程监控、环境自动监测等智慧农业技术，推进配方施肥、农业气象、墒情监测等系统建设，促进农业生产标准化、精准化、智能化发展；以麦盖提县现有的农业科技园区为平台，重点研究适合麦盖提县自然环境的设施大棚技术，研究适合本地反季种植的作物，探索麦盖提县设施农业发展的经济规模和模式。做大做强外向型蔬菜出口和反季节蔬菜生产基地，推动冻干、制干、脱水、制酱等深加工产品开发；重点在肉牛、肉羊和肉鸡产业发展新品种、新技术引进，重大技术创新和生产技术成果转化方面予以支持，着力打造国家级畜牧产业示范园区，推动现代良繁、育肥、屠宰、分割、冷藏、肉奶加工全产业链规模化生产。

发展专业服务业，提升专业服务水平。加强专业人才培训服务，依托县职业教育培训资源，创新人才培养模式，积极推进产教融合、校企合作，培养更多满足社会经济发展需求的高素质劳动者和技能型人才。优化资源配置，加快发展农产品质量安全检验检测、食品安全检验检测等服务项目，完善检验检测体系。加快成立由农村经济人、龙头企业、乡土能人为领办人的各类技术协会，壮大会员队伍，引导农村基层进行人才、资金、技术的整合，发挥更大的效益。立足粮食、棉花、林果、畜牧、瓜菜、特色种植、设施农业、农产品加工销售等优势产业进行技术、成果示范推广。到2025年，至少建立农民专业技术协会30个，至少申报30个科技小院，在推动产业化经营，实现农业增效、农民增收、农村发展等方面发挥专业技术协会积极作用。

第六节 加强完善农业支持保护制度

坚持以提高农业质量和效益为目标，强化绿色生态导向，创新完善政策工具和手段，加快补齐农业农村发展短板，确保财政投入与乡村振兴特别是产业振兴需要相适应。

优化财政支农结构，稳定农业投入增长机制。优化县财政支出结构，坚持把农业农村作为财政重点保障领域和金融重点服务领域，优化涉农资金使用结构，加大政府固定资产投资向农业倾斜力度。按照“取之于民、用之于民”要求，用好粮食生产补贴、良种补贴和农机具购置补贴，落实好自治区关于调整完善土地出让收入使用范围进一步提高农业农村投入比例相关政策要求，优化资金配比重点支持乡村产业振兴项目。拓宽“三农”资金投入渠道，重点支持种子、畜禽良种等农业科研项目投入，充分发挥财政资金引导和杠杆作用，通过贴息、奖补、减免税费等措施，吸引金融和社会资本向农业农村的投入。

创新完善农业补贴方式。积极探索农业补贴试点试验，提高农业补贴政策灵活性、指向性和精准性，推动农业高质量发展。落实好自治区小麦收储制度改革各项政策，完善科学储备、吞吐调节、稳定价格机制，切实保障农民基本收益。完善粮食市场收购信贷资金保障措施，鼓励加工流通企业、新型经营主体开展自主储粮和经营，促进粮食产业经济发展。适应现代农业生产需要，调整完善农机购置补贴范围，加大对畜禽养殖、设施农业、农产品初加工和机械设备补贴力度。

强化农业保险、信贷政策正向激励引导作用。按照扩面赠品提标要求，积极落实农业保险保费补贴政策，督促保险机构及时足额理赔，进而完善农业保险支持政策。稳妥推进棉花、小麦、玉米完全成本保险和收入保险试点，积极开展农业大灾保险试点，探索对优势特色农产品保险实施以奖代补试点。打通金融服务“三农”各环节，落实好农户小额贷款税收优惠政策，对符合条件的合作社、家庭农场等新型农业经营主体可按规定享受现行小微企业相关贷款税收减免政策。合理设置农业贷款期限，使其与农业生产周期相匹配。鼓励和支持扩大面向新型农业经营主体的担保业务，推动温室大棚、养殖圈舍、大型农机、土地经营权依法合规抵押融资。鼓励银行金融机构面向农民和涉农中小微企业，创新推出更多免抵押、免担保、低利率、可持续的乡村振兴信贷产品，切实降低“三农”信贷担保服务门槛。

加强良种培育体系、农产品标准化体系建设。实施现代种业提升工程，建设种子生产基地、良种繁育基地，规范育苗中心、良繁中心规范化运营管理，搭建农作物种子、畜禽产品良种繁育、引种平台，提高农牧业良种化水平。制定特色农产品标准化生产规范，积极申请国家绿色食品、有机食品、地理标志农产品认证，着力培育一批区域特色鲜明的国内知名农产品品牌，提高农产品标准化生产水平。

建立农业支持保护体系。全面落实国家和自治区各项农业补贴政策，健全动物防疫和农作物、林果病虫害防治体系，完善应对病虫害及自然灾害监测预警处置机制。

第七节　提升农村人居环境和绿色发展质量

实施乡村建设行动。抓好农村交通运输、农田水利、农村饮水、乡村物流、宽带网络等基础设施建设，加快推动提档升级，逐渐形成布局合理、城乡互通的基础设施体系，满足农村居民对高质量农业生产、高品质美好生活的现实需要。推进电商、快递物流等新型基础设施建设，加快数字乡村建设，发挥数字信息技术在农村释放的普惠效应和溢出效应，夯实乡村振兴的基础。按照美丽乡村建设规划合理布局、因地制宜推进农村改厕、生活垃圾处理和污水治理，改善农村人居环境，不断提升村容村貌，不断增强农民群众的获得感、幸福感。

统筹推进村庄规划建设。按照“城郊融合类、集聚提升类、特色保护类、搬迁撤并类、兴边富民类”，明确每个村庄产业发展方向，统筹山水林田草保护、水电路气房讯建设、科教文卫商贸物流布点，合理布局村庄“生产、生活、生态”空间，实现产业兴旺与生态宜居的统一，保护传统村落和乡村风貌。

提升农村人居环境。改善农村人居环境，实施农村人居环境整治项目、农村垃圾和污水处理等建设项目。完善商业网点、道路绿化、供排水、供暖供气、通信和物流等配套设施，不断补齐乡村基础设施短板。继续发挥财政资金引导作用，建立政府主导、分级负担、集体补充、群众参与、社会支持、多元筹集的投融资机制，逐步实现市场化运作。打造风貌优美、产业特色鲜明、民风淳朴正气的精品村特色村，成为美丽乡村的样板示范。

强化农业面源污染控制。扶持地膜回收专业化服务组织，采取价格优惠、资金补贴等有偿回收方式，逐步建立农膜定点有偿回收站。在棉花、玉米等作物种植基地开展光降解地膜、生物降解地膜等可降解地膜试验，积极探索适宜农业生产实际的可降解地膜产品。继续引导农民利用畜禽养殖废弃物加工施用有机肥，推广堆肥还田、商品有机肥施用、沼渣沼液还田、自然生草覆盖等技术模式，推进有机肥替代化肥，加强畜禽粪便综合利用，继续推进测土配方施肥工作。加强高毒、高残留农药使用的监督检查，完善农药包装废弃物定期调查制度，摸清回收处理状况及非正规堆放点位置信息，建立年度整治清单，并制定清理整顿工作计划。加快畜禽规模养殖场粪污资源化利用配套设施建设力度，完善畜禽养殖场的规模标准，定期组织评估。加快实施农业综合开发区域生态农业循环项目和畜禽粪污资源化利用整县推进项目，建设规模化畜禽养殖场和养殖密集区粪污处理设施。

筑牢生态安全屏障。加强生态保护区建设、林业生态系统建设、生物多样性保护，实施退耕还林、人造林、低产林改造、“三边”绿化等综合措施，持续推进环塔百万亩防风固沙生态林建设，加速生态修复和退化地生态治理，增加林地面积。持续推进沙产业开发，实施梭梭—大芸基地建设，积极争取项目支持，在沙漠绿洲交错带水、电、路、林、渠等农业基础设施完善的区域，根据沙漠大芸、文冠果、甘草等种植规模和生长特性，积极引进基于传感器、精准节水灌溉控制系统的智慧农业灌溉技术，每年按照 1 万亩的计划推进，发展高效节水灌溉农业，打造土壤沙化综合治理和沙漠大芸种植示范基地。在沙化荒漠化区，以龙头企业为主体，每年放养5000只羊，打造沙漠刀郎羊放养示范区，集种植耐盐“绿洲一号”饲草、林间苜蓿、林下土鸡养殖、生态修复技术、盐碱水水产养殖技术、产业开发技术等，建立盐碱水绿洲生态农业产业技术示范园区（基地），形成沙漠治理、产业发展、生态保护的经济循环生态发展模式。

农业建设项目

高标准农田项目：喀什地区麦盖提县高标准农田建设项目、喀什地区麦盖提县小型农业水利建设项目、喀什地区麦盖提县低产田改造项目、喀什地区麦盖提县农用地规模化项目。

种子基地建设项目：喀什地区麦盖提县小麦良种繁育基地建设项目。

畜牧特色养殖项目：麦盖提县“安格斯牛”产业融合示范园区建设项目、麦盖提县肉羊育肥基地建设项目。

蔬菜项目：喀什地区麦盖提县设施蔬菜产业示范园建设项目。

优质林果粮棉生产基地项目：喀什地区麦盖提县灰枣产业融合发展示范园建设项目、喀什地区麦盖提县优质棉基地建设项目、喀什地区麦盖提县特色林果标准化生产示范基础建设项目。

农业科技服务项目：喀什地区麦盖提县智慧农业体系试点推广项目。

“一村一品”项目：喀什地区麦盖提县“一村一品”示范村建设项目。

特色产业项目：麦盖提县中药材种植加工项目。

人居环境整治项目：喀什地区麦盖提县农村人居环境提升项目。

第六章 推动工业强基增效和转型升级 促进工业高质量发展

坚持“绿色、集约、融合、高效”的产业高质量发展方向，立足麦盖提县实际，加快推动工业转型升级，发展现代服务业，以增量扩能为主、存量提升为辅，构建以传统优势产业为主体、战略新兴产业为引领、现代生产性服务业为配套特色现代产业格局，通过不断优化产业布局，引导加工企业聚集，招引配套相关产业链，完善全产业链，促进现代工业产业体系快速发展。

第一节 全力推进农副产品加工业的转型升级

“十四五”期间，工业园区将重点发展特色农副产品深加工、纺织服装、轻工业，推动县域经济蓬勃发展。

粮油精深加工。以粮食、油脂加工为重点，加大政策支持力度，促进农产品由初加工向精深加工转化。支持企业研发粮食蛋白、粮食淀粉、功能性粮油等精深加工产品。推进企业拉长棉籽精炼油、饲料蛋白、食用蛋白等棉花加工产业链，提升棉花精深加工水平，重点支持新疆沣浓农业、润丰棉花和飘香油脂等加工企业快速发展。

畜禽产品精深加工。依托20万头“安格斯牛”和40万只刀郎羊产业发展资源，发展畜禽屠宰加工、冷鲜分割、分级包装，采用现代肉食品加工新技术，研发熟食加工产品、西式肉产品、休闲肉产品、速冻肉产品、冷冻肉产品、肉副产品等，发展产、供、销一体化管理体制和贸、工、牧协调运行的发展机制，抢抓“一带一路”倡议机遇，打造和创建牛羊肉品牌。立足市场需求，支持发展禽类精深加工业，生产鸽、鸡、鸭等烤卤制品。支持发展乳制品精深加工，开发生产特色乳品、功能性乳制品、脱脂乳粉、奶酪、酸奶、乳清酒、乳清醋、乳清果醋饮料等，重点支持刀郎庄园发展延伸产业链。

红枣精深加工业。依托56万亩红枣资源，发展红枣精深加工产业，多元开发灰枣发酵制品和休闲食品和保健功能等新型复合饮料。通过生物工程技术，提高产品质量，创制系列发酵制品，重点开发发干枣分级、酵饮料、保健枣醋、红枣酒、香酥脆枣、夹心枣等制品，发展枣汁、枣糕、枣泥、枣粉等精深加工制品，开发具有保健功能的新型、复合鲜枣汁、核桃汁及其系列饮料产品，通过真空干燥、膨化、复合配方、螺杆挤压、再成型等技术，开发系列即食休闲食品。健全产品质量安全监管体，监测、追溯体系，确保产品安全、绿色、有机。

核桃精深加工业。依托20万亩核桃资源，发展核桃精深加工产业，多元开发核桃发酵制品和休闲食品和保健功能等新型复合饮料。通过生物工程技术，提高产品质量，创制系列发酵制品，开发琥珀桃仁、椒盐核桃、核桃酥糖、麻仁糖等风味系列制品，发展核桃露、核桃油、核桃乳等精深加工制品，研发核桃多肽、核桃胶囊等产品，开发核桃青皮药用、果壳制品性炭、分心养身茶等产品。重点开发核桃果汁饮料等产品。过真空干燥、膨化、复合配方、螺杆挤压、再成型等技术，开发系列即食休闲食品。

瓜蔬特色经济产品加工业。发展刀郎土瓜、色素辣椒、豇豆、金银花、板栗南瓜等特色订单农业，培育或引进一批带动能力强的瓜蔬产品深加工龙头企业，加快现代化农产品冷链仓储物流体系建设，实施瓜蔬产品本地深加工和鲜果疆外销售同步推进，通过加大产品品牌宣传推介力度，开展线上线下多层次销售，提升产品市场影响力和占有率，不断延伸产业链，打造供应链、提高产品附加值。

馕产业。开发馕、列巴、烘焙等面食产品，形成从小麦种植到餐桌的全产业链加工体系。推进馕产业规范化、标准化、规模化发展，开发适应不同消费群体和消费市场的开包即食、自加热、二次烘焙等多种食用方式囊产品。推动馕产业文化发展，支持龙头企业实施品牌战略，实行品牌化、标准化、市场化运作方式，丰富馕的种类和口味，打造馕系列产品，通过航空食品、高铁快餐、中欧班列等方式，销售到其他省（市）市场，出口到海外市场，提升馕产业品牌价值。

饲料加工业。扩大全县饲料产业优势，依托龙头企业，在玉米饲料加工和秸秆青贮加工的基础上，加大与其他特色农产品加工业的合作，提升杂粕、糟渣、食品加工副产品等非粮饲料资源优质化处理利用水平，综合利用微生物制剂、植物提取物等新型安全饲料添加剂产品，重点发展高技术、高附加值和节能环保的饲料、饲料添加剂产品，满足全县及周边地区、中亚地区畜、禽、鱼等养殖业需求。

第二节　推动传统产业转型升级

发挥科技创新驱动，推动产业体系升级。推动产业体系向创新能力强、质量效益好、结构布局合理方向发展，加快技术、产品、业态创新，提升可持续发展能力和市场竞争力，形成重点突出、优势明显、错位发展的创新型产业新体系。积极拓展产业发展空间，强化需求导向，加快产业转型升级。引导产业朝着分工细化、协作紧密方向发展，推动工业化和信息化、制造业与服务业深度融合。

立足现代信息技术，创新产业转型升级。运用现代信息技术改造提升传统服务业，全面提升现代服务业发展水平。促进工业互联网、云计算、大数据、物联网等信息技术，向研发设计、生产制造、经营管理、销售服务等环节延伸。以产业链条为纽带，以工业园区为载体，全面提升产品技术、工艺装备、能效环保等水平，支持企业间战略合作和跨行业。做大做强粮棉、蔬菜、肉牛、家禽、红枣等产业，走结构优化、动力转换、提质增效的产业创新发展道路。

持续推进品牌建设。实施“区域品牌＋企业品牌”双品牌战略，持续推进“麦盖提灰枣”“安格斯牛”“刀郎羊”等地域品牌建设，鼓励企业创建农畜产品分类分级、加工保鲜、包装、分割等产品的企业品牌，促进优质优价顺畅销售。

第三节 积极发展战略性新兴产业

推动红枣“保险＋期货”模式。通过套期保值与“保险＋期货”模式，帮助枣农规避红枣价格下跌风险，保障枣农利益。推进红枣产业化、标准化、规模化发展，推动产业升级，延伸产业链，提升红枣附加值。

推进资源化利用产业。加强农林生产废弃物综合利用，发展生态板材，发展林果产品废渣加工有机肥料。推进畜禽粪便资源化利用，发展有机肥料和生物燃气。加快工业废渣和建筑废物资源化利用，发展水泥和路面材料等新材料。加大废旧家电回收利用，发展家电零配件。推动电子信息产品回收利用，发展电子产品部件。提高废旧铅酸电池回收利用，发展再生制造产品。

发展中药材产业：推进中药材种植和中（维）药研发生产项目建设，依托10万亩大芸、5万亩甘草种植规模，加强中（维）药品研发工作，发展甘草、大芸制品及含甘草、大芸药品等深精加工农产品，提升产品附加值。

第四节 着力发展劳动密集型产业

纺织服装产业。依托50万亩棉花资源优势，在利泰丝路24万锭纺纱项目基础上，再招引30万锭精梳棉纺项目。到2025年，全县纺纱规模达到60万锭。推动原有纺织企业进行技术改造升级，采用国际先进的高端纺纱设备和先进工艺技术，全面实现自动化、智能化及信息化，推动纺织产业从单一产品、单一渠道到多品类、多品牌、多渠道、多市场的发展。

包装产业。围绕农业深加工延伸产品的包装需求以及工业产品长途运输的需求，引进纸板、瓦楞纸箱、彩盒、纸托盘及展示架、高档木质包装、纸质包装、塑胶包装等多样化材质的系列包装产品；轻重型环保包装制品，薄板材料类外包装容器以及防静电类产品；各类隔垫、填充材料和缓冲材料等加工企业，推进各产业专业化发展。

电子产业。积极招引承接东中部电子产业转移，通过优化产业布局，延长产业链，逐步形成电子产业集群。重点发展电子产品组装、电子元器件生产，光电子产业，提升价值链，形成集研发、生产组装、展销为一体的电子产业集群。电子产品组装：发展手机平板、耳机音响、智能手环等消费类电子产品组装，发展摄像头、喇叭、线圈、电感等电子配件加工；电子元器件生产：发展电子元件、电子器件、电路板等前端加工；光电子产业：重点建成LED智慧灯饰数字化工厂全产业链条项目，发展摄影摄像视听设备、光纤、光学传感器、LED显示屏、LED 灯等消费光电子产品上下游产业链。

体育用品产业。依托丰富的劳动力资源和配套完善的标准厂房，通过政府支持、以商招商等方式，吸引更多体育生产加工的上下游企业入驻投放，逐步形成羽毛球拍、跳绳、象棋、体育桌案、体育服饰生产、加工、销售为一体的体育用品产业。

现代农业装备产业。推进 60 万亩高标准农田、40 万亩机采棉农田建设，着力引进培育滴管、农膜、农用机械制造等现代农业装备企业。依托中水回用项目，引进中水回用设备制造企业，发展中水回用设备制造业。

第五节 推动产业集群发展

围绕蔬菜、畜牧、特色林果等农产品从产业融合、良种繁育及现代物流，加强基础建设和优化园区功能布局。完成蔬菜产业融合示范园项目、“安格斯牛”繁育中心、特色食品产业园项目建设以及冷链物流项目、闲置物品自由流通交易场所项目、全产业链条的电子产业园项目及棉花产业集群项目建设。园区建设需要突显企业创新主体地位和主导作用、不断推进产业技术创新战略联盟建设，进而实现引进创新型企业和孵化载体建设。推进工业向麦盖提县工业园区聚集，重点发展特色农副产品深加工、生态旅游观光、冷链物流、电子产品组装、光电子、纺织、医药制造等产业。加强园区基础设施建设，推进工业园区配套基础设施建设项目、工业园区二期改扩建项目、喀什经济开发区麦盖提产业园厂房及配套附属建设项目。

第六节 培育壮大中小微企业和个体工商户

围绕经济高质量发展为主线，创新体制机制，优化管理服务，加强政策扶持，统筹推进“个转企”“小升规”工作，促进中小微型企业蓬勃发展，拓宽非公经济发展空间，夯实实体经济、非公经济、富民经济发展基础，努力推动经济社会发展。到 2025 年，新增“小升规”企业 25 家，新增“个转企”170 家，规上企业规模达到 43 家。

工业发展建设项目

农产品精深加工项目：喀什地区麦盖提县城西工业园区红枣加工车间建设项目、喀什地区麦盖提县 30 万锭纺纱厂房及相关附属建设项目、喀什地区麦盖提县库木库萨尔乡乡农村产城融合示范基地建设项目。

电子产业项目：喀什地区麦盖提县智慧 LED 灯饰数字工厂全产业链生产项目。

食品检测项目：喀什地区麦盖提县食品检测中心建设项目。

园区基础设施项目：喀什地区麦盖提工业园区配套基础设施建设项目、喀什地区麦盖提县工业园区二期改扩建项目、喀什经济开发区麦盖提产业园厂房及配套附属建设项目。

体育用品项目：麦盖提县体育用品产业发展项目。

第七章 实施旅游兴县战略大力发展现代服务业

到 2025 年，新创建国家 AAAAA 级旅游景区 1 个（塔克拉玛干沙漠 N39° 探险特种旅游区），新创建国家 AAAA 级旅游景区 2 个（叶尔羌河生态旅游区、刀郎乡里）；新创建国家 AAA 级景区 1 个（刀郎千岛湖）；新创建星级农家乐 5 个、星级酒店 3 家，床位突破 4000 张；全县旅游人次突破 100 万大关，旅游收入突破 5 亿元。

第一节　提升全域旅游发展战略地位

以习近平新时代中国特色社会主义思想为指引，以乡村振兴、生态文明建设为抓手，以叶尔羌河麦盖提段生态旅游资源和刀郎文化资源为基础，做大做强旅游产业。依托叶尔羌河、绿洲村落、刀郎民俗文化、河道滩涂和塔克拉玛干沙漠等旅游资源，培育形成全域旅游区，

向喀什地区、南北疆以及全国范围辐射。

第二节　优化全域旅游空间布局

抓住喀什地区发展“国际性旅游目的地”的契机，力争创建国家级全域旅游示范县，按照“三园、四线”进行旅游发展空间布局。

三园：叶尔羌河生态文化园、五一林场桃花园、刀镶产业园。

四线：叶尔羌河流域生态观光旅游线；刀镶巴扎→刀郎画乡→百万亩防风固沙生态林→ N39° 沙漠景区旅游线；刀郎乡里→特色林果业示范园→刀郎千岛湖旅游线；原始生态胡杨林旅游线。

围绕历史民俗、刀郎文化、绿洲风情、沙漠景观，打响麦盖提“刀郎之乡、红枣之都、旅游之城”名片，推进塔克拉玛干 N39° 沙漠旅游区、叶尔羌河流域生态观光旅游区等项目规划建设，构建起主体功能定位清晰、旅游资源高效利用、旅游产业集群发展、旅游经济优势互补的区域发展格局。

第三节　培育全域旅游品牌

实施旅游品牌带动战略，形成点、线、片、面结合的刀郎特色全域旅游品牌。打造刀郎文化及民俗风情旅游、生态观光旅游和沙漠特种探险旅游，突出以丝路文化、刀郎文化、生态文化为重点的麦盖提文旅融合发展品牌，推进新疆塔克拉玛干 N39° 沙漠旅游景区、叶尔羌生态文化园、刀郎画乡、刀郎乡里等景区（点）品质提升；推进刀郎乡里·提河古村落、天鹅湖畔·乐母故里——原生态刀郎文化体验区、刀镶巴扎、刀郎美食街等景区（点）的民俗旅游；推进刀郎千岛湖、原始生态胡杨林、五一林场桃花园等自然风光和休闲度假旅游；推进百万亩防风固沙生态林、特色林果基地和现代农业示范园的生态旅游。继续实行“引客入麦”政策，着力打造一日游、两日游、三日游等精品旅游路线，延长游客旅游停留时间，全面体验刀郎文化、品尝刀郎特色美食、采购刀郎特色农副产品及手工艺品，形成一二三产布局合理的产业融合发展格局。

第四节　实施重大旅游项目

依托丰富的沙漠资源和塔克拉玛干 N39° 沙漠旅游景区，深入推进沙漠特种探险全域旅游发展，进一步提升改造沙漠景区基础设施，推进塔克拉玛干沙漠旅游景区探险营地、月亮湖景点、星空营地、塔克拉玛干科技展览馆、低空飞行观光基地、“奇幻之旅”灯光秀、沙漠缆车观光、沙漠滑雪场等项目，通过沙漠越野车体验、沙漠体育节、沙漠风光摄影节等文创活动，力争将塔克拉玛干 N39° 沙漠旅游景区打造成国家 AAAAA 级旅游景区，培育成为新疆沙漠特种探险旅游的重要集散地。

以叶尔羌河流域生态治理和旅游开发为契机，重点推进“三新乡村共同体”试验区、叶尔羌河“原乡”民宿联盟、叶尔羌河越野体验联盟、叶尔羌河流域麦盖提段生态治理、刀郎阳光生态绿岛、胡杨林场康养小镇、生态露营营地、生态博物馆等项目建设，将叶尔羌河沿岸打造成为生态文明建设和全域旅游示范区，形成旅游业带动一、二、三产业融合发展的良好格局。

加快景区旅游道路、步行道、停车场、旅游厕所、供水供电、应急救援、游客信息服务、垃圾污水处理、安全消防、无障碍设施等基础设施建设，开通景区旅游客运专线，科学规划布局城市公交线路。围绕重点景区和旅游线路，设置旅游导览系统、交通指引标志、水体保护、生态植被、环境卫生、游客休憩点和摄影点等公共服务配套设施。以旅游咨询、安全保障、应急救助、便捷交通、便民惠民、行政服务为重点，逐步建成政府主导、体系完备、优质高效的旅游集散中心、服务中心、咨询中心等公共服务设施。

构建智慧旅游信息体系。围绕旅游饭店和景区（点）无线宽带网建设、旅游景区（点）自助导览系统建设，建成旅游行政服务智能运行、旅游企业网络运营、游客智慧旅游融合为一体的旅游智能服务体系。鼓励旅游企业拓展应用第三方旅游电子商务平台和移动互联网应用，提高电子商务的业务比例，推进以数字化、网络化、智能化为主要特征的旅游公共服务体系建设。

第五节　完善旅游主体要素

提升吃、住、行、游、购、娱等旅游产业要素发展规模、质量、效益和水平，重点支持景区（点）、星级酒店、星级农家乐、旅游商品、旅游体验、休闲养生等市场主体发展壮大。推动商业街区和旅游餐饮体系建设，形成休闲度假型、商务观光型、经济适用型酒店及特色民宿等多层次的住宿体系建设。积极发展研学旅游、老年旅游、自助旅游、探险旅游等新业态，加快旅游商品开发，支持开发具有地域特色的红枣、刺绣、农民画、葫芦画、烙铁画、沙砾画、手工艺品、特色雕刻、特色陶器制作、服饰及配件等旅游纪念品，打造旅游纪念品牌，提高旅游附加值。探索“景区＋合作社（艺术团）＋艺人”的发展模式，壮大民间刀郎艺人、刀郎农民画家、刀郎文化绣绣娘、刀郎手工艺品制作者队伍，引导更多群众参与到文化旅游产业链中，在文化旅游业发展的过程中推动乡村旅游业发展，实现就业创业和增收致富。到 2025 年，每个乡镇至少打造 2～3 个乡村旅游重点村。

第六节　持续壮大旅游队伍

加大人才引进、交流、培养力度，建立学校培养、岗位培训、技能比赛等多层面旅游教育培训体系，组织开展旅游行业服务人员岗位技能比赛活动，提高一线旅游从业人员实际操作技能和水平。加大旅游推介力度，各类大型旅游活动期间，邀请网红达人开展现场直播，制作旅游宣传册，在星级酒店、航空、高铁、展销活动上投放。加强与援疆省市及疆内外各大旅行社的对接力度，持续施行团队折扣游等优惠政策，吸引疆内外游客前来旅游观光。

第七节　大力发展现代服务业

一、发展生产性服务业

重点发展冷链物流体系建设。依托农副产品交易中心和日照港湾物流中心现有基础条件，围绕“安格斯牛”、肉羊、蔬菜、林果等产品，加快建立冷链物流基础设施及跨区域冷链物流配送中心，开展农产品冷链物流试点示范，推进农林畜产品展示区建设项目，满足冷链物流仓存、运输需求。

发展交通物流商贸服务。重点推进云计算、物联网、地理信息等技术在物流智能化管理方面的应用，加快提升传统商贸业，积极发展综合购物中心、网上商城等新兴业态，建设一批智慧型商贸企业和居民生活服务平台，实现“线下”与“线上”融合发展。加强物流信息建设，建立以乡镇为中心的三级物流网络，促进城乡双向物流的发展。

推动电子信息服务业的发展。实施“互联网＋”行动计划，推进互联网与农业、工业、服务业等行业的有机结合。农业领域大力推广农业机械化、信息化和全程可追溯体系建设，推广互联网技术，促进传统产业转型升级。工业领域鼓励互联网企业发展，着力推进电子商务发展，建立电子商务线上麦盖提特色馆。着力引进电子商务龙头企业，发展集交易、电子认证、在线支付、物流配送于一体的全程电子商务服务。

壮大现代物流新业态。培育壮大“互联网＋物流”新业态，引导本地物流企业参与无车承运人试点，推动物流业转型升级，打造现代物流创新示范区。优化发展农副产品物流、农资物流等专业物流，加快“智慧交通”建设，搭建公共物流综合信息平台，逐步与全国信息平台对接，提升全县物流业整体水平，逐步将麦盖提打造成叶尔羌河经济带具有较强影响力的现代物流节点城市。

加强气象服务“三农”工作。加大气象防灾减灾和预警能力建设，增加农业气象监测力，开发气象防灾服务品牌。发展公共气象防灾减灾、气象服务平台，提高气象监测和综合气候资源利用水平，提升农业生产服务能力。发掘麦盖提气象品牌，打造麦盖提气候旅游地和气候农产品。发展人工影响天气能力建设，尤其是加强人工降雨和防雹作用。继续加大农产品质量检验检测工作力度，完善检验检测硬件设施。建设生态农产品安全检测检验体系，强化环境监测、农产品质量监管、生产技术规范及市场准入，保障农产品质量安全，推进农业标准化建设，强化农产品认证，提升农产品市场竞争力。

加快现代金融服务业发展，保障资金有效供给。推进现代金融服务业发展，积极吸引疆内外金融机构新设分支机构，支持现有金融机构增设网点、延伸服务，拓展保险、投资基金等业务，完善中小企业及个体工商户、个体劳动者信用担保体系。

二、发展生活性服务业

商贸服务业。完善县城商业网点体系，形成县、乡、村三级商业网点体系。积极发展连锁经营、电子商务新型业态，提升超市、专卖店等传统商贸业。整合社区传统商业网点资源，完善社区商业网点布局，引导企业运用连锁经营方式到社区设立民生性商业服务网点。提升改造农村便民商业设施，建设一批面向农村市场的配送中心、超市和连锁农家店，加快实施农产品流通骨干网络建设。

餐饮住宿业。发展餐饮住宿业，实施品牌战略，开发具有本土特色的饮食文化，推进健康餐饮，倡导科学、文明、健康的饮食风尚。对现有餐饮住宿企业提档升级，鼓励社会资金投资星级酒店建设，提升酒店接待能力和水平。

社区服务业。加快社区服务设施和网点建设，鼓励个体工商户围绕方便居民、扩大就业等领域，开展家政服务、物业管理、幼儿保育、医疗康复、文体娱乐、就业引导等社区服务，逐步构建完善的社区市民综合服务体系。创建商业示范社区（街），形成便民商业服务生活圈，开展放心便民消费，确保便利安全。发展休闲养生与健康养老产业，支持社会力量参与养老服务，促进养老服务机构良性发展，鼓励社会资本兴办养老服务机构，为社区老人提供生活、娱乐、保健等服务。

旅游项目

旅游建设项目：喀什地区麦盖提县月亮湖景区建设项目、喀什地区麦盖提县刀郎乡里·提河古村落建设项目、喀什地区麦盖提县刀郎千岛湖旅游基础设施建设项目、喀什地区麦盖提县叶河生态旅游景区基础设施建设项目、喀什地区麦盖提县百万亩原始胡杨林自然风光旅游景区基础设施建设项目、喀什地区麦盖提县沙砾画创作基地建设项目、喀什地区麦盖提县胡杨林场叶河森林康养小镇建设项目、喀什地区麦盖提县三新乡村共同体试验区建设项目、喀什地区麦盖提县叶尔羌河原乡民宿联盟项目、喀什地区麦盖提县乡镇村旅游服务设施项目、喀什地区麦盖提县低空特种飞行观光基地建设项目、喀什地区麦盖提县叶尔羌河越野体验联盟项目、喀什地区麦盖提县塔克拉玛干 N39° 沙漠旅游景区基础设施建设项目。

商贸平台建设：喀什地区麦盖提县农产品交易中心项目、喀什地区麦盖提县智慧物流建设项目、喀什地区麦盖提县物流中心建设项目。

第八章 补基础设施短板 推动经济高质量发展

发挥基础设施建设投资的关键作用，推进交通、水利、电力、城乡基础设施和公共服务等领域建设，开启新一轮 5G 网络、互联网、物联网等新型基础设施建设，推动基础设施高质量发展。

第一节 加快交通基础设施建设

加快推进铁路建设。推进喀什—伽师县—岳普湖县—麦盖提县铁路项目建设，完善南疆铁路网，方便旅客出行，促进农副产品高效运输，有效带动麦盖提县经济发展。

推进通用机场建设。完善航空网络布局，促进旅游发展，积极推动公路、航空、铁路多式联运。

完善二级公路网络。推动新 S234 线色力布亚—麦盖提县—叶城县公路项目、麦盖提县—塔中公路项目、S310 线麦盖提县—塔孜洪—疏附县城南公路项目等省道建设。

优化提升城乡客运体系。计划新建县城公交首末站、提升改造城北客运站、 新建希依提墩乡客运站、提升改造克孜勒阿瓦提乡客货运站、新建团结村客（货）运站、新建县城公铁联运客（货）运站、提升改造库尔玛乡客货运站。推进县、乡、村道路提档升级，建设旅游公路及美丽乡村路约 1263 千米。推进麦盖提县昂格特勒克桥危桥改造、麦盖提县黄桥建设。

实施安全生命防护工程。维修农村公路约 480 千米。

交通项目

铁路项目：喀什—伽师县—岳普湖县—麦盖提县铁路项目铁路建设项目。

机场项目：喀什地区麦盖提县通用机场建设项目。

国省道建设项目：麦盖提县—塔中公路建设项目、S234线色力布亚—麦盖提县—叶城县公路项目、S310线麦盖提县—塔孜洪—疏附县城南。

农村公路项目：麦盖提县县城—五一林场—前进水库道路建设项目、麦盖提县阔什艾肯村—恰木古鲁克村—亚胡木丹村道路建设项目、麦盖提县库尔玛乡—恰斯—胡杨林场公路改建工程、麦盖提县库木库萨尔乡—尕孜库勒乡—大寨渠公路改建项目、麦盖提县—毛拉路岔口道路改建工程、麦盖提县乡村公路提升改造项目、麦盖提县库木库萨尔乡—N39°沙漠旅游基地道路建设项目、麦盖提县库木库萨尔乡—四十六团道路建设项目、麦盖提县央塔克乡—亚库勒村—吐曼塔勒乡道路改建工程、英吾斯塘乡—吐曼塔勒乡—四十三团公路改建工程、麦盖提县美丽乡村道路建设项目。

桥梁项目：喀什地区麦盖提县桥梁建设项目。

安全生命防护工程：麦盖提县安全生命防护工程。

客货运站项目：麦盖提县客货运站建设项目。

第二节　加强水利基础设施建设

加快水利基础设施建设。深化水利改革，强化水行政管理和水利工程安全管理，实行最严格的水资源管理制度，提升水资源合理配置和高效利用能力，推进节水型社会建设，加快实现水资源管理统一化、水利投资多元化、水的运营市场化、水利信息化和水利现代化。

实施河流治理工程。实施叶尔羌河流域水土保持综合治理项目、清洁流域治理项目，推进综合治理水土流失，推进叶尔羌河流域湿地保护，推进大中型灌区节水改造和续建配套工程455千米，实施干排疏浚71千米、小流域综合治理1961公顷。

推进防洪体系建设。实施叶尔羌河流域、提孜那甫河流域治理能力项目。改建干支渠，实施干排清淤。完善洪水灾害预警预报系统，增强防灾减灾能力，防洪抗旱加固防洪堤58.84千米。维修机井500眼，改造输电线路980千米。

加强水利基础设施网络建设。实施城乡一体化供水工程，供水规模6万立方米/日，改善全县居民饮水条件。实施农村饮水安全巩固提升工程，新建农村供水配套管网2340千米，改造水源地，提高水质检测能力建设以及水厂信息化建设。提升农业水利基础保障水平，实施大中型灌区现代化提升改造。

加快智慧水利建设。实施信息平台一体化建设，新建水利信息化信息平台1套，建立斗口以上自动化量测设备并安装监控，实施灌区综合管理自动化平台建设。全面提升防汛抗旱指挥调度、水利工程建设与运行管理、水生态环境、河（湖）长制落实等业务信息化水平和空间管理能力，实现水利业务的信息互通、资源共享的大数据时代。

水利项目

麦盖提县城乡供水一体化工程：喀什地区麦盖提县农村供水工程。

叶尔羌河灌区续建配套与节水改造：喀什地区麦盖提县叶尔羌河灌区续建配套与节水改造项目、喀什地区克孜勒阿瓦提中型灌区续建配套与现代化改造项目。

防洪抗旱提升工程：喀什地区麦盖提县防洪抗旱提升工程、叶尔羌河麦盖提县防洪治理工程、喀什地区克孜勒阿瓦提中型灌区续建配套与现代化改造项目、叶尔羌河麦盖提县防洪治理工程、提孜那甫河麦盖提县防洪治理项目、喀什地区麦盖提县抗旱建设工程。

水利信息及其他：喀什地区麦盖提县水利信息化建设项目。

能源项目

变电站扩建工程：喀什地区麦盖提县场部35千伏变电站扩建工程。

输变电工程：喀什地区麦盖提县恰斯35千伏输变电工程、喀什地区麦盖提县城110千伏输变电工程、喀什地区麦盖提县阿尔浪卡35千伏输变电工程、喀什地区麦盖提县库木库萨尔乡110千伏输变电工程。

配网建设工程：喀什地区麦盖提县2021年配网建设工程、喀什地区麦盖提县2022年配网建设工程、喀什地区麦盖提县2023年配网建设工程、喀什地区麦盖提县2024年配网建设工程、喀什地区麦盖提县2025年配网建设工程。

新能源工程：麦盖提县新能源充电综合基础设施建设项目。

第三节　加强能源基础设施建设

完善县域电网网架结构，提升电网绝缘化水平，解决产业发展新增负荷用电需求。到2025年，新改建110千伏变电站3座，新增主变容量150兆伏安，新建110千伏线路42.98千米；新建及扩建35千伏变电站3座，新增主变容量30兆伏安，新改建35千伏线路53.82千米；新改建10千伏及以下线路563.52千米，增换变压器423台，解决3.4万户“煤改电”用电问题。推进50万千瓦光伏发电项目及10万千瓦储能项目建设，试点建设智慧光伏农业、智慧光伏畜牧业、光伏治沙产业、光电储能汽车充电站等，增加光伏发电消纳量。

第四节　加强新型基础设施建设

加快推动5G、互联网、物联网等新型基础设施建设，推进宽带网、移动通信网、无线网络与物联网等云、网、端信息基础设施建设，建设双千兆网络。加快5G网络建设，实现全县5G网络基本覆盖和规模商用，5G新型基础设施基本建成，县城区与乡（镇）与中心村免费Wi-Fi全覆盖工程。推进新一代信息技术和绿色技术与交通运输、能源水利、市政、环保、基本公共卫生等传统基础设施融合发展，赋能智慧城市、数字农业、数字乡村、智慧交通、能源互联网、智能制造、智慧服务等发展，充分推进收集、挖掘和整合本地大数据，形成大数据平台。推进市政基础设施信息化管理系统、农产品流通信息管理信息系统建设，探索智能停车场和智能停车导引系统建设，建立停车信息化管理平台，实现全县停车导引信息统一归集和发布，优化车辆停放管理，破解城区车辆拥堵难题。加快推进数字景区、数字酒店、数字旅行社、数字乡村建设。

第九章 深化重点领域改革开放 增强经济发展活力

促进社会公平正义，增进人民福祉，破除经济社会发展体制机制障碍，在重要领域和关键环节深化改革上取得重大突破，促进内生动力增强，实现经济社会可持续发展，增强经济发展活力。

第一节 深化农村改革

落实第二轮土地承包到期后再延长30年政策，完善农村承权“三权分置”制度，坚持依法自愿有偿原则，放活土地经营权，建立健全土地经营权资格审查、项目审核和风险防范制引导农民积极参与土地流转、托管。扎实推进宅基地使用权登记颁证工作，落实“一户一宅”规定，严格审批监管，基地“三权分置”实现形式，完善有偿退出管理制度，盘活闲置宅基地和房屋。健全城乡统一的建设用地市场，完善农村土地制度，规范征地程序，推动农村集体经营性建设用地入市。深化农业水价综合改道完善资源水价、阶梯水价和超定额累进加价制度。引导农民经营合作组织成立联合社，实施农民专业合作社规范提升联动和家庭农场、家庭牧场培育计划。

第二节 提升优化营商环境

深化“放管服”改革，提升优化营商环境，激发市场活力，执行全国统一《市场准入负面清单》，清理地方性不合理条件。推进审批制度改革，实现“一站式”服务，压缩审批时间。创新监管方式，加强事中事后监管，对新产业新业态实行包容审慎监管。深化“互联网＋政府服务”，持续推进政务服务“好差评”，抓好政务服务体系建设，扩大政务公开，实现一网通办。完善营商环境评价体系和评价机制，开展营商环境评价工作，着力打造便利高效、公平规范的市场环境。发挥纪检监察机关监督保障作用，净化政治生态提供坚强纪律保障。加强重大政策事前评估事后评价，提高科学决策、民主决策、依法决策水平。加强信用体系建设，强化事前事中事后监管，推广信用承诺制，创造更加公平有序的市场环境。

第三节 推进社会事业改革

全面深化教育领域综合改革，推进学前教育普及普惠安全优质发展，加快义务教育优质均衡发展，促进普通高中多样化特色发展，统筹推进职业教育产教融合，切实推动教育高质量发展。全面深化卫生体制改革，坚持基本医疗卫生事业的公益性，稳步推进公立医院改革，探索建立现代医院管理、分级诊疗等制度。稳妥推进文化体制改革，推动优秀传统文化的继承、创新和发展，传承、弘扬革命文化，扶持公益性文化事业发展，推动文化事业和产业的健康发展。持续深化纪检监察体制改革，提升监督水平。

第四节 深化国资国企改革

支持国有经济布局优化、结构调整、战略性重组，促使国有资本向重点行业、关键领域和优势企业集中，优化国有资本功能，提高国有资本运作效率，深入推进国有企业混合所有制改革，推进现代企业制度改革，健全国有企业法人治理结构，完善现代企业制度建设。推进融资经营模式创新改革，多渠道探索资源资产化、投资基金化、基建社会化等模式，积极发展混合所有制经济，扶持昆仑公司、城投公司、文旅公司等国有骨干企业做大做强，加大对国有资产的优化配置力度，确保保值增值。提高国有资本运作效率、增强国有企业活力，加快实现以管企业为主向以管资本为主的监管方式转变。深化国有企业发展混合所有制经济改革，坚持市场化方向，探索引入其他国有资本或各类非国有资本，优化股权配置，推动各种所有制资本相互促进、共同发展。完善国有企业法人治理结构和市场化经营机制，健全经理层任期制和契约化管理，不断深化国有企业内部改革。

第五节 支持民营企业发展

坚持两个“毫不动摇”，营造各类市场主体公平竞争的市场环境、政策环境、法治环境。全面落实放宽民营企业市场准入的政策措施，全面落实减税降费政策，降低民营企业成本。鼓励和引导民营企业参与国有企业改制重组，建立现代产权制度。支持民营企业开拓市场，通过政府购买服务方式，支持民营企业承接中小企业服务体系建设等政府公共服务类项目。鼓励支持民营企业聚焦实业、做精主业，弘扬工匠精神。完善政企联系沟通机制，构建“亲”“清”新型政商关系。大力弘扬企业家精神，树立一批优秀民营企业家典型，努力营造尊重激励和保护企业家干事创业的良好氛围。

第六节 扩大对外开放

加大“引进来”“走出去”力度。支持企业参与“一带一路”沿线国家基础设施、农业开发等领域投资合作。推进“引进来”工作，围绕“两大主战场”建设，深入开展以商招商、亲情招商、中介招商、点对点招商、小分队招商，实现“一站式”服务，打造优良政务服务环境。推动优势产业、优秀企业“走出去”，通过参会参展和贸易交流，拓展发展空间，赢得国际竞争优势。运用“互联网 +”技术，发展跨境电子商务等对外贸易新业态，培育壮大外贸新增长点，推动更多产品“走出去”。

紧扣特色优势产业招商。着眼农业立县、工业强县的发展战略，围绕基础产业、主导产业、上游产业和支撑产业等环节，引导资本进入特色林果加工、棉花加工以及畜禽产品生产加工等产业，延长产业链。抓住资本向服务业加快转移的新趋势，鼓励引进现代物流、现代商务、金融服务、服务外包等服务业项目。着眼现代高效农业的发展需求，转化国内外农业高新成果，引进现代农业项目。

推进区域对接合作。加大与疆内外、兵团对口援助省市的互动合作，加快构建“统一开放、竞争有序”的商贸流通体系，科学规划和调整商业网点格局，改善市场环境，提升市场品位，完善市场功能。加大招商引资力度，依托区位交通、特色资源、生态环境等比较优势，注重从广招广引向精准招商转变、从零星分散向园区集聚转变、从单体项目招商向产业链招商转变、从优惠政策吸引向市场需求和环境吸引转变，培育壮大贸易龙头企业，充分发挥集群优势及效应，突出科技兴贸战略带动作用。

加强兵地共建。建立健全反恐维稳、处突机制，构建兵地一体的社会治安和边境防控体系。加强生态共创，加大环境保护、污染防治等工作合作。加强兵地科技、教育、文化、医疗卫生、就业服务等公共服务体系共建共享。在城镇道路、供热、供排水、供气等领域合作，推进麦盖提县尕孜库勒乡恰克迪村兵地融合示范村建设项目。推进图木舒克市—巴楚县—莎车铁路建设项目、第三师五十三团—图木舒克市—巴楚县—麦盖提县垦区一级（高速）公路建设，为促进喀什地区及兵团的经济快速发展提供坚实的交通保障。广泛开展双拥共建活动，形成兵地经济融合发展、文化交融共建、维稳责任共担、民族团结共创新局面。

兵地融合项目

铁路项目：图木舒克市—巴楚县—莎车铁路项目铁路建设项目。

高速公路项目：第三师五十三团—图木舒克市—巴楚县—麦盖提县垦区一级（高速）公路。

国省道建设项目：麦盖提县四十五团—库尔玛乡—巴楚县色力布亚镇公路项目。

乡村振兴项目：麦盖提县尕孜库勒乡恰克迪村兵地融合示范村建设项目。

第十章　实施新型城镇化发展战略，提升城镇功能品质

优化城乡空间布局，完善城市功能，提高承载能力，推动县城和重点乡镇协调发展。

第一节　优化城镇空间布局

优化城镇空间布局。按照“两心、两区”的城镇空间布局，加快推进县城建设步伐，健全城乡规划体系，实现村庄规划修编全覆盖，推动城市规划与国土、交通、环保等规划多规合一，优化城市空间布局，形成多层次的城镇体系。

城镇空间布局

两心：以县城为核心，辐射带动巴扎结米镇、库木库萨尔乡、昂格特勒克乡协同发展；以城西工业园区为中心，带动希依提墩乡一体化发展；

两区：以吐曼塔勒乡为副中心，辐射带动央塔克乡、库尔玛乡发展；以克孜勒阿瓦提乡为支点，带动尕孜库勒乡发展。

做大做强县城经济圈。积极开展巴扎结米镇“镇改街道、村改社区”工作，增设1个街道办事处，实行城市管理体制。依托商贸物流、设施农业、城西工业园、城南特色农产品加工园区，通过产业发展协作互补、基础设施互联互通、生产要素统筹配置、公共服务共建共享，进一步拓展县城发展空间。

加快特色小城镇建设。推进希依提墩乡产业集中发展，形成工业带动型乡镇。推动央塔克乡积极发展文化旅游和特色农业，建成旅游带动型乡镇。推动吐曼塔勒发展商贸和旅游产业，建成综合中心型乡镇。推动克孜勒阿瓦提乡发展农副产品加工和商贸物流产业，建成现代农业型乡镇。推动库木库萨尔乡通过文化提升、旅游整合、产业培育，打造生态文化旅游名镇，建成旅游带动型乡镇。稳步推进央塔克乡、吐曼塔勒乡、尕孜库勒乡、克孜勒阿瓦提乡、库木库萨尔乡撤乡建镇工作。

布局专栏 10-2“十四五”时期重点建设城镇及职能类型

表 4

名称	职能类型	产业发展方向
巴扎结米镇	商贸服务型	商贸物流、设施农业
希依提墩乡	工业带动型	机械制造、仓储物流
央塔克乡	旅游带动型	特色旅游、特色农业
吐曼塔勒乡	综合中心型	商贸物流、特色旅游
克孜勒阿瓦提乡	现代农业型	畜牧产业、商贸物流
库木库萨尔乡	旅游带动型	特色旅游、设施农业

第二节　促进城市高质量发展

提升城市管网设施建设水平。加强对城市供水、污水、燃气、供热等各类地下管网的建设和改造，坚持“先地下、后地上”，统筹规划建设地下管线，推动老旧小区改造对燃气、供水、供热等老旧管网按计划逐年进行改造。合理规划消防、急救等救援通道，保持“生命通道”畅通。

加强城市道路交通设施建设。树立“窄马路、密路网”的城市道路布局理念，建设快速路、主次干路和支路级配合理的道路网系统提高城市道路网密度，形成完整路网，提升道路通达性。完善城市道路交通网络，提升交通整体效能，加大城市公共交通站台建设力度，提高公共交通覆盖面。加强城市停车设施规划建设和管理，优化停车设施布局，构建绿色智能、便捷高效的城市交通体系。建设县城连接新建火车站道路，进一步改善县域社会经济发展外部交通大环境，有效提升区位优势。

提升城市市政基础设施条件。推进城乡一体化大改水项目，改造供水设施设备，提升供水质量，加强供水水质监测能力和应急水平，建立饮用水安全保障体系。合理布局市政消防水源建设，提升城市消防供水保障能力。推进供热管网设施节能改造升级和精细化管理，对现有燃煤锅炉实施改造，采用电锅炉、燃气锅炉等供热方式，推进绿色供热快速发展。发展和改造城镇燃气设施，完善燃气输配、储备和供应保障系统，推进天然气向周边乡村辐射。加强城市照明设施建设和节能管理，推广使用节能、环保的照明新技术、新产品。完善城市污水处理设施，加快污水处理厂三期建设项目、中水管网及中水库建设项目。到 2025 年，县城供水普及率达到 99%，城区污水处理率达到 98%，再生水利用率达到 85% 以上，城市垃圾无害化处理率达到 96% 以上。

加强城市综合防灾减灾体系建设。健全县城消防设施，按照国家标准建设二级消防站，加强消防通道建设、消防装备配置等。在公园、广场、绿地、体育场建设应急避难场所，按标准配套建设地下人防工程。开展防灾减灾救灾知识宣传教育，逐步提高市民防灾减灾意识。增强城市防洪排涝减灾能力。

推动公共服务设施提标扩面。合理确定公共服务设施规模、数量，统筹公园绿地、停车场等公共设施建设，完善公共服务体系布局。进一步完善城市公园绿地体系，新建、改建一批特色主题公园，在英巴扎社区新建一座人民公园，将现有人民公园提升改建为儿童公园，城西绿地改建为休闲健身主题公园，刀郎文化园改建为叶尔羌河生态文化公园。充分利用城市拆迁和改造地块，增加城区绿地建设，在原有绿化的基础上拆墙透绿，按照每500米半径建设一个街头绿地、小游园。试点推行城市绿化养护市场化运作，逐步完善城市生态文明建设，使居住环境与城市空间布局更加协调。全面展现麦盖提良好的城市风貌，到2025年，县城建成区绿地率达到41%。

实施环境整治提升工程。持续开展农村安居住房保障工作，确保农村居民安全住房得到充分保障。全面实施乡村绿色照明工程，实现公共照明全覆盖。推进“煤改电”项目，利用先进技术满足农户分散化采暖需求。统筹规划城乡垃圾收运处置体系，全面实施麦盖提县城乡生活垃圾分类收集转运一体化设施建设项目，加快推进城市生活垃圾分类收集处理，实现垃圾资源化利用。积极推动乡村振兴人居环境治理，按照“户分类、村收集、乡转运、县处理”的运营管理模式，在部分乡镇设立垃圾压缩转运站，健全完善垃圾清运处理长效机制。

加快智慧城市建设。围绕智慧城建加强城市基础数据和信息资源采集，建设综合性城市管理数据库，整合信息资源，加快城市管理和服务体系数字化、智慧化建设，稳妥有序推进智慧小区、智慧城管、智慧出行、智慧救援等民生服务智慧体系。到2025年，建成“数据驱动、业务协同、信息安全”的新型智慧城市，智慧小区（物业）覆盖率达到60%。

市政基础设施建设项目

小城镇项目：喀什地区麦盖提县小城镇基础设施建设项目。

城市道路建设：喀什地区麦盖提县央塔克乡特色乡镇道路建设项目、喀什地区麦盖提县城道路工程建设项目、喀什地区麦盖提县火车站道路建设项目。

供排水设施项目：喀什地区麦盖提县再生水利用荒漠化治理工程、喀什地区麦盖提县城镇污水处理厂提标扩能建设项目、喀什地区麦盖提县城南中水库建设项目、喀什地区麦盖提县城雨水排水设施建设项目、喀什地区麦盖提县城水厂提升改造工程。

公共服务设施：喀什地区麦盖提县公共停车场建设项目、喀什地区麦盖提县人行天桥建设项目、喀什地区麦盖提县地下人防工程建设项目、喀什地区麦盖提县城地震疏散场地建设项目、喀什地区麦盖提县公交站台建设项目、喀什地区麦盖提县新型文旅商业消费聚集区配套设施建设项目、喀什地区麦盖提县城市综合管廊建设项目、喀什地区麦盖提县滨河公园建设项目、喀什地区麦盖提县城市公共绿地建设项目、喀什地区麦盖提县城公厕建设项目。

生活垃圾项目：喀什地区麦盖提县城镇垃圾分类收集转运一体化设施建设项目。

供热改造项目：喀什地区麦盖提县城供热提升工程、喀什地区麦盖提县城镇清洁能源供热提升改造工程。

棚户区改造项目：喀什地区麦盖提县棚户区改造配套基础设施建设项目、喀什地区麦盖提县城镇老旧小区改造配套建设项目。

智慧出行项目：喀什地区麦盖提县新能源充电综合基础设施建设项目。

第三节 推动城乡融合发展

完善城乡融合发展体制机制，强化以工补农、以城带乡，推动形成工农互促、城乡互补、协调发展、共同繁荣的新型工农城乡关系。推动城乡要素平等交换、双向流动，完善城乡公共服务资源均衡配置机制，提升乡村教育、卫生、文化服务水平，促进城乡基本公共服务普惠共享。推动城乡基础设施建设一体化，加强县城与周边乡村基础设施连接，扩大城市基础设施覆盖范围，补齐乡村基础设施短板，促进城乡基础设施互联互通，推动农村基础设施提档升级。到2025年，将县城10千米范围内的乡村逐步纳入城镇天然气及排水系统，加快构建乡村绿色能源体系，优化能源供给结构，推广天然气等清洁能源。在重点乡镇规划建设污水集中处理厂，对周边乡村污水排放实行区域统筹规划，实现共建共享，提升乡村污水集中处理率，为麦盖提县乡村振兴提供保障。推进新型农村社区建设，促进土地节约、资源共享，不断提高农村基础设施和公共服务水平，逐步实现农村基础设施城镇化，生活服务社区化，生活方式市民化。推进农、林、文、旅、康产业融合示范项目建设，促进五大产业相互融合。

第四节 提升农业转移人口市民化质量

深化户籍制度改革，完善财政转移支付和城镇新增建设用地规模与农业转移人口市民化挂钩政策，强化基本公共服务保障，加快农业转移人口市民化。健全落户制度，进一步放宽落户条件，允许农业转移人口在就业地落户，分类制定落户政策，重点解决符合条件的普通劳动者落户问题。扩大城镇公共服务覆盖面，解决好农业转移人口城镇住房保障、随迁子女入学、医疗及养老保险、就业失业培训服务等问题，保障其在流入地平等享受各项基本公共服务，增强综合承载能力和对农牧民的吸纳能力，带动就近城镇化，到2025年，全县常住人口城镇化率达到50%，户籍人口城镇化率达到40%。

第十一章 坚定不移保障和改善民生 增强人民群众福祉

全面落实共享发展理念，坚持民生优先，持续推进以就业、教育、医疗、文化、社会保障等为重点的惠民工程，推动全体人民共同参与社会建设，共享改革发展成果，更好满足人民对美好生活的需要。

第一节 坚持就业优先战略

加大就业促进力度。实施就业优先战略和积极就业政策，健全有利于更充分更高质量就业的促进机制，稳定和扩大就业。突出企业就业、农村富余劳动力转移就业、新业态就业和鼓励创业四大重点，注重扶持民营企业、小微企业和劳动密集型企业，增加就业岗位。培育新的就业增长点。围绕农业、林业产业链建设，推动发展“互联网+现代农业”，发展农产品电子商务、休闲农业、创意农业和乡村旅游等新业态就业。引导地摊经济、夜间经济发展，扩大灵活就业、新就业形态空间。优先支持吸纳就业能力强、潜力大的现代服务业、劳动密集型行业和小微企业、民营企业发展，推动劳动者充分就业。完善重点群体就业支持体系。坚持就地就近就业和有组织转移输出就业有机结合，以乡村振兴为抓手，引导农村富余劳动力到城镇、企业和乡村产业、项目建设、农业经济组织就业，到其他省

（市）和疆内其他地州就业，促进农民工返乡创业，抓好短期、季节性务工，增加农民劳务收入。加强对就业困难人员的就业援助，对通过市场渠道难以实现就业的就业困难人员，合理开发公益性岗位托底安置。做好军队转业干部和退役士兵的接收安置工作，统筹做好残疾人、戒毒康复人员、团结关爱人员等群体就业工作。推进就业服务信息化建设，发展网络招聘市场，实现线上发布就业服务信息，平台沟通互动，线下免费服务的就业新模式，营造公平就业环境。开展大众创业、万众创新。完善创业扶持政策，落实相关税费减免等优惠政策，加大创业资金支持，不断优化创业环境，鼓励劳动者创业投资小、见效快、易转型、风险小的小规模经济实体。有针对性地开展创业培训，提升公共就业服务机构创业服务能力。支持各类群体就业创业，完善扶持自主创业政策保障体系。到 2025 年，实现城镇新增就业 1.5 万人以上，城镇登记失业率控制在 4% 以内，农村富余劳动力转移就业 28 万人次以上。

优化创业就业环境。完善创业政策，推进创业孵化基地、创业园区建设，鼓励创业带动就业。充分发挥各类就业指导机构作用，为创业者提供创业培训、创业指导、项目开发、融资服务一站式服务。完善创业扶持政策，帮助各族劳动者创业就业。推进创业孵化基地、创业园区建设，扩大贷款对象范围，延长贷款期限，优化贷款利率和贴息政策，加大创业服务指导。

强化职业技能培训。有针对性地开展职业技能培训，把有就业愿望和培训需求的劳动者全部纳入培训范围，实行“技能 + 国家通用语言”“技能 + 创业”“基本劳动素质培训 + 技能培训”的模式，推行订单、定岗、定向培训。开展职业技能提升行动，实施农民工职业技能提升计划、高校毕业生就业创业培训计划，鼓励学员积极参加各类职业技能竞赛，推进职业技能等级认定。建设技工学校技能人才培训基地，围绕市场发展和用工需求，支持建设馕产学研基地、建筑工种公共实训基地等，扩大教学规模、提升教学质量，形成初、中、高技能人才培养体系，全面提升劳动者职业技能水平和就业创业能力。

通过有针对性地开展高质量的职业技能培训，每年至少培训初级以上（含初级）技能人才 2500 人，对市场需求量较大的工种由初级向中高级提升，进一步提升高技能人才储备，优化人才结构，培养企业需要、社会认可的高素质技术技能型人才。

就业项目

喀什地区麦盖提县技工学校建设项目、喀什地区麦盖提县人才服务中心建设项目、喀什地区麦盖提县就业创业基地建设项目。

第二节　优先发展教育事业

全面贯彻党的教育方针，坚持教育优先，培育和践行社会主义核心价值体系教育，构建更加符合人民需求，更高品质、更加均衡的现代化教育体系。

巩固学前教育发展成果。完善政府主导、社会参与、公办民办并举的学前教育办园体制，通过政府补贴、购买服务等方式加快发展普惠性民办幼儿园，扩大普惠性学前教育资源供给，确保 3～6 岁学前儿童“应入尽入”。到 2025 年，新建县城第十幼儿园，新增学位 180 个，保障就学需求；进一步提高幼儿国家通用语言听说能力，实现幼儿国家通用语言听说能力合格率年均增长 4%、达到 80% 以上，学前教育毛入园率达到98%以上。积极推进托幼建设，全面提高学前教育保教质量，筑牢“幼小衔接”基础。

推动城乡义务教育一体化发展。加强寄宿制学校配套建设和县城学校建设，办好必要的乡村小规模学校，通过新建第七小学、第五中学、第六中学、第七中学和高级中学，新增学位1.17万个。推进特殊教育学校建设，保障特殊群体受教育的权利。继续推行“集团化”办学模式，实现城乡学校一体化发展。营造良好的国家通用语言氛围，开展优秀传统文化进校园活动，共同提高教育质量。在新建住宅小区、易地扶贫搬迁安置点同步规划建设学校，预留必要学校建设用地，坚持义务教育免试就近入学，妥善解决择校热和“城镇挤、农村弱”的问题。到2025年，积极筹备义务教育优质均衡发展评估各项工作，义务教育巩固率达到95%以上，通过自治区优质均衡发展评估工作。

加快高中阶段多样化发展。推进高级中学续建项目，实施普通高中信息化、实验设备、办学条件改善项目，解决普通高中超大校额、超大班额问题。鼓励高中阶段学校特色化、多样化办学，支持普通高中与中等职业学校课程互选、资源互通，促进普职融通。统筹普通高中和中等职业教育协调发展，实现普职比大体相当。到2025年，本科上线率年均提升5%，高中阶段毛入学率达到98%以上。

完善职业教育和培训体系。推进中学未就业毕业生职业技术教育培训全覆盖，扩大招生规模，提高教育培训质量；实施优质中等职业学校质量提升工程，围绕汽车、农机维修，农业农村现代化管理，现代化服务等热门专业和急需技能人才优化专业设置。采取“走出去、请进来”的方式，培养双师型的教师队伍。新建实训车间，积极与有意向的企业开展校企合作，深化职业教育产教融合、校企合作。

建设高素质专业化教师队伍。做好各类教师招聘工作，优化教师队伍结构。加强师德师风建设，严把选聘考核晋升思想政治素质关，将师德师风作为评价教师队伍素质的第一标准，培养“四有”教师队伍。积极探索试点推行学校领导“去行政化”工作，设立学校书记、校长四级岗位，取消现有行政级别，按照级别兑现相应待遇，调动学校领导工作积极性。健全绩效工资激励，完善学校绩效工资分配办法，向教育教学实绩突出的一线教师和班主任倾斜。按照学科、学段建立一批名师工作室，培育一支结构均衡、梯次合理的名师团队。均衡配置县乡教师资源和管理资源，加强县乡轮岗交流力度，县城学校每年不少于5%的教师和乡村学校教师进行轮岗交流。新建教师培训基地，持续开展教师培养培训，采取“走出去、请进来”方式，对骨干教师、学科带头人、教师分层分类开展培训，到2025年，实现教师继续教育全覆盖。

完善教育现代化保障。整合教育信息资源，促进优质教育资源的共建共享，加强教育信息化基础设施建设，实现“千兆进校园，百兆进班级”的目标，推进人人有终端、无线网络覆盖计划。认真把握好线上线下教育融合发展的趋势，深化网络条件下教学模式改革，趁势而上加快推进教育信息化建设。积极发展“互联网+教育”，着力构建“互联网+教育”支撑服务平台，积极推进智慧校园建设，促进信息技术更好地服务教育事业。

教育项目

喀什地区麦盖提县义务教育阶段学校建设项目、喀什地区麦盖提县高级中学建设项目、喀什地区麦盖提县职业中等专业学校建设项目、喀什地区麦盖提县学校基础设施补短板项目、喀什地区麦盖提县乡村教师周转宿舍建设项目、喀什地区麦盖提县教师培训基地建设工程、喀什地区麦盖提县爱国主义教育阵地建设项目、喀什地区麦盖提县中小学教育现代化工程建设项目、喀什地区麦盖提县特殊教育学校教学建设项目。

第三节　推进卫生健康惠民

强化医疗卫生服务体系建设。坚持以人为本理念，深入推进医疗卫生体制改革，继续推进县域医疗共同体建设，推动医共体单位设施设备购置，优化提升三级医疗卫生服务体系，完善分级诊疗模式。加快实施特色医疗服务培育、医疗服务合作提升、专业技术人员培养、基本公共卫生应急提升、民族医药产业发展、全民健康素养提升六大医疗健康行动计划。继续加大“互联网 + 医疗”，推动医疗卫生系统信息化建设，有利于保障县域医共体内远程医疗服务全覆盖。

增强疾病预防控制能力。健全常态化疫情防控机制，完善医疗救治、物资储备、产能动员“三位一体”的基本公共卫生应急物资保障体系。加强各级疾病中心建设，建设重大疫情救治基地。加强公立医院传染病救治能力建设，健全紧急医学救援网络。开展爱国卫生运动，推进健康知识普及，倡导文明生活习惯，加强城乡环境卫生综合整治，建设健康麦盖提。实施传染病及地方病防控行动，加强新冠肺炎、结核病、艾滋病等重大传染病防控，强化包虫病、布氏杆菌病等人畜共患病防治。

提高全民健康素养水平。实施健康促进行动，保障妇幼、老年人、中小学生等重点人群健康。持续推动全民免费健康体检，加强心脑血管疾病、慢性呼吸系统疾病、糖尿病等慢性病预防、治疗和控制，实施职业健康保护行动。加强健康医疗大数据应用体系建设。到 2025 年，人均预期寿命达到 75.85 岁以上。

加强卫生健康队伍建设。继续实施农村定向免费医学生培养，推进以全科医生为重点的基层医疗卫生人才队伍的建设，引进和培养一批学科带头人。实施高层次人才引进和中青年名医培养计划，建立基本公共卫生与临床医学复合型高层次人才培养机制，吸引高层次卫生人才来麦工作。到 2025 年，实现每万人拥有全科医生数达到 3 人以上目标。

促进人口长期均衡发展。坚持计划生育基本国策，完善人口发展战略。坚决执行国家人口发展政策，认真实施《新疆维吾尔自治区人口发展规划（2017—2030 年）》。进一步加强和改进人口与计划生育工作，改善人口结构，控制人口较快增长。执行国家及自治区制定的统一的农村计划生育家庭特殊奖励制度。落实好计划生育特殊家庭特别扶助金动态调整机制。坚持和完善计划生育目标管理责任制，严格落实“一票否决”制度。深入开展违法生育专项治理，继续对违法生育保持高压态势。强化对在校学生教育，开展青春期科普宣传进校园活动。发挥驻村工作力量和基层干部群众作用，广泛深入开展宣传教育工作，扎实做好各项计划生育工作。到 2025 年，人口出生率控制在 16‰以内，人口自然增长率控制在 10.44‰以内。全面贯彻落实男女平等基本国策，坚持和完善促进男女平等、妇女全面发展制度机制，保障妇女儿童合法权益，推进《麦盖提县妇女、儿童发展纲要》编制实施工作。加快发展残疾人事业，提高服务水平。

医疗卫生项目

医疗卫生项目：喀什地区麦盖提县乡级医疗卫生服务人员周转宿舍建设项目、喀什地区麦盖提县医疗物资储备库建设项目、喀什地区麦盖提县乡镇卫生院提标扩能建设项目、喀什地区麦盖提县城镇社区托幼所建设项目、喀什地区麦盖提县血站建设项目。

人民医院建设项目：喀什地区麦盖提县人民医院分院建设项目、喀什地区麦盖提县人民医院急救综合能力提升建设项目、喀什地区麦盖提县人民医院体检中心建设项目、喀什地区麦盖提县人民医院业务用房建设项目、喀什地区麦盖提县人民医院远程医疗及信息化能力提升建设项目。

中医院建设项目：喀什地区麦盖提县中医院业务用房建设项目、喀什麦盖提县中医院中医药生产加工建设项目、喀什地区麦盖提县中医康养中心建设项目、喀什地区麦盖提县中药材种养建设项目。

妇幼保健项目：喀什地区麦盖提县高危孕产妇救治中心项目、喀什地区麦盖提县危重儿童救治中心项目。

疾病预防项目：喀什地区麦盖提县疾病预防控制中心能力提升改建项目。

第四节　健全多层次社会保障体系

完善社会保险体系。引导各类单位和符合条件的人员长期持续参保，做好中小微企业、灵活就业人员、农民工等重点群体参保工作，全力推进全民参保计划。进一步完善落实社会保险制度，规范职工和城乡居民基本养老保险缴费，健全参保缴费激励约束机制，提高收付透明度。完善失业保险制度，规范失业保险基金收支管理，充分发挥失业保险保障失业人员基本生活、预防失业、促进就业的功能。探索适应灵活就业人员的工伤保险保障方式。完善社会保险转移接续，建立更加便捷的社会保险转移接续机制。积极推进企业年金，着力扩大年金覆盖面。鼓励发展商业养老保险，促进商业保险与社会保险、补充保险相衔接，探索工伤保险与商业保险的合作模式，形成多层次的保障体系。规范社会保险基金运行制度。落实社会保险基金预决算制度，努力实现财政对社会保障投入的规范化和制度化，通过完善筹资机制、建立健全基金监督行政执法治度及基金投资运营监管制度等，确保社会保险基金安全可持续运行。到 2025 年，基本养老保险参保人数达到 1.72 万人；失业保险参保人数达到 2.06 万人；工伤保险参保人数达到 2.7 万人。机关事业单位养老保险参保人数保持全覆盖。城乡居民养老保险参保人数达到 11.92 万人，城乡居民养老保险参保率达到 98% 以上。

促进社会福利事业发展。发挥福利机构保基本、兜底线功能作用，以扶老、助残、救孤、济困为重点，逐步拓展社会福利的保障范围，逐步提高国民福利水平。积极应对人口老龄化，建立以居家为基础、社区为依托、机构为补充的城乡统筹、设施齐备、功能完善、布局合理的多层次养老服务体系，促进养老服务与医疗卫生、康复辅具、文化教育、家政服务等相关领域互动发展，培育壮大养老服务产业。鼓励社会资本参与养老服务，探索政府购买居家养老服务政策，不断增加养老服务和产品供给，推进养老服务向全社会老年人拓展。加快儿童福利机构建设，提高孤残儿童社会福利水平，逐步建立困境儿童福利保障制度，推进儿童福利由补缺型向适度普惠型转变。加强贫困和重度精神疾病患者收养和治疗服务。依托社区综合服务平台，为社区居民提供公益便民利民社区服务。

健全社会救助体系。建立健全城乡社会救助体系，建立城乡居民家庭经济状况核对信息机制，推动低收入家庭认定信息比对工作。加大临时救助的力度，完善低保标准与物价上涨挂钩的联动机制，着力提升困难群众的保障水平。推动五保供养服务机构建设，加强老旧机构设施维修改造，按需建设城乡敬老院，进一步提高农村五保对象集中供养率。强化对生活无着落的流浪乞讨人员救助管理，做好长期滞留人员落户安置工作。加强残疾人救助保障，精准落实困难残疾人生活补贴和重度残疾人护理补贴政策，开展重度残疾人集中社会化照料护理服务，建设残疾人托养中心、完善残疾人康复设施。

完善专项社会事务管理。创新社会事务管理工作体制机制，强化婚姻（收养）登记管理标准化建设，深化殡葬改革，实现殡葬管理、殡葬服务与殡葬改革协同共进，全面加强农村公益性公墓建设。积极开展退役军人服务工作，重点实施退役军人服务中心、乡镇（场）退役军人服务中心、村（社区）退役军人服务站等建设项目。

第五节　健全住房保障体系

坚持房子是用来住的、不是用来炒的定位，落实主体责任，紧紧围绕稳地价、稳房价、稳预期的目标，完善长效管理调控机制，租购并举，促进房地产市场平稳健康发展。完善住房保障体系，进一步加强城市困难群众住房保障工作，有效增加保障性住房供给，稳步实施城镇棚户区及老旧小区改造，试点发展租赁住房、长租房和租赁市场化运作，多渠道改善群众住房条件。巩固提升农村富民安居和牧民定居工程。继续开展农村住房抗震防灾加固改造，加快补齐农村住房配套设施短板。到2025年，新建保障性住房2100套，实施城镇棚户区改造1400套，实施老旧小区改造4005户。

民生项目

服务中心项目：喀什地区麦盖提县残疾人托养中心建设项目、喀什地区麦盖提县精神障碍患者康复收养中心建设项目、喀什地区麦盖提县刀郎社区福利服务中心建设项目、喀什地区麦盖提县社区养老服务设施建设项目、喀什地区麦盖提县老年康养中心能力提升项目、喀什地区麦盖提县失能老人养护院建设项目、喀什地区麦盖提县火葬场建设项目、喀什地区麦盖提县公益性殡葬设施建设项目、喀什地区麦盖提县流浪乞讨人员救助管理站建设项目。

退役军人服务项目：喀什地区麦盖提县退役军人服务中心建设项目。

第十二章　推进文化润县
繁荣发展文化事业和文化产业

在党的十九届五中全会精神和第三次中央新疆工作座谈会精神指引下，紧紧围绕“一个目标、两个中心、三级平台、十四支队伍”，深入推进“文化润疆”工程，即以铸牢中华民族共同体意识为根本目标，坚持以“新时代文明实践中心”和“县级融媒体中心”建设为引领，打造县、乡、村三级公共文化服务平台，培育组建十四支新时代文明实践志愿服务队。

第一节 深入实施文化润县工程

坚持多元一体的中华文化，大力弘扬中华优秀传统文化，促进满足人民文化需求和增强人民精神力量相统一，把文化润县工程打造成凝心聚力的铸魂工程，为建设新时代麦盖提县提供文化支撑。持续开展“习近平新时代中国特色社会主义思想进万家”活动，推动中华优秀传统文化融入节日纪念日、乡风民俗、礼仪规范、建筑美学、服饰艺术、文艺创作等，建设一批具有中华文化特征和中华民族视觉形象的重要工程。深入贯彻落实新疆若干历史问题研究座谈纪要精神，教育引导全县各族干部群众树立正确的国家观、历史观、民族观、文化观、宗教观。强化学校思想政治工作，把立德树人融入思想道德教育、文化知识教育、社会实践教育各环节。统筹推进文物保护和合理利用，发挥博物馆、展览馆等文物宣教阵地作用，让各族群众不断从丰厚文明的历史长卷中获得精神滋养，铸牢中华民族共同体意识。

第二节 提高社会文明程度

推动理想信念教育常态化制度化，加强爱国主义、集体主义、社会主义教育，引导各族群众感受幸福生活、厚植爱国情怀。推进公民道德建设，积极发挥工会、共青团、妇联等人民团体和社会组织的作用，推进世俗文化、现代文化发展，教育引导群众破除陈规陋俗。建立健全县、乡、村三级新时代文明实践中心，建设新时代文明实践中心，建立“五大服务平台”，组建三级志愿服务组织体系，以志愿服务为基本形式，以群众需求为导向，注重人员架构配置，组建“1+14+N”志愿服务队伍，在思想引领，道德教化、文化传承方面打通“最后一千米”。抓好文化交流中心项目，打造国学书院、科普展厅、海洋科技展厅、援疆记忆展厅为一体的新型展馆，与新时代文明实践中心相呼应，发挥文化交流中心场馆、设施与人才资源，深入宣传习近平新时代中国特色社会主义思想。加强对县融媒体中心建设的支持，实施移动媒体优先发展战略，全力打造麦盖提县全媒体传播矩阵，让新闻产品提质增效，更好地服务群众。加强网络文明建设，实施网络文艺精品创作和传播计划，培育积极健康、向上向善的网络文化。

第三节 提升公共文化服务水平

实施文艺精品战略，推动各民族文化创造性转化和创新性发展，推出一批正确反映麦盖提历史、具有中华文化底蕴、彰显优秀民族文化特色、符合现代文明理念、反映各族群众现实生活的精品力作。推进麦盖提县优秀地域文化和疆内外各民族优秀文化交流互鉴，加大其他省（市）优秀影视作品、文艺节目、舞台艺术作品引进和译制力度，精心组织刀郎特色文艺节目走出去。推进媒体深度融合，实施全媒体传播工程，做强新型主流媒体。健全县、乡、村三级文化服务网络，全面推进广播电视节目地面无线数字化覆盖和广播电视“村村通”、直播卫星“户户通”设备升级。完成数字影院、博物馆、文化馆、图书馆以及各乡镇文化站、村级文化体育阵地等项目建设，更好满足人民群众精神文化需要。逐步建设布局合理、设备齐全的文化站（室），完善图书报刊阅览、宣传教育、文艺演出、科普教育、影视观赏、文化资源共享等文化服务。到 2025 年，各乡镇每年至少建设 2～3 个乡村文化振兴示范村。

第四节　深入实施文化惠民工程

保护传承非物质文化遗产，弘扬社会主义现代文化，加强文化队伍建设，到 2025 年，培养农民画家达到 500 人以上、刀郎艺人达到 650 人以上、非遗传承人达到 4 人、自治区级传承人达到 5 人、地区级传承人达到 18 人。积极申报“麦盖提县吉万德馕制作技艺”为自治区级非遗保护项目。以新疆“四史”宣传为标尺，实行县、乡、村三级文化活动常态化，推动文化进农村、进社区、进学校、进企业、进机关等活动，形成群众文化活动长效机制。不断完善全民健身基础设施建设，到 2025 年，完成县城全民健身中心建设，以及县城公共体育场、乡镇 11 人制标准足球场建设。

第五节　发展现代文化产业

深化文化体制改革，加强文化市场体系建设，扩大优质文化产品供给。实施文化产业数字化战略，推动“文化 +”融合发展，加快发展新型文化企业、文化业态、文化消费模式。推进文旅融合发展，依托《永恒的刀郎》，加强对外文化交流。推广政府购买公共文化服务，探索运用市场机制，引导社会力量参与，深入挖掘乡村文化资源，创作出反映新时代农民生产生活方式转变的文艺作品。聘请组织专家对刀郎农民画、刀郎葫芦画、刀郎烙铁画、刀郎土陶、刀郎乐器制作等文化产品进行提升和研发，培育形成新的文化产业链，加快文化产品市场化进程。

文体广电项目

文化建设项目：喀什地区麦盖提县新时代文明实践基地建设项目、喀什地区麦盖提县全民健身中心建设项目、喀什地区麦盖提县博物馆建设项目、喀什地区麦盖提县图书馆建设项目、喀什地区麦盖提县文化馆建设项目、喀什地区麦盖提县刀郎木卡姆、刀郎麦西莱甫国家级非物质文化遗产传承保护中心建设项目、喀什地区麦盖提县村级文化阵地提升改造项目、喀什地区麦盖提县乡镇文化站提升改造项目、喀什地区麦盖提县尕孜库勒乡阿曼尼莎罕纪念及文化艺术传承中心建设项目、喀什地区麦盖提县萨哈迪非物质文化遗产传承保护中心建设项目、喀什地区麦盖提县帕普孜（曲棍球）非物质文化遗产传承保护中心建设项目、喀什地区麦盖提县公共体育场中标准田径跑道和标准足球场地建设项目、喀什地区麦盖提县乡镇 11 人制标准足球场项目。

融媒体中心建设项目：喀什地区麦盖提县融媒体中心建设项目。

第十三章　坚定不移加强生态文明建设　努力建设美丽麦盖提

牢固树立绿水青山就是金山银山、冰天雪地也是金山银山的发展理念，加强国土空间治理、持续推进污染防治、加强生态环境保护、推动形成绿色生成方式、健全生态保护政策机制，坚定不移走生产发展、生活富裕、生态良好的文明发展道路，建设天蓝地绿水清的美丽

麦盖提县，不断满足人民日益增长的优美生态环境需要。

第一节　健全生态环境保护机制

健全生态补偿配套制度体系。加快建立生态保护补偿标准体系，以生态产品产出能力为基础。加强森林、草原、耕地等生态监测能力建设，制定和完善监测评估指标体系。加强生态保护补偿效益评估，积极培育生态服务价值评估机构。健全自然资源资产产权制度，建立统一的确权登记系统和权责明确的产权体系，推进生态保护补偿信息公开。

加强生态保护监管力度。提高环境监督、监管水平，加强环境执法，加强资源环境承载能力监测预警，开展重点区域资源环境承载能力评估，构建资源环境承载能力监测预警长效机制，严格落实党政领导干部生态责任离任环境审计与生态环境损害终身责任追究制度。

第二节　推动绿色低碳发展

严禁“三高”项目落地建设。加大落后产能淘汰力度，推动企业清洁化升级转型和绿色工厂建设，大力发展节能环保产业，促进产业转型升级。

倡导绿色低碳生活方式。鼓励资源能源清洁高效利用，推动生活方式绿色化。加强节能减排工作，持续推进工业、交通、建筑、公共机构、商贸流通、农村农业领域节能减排，加强重点用能单位节能管理、大力发展循环经济，推动园区绿色产业发展，加强资源综合利用，探索发展循环经济有效模式。

第三节　加强生态环境建设

构筑“两带三区”生态安全格局。坚持节约优先、保护优先、自然恢复为主的方针，加强森林、草原、湿地生态系统保护，以生态治理与绿色发展项目为重点，以叶尔羌河流域生态旅游带，县城以东沙漠生态恢复与旅游观光带，水源保护区、胡杨自然保护区和生态敏感区，加强生态系统修复与治理。

加强森林生态保护与修复。加强荒漠林等保护与建设，继续实施新一轮退耕还林、天然林保护等工程，着力推进人工造林、退化林修复、森林抚育、绿色通道建设，加快推进麦盖提县沙漠化治理，重点推进中水回用与治沙工程相结合，实施再生水利用荒漠化治理工程，提高治理水平，降低治沙成本。加快“百万亩防风固沙生态林”工程和三北防护林工程进度，构建绿洲外围绿色生态屏障，巩固和扩大绿洲。到2025年，新增25万亩防风固沙生态林。

加强湿地保护与恢复。实施喀什地区麦盖提县湿地生态恢复治理项目，保护叶尔羌河流域河岸湿地和麦盖提唐王湖国家湿地自然公园，加强湿地自然公园建设，提升湿地保护与恢复能力，形成绿色生态屏障。开展生物多样性监测试点以及生物多样性保护示范区、恢复示范区等建设，加强野生动植物调查保护和疫源疫病监测，加强对外来生物入侵的防范力度。

第四节　持续推进污染防治

加强大气污染防治。优化产业结构和布局，推进清洁能源替代利用。实施工业污染源全面达标排放计划，加大机动车尾气、道路和建筑施工扬尘污染控制力度，有效防控颗粒物污染。严格控制污染型工业，持续推进清洁能源替代和城市集中供热设施建设，开展城市道路扬尘、餐饮油烟及工业企业烟粉尘污染治理专项行动。严禁控制区区域内排放大气主要污染物的污染源超标排放，对超标排放源实施限期达标、关闭、搬迁等，控制或减少大气污染物排放总量。

加强水环境保护。加强工业、农业、生活污染源和水生态治理，强化水源地保护监管力度，严厉打击在水源地保护区内设立排污口和违法建设的行为，全县集中式饮用水水源地水质达标率稳定保持100%。落实好河（湖）长制工作职责，强化河岸污染源监管，确保地表水水质达到三类或三类以上。推进达标生活废水、工业废水综合利用。严格防控地下水污染，严守水资源利用“三条红线”，加强城北污水处理厂运营监管，预防治理黑臭水体。

加强土壤保护与修复。推进重点行业、重点企业用地土壤污染状况调查，强化建设用地土壤污染风险管控和修复。严格生活污染源管控，实施改水改厕、污水垃圾治理，推进种养业废弃物资源利用及无害化处置，大力推进畜禽粪污资源化利用。积极开展农用地土壤污染状况详查，深入推进农用地污染综合整治，划定农用地土壤环境质量类别，加大耕地土壤环境保护力度，持续推进农药化肥零增长、残膜回收工作接续用力，推动受污染耕地安全利用。到2025年，规模养殖场粪污综合利用率达到80%以上。

加强生活垃圾处理。推进城镇生活垃圾分类体系建设，实现城乡生活垃圾无害化处置设施全覆盖。到2025年，县城生活垃圾无害化处理率达到100%，农村生活垃圾处理率达到70%以上。

加强环境风险防控。牢守环境安全底线，贯彻落实总体国家安全观，把生态环境风险纳入常态化管理，系统构建全过程、多层次生态环境风险防范体系。强化常态化生态环境风险管理，严控重金属、危险废物、有毒有害化学物质等重点领域环境风险。提升突发环境事件应急处置能力。

加强医疗废弃物综合治理。完成医疗废弃物收转运一体化项目建设，建立和完善医疗废弃物集中处置的区域协作机制和利益补偿机制，促进医疗废弃物减量化。

第五节　推进资源节约高效利用

健全自然资源资产产权制度，加强自然资源调查评价监测和确权登记，落实生态产品价值实现机制，完善市场化、多元化生态补偿，推进资源总量管理、科学配置、全面节约、循环利用，提高资源开发保护水平，完善资源价格机制，推进废旧物资循环利用。把水资源作为产业发展、城镇建设的刚性约束，以水定产、以水定地、以水定城，推动经济社会发展与水资源水环境承载能力相适应。调整水结构，推广节水灌溉、循环用水技术，强化农业用水管理。实施全社会节水行动，推动水资源节约集约利用。到2025年，全县用水总量控制在8.3亿立方米以内，农业亩均灌溉用水量降低到600立方米以下。

生态文明建设重点项目

防沙治沙生态项目：麦盖提县百万亩防风固沙生态林工程总体规划面积100万亩，麦盖提县将百万亩防风固沙生态林工程规划建设按照先易后难，由近及远，有计划、有步骤地分三期持续推进，其中近期30万亩，中期30万亩，远期40万亩。目前完成37万亩造林任务，“十四五”期间计划完成中期造林建设任务25万亩，具体为：

（1）防风固沙生态林建设项目沙丘平整工程，实施规模25万亩。

（2）防风固沙生态林建设项目高效节水滴灌铺设工程，实施规模25万亩。

（3）防风固沙生态林建设高效节水水源灌溉设施配套项目，实施规模400套。

（4）防风固沙生态林建设项目林区通达路工程建设项目，实施规模291千米。

（5）防风固沙生态林建设项目输变电线路架设工程，架设10千伏输变电线路270千米，变压器400台，新建110千伏变电所一座。

（6）育苗基地建设项目：主要育苗树种为沙枣、梭梭、苹果，计划新建沙枣育苗基地1400亩，苹果育苗基地1400亩，梭梭育苗基地385亩。

森林生态保护与修复项目：喀什地区麦盖提县林业管护用房建设及改造项目、喀什地区麦盖提县特色林果标准化生产示范基础建设项目、喀什地区麦盖提县森林防火建设项目、喀什地区麦盖提县重点防护林建设项目、喀什地区麦盖提县退化林修复项目、喀什地区麦盖提县退耕还林工程。

湿地生态保护与修复项目：喀什地区麦盖提县湿地生态恢复治理项目、叶尔羌河流域麦盖提段生态治理。

土地整理与修复项目：喀什地区麦盖提县盐碱地治理项目。

防灾减灾项目：喀什地区麦盖提县气象防灾减灾“最后一千米”建设项目、喀什地区麦盖提县现代气象为农民服务能力体系建设项目、喀什地区麦盖提县人工影响天气培训基地建设项目、喀什地区麦盖提县平原农区人影防雹减灾能力提升工程。

第十四章　保持社会大局持续稳定长期稳定　建设平安麦盖提

为认真贯彻落实第三次中央新疆工作座谈会精神，全面贯彻落实总体国家安全观，以社会稳定和长治久安总目标为统领，加强法治麦盖提建设，推进反恐维稳常态化，巩固发展民族团结，促进宗教和睦和谐，维护意识形态领域安全，创新社会治理，健全公共安全体系，为经济社会发展营造良好环境。

第一节　着力推进法治建设

高举社会主义法治旗帜，把全面依法治县要求落实到经济社会发展、维护稳定各个领域。坚决维护宪法权威和法律尊严，保障公民在法律面前人人平等，依法维护人民权益，维护社会公平正义。坚持依法治县、依法执政、依法行政共同推进，法治麦盖提、法治政府、法治社会一体建设。深入推进公正司法，加强司法规范化建设，保障司法机关依法独立公正行使职权。健全基层矛盾纠纷预防化解机制，完善人民调解、行政调解、司法调解联动工作体系。深入开展法治宣传教育，全面开展“八五”普法工作，增强全社会特别是公职人员尊法学法用法守法观念。加强法治工作队伍建设，为全面推进依法治县提供坚强有力的组织和人才保障。

第二节　推进反恐维稳法治化规范化常态化

坚持依法治疆、团结稳疆、文化润疆、富民兴疆、长期建疆，健全党政军警民协调联动机制，综合施策、标本兼治，推进反恐维稳工作向规范精细常态转变。坚持严打高压态势不动摇，严密防范和严厉打击境内外敌对势力渗透颠覆破坏活动，确保社会大局持续稳定。常态化做好群众的思想教育、法律宣传、困难帮扶、心理疏导等工作。坚持专群结合、群防群治，坚持人防物防技防相结合，加强网格化管理，完善横向到边、纵向到村（社区）的立体化信息化智能化社会治安防控体系，提升 1～3 分钟快速处置圈，推进社会面防控科学化规范化精细化标准化。加强网络安全保障体系和能力建设，维护网络安全。

第三节　铸牢中华民族共同体意识

全面贯彻党的民族政策，巩固发展平等团结互助和谐的社会主义民族关系。坚持把中华民族共同体意识教育纳入国民教育、干部教育、青少年教育和社会教育，增强各族干部群众“五个认同”观念。持续开展民族团结宣传教育和民族团结进步创建活动，积极创建民族创建团结模范单位。扎实推进“民族团结一家亲”和民族团结联谊活动制度化常态化长效化。积极推进构建互嵌式社会结构，营造各民族共居共学共事共乐的良好氛围。全面加强国家通用语言文字教育，推动各学段国家通用语言文字教学全覆盖向提高教育教学质量转变，持续抓好农村劳动力国家通用语言培训，营造学习使用国家通用语言文字的社会氛围。

第四节　促进宗教和睦和谐

全面贯彻党的宗教工作基本方针，坚持保护合法、制止非法、遏制极端、抵御渗透、打击犯罪，更好引导宗教与社会主义社会相适应。加强党对伊斯兰教中国化的领导，加大宗教教职人员关爱培养，做好解经讲经工作，引导信教群众正信正行。全面贯彻党的宗教信仰自由政策，依法保护宗教团体、宗教活动场所、宗教教职人员和信教群众的合法权益，尊重信教群众的习俗，保障正常宗教需求和合法宗教活动。完善驻村管寺制度，加强清真寺、教职人员、宗教活动和信教群众的教育管理服务。依法管理宗教事务，教育引导信教群众牢固树立国家意识、公民意识、法治意识。依法打击宗教极端势力，持续推进去极端化。

第五节　维护意识形态领域安全

坚持马克思主义在意识形态领域的指导地位，严格落实意识形态工作责任制，深入开展意识形态领域反分裂斗争，提升意识形态领域治理能力。把学习宣传贯彻《中央新疆工作协调小组关于新疆若干历史问题研究座谈会纪要》精神作为指导意识形态领域工作的总纲，深入贯彻落实《中国共产党宣传工作条例》《意识形态责任制实施办法》，坚持党管宣传、党管意识形态、党管媒体原则不动摇，牢牢掌握意识形态工作的领导权、主动权、话语权。加强意识形态阵地建设管理，管好文化市场，落实审读机制，抓好审读工作；深入开展“扫黄打非"，严厉打击各种非法出版物；管好各类媒体，严格落实新闻宣传纪律；管好各类博物馆、文化馆、规划馆等各类宣教馆以及各类形势和哲学社会科学报告会、研讨会、讲座、论坛等；积极开展去极端化工作，坚决肃清民族分裂主义流毒；大力推进软件正版化使用，做好保密教育和宣传；组织开展意识形态领域反分裂斗争，旗帜鲜明反对和抵制各类错误观点，确保意识形态阵地安全，遏制民族分裂主义、宗教极端主义、暴力恐怖主义渗透蔓延。各党委（党组）建立健全意识形态工作定期分析研判机制，成立意识形态领域反分裂斗争领导小组，组建各专项工作组，按照"每月一研判和特殊情况随时研判"要求，对意识形态领域存在的突出问题、重大事件、重要情况、重要民情民意中的倾向性苗头性问题进行针对性分析研判，旗帜鲜明批驳"双泛"思想和宗教极端思想，教育引导各族群众擦亮眼睛、明辨是非。坚持以社会主义核心价值观为引领，大力弘扬民族精神和时代精神，推动党员干部（包括离退休党员干部）理想信念教育常态化、制度化。多层次、全方位、立体式讲好"平安好故事""法治好声音"，理直气壮宣传社会稳定的大好形势、人民安居乐业的幸福生活。加强校园意识形态阵地管理，坚持管好课堂、管好教师、管好教材、管好校园思想文化阵地，加强对教师队伍、课堂教学、科研项目、学术交流、学生社团等校园阵地管理。建立健全学校审读机制，常态化对教材教辅、讲义、音视频、图书资料等进行审读。

第六节　加强和创新社会治理

完善党委领导、政府负责、民主协商、社会协同、公众参与、法治保障、科技支撑的社会治理体系，打造共建共治共享的社会治理格局。加强和创新县域社会治理，构建县域社会治理现代化。推动社会治理重心向基层下移，向基层放权赋能，完善向村（社区）选派第一书记和工作队制度，加强基层社会治理队伍建设，加快推进智慧社区建设，统筹用好基层工作力量。坚持和发展新时代"枫桥经验"，完善信访制度，畅通和规范群众诉求表达、利益协调、权益保障通道，构建源头防控、排查梳理、纠纷化解、应急处置的社会矛盾综合治理机制。培育社会组织和专业社会工作人才，深化"维稳双联户"创建工作。统筹发展和安全，加强经济、金融、粮食、能源、生态、重要基础设施等领域安全工作。

第七节　健全公共安全体系

落实重大疫情等灾害预警及应急处置机制，健全常态化疫情防控机制，加强重大传染病及舆情监测，实现突发基本公共卫生事件信息共享。加强应急综合能力建设，加大应急基础设施建设力度，积极推动应急指挥中心、应急避难场所和应急物资储备库建设，备齐常用应急物资，提高突发事件响应和处置能力。加强食品药品、网络安全监管，抓好流通销售质量，实施餐饮质量提升工程，从源头上防控重大基本公共卫生风险。严格落实安全生产责任制，加强道路交通、危险化学品、建筑施工、消防等重点行业领域安全生产监管执法，防止重特大事故发生。提升森林草原火灾、地质灾害、地震等自然灾害防御工程标准。加强应急管理体系和应急队伍建设，提高防灾减灾抗灾救灾能力。

公共管理建设项目

消防建设项目：喀什地区麦盖提县消防救援站建设项目、喀什地区麦盖提县应急信息化建设项目。

政法维稳建设项目：喀什地区麦盖提县乡镇司法所建设项目、喀什地区麦盖提县司法系统业务用房建设项目、喀什地区麦盖提县公安系统业务技术用房建设项目、喀什地区麦盖提县人民警察教育培训基地建设项目、喀什地区麦盖提县乡镇护城河卡点综合能力提升项目、喀什地区麦盖提县乡镇中心警务站改扩建项目、喀什地区麦盖提县大数据处理中心业务技术用房建设项目。

第十五章 纵深推进对口援疆 为麦盖提县发展注入强劲动力

第一节 抓好干部人才援疆

坚持把引进和培养人才作为援疆工作的重点，按照精准选派、科学使用的原则，加大优秀援疆干部人才选派力度，重点选派教师、医疗卫生、农技、政法、园区管理、金融等人才。充分发挥专业技术人才传帮带作用，逐步从医疗领域向教育和其他领域拓展，运用市场办法加大干部人才柔性援疆力度，优化干部人才结构。突出抓好援疆干部人才，根据全县需求协调选派干部人才。

第二节 持续推进产业援疆

立足构建“双循环”新发展格局，依托农业、旅游等领域比较优势，加强与受援地的经济协作，健全产业链、供应链、物流链，加大宣介推广和投资力度，培育壮大受援地特色产业和支柱产业。持续推进“大仓东移”工程，完善疆外市场，提升“喀什好味道”区域公共品牌和企业产品品牌。加强与日照港集团、五征集团、龙腾集团等开展交流合作，用好中央赋予新疆的倾斜政策，发展农副产品精深加工产业、纺织服装、轻工业、肉食品加工等劳动密集型产业，培育壮大农业龙头企业和各类专业合作组织。

第三节 做好文化教育援疆

坚持把文化认同作为最深层次的认同，弘扬社会主义核心价值观，加强文化交流与教育资源共享，铸牢中华民族共同体意识。大力弘扬传播中华文化，传承少数民族优秀文化，继续加强公共文化服务设施建设。依托日照援疆教师发展中心，发挥援疆教师的示范引领作用，提升教育教学水平和质量。持续推进“组团式援疆”“惠民助学”，加快远程医疗会诊、“医联体”建设，在妇保院创新“管理＋专业技术”立体式组团援疆，实施医疗业务全托管。推动医疗援疆师徒结对工作，实现从单纯技术输血向技术造血的转变。倾力打造实验中学、第四中学、职业中专、央塔克乡鲁疆爱心小学等示范点。

第四节 促进交往交流交融

发挥好每年不少于60名援疆教师教研作用，采取师徒结对方式，带领教师提升专业水平。每年选派不少于10名骨干教师到山东进行挂职学习，接触先进教育教学管理理念。深入开展“鲁疆青少年手拉手”，每年开展不少于1次结对交流活动，让民族团结的种子根植于幼小的心灵。在交往交流交融上多谋新项目，尤其在文化、教育、旅游等公共事业上探索新的扶持项目。在叶河生态文化园设立县级爱国主义教育基地，打造文化交流中心，建立国学书院、图书馆、海洋文化展厅等文化交流场所，铸牢中华民族共同体意识。

第十六章　加强党的长期执政能力建设

加强党对经济社会发展工作的领导，推进治理体系和治理能力现代化，更好推动经济社会发展。合理配置公共资源，调控社会资源，建立健全规划实施机制，保障规划目标和任务的顺利实施。

第一节　加强党的领导

坚持以党的政治建设为统领，切实增强“四个意识”、坚定“四个自信”、做到“两个维护”，在思想上、政治上、行动上，同以习近平同志为核心的党中央保持高度一致，发挥党总揽全局、协调各方的领导核心作用，提高把方向、谋大局、定政策、促改革的能力，强化党的决策监督作用，完善党委研究经济社会发展战略、定期分析经济形势、研究重大方针政策的工作机制。落实好新时期好干部标准和民族地区干部“三个特别”政治标准。完善政绩考核评价体系和奖惩机制，调动各级干部工作积极性、主动性和创造性。落实“从严治党”要求，严明党的纪律和规矩，落实党风廉政建设主体责任和监督责任，巩固反腐败成果，努力实现干部清正、政府清廉、政治清明，为经济社会发展营造良好的政治生态。加强基层党组织建设，提升组织力，强化政治功能，构建严密的基础组织体系，加强基本队伍、基本活动、基本阵地、基本制度、基本保障建设，发挥党组织领导核心作用。

基层组织建设项目

喀什地区麦盖提县村（社区）阵地建设项目、喀什地区麦盖提县乡镇干部周转宿舍建设项目、喀什地区麦盖提县委党校及乡镇分校建设项目。

第二节　健全公共政策

优化顶层设计，加强政策支持。进一步完善公共财政政策，确保公共财政资源配置优先向就业、教育、科技、卫生、社会保障等关系改革发展稳定的公共服务领域倾斜。继续发挥投资在调结构、惠民生方面的重要作用，建设资金优先支持民生工程、重大基础设施等经济社会薄弱环节和区域建设。实施积极的消费政策，着力扩大内需。充分发挥税收政策的调节作用，落实富民税收优惠政策。制定建设支柱产业、培育战略性新兴产业、发展循环经济和低碳经济等扶持政策，推动产业结构优化升级。

第三节　加强干部队伍建设

坚持政治标准选优配强各级领导班子。坚持政治标准，选拔“四个意识”“四个自信”“两个维护”方面坚定坚决，能够忠诚干净担当的干部。坚持人岗相适、以事择人原则，选拔具有专业素养、专业特长、专业能力的干部进入各级领导班子。

抓好干部政治素质考察。落实新时期好干部标准和民族地区干部“三个特别”政治标准，加强政治忠诚、政治定力、政治担当、政治能力、政治自律考察考核评价，常态化识别干部政治素质，着力培养一支理论功底扎实、政策把握到位、实践能力强的干部队伍。

发现培养选拔优秀年轻干部。落实好《喀什地区发现培养选拔优秀年轻干部实施办法》，建立发现、培养、选拔优秀年轻干部的长效机制。拓宽发现年轻干部的视野和渠道，分级建立信息库并进行动态更新。突出政治训练和政治历练，注重选派优秀干部参与“访惠聚”驻村、驻村管寺等工作。

持续激励干部主动担当作为。加大对不适宜担任现职的领导干部的调整力度，健全完善受处分干部跟踪管理机制，严禁形式主义，严禁表面文章，激励广大干部在干事创业中大胆改革、勇于创新。

第四节　加强工作作风建设

巩固“不忘初心、牢记使命”主题教育成果，坚持以人民为中心的发展思想，持续提高落实力、执行力和公信力。驰而不息落实中央八项规定精神，高度警惕“四风”“四气”及其变异问题。紧盯扶贫领域、民生领域、窗口单位的作风问题和漠视侵害群众利益问题。持续解决形式主义、官僚主义问题，切实为基层减负。进一步优化营商环境，激发市场活力。

第五节　加强党风廉政建设

细化“两个责任”，坚持“四责联动”，压实主体责任，常态化运用监督执纪“第一种形态”；细化监督责任，推进“四项监督”协调衔接，党内监督与各类监督有机贯通。坚持严的主基调，紧盯项目招投标、交通运输、选人用人、国有企业等重点领域和关键环节“一把手”，严查中共十九大以后的贪污贿赂、滥用职权等不收手、不收敛问题。坚持“惩前毖后、治病救人”，鼓励主动交代问题，用好“四种形态”。强化权力运行特别是“小微权力”监管。依托廉政党课、警示教育、培养良好家风等措施持续教育党员干部知敬畏、存戒惧、守底线，一体推进“不敢腐、不能腐、不想腐”。

第十七章　保障措施

健全规划有效实施的保障机制，强化党的领导，合理配置公共资源，注重政策引导和支持，完善规划评估制度，提高规划评估的法律约束力，保障规划目标和任务顺利实施。

第一节　加强党的全面领导

加强党的全面领导，把党的领导贯穿始终，落实责任、有序推进、形成合力、凝聚共识，为规划顺利实施提供坚强政治组织保障。发挥各级党委领导核心作用，提高决策科学化水平，完善党委研究经济社会发展战略、定期分析经济形势、研究重大方针政策的工作机制，健全决策咨询机制。充分发扬民主，贯彻党的群众路线，加强经济社会发展重大问题和涉及群众切身利益问题的协商，依法保障人民各项权益。加强党的组织建设，强化基层党组织整体功能，增强各级干部的组织意识、纪律意识和创新意识，发挥战斗堡垒作用和党员、干部先锋模范作用。坚持全面从严治党，严明党的纪律和规矩，落实党风廉政建设主体责任和监督责任，努力实现干部清正、政府清廉、政治清明，为经济社会发展营造良好政治生态。

第二节　加强组织协调

健全各部门协调机制，保障规划的有效和顺利实施。按照规划确定的总体要求、发展目标、发展重点及重大项目布局，完善专项规划，有针对性地提出具体目标和任务，以及可操作的实施措施。建立本规划和各项专项规划相互协调的工作机制，在主体功能定位，重大生产力布局、重点项目安排、基础设施建设上，确保总体要求一致，空间配置和时序安排科学合理，形成以本规划为统领，各类专项规划定位清晰、功能互补、统一衔接的规划体系。加强年度计划与本规划的衔接，对主要指标应当设置年度目标，充分体现本规划提出的发展目标和重点任务，年度计划报告要分析本规划的实施进展情况。

第三节　强化项目支撑

坚持以规划确定项目、以项目支撑规划，发挥重大项目对转变经济发展方式的带动作用，在农业、工业、现代服务业、基础设施建设、社会民生、生态环保等领域，组织实施一批关系全局和长远发展的重大项目。优化重大项目布局，加强项目实施管理，加大项目前期工作推动力度，建立和完善项目库，建设一批对调结构、惠民生有重要促进作用的重大项目。加大对重大项目的稽查检查力度，建立重大项目后评估机制，提高重大项目的组织建设水平。加强政府投资项目审计监督，提高政府投资项目资金的使用效益。

第四节　做好监督评估

完善规划评估制度，健全规划评估体系。强化人大、政协及其常务委员会监督评估，提高规划评估的法律约束力。在规划实施的中期阶段，政府组织开展全面评估，将中期评估报告提交人大、政协委员会审议。需要对本规划进行调整时，由政府提出调整方案，报县人大常务委员会批准。建立规划评估结果的公开发布和公众监督机制。

说明：

1. 本索引为主题性索引。
2. 索引标目按汉语拼音字母（同音字按声调）顺序排列。
3. 标目后数字为内容所在页码。
4. 同一主题内容在文中多次出现的，在其标目后用不同页码表明。
5. 特载、大事记等栏目不作主题索引。

A

爱国卫生……203
爱心助学……92
安居房建设……234
安全生产……136、148
安全生产管理……123
“安全生产月”活动……123
安置帮教……106
安置就业……237
案件查处……83
案件受理……104
案件执行……104
昂格特勒克乡……246

B

巴扎结米镇……249
搬迁后期扶持……128
办文办会……55
办证换证……97
保密工作……55
保险……157
保障和改善民生……87
毕业生就业……196
闭坑矿山恢复治理……113
表彰先进……90
宾馆建设……162
兵地共建……254
兵团第三师四十六团……255
兵团第三师四十五团……253
播种面积……126
不动产登记……113

C

财政……114

财政法治建设……116
财政管理……115
财政审计……118
财政收入……114
财政支出……114
参政议政……94
残疾人救助……232
残疾人康复工作……97
残联……97
草原管护……112
拆除违章建筑……165
产业扶持……86
产业规模……137
产业支援……86
常态化监督检查……171
常态化消杀……215
常委会会议……68
场所防控……215
倡导文明生活……165
车辆停放治理……165
成立领导机构……122
成立未成年人“一站式”询问工作室…103
城市规划……160
城市绿化……164
城乡低保……231
城乡规划……160
城乡建设……160
城镇基础设施建设……161
城镇综合服务……231
出版物审读……199
出行改善……230
畜禽疫情防控……132
传感导电稳压降噪产品生产……138
传染病控制……211
窗口服务……235
创建“枫桥式公安派出所”……102
促进就业……94
促进稳岗就业……128
存栏出栏……132

D

打击电信诈骗……101
大病救助……90
大气污染治理……177
大学生补助……86
代表大会会议……68
党办工作……55
党费收缴……63
党费收支……59
党风廉政教育……82
党风廉政宣传……82
党建会议……53
党建信息收集刊发……57
党校教育……66
党员干部培训……56
党组会议……69
党组织关系转接……63
党组织建设……182
党组织整顿……57
档案……67
档案接收……67
档案整理……67
刀郎湖景点……174
刀郎画乡景区……172
刀郎诗文征集……96
刀郎文化广场景点……174
刀郎乡里景区……173
到麦盖提人员服务管理……213
地方病防治……211
地方志工作……66
地理环境……46
地面数字电视中继站建设……86
地名区划……233

第二届全国文明创建活动……………237
电力服务……………………………136
电力工业……………………………135
电力规模……………………………135
电视服务……………………………200
电网建设……………………………136
电信分公司…………………………150
电影放映……………………………200
电子商务……………………………169
电子信息产业………………………138
督导检查……………………………215
对口支援……………………………85
对外销售……………………………169

F

发挥 12309 检察服务中心职能 ………103
发挥监管职能作用…………………121
发挥人才作用………………………56
发挥组织优势………………………56
发明专利……………………………179
发热病人接诊………………………214
发展党员……………………………63
法律服务……………………99、106
法学会………………………………99
法院…………………………………104
法治…………………………………100
法治进校园…………………………182
法治宣传……………………………106
返贫致贫监测………………………129
防风固沙林建设……………………87
防洪抗旱……………………………130
房地产开发投资……………………142
房地产开发项目……………………142
房地产业……………………………142
"访惠聚"驻村工作 ………………59
纺织服装工业………………………137
纺织公司……………………………137
"放管服"改革 ………………102、119
非公企业党组织建设………………63
非公企业发展………………………94
非遗培训……………………………198
非遗宣传……………………………198
非遗研讨……………………………198
风险隐患排查………………………65
扶持政策落实………………………115
扶贫帮困……………………63、81
扶贫工作……………………………94
扶贫捐助……………………………94
扶贫领域执纪问责…………………83
扶贫资金管理………………………114
服务基层组织………………………57
服务群众……………………………126
服务脱贫攻坚………………………96
服装公司……………………………137
腐败问题执纪问责…………………83
妇联…………………………………92
妇幼保健工作………………………207
妇幼系统管理………………………228

G

尕孜库勒乡 ………………………242
改善办学条件………………………183
改善村容村貌………………………165
干部帮扶……………………………59
干部关爱……………………………58
干部监督……………………………58
干部培训……………………………66
干部提拔任用………………………58
高校毕业生安置……………………79
隔离场所建设………………………213
隔离观察点服务管理………………214
各级各类学校………………………181

各类培训……………………………… 90
各项业务收入……………………………149
跟踪审计…………………………………118
耕地面积…………………………………126
工程监督…………………………………141
工会……………………………………… 89
工商联…………………………………… 93
工业………………………………………135
工业产值…………………………………135
工业门类…………………………………135
公安………………………………………101
公共卫生服务……………………………207
公共租赁住房建设………………………234
公交………………………………………163
公路建设…………………………………146
公路建设与养护、路政…………………146
公路养护…………………………………146
公文处理………………………………… 77
公务用房专项整治……………………… 78
公益诉讼…………………………………103
公用事业…………………………………162
公众号宣传………………………………199
供排水……………………………………162
供排水设施建设…………………………162
供热………………………………………163
供销合作社………………………………167
固定资产投资……………………………110
挂牌督战…………………………………128
关爱活动………………………………… 93
关爱困难群体…………………………… 99
关心关爱……………………… 89、236
馆库安全………………………………… 67
广播电影电视……………………………200
规范村级运行…………………………… 57
规范流动摊贩……………………………165
规范用药目录……………………………227
规范资金使用…………………………… 90
国际档案日活动………………………… 67
国土空间规划编制………………………112
国信园丁教育基金………………………181
果蔬冻干加工……………………………140

H

行业监管…………………………………141
行业乱象整治……………………………100
合理用药考核……………………………227
合理用药培训……………………………227
合作社管理………………………………127
合作社筛选……………………………… 96
和谐劳动关系……………………90、233
核酸检测…………………………………213
核桃嫁接改优……………………………133
核与辐射安全……………………………177
“红十字博爱周”活动………………… 98
红十字会………………………………… 98
红枣产业化……………………………… 86
红枣加工…………………………………139
红枣业……………………………………129
宏观调控…………………………………110
后备军培养……………………………… 91
后勤管理………………………………… 78
胡杨节献艺……………………………… 88
胡杨林场…………………………………252
胡杨林景点………………………………174
护校安园…………………………………102
环保防渗改造……………………………169
环保宣传…………………………………176
环境保护…………………………………177
环境监测……………………177、213
环境监察执法……………………………177
环境质量…………………………………176
环评审批…………………………………176
环卫………………………………………163

会务服务…………………………………… 78
惠民惠农补贴……………………………115
惠农惠民补贴发放………………………127
婚姻登记…………………………………233
货运………………………………………147

J

机构编制…………………………………… 64
机构调整…………………………………… 64
机构改革…………………………………134
机构职能合并……………………………… 64
机关党建整治……………………………… 57
机关调研…………………………………… 80
机要工作…………………………………… 56
机制建立…………………………………… 93
基层党组织改选、补选…………………… 63
基层工会建设……………………………… 90
基层骨干培训……………………………197
基层收购点建设…………………………167
基层卫生…………………………………215
基层医疗卫生机构………………………215
基础教育…………………………………183
基础设施建设项目………………………172
激发内生动力……………………………129
疾病预防控制……………………………210
集团管理…………………………………183
集中供养…………………………………235
计划供水…………………………………129
计划生育…………………………………228
计量器具检定……………………………121
绩效管理…………………………………115
加强基层组织……………………………… 57
价格监测与评估…………………………111
监察调查处置……………………………… 84
监督工作…………………………………… 70
监督检查…………………………………228
监督力量整合……………………………… 82
监理企业专项治理………………………142
检查督查…………………………………123
检察………………………………………103
减灾救灾…………………………………124
减征医疗保险费…………………………235
建材工业…………………………………137
建材企业…………………………………137
建立宗教工作联席会议制度……………… 62
建筑业……………………………………141
建筑业・房地产业………………………141
健康档案管理……………………………207
健康扶贫…………………………………203
健康管理…………………………………235
健康教育…………………………………207
健全审判权力运行体系…………………105
降低“三率”……………………………104
交通安全执法……………………………102
交通运输…………………………………146
交往交流交融……………………………… 87
教师培训……………………………183、196
教育………………………………………181
教育工程项目……………………………181
教育基地建设……………………………… 82
教育教学管理……………………………183
教育投入…………………………………181
教育资助…………………………………183
教职工“三总量”落实…………………… 64
节能减排…………………………………177
节日慰问…………………………………… 98
结核病患者健康管理……………………209
金秋助学…………………………………… 90
金融业……………………………………153
经济改革…………………………………126
经济工作会议……………………………… 54
经济管理…………………………………110
经济社会发展……………………………… 49

经济运行……………………………………139
经济责任审计………………………………118
经营效益……………………………………141
精神文明建设………………………………237
精准建档…………………………………… 89
景点打造……………………………………172
景区提升改造项目…………………………172
救助资金发放………………………………124
就业创业……………………………………231
就业创业工作……………………………… 92
就业培训……………………………………231
就业情况……………………………………231
居民存贷款…………………………………230
居民生活……………………………………230
居民收支……………………………………230
局域联网……………………………………234
举办胡杨节…………………………………197
捐款捐物管理……………………………… 99
军民共建……………………………………108
军事…………………………………………108

K

开办支援实验班…………………………… 86
开通涉企“绿色通道”……………………105
开展调研…………………………………… 66
开展政治体检……………………………… 56
科技工作……………………………………179
科技项目……………………………………179
科技项目争取……………………………… 94
“科技之冬”培训 …………………………179
科技助农活动……………………………… 95
科协………………………………………… 94
科学技术……………………………………179
克孜勒阿瓦提乡……………………………243
客运…………………………………………147
课题研究…………………………………… 99
空气质量……………………………………176
控辍保学……………………………………182
库尔玛乡……………………………………247
库木库萨尔乡………………………………245
快递公司……………………………………169
困难职工帮扶……………………………… 89

L

老干部工作………………………………… 65
老干部管理………………………………… 65
老龄工作……………………………………235
老年人健康管理……………………………209
冷链物流监测………………………………214
立案办理…………………………………… 81
隶属关系及管理范围………………………149
联通分公司…………………………………151
廉政党课…………………………………… 82
粮食生产……………………………………131
“两新”组织建设 ………………………… 58
列席麦盖提县第十六届人民代表大会
第五次会议……………………………… 80
林果业………………………………………133
林下经济……………………………………129
临时救助……………………………………232
0 ～ 6 岁儿童健康管理 ……………………208
流动人口管理………………………………102
流浪人员救助………………………………232
流行病学调查队伍建设……………………212
路政工作……………………………………147
乱占耕地整治………………………………112
落实督办工作……………………………… 55
落实扶贫项目………………………………166
落实人员工资待遇…………………………111
落实三级河长制……………………………130
落实双联制度……………………………… 71
落实四项机制………………………………123

落实退耕还林资金……………………112
落实宪法宣誓制度…………………… 70
落实优惠政策………………… 97、110
旅游……………………………………171
旅游活动………………………………171
旅游收入………………………………171
旅游项目建设…………………………172
旅游行业管理…………………………171
绿化养护修剪…………………………164

M

麦盖提县第一小学……………………258
麦盖提县电子商务公共服务中心………144
麦盖提县红日乐友果业有限公司………144
麦盖提县农村信用合作联社……………156
麦盖提县人民代表大会………………… 68
麦盖提县人民政府……………………… 72
麦盖提县人民政府第59次常务会议 … 72
麦盖提县人民政府第60次常务会议 … 72
麦盖提县人民政府第61次常务会议 … 72
麦盖提县人民政府第62次常务会议 … 73
麦盖提县人民政府第63次常务会议 … 73
麦盖提县人民政府第64次常务会议 … 73
麦盖提县人民政府第65次常务会议 … 74
麦盖提县人民政府第66次常务会议 … 75
麦盖提县人民政府第67次常务会议 … 75
麦盖提县人民政府第68次常务会议 … 76
麦盖提县人民政府第69次常务会议 … 76
麦盖提县人民政府第70次常务会议 … 77
麦盖提县人民政府第71次常务会议 … 77
麦盖提县新疆枣都现代农业股份有限
　公司……………………………………144
麦盖提县星联科技农膜有限公司………143
麦盖提镇………………………………248
慢性病患者健康管理…………………209
矛盾化解………………………………100
矛盾纠纷化解………………… 254、256
媒体融合………………………………199
媒体宣传……………………… 61、96
美丽庭院创建活动…………………… 92
美丽乡村建设…………………………165
密植园疏密……………………………133
棉花产业………………………………131
棉花加工………………………………139
棉花价改与收购………………………111
免费提供避孕药具……………………210
免费孕前优生健康检查………………229
民兵教育………………………………108
民生块煤直供直销……………………167
民生领域会议………………………… 55
民生项目……………………………… 85
民俗旅游项目…………………………172
民俗一条街景点………………………174
民营经济………………………………143
民营医疗机构管理……………………203
民用汽车保有量………………………147
民政……………………………………231
民主监督……………………………… 80
民族…………………………………… 46
民族团结创建工作…………………… 61
“民族团结一家亲”工作 ……………… 62

N

N39° 沙漠旅游景区 …………………173
年鉴编纂……………………………… 67
农村厕所改造………………………… 87
农村广播电视建设……………………200
农副产品加工业………………………139
农机安全………………………………128
农机服务组织…………………………134
农机购置补贴…………………………134
农机技术培训…………………………134

农机普及……134
农林牧渔业产值……126
农民画创作……197
农业产业化……129
农业机械化……134
农业技术推广……126
农业农村工作……126
农作物产量……126

P

排污许可证核发……177
培训工作……62
培训和演练……214
培训提高……128
棚户区改造……234
棚户区改造项目审核……113
品牌打造……138

Q

企业家任职……59
企业效益……143
企业引进……143
气候品质评审……180
气象……180
气象服务……180
气象科研……180
气象业务……180
牵手结对活动……93
清理“乱吊挂”……165
庆国庆、迎中秋活动……93
区划沿革……44
全国第二次污染源普查……177
“全国科普日”宣传……95
群团工作……254
群众团体……89

R

燃气……163
热心公益事业……81
人才支援……85
人口……253
人口普查……117
人口与家庭健康……228
人力资源和社会保障局……258
人民调解……106
人民武装部……108
人民银行麦盖提县支行……153
人事工作……78
人事人才……78
人事任免……70
人物·集体……257
人影作业……180
人员编制……64
肉牛发展模式……132

S

扫黑除恶……101
扫黑除恶专项斗争……100
扫黄打非……101
森林草原防火……112
商贸服务……167
商贸流通……167
商品房销售……142
商业销售……142
上级部门调研……95
少先队活动……91
社会保险……233
社会保障……233
社会监督……82
社会民生……230

社会消费品零售……………………………167
社会治安综合治理…………………………101
社会组织管理………………………………237
社科联…………………………………… 96
社科普及周活动………………………… 96
社区“大党委” ………………………… 58
社区建设……………………………………237
社区建设和社会组织管理…………………237
社区矫正……………………………………106
审计…………………………………………118
审计监督……………………………………118
审计问题整改………………………………119
升学情况……………………………………183
生态环境保护………………………………176
生态林建设…………………………………112
牲畜托养……………………………………132
师资队伍……………………………………181
“十四五”科技规划编制 …………………179
石油经营……………………………………169
实施“青蓝工程” ……………………… 87
实施绩效考核………………………………123
实用技术培训………………………………133
食品加工业（馕产业）……………………137
食盐购销……………………………………170
食用油加工…………………………………140
示范园建设…………………………………133
市场监督管理………………………………119
市容市政管理………………………………165
视察调研………………………………… 70
收养工作……………………………………232
手机配件生产………………………………138
蔬菜产业……………………………………131
数据比对………………………………… 89
水产品产量…………………………………133
水利…………………………………………129
水污染治理…………………………………178
水行政执法…………………………………130
税收收入……………………………………116
税务…………………………………………116
税务服务……………………………………116
司法救助……………………………………104
司法行政……………………………………106
思政课建设…………………………………182
“四大安全”监管 …………………………119
随机抽查……………………………………168

T

特困人员供养………………………………232
特色经济作物………………………………131
特殊儿童救助………………………………232
提案办理………………………………… 81
提升基层保障水平……………………… 57
提质增效……………………………………133
体育…………………………………………201
体育赛事……………………………………201
庭院经济……………………………………132
通信服务……………………………………150
通信改善……………………………………230
统计…………………………………………117
统计服务……………………………………117
统一领导……………………………………212
统战工作………………………………… 61
投资项目审计………………………………118
图书发行与销售……………………………198
图书推广……………………………………198
土地利用……………………………………113
土壤污染治理………………………………178
吐来克·库完………………………………257
吐曼塔勒乡…………………………………240
团委……………………………………… 91
团组织活动……………………………… 91
推行排污许可证制度………………………177
退役军人事务………………………………236

脱贫攻坚……128
脱贫攻坚工作……56
脱贫攻坚会议……54
脱贫攻坚普查……128
脱贫摘帽……231

W

外贸出口……167
网络安全宣传……65
网络销售……169
网上冬令营征集活动……93
网信管理……65
维权服务……94
维修服务……130
委员活动……81
卫片违规图斑整改……113
卫生计生监督协管服务……210
卫生健康……202
卫生健康监督……204
位置面积……44
文化・体育……197
文化活动……108、197
文化交流……87
文化教育支援……86
文化进村……198
文化旅游资源……171
文件清理审核……107
文明单位创建……237
文体活动……90
文物保护……198
文艺会演……197
污染防治……177
五大产业……129
五一林场……251、258
五一林场景点……174
武警麦盖提中队……108
物流公司……169
物流业……169
物业……164

X

希依提墩乡……238
下行销售……169
先进集体……258
先进人物……257
鲜肉供应……170
鲜肉食盐供应……170
县委（扩大）会议……52
县志编纂……66
献计献策……81
献血和造血干细胞捐献……98
乡村调研……80
乡村广播更新改造……87
乡村旅游项目……86
乡村污水处理和垃圾填埋扩容……87
乡镇场概况・驻县团场……238
乡镇规划……161
乡镇机构设置……64
乡镇卫生院工作……215
消防管理……124
消防检查……102、124
消防救援……125
消防设计审验……141
消防宣传……124
消防演练……124
消费支援……85
校企合作……196
校外宣讲……66
校园安全……182
协调配合……104
新出生婴儿……228
新冠疫情防控……212

新建改扩建项目……………………………… 87
新疆大漠丰源农业科技有限公司………144
新疆地方史进课堂……………………………182
新疆沣浓农业科技开发有限公司………145
新疆奕飞生态农业科技发展有限公司…145
新时代文明实践场所建设………………237
新闻出版（融媒体）…………………………199
信访工作……………………………………… 78
信访举报……………………………………… 82
信访平台和接待窗口建设……………… 82
信息发布……………………………………… 65
信息工作……………………………………… 55
信息填报……………………………………… 94
信息舆情上报……………………………… 96
星期天大巴扎景点…………………………174
刑事检察………………………………………103
刑事执行监督…………………………………103
行使决定权…………………………………… 69
行政案件侦办…………………………………102
行政公示………………………………………168
行政检察………………………………………103
行政执法………………………………………127
畜牧业…………………………………………132
宣传工作……………………………………… 60
宣传教育………………………………………228
宣讲团宣讲…………………………………… 60
学习教育………………………………………108
“学习强国”平台参学管理 ……………… 61
学校、幼儿园工作……………………………183
“寻找最美家庭”活动 …………………… 93
巡察…………………………………………… 84
巡察队伍建设………………………………… 84

Y

烟草管理………………………………………168
央塔克乡………………………………………239
药店监管………………………………………214
药品安全管理…………………………………227
药品安全培训…………………………………227
药品保障监管…………………………………227
药品采购监督…………………………………227
药品使用监测及综合评价…………………228
药学服务………………………………………227
业务开展………………………………………169
业务指导培训………………………………… 67
叶尔羌河生态文化园景区…………………173
医保政策宣传…………………………………234
医保资助………………………………………235
医疗保险基金管理……………………………234
医疗保险稽核…………………………………235
医疗保障……………………………… 212、234
医疗保障基金监管……………………………234
医疗工作………………………………………204
医疗救助………………………………………235
医疗设备购置………………………………… 87
医疗卫生机构…………………………………202
医疗卫生项目建设……………………………203
医疗支援……………………………………… 87
医药改革………………………………………202
依法行政………………………………………107
依法治统………………………………………117
移动分公司……………………………………152
义务诊疗活动………………………………… 87
议案建议办理………………………………… 71
议案建议跟踪督办…………………………… 71
议案建议提交………………………………… 71
议案提交……………………………………… 81
疫情防控……………………………… 210、256
疫情防控宣传………………………………… 60
疫情防控应急检查……………………………123
银行……………………………………………153
饮水安全………………………………………129
应急管理………………………………………123

应急救护培训……………………………… 98
应急救援………………………………………125
应急粮油储备…………………………………111
应急物资储备……………………… 111、125
用地保障………………………………………113
优化营商环境………………………………… 78
邮件管理………………………………………149
邮政·通信……………………………………149
邮政储蓄银行麦盖提县支行…………………157
邮政管理………………………………………149
邮政经营………………………………………149
有害生物防治…………………………………133
有机认证工作…………………………………167
渔业……………………………………………133
渔业项目………………………………………133
渔业执法………………………………………133
育雏点改造……………………………………132
预防接种………………………………………208
预售监管………………………………………142
预算收入完成情况……………………………149
园林绿化………………………………………164
园区建设…………………………… 86、138
园区介绍………………………………………138
远程管理………………………………………149
远程会诊……………………………………… 87
孕产妇健康管理………………………………208
运输……………………………………………147

Z

在校（园）学生………………………………181
债券资金………………………………………115
招商引资…………………………… 122、148
招商引资成果…………………………………122
招投标专项整治………………………………142
阵地建设………………………………………236
征兵工作………………………………………108
整治门头牌匾…………………………………165
政法委与综治工作……………………………100
政府预算决算监督…………………………… 70
政务服务……………………………………… 77
政协麦盖提县第十四届委员会第五次会议
…………………………………………………… 80
政治巡察……………………………………… 84
支教活动……………………………………… 87
支援资金………………………………………115
执法监察………………………………………113
执法检查…………………………… 70、168
直属机关工委工作…………………………… 63
职业病随访……………………………………212
职业教育………………………………………196
植树造林………………………………………176
志愿队伍建设…………………………………237
志愿者活动…………………………………… 92
质量检测………………………………………127
治安重点单位动态管理………………………101
中共麦盖提县纪律检查委员会 麦盖提县
监察委员会………………………………… 82
中国工商银行股份有限公司麦盖提支行
…………………………………………………155
中国共产党麦盖提县委员会………………… 52
中国农业发展银行麦盖提县支行……………154
中国农业银行麦盖提县支行…………………156
中国人民财产保险股份有限公司麦盖提
县支公司……………………………………157
中国人民政治协商会议麦盖提县委员会
…………………………………………………… 80
中国人寿保险股份有限公司麦盖提县
支公司………………………………………158
中华联合财产保险股份有限公司麦盖提
县支公司……………………………………159
中医药健康管理………………………………209
中职资助………………………………………196
种植业…………………………………………131

种子管理……………………………………127
重大主题宣传………………………………199
重点民营企业介绍…………………………143
重点水利项目………………………………129
重性精神疾病患者健康管理………………209
重要事项决定………………………………69
助残日活动…………………………………97
助力宣传……………………………………86
住房保障……………………………………234
住房改善……………………………………231
住房建设及小区改造………………………161
住户调查……………………………………117
驻村管寺工作………………………………62
抓党建促稳定………………………………56
转变职能……………………………………77
资金管理……………………………………149
资金投入……………………………………202
资金支援……………………………………85
自然保护区…………………………………178
自然保护区面积……………………………178
自然保护区数量……………………………178
自然旅游资源………………………………171
自然资源……………………………………47
自然资源管理………………………………111
自主创业……………………………………231
综合服务……………………………………147
综合协调……………………………………77
走访慰问……………………………………65
组团式教育支援……………………………86
组团式支援…………………………………87
组织保障……………………………………128
组织工作……………………………………56
组织构成……………………………………99
组织协调……………………………………167